C000125037

Simone Weil

La Condition ouvrière

*Présentation et notes
par Robert Chenavier*

Gallimard

SIGLES UTILISÉS

ŒUVRES DE SIMONE WEIL

AD   *Attente de Dieu*, éd. du Seuil, coll. «Livre de vie», 1977.

CO1   *La Condition ouvrière*, Gallimard, coll. «Espoir», 1951.

CO   *La Condition ouvrière*, coll. «Idées», 1964.

CS   *La Connaissance surnaturelle*, Gallimard, coll. «Espoir», 1950.

E   *L'Enracinement*, Gallimard, coll. «Folio Essais», 1990.

EL   *Écrits de Londres et dernières lettres*, Gallimard, coll. «Espoir», 1957.

EHP   *Écrits historiques et politiques*, Gallimard, coll. «Espoir», 1960.

IPC   *Intuitions préchrétiennes*, Librairie Arthème Fayard, 1985.

LP   *Leçons de philosophie*, Plon, 1989.

OC   *Œuvres complètes*, publiées sous la direction d'André-A. Devaux et de Florence de Lussy, Gallimard.
OC, I: *Premiers écrits philosophiques*, 1988.
OC, II, 1: *Écrits historiques et politiques. L'engagement syndical (1927-juillet 1934)*, 1988.
OC, II, 2: *Écrits historiques et politiques. L'expérience ouvrière et l'adieu à la révolution (juillet 1934-juin 1937)*, 1991.
OC, II, 3: *Écrits historiques et politiques. Vers la guerre (1937-1940)*, 1989.

OC, VI, 1 : *Cahiers (1933-septembre 1941)*, 1994.
OC, VI, 2 : *Cahiers (septembre 1941-février 1942)*, 1997.
OC, VI, 3 : *Cahiers (fin février-juin 1942)*, 2002.

Œ   *Œuvres*, Gallimard, coll. «Quarto», 1999.
OL   *Oppression et liberté*, Gallimard, coll. «Espoir», 1955.
PSO   *Pensées sans ordre concernant l'amour de Dieu*, Gallimard, coll. «Espoir», 1962.
R   *Réflexions sur les causes de la liberté et de l'oppression sociale*, Gallimard, coll. «Folio Essais», 1998.
S   *Sur la science*, Gallimard, coll. «Espoir», 1966.
SG   *La Source grecque*, Gallimard, coll. «Espoir», 1963.

AUTRES AUTEURS

SP   Simone Pétrement, *La Vie de Simone Weil*, Fayard, 1997.
CSW   *Cahiers Simone Weil*, revue trimestrielle publiée par l'Association pour l'étude de la pensée de Simone Weil.

AVERTISSEMENT

De son vivant, Simone Weil a publié des articles dans diverses revues, mais aucun ouvrage — qu'il s'agisse d'une étude suivie ou d'un regroupement de textes — n'a été édité. Le recueil paru sous le titre *La Condition ouvrière* (Gallimard, coll. «Espoir», 1951, rééd. coll. «Idées», 1964) n'a donc pas été établi par l'auteur.

La Condition ouvrière obéit aux règles d'établissement de la plupart des recueils d'écrits de Simone Weil édités par Albert Camus, dans la collection qu'il dirigeait. Des articles — publiés par Simone Weil ou inédits —, des projets d'articles, des fragments et notes diverses, ainsi que des lettres, sont regroupés selon un principe thématique, qui permet de rapprocher des textes écrits par la philosophe aux différentes étapes du développement de sa pensée.

La présente édition diffère de celles qui ont été publiées antérieurement. Il s'agit d'une édition augmentée d'écrits pris dans les *Œuvres complètes*, dans des revues, voire de textes inédits. Nous avons bénéficié du travail effectué par les éditeurs des *Œuvres complètes*, en particulier des soins apportés par Simone Fraisse, Géraldi Leroy et Anne Roche, aux volumes qui rassemblent les *Écrits historiques et politiques* de Simone Weil.

Néanmoins, nous avons consulté les manuscrits de chacun des textes rassemblés dans la présente édition, manuscrits conservés dans le «Fonds Simone Weil» à la Bibliothèque nationale de France. Nous remercions Florence de Lussy, conservateur général, qui nous a permis de travailler dans les meilleures conditions.

La confrontation des textes imprimés avec les manuscrits autographes dont on dispose nous a conduit à introduire de légères variantes par rapport aux éditions antérieures des mêmes écrits.

R.C.

Introduction

À *Marie-Noëlle*

ENTRER EN CONTACT AVEC LA VIE RÉELLE

L'expérience que fit Simone Weil du travail en usine n'est pas celle d'un «"professeur agrégé" en vadrouille dans la classe ouvrière» (lettre à Albertine Thévenon, *infra*, p. 54). Le travail d'ouvrière, l'engagement en Espagne en 1936[1], les efforts que fit Simone Weil, à Londres en 1942-1943, pour que les services de la France libre acceptent de la parachuter en France[2] afin de «[lui] procurer [...] la quantité de souffrance et de danger utiles qui [la] préservera d'être stérilement consumée par le chagrin» (lettre à Maurice Schumann, *EL*, p. 199), ces étapes correspondent moins à des expériences qu'à une suite d'*épreuves*, imposées par une «nécessité intérieure» (lettre à Georges Bernanos, *Œ*, p. 406), ou par «une vocation[3]». Cette vocation n'oblige qu'à une chose: être exposée. En 1938, dans sa lettre à Georges Bernanos, Simone Weil explique ainsi la raison qui l'a poussée à s'engager aux côtés des anarchistes espagnols: «Je n'aime pas la guerre; mais ce qui m'a toujours fait le plus horreur dans la guerre, c'est la situation de ceux qui se trouvent à l'arrière. Quand j'ai compris que, malgré mes efforts, je ne pouvais m'empêcher de participer moralement à cette guerre, c'est-à-dire de souhaiter tous les jours, toutes les heures, la victoire des uns, la défaite des autres, je me suis dit que Paris était pour moi l'arrière, et j'ai pris le train pour Barcelone dans l'intention de m'engager» (*ibid.*). On pourrait dire, plus généralement, que «la situation de ceux qui se trouvent à l'arrière», dans la vie et pas seulement dans la guerre, a toujours «fait horreur» à Simone Weil. C'est ce qui la pousse sans répit à s'exposer. Elle est morte en 1943, en Angleterre, de ne pas avoir pu satisfaire ce qui était chez elle un véritable «besoin de l'âme[4]»: *éprouver* la solidarité des opprimés, non seulement «aux côtés» des opprimés, mais parmi eux.

En termes philosophiques, cette vocation est ainsi définie: «En mettant à part ce qu'il peut m'être accordé de faire pour le bien d'autres êtres humains, pour moi personnellement la vie n'a pas d'autre sens, et n'a jamais eu au fond d'autre sens, que l'attente de la vérité» (lettre à Maurice Schumann, *EL*, p. 213). Or, la vérité n'est pas seulement une «*œuvre issue d'une pensée pure*» (*OC*, I, p. 398); elle n'est pas uniquement un objet de spéculation, dans le séjour de la pensée. «Une vérité est toujours la vérité de quelque chose», elle est «l'éclat de la réalité» (*E*, p. 319). Cette formule exprime ce que fut constamment son attention à la vérité: «La vérité [...] est toujours expérimentale» (*CS*, p. 84). S'il n'y a vérité que *de quelque chose*, «désirer la vérité, c'est désirer un contact direct avec la réalité» (*E*, p. 319).

L'expérience du travail en usine n'a pas d'autre signification. Simone Weil écrit à Simone Gibert, une de ses anciennes élèves du lycée du Puy, quelques mois avant d'entrer en usine: «J'ai pris un congé d'un an pour travailler un peu pour moi et aussi pour entrer un peu en contact avec la fameuse "vie réelle" » (*SP*, p. 319). À la même élève, elle confie, après trois mois de vie ouvrière : « J'ai le sentiment, surtout, de m'être échappée d'un monde d'abstractions et de me trouver parmi des hommes réels » (*infra*, p. 68). À Albertine Thévenon, elle écrit : « Cette expérience, qui correspond par bien des côtés à ce que j'attendais, en diffère quand même par un abîme : c'est la réalité, non plus l'imagination » (*infra*, p. 52). Ce contact avec la vie réelle, ajoute Simone Weil, « a changé pour moi non pas telle ou telle de mes idées (beaucoup ont été au contraire confirmées), mais infiniment plus, toute ma perspective sur les choses, le sentiment que j'ai de la vie » (*ibid.*).

L'importance d'une telle épreuve, pour la réflexion philosophique et l'action politique, apparaît d'autant plus nettement dans la même lettre : « Quand je pense que les grrrands [*sic*] chefs bolcheviks prétendaient créer une classe ouvrière *libre* et qu'aucun d'eux [...] n'avait sans doute mis le pied dans une usine et par suite n'avait la plus faible idée des conditions réelles qui déterminent la servitude ou la liberté pour les ouvriers — la politique m'apparaît comme une sinistre rigolade » (*ibid.*). Il faut croire qu'aux yeux de Simone Weil l'expérience de « ces conditions réelles » est essentielle à la résolution de la question de l'oppression sociale, puisqu'elle revient sur ce sujet dans sa conférence sur la rationalisation, en 1937 : « Les théoriciens étaient peut-être mal placés pour traiter ce sujet, faute d'avoir été eux-mêmes au nombre des rouages d'une usine » (*infra*, p. 304).

Simone Weil a probablement ressenti très tôt les carences du point de vue philosophique et théorique, lorsqu'il n'est pas mis à l'épreuve du réel.

N'écrivait-elle pas à Alain, au cours de l'été 1934, qu'elle allait, en se faisant ouvrière, « réaliser un vieux rêve » qu'elle nourrissait déjà « sur les bancs d'Henri IV » (*Bulletin de l'Association des amis d'Alain*, nº 58, juin 1984, p. 16) ? À Nicolas Lazarévitch, elle confiait, en 1935 : « J'ai pu [...] réaliser un projet qui me préoccupe depuis des années [...] : travailler en usine » (*infra*, p. 62). À son ancienne élève du Puy, elle dit : « Je le désirais depuis je ne sais combien d'années » (*infra*, p. 68). En juillet 1934, dans une lettre à Marcel Martinet, elle annonce : « Je vais pouvoir enfin, probablement, travailler en usine, comme je rêve de le faire depuis près de dix ans » (*SP*, p. 299). Selon Simone Pétrement, Simone Weil avait pensé réaliser son projet après avoir passé l'agrégation[5], en 1931. Elle renonça provisoirement « à cause de la crise » qui sévissait (*ibid.*, p. 132).

ANALYSER LES CAUSES DE L'OPPRESSION

Pourquoi décide-t-elle de se faire ouvrière en 1934 ? Pour le comprendre, il faut tenir compte d'un ensemble d'éléments qui concernent l'action et la réflexion de Simone Weil depuis les vrais débuts de sa vie militante, au Puy, en 1931.

Les anciens élèves de l'École normale supérieure, devenus agrégés, enseignaient quelques années dans les lycées de province, et rejoignaient ensuite soit des lycées réputés — à Paris ou dans de grandes villes —, soit l'université. Simone Weil demande un poste dans une ville ouvrière pour l'année 1931-1932, et elle est nommée au lycée du Puy[6]. Elle peut ainsi fréquenter les milieux syndicalistes de Saint-

Étienne et elle donne des cours à la Bourse du travail. Elle noue des relations amicales et militantes qui comptent, dans sa formation, avec Urbain et Albertine Thévenon, en particulier. Elle collabore à *L'Effort*, hebdomadaire du Cartel lyonnais du bâtiment, entre 1931-1934[7], et commence à fréquenter, dès 1930-1931, les militants de *La Révolution prolétarienne*, fondée en 1925 par Pierre Monatte, et à laquelle collabore Boris Souvarine. La revue publie analyses et documents sur le mouvement ouvrier et sur la dégénérescence de l'URSS, sous la plume de Pierre Pascal, Victor Serge et Nicolas Lazarévitch.

Tel est, pourrait-on dire, le premier contact de Simone Weil avec «la vie réelle». Sa présence au Puy ne passe pas inaperçue. Une agrégée de philosophie qui accompagne une délégation de chômeurs et présente leurs revendications à la mairie, un professeur qui serre la main des chômeurs employés à casser des pierres sur une place, puis qui les accompagne au café, et qui manifeste enfin avec eux sans craindre de porter le drapeau rouge, tout cela constitue un véritable événement[8]!

L'autre contact avec «la vie réelle», au cours de cette période, est un voyage en Allemagne entre la fin du mois de juillet 1932 et le début du mois de septembre. L'Allemagne compte six millions de chômeurs et le parti nazi est le premier parti du *Reichstag*. Simone Weil tire de son séjour quatre articles — dont l'un sera développé dans une série d'études publiées dans *L'École émancipée*[9]. Elle croit déceler dans le pays les éléments constitutifs d'une période révolutionnaire, mais constate que ces aspirations ne débouchent sur rien. Elle voit dans le parti nazi «le parti des révolutionnaires inconscients et irresponsables» (*OC*, II, 1, p. 124), mais ne sous-estime pas sa capacité à se maintenir durablement dans la vie politique allemande. Elle est très sceptique,

enfin, au sujet des capacités d'opposition de la
gauche. En particulier, elle souligne que le parti
communiste allemand regroupe essentiellement des
chômeurs et qu'il est coupé de l'implantation dans
les entreprises. Elle est sévère pour les actions communes entreprises par le Parti avec les nazis lors de
la grève des transports, à Berlin, en novembre 1932.
À son retour en France, elle écrit à Urbain Thévenon : «J'ai perdu en Allemagne tout le respect que
j'éprouvais encore malgré moi pour le Parti. Le
contraste entre ses phrases révolutionnaires et sa
passivité totale est trop scandaleux» (*SP*, p. 212).

Aux réactions suscitées, à gauche, par ses analyses sur la situation allemande, Simone Weil
répond par l'énoncé du principe qui guide tout ce
qu'elle écrit : «La vérité, quelle qu'elle soit, est toujours salutaire pour le mouvement ouvrier, l'erreur,
l'illusion et le mensonge toujours funestes» (*OC*, II,
1, p. 208).

L'expérience allemande, conjuguée avec celle de
la situation des syndicats et des partis révolutionnaires en France, conduit Simone Weil à écrire,
pour *La Révolution prolétarienne*, un article qu'elle
intitule «Perspectives» (août 1933). Elle y affirme
qu'il faut désormais «considérer le régime stalinien,
non comme un État ouvrier détraqué, mais comme
un mécanisme social différent, défini par les rouages
qui le composent, et fonctionnant conformément à
la nature des ces rouages» (*Œ*, p. 255). Elle est également sensible à la nouveauté des formes prises par
le capitalisme. À la tête des entreprises, des «techniciens de la direction» remplacent le capitaliste, et
«toute l'évolution de la société actuelle tend à développer les diverses formes d'oppression bureaucratique et à leur donner une sorte d'autonomie par
rapport au capitalisme proprement dit. Aussi notre
devoir est-il de définir ce nouveau facteur politique

plus clairement que n'a pu le faire Marx» (*ibid.*, p. 263). Elle met en évidence l'installation d'une nouvelle forme d'oppression par «un système de production où le travail proprement dit se trouve subordonné, par l'intermédiaire de la machine, à la fonction consistant à coordonner les travaux» (*ibid.*, p. 264). Aucune expropriation des capitalistes ne pourra résoudre ce problème de l'oppression au nom de la fonction, qui ne peut plus être située «dans le tableau traditionnel de la lutte des classes» (*ibid.*, p. 258); la division en classes ne passe plus aujourd'hui entre ceux qui achètent la force de travail et ceux qui la vendent, mais entre «ceux qui disposent de la machine et ceux dont la machine dispose» (variante de «Perspectives», *OL*, p. 261). L'oppression par la fonction pouvant se maintenir indépendamment de la propriété des moyens de production par les exploiteurs de la force de travail, il en résulte une transformation complète de la question sociale: «Comment peuvent se transformer les propriétés sociales du machinisme?» (*ibid.*). Comment les transformer de manière à rétablir la domination que l'individu a pour fonction propre d'exercer sur le système de production et sur la machine? Questions d'autant plus difficiles à analyser que la «situation d'instrument passif de la production» imposée à la classe ouvrière «ne la prépare guère à prendre ses propres destinées en main» (*Œ*, p. 269). En un mot, «jamais le socialisme n'a été annoncé par moins de signes précurseurs» (*ibid.*, p. 251). Il faudrait entendre par socialisme «la subordination de la société à l'individu» (*ibid.*, p. 268); or, nous sommes menacés par une forme de coordination bureaucratique et technocratique qui tend à la totalité du pouvoir, sur la base d'une suppression de la propriété privée. C'est ce qui existe en URSS, où on appelle «socialisme» le regroupement en un même appareil des «trois bureaucraties de l'État, des entreprises et des organisations ouvrières» (*ibid.*, p. 266).

Simone Weil sait que «ces vues seront [...] taxées de défaitisme, même par des camarades qui cherchent à voir clair» (*ibid.*, p. 270), mais elle refuse les «espérances creuses» qui réchauffent[10] et leur oppose que «rien au monde ne peut nous interdire d'être lucides» (*ibid.*, p. 271). Elle croit de moins en moins aux illusions rassurantes de ses camarades révolutionnaires, et elle insistera de plus en plus sur le danger de certaines formes d'action révolutionnaire qui risquent de conduire au totalitarisme. Cependant, puisqu'il dépend toujours de nous de rester lucides — alors qu'il ne dépend pas totalement de nous de réussir —, *comprendre* reste la voie dans laquelle Simone Weil s'engage résolument.

La pensée s'approfondit, entre «Perspectives» et les «Réflexions sur les causes de la liberté et de l'oppression sociale[11]», au point que, début juillet 1934 — un an après la publication de «Perspectives» — elle confie à sa mère: «Le temps où j'écrivais l'article pour la *R[évolution] P[rolétarienne]* me semble maintenant une époque idyllique où j'écrivais sans peine... Et, en même temps, une lointaine enfance où je ne comprenais rien à rien» (*SP*, p. 302). Le développement de ses analyses lui semblait suffisamment important pour qu'elle tienne à finir la rédaction de ce qu'elle nomme son «Grand Œuvre» avant d'entrer à l'usine. Cet achèvement n'est pas allé de soi!

L'article était destiné à *La Critique sociale*, dirigée par Boris Souvarine, mais la revue cesse de paraître après mars 1934. Simone Weil écrit à sa mère — fin mai ou début juin — qu'elle va «travailler comme si de rien n'était» (*ibid.*, p. 296) et le texte va prendre la dimension d'un essai. Fin juin, elle annonce que «l'article, en voie de terminaison [...] [l']obsède au point [qu'elle est] physiquement incapable de penser à autre chose» (*ibid.*, p. 298). Or, elle avait pensé commencer à travailler en usine dès la fin du mois d'août[12]. Début juillet, une autre lettre à sa mère lui apprend que, par suite d'une interruption de quelques jours, due à la fatigue, «l'article est resté en panne»: «je suis très ennuyée, parce qu'il *faut* que j'aie fini cet article avant de partir en vacances. [...] Il me sera *impossible* de me reposer tant que ça ne sera pas fini» (*ibid.*, p. 302). Finalement, suppose Simone Pétrement, les parents de Simone Weil «durent obtenir qu'elle prît des vacances un peu plus longues» que celles dont elle annonçait le programme dans sa lettre du début juillet (*ibid.*, p. 303); surtout «l'articte, qui à la fin de juillet n'était pas achevé, l'obligea, apparemment, à repousser plus loin son entrée en usine» (*ibid.*). Après ses vacances au Chambon-sur-Lignon, puis à Réville, Simone Weil rejoint Paris le 23 septembre. La rédaction des «Réflexions» n'est pas finie, et c'est au début de décembre que s'achève la dactylographie du texte. Le 4 décembre, Simone Weil entrait en usine.

Les «Réflexions sur les causes de la liberté et de l'oppression sociale» représentent un effort d'analyse extrêmement dense, que Simone Weil prévoyait de reprendre pour le développer. L'étude commence par un examen critique du marxisme, qui dégage les grandes idées entrevues par Marx, mais auxquelles il n'a pas été fidèle. En omettant d'expliquer «pourquoi l'oppression est invincible aussi longtemps qu'elle est utile», au-delà du capitalisme (*R*, p. 43), Marx force à considérer la question de l'oppression comme «une question neuve» (*ibid.*, p. 41). Il faut, pour comprendre cette notion, admettre que l'oppression, sous sa forme capitaliste, sous les nouvelles formes prises dans l'usine taylorisée ou sous la

forme qu'elle revêt dans le système soviétique, restera invincible tant que la lutte pour la puissance,
facteur déterminant dans l'histoire, assignera à la
production individuelle le rôle d'un «facteur décisif
de victoire» (variante de «Réflexions», *OC*, II, 2,
p. 542). Un véritable matérialisme historique devrait
étudier en priorité le rapport de l'organisation du
pouvoir aux procédés de la production. Seule une
telle étude permettrait de comprendre le maintien
de l'oppression hors de sa fonction économique.

Au terme de sa longue analyse de l'oppression,
Simone Weil peut dresser «un tableau théorique
d'une société libre». Cette subdivision comprend
une analyse approfondie de la notion de liberté,
conçue comme «rapport entre la pensée et l'action»
(*R*, p. 88) et comme forme de la «nécessité métho-
diquement maniée» (*Cahiers*, *OC*, VI, 1, p. 91). En
découle la définition de «la société la moins mauvaise», qui est «celle où le commun des hommes se
trouve le plus souvent dans l'obligation de penser en
agissant», en ayant «les plus grandes possibilités de
contrôle sur l'ensemble de la vie collective» (*R*,
p. 116-117).

Ce tableau d'une société libre permet de livrer une
«esquisse de la vie sociale contemporaine», esquisse
dans laquelle on mesure parfaitement l'écart avec
l'idéal : perte de toute mesure, coordination confiée
aux choses, aux systèmes de signes ou à la bureaucratie, orientation manifeste de l'organisation industrielle vers la guerre et orientation de l'organisation
sociale vers le totalitarisme.

Ayant tenté, dans un effort d'analyse critique,
d'«échapper à la contagion de la folie et du vertige
collectif», et allant jusqu'à admettre qu'«une suite
de réflexions ainsi orientées» resterait peut-être
«sans influence sur l'évolution ultérieure de l'organisation sociale» (*ibid.*, p. 151), Simone Weil pou-

vait tenter de faire l'épreuve réelle de ce qu'elle
avait cherché à comprendre.

L'ÉPREUVE DE L'OPPRESSION

Dans sa demande officielle de congé, déposée le
20 juin 1934, Simone Weil rédige ainsi le motif : « Je
désirerais préparer une thèse de philosophie concernant le rapport de la technique moderne, base de la
grande industrie, avec les aspects essentiels de notre
civilisation, c'est-à-dire d'une part notre organisation sociale, d'autre part notre culture » (*SP*, p. 300).
Si cette formulation tient le ministère dans l'ignorance de l'intention de se faire ouvrière, si elle
enrobe le projet d'étude dans une allusion à la préparation d'une thèse, l'enjeu théorique est défini
avec vérité.

Quel est l'état d'esprit de Simone Weil au moment
où elle va entrer en usine ? Elle éprouve certainement une sorte de vertige dû à une avancée qui la
situe, dans sa réflexion critique, au-delà de ce que
peuvent admettre la plupart de ses camarades révolutionnaires. Ce qui permet de comprendre qu'elle
puisse écrire, presque avec soulagement, après trois
mois de travail comme ouvrière : « Je le désirais depuis
je ne sais combien d'années, mais je ne regrette pas
de n'y être arrivée que maintenant, parce que c'est
maintenant seulement que je suis en état de tirer de
cette expérience tout le profit qu'elle comporte pour
moi » (*infra*, p. 68).

Avant d'entrer en usine, Simone Weil avoue à
Marcel Martinet qu'elle ne peut pas lui expliquer
par écrit ce qu'elle attend de son expérience, mais
« tout ce que je peux dire, ajoute-t-elle, c'est que je

ne peux y songer sans une joie profonde» (*SP*, p. 299).
À son ancienne élève du Puy, Simone Gibert, elle
écrit, en mars 1934 : «Tout en souffrant de tout cela
[subordination, travail, machine] — je suis plus
heureuse que je ne puis dire d'être là où je suis»
(*infra*, p. 68). Pourtant, moins de deux mois après
son entrée en usine, elle confie à Albertine Thévenon : «Je connaîtrai encore la joie, mais il y a une certaine légèreté de cœur qui me restera, il me semble,
toujours impossible» (*infra*, p. 52). À Auguste
Detœuf, elle finira par confesser : «Je suis entrée
à l'usine avec une bonne volonté ridicule, et je me
suis aperçue assez vite que rien n'était plus déplacé»
(*infra*, p. 284).

Il faut s'interroger sur cette «vie réelle» et sur «ces
hommes réels» que Simone Weil rencontre à l'usine.
En rapprochant les descriptions et les réflexions
contenues dans «La vie et la grève des ouvrières
métallos» (*infra*, p. 264), et dans «Expérience de la
vie d'usine» (*infra*, p. 327), on peut construire les
principes d'une lecture, par regroupement thématique, du *Journal d'usine*[13].

«Le malheur n'est fait que d'impressions», peut-
on lire dans «Expérience de la vie d'usine» (*infra*,
p. 341). Il est fait de sentiments attachés à des circonstances, et ce sont les impressions, d'abord, que
rencontre le lecteur du *Journal d'usine*. Simone Weil
égrène sa fatigue, son écœurement, le sentiment
d'être une esclave, ses larmes, la rage impuissante,
la peur, les «engueulades», le souci de dormir, l'extinction de la faculté de penser. Le corps souffre, au
point que Simone Weil n'est «pas loin de conclure
que le salut de l'âme d'un ouvrier dépend d'abord de
sa constitution physique» (*infra*, p. 104); mais le fait
capital est la disparition de tout sentiment de dignité
personnelle, l'humiliation. La servitude est dans le
cours du travail lui-même, dans la monotonie de sa

cadence. Le temps, sans cesse à la disposition des chefs, est un mélange d'uniformité et de hasards, selon les incidents et les ordres reçus. « Machine de chair », le travailleur n'a pas pour autant « licence de perdre conscience » (« Expérience de la vie d'usine », *infra*, p. 337).

L'expérience d'une camaraderie totale est rare, la dureté est plus courante dans les rapports entre ouvriers. Les impressions de sympathie — voire de joie — ne sont pas totalement absentes du *Journal d'usine*; la fraternité, silencieusement manifestée par un regard ou un sourire, va le plus souvent à la souffrance perçue chez le camarade de travail. Toutefois, chacun devant « gagner sa vie » et éviter « le mauvais boulot » (*infra*, p. 85), l'indifférence aux engueulades ou au renvoi subis par les autres est tout aussi fréquente.

Les solutions envisagées pour remédier au mal dans l'usine évoquent surtout le principal obstacle à surmonter : le dégoût et l'amertume inguérissables auxquels l'âme est réduite. Si « ce sont les sentiments attachés aux circonstances d'une vie qui rendent heureux ou malheureux », ces sentiments n'étant pas arbitraires, « ils ne peuvent être changés que par une transformation radicale des circonstances elles-mêmes » (*infra*, p. 341). Pour transformer ces circonstances, il fallait les vivre, condition indispensable pour en parler. Les ayant vécues, il ne faut pas oublier, et c'est difficile, même au cours de la période de travail ; « l'épuisement finit par me faire oublier les raisons véritables de mon séjour en usine », note Simone Weil (*infra*, p. 103). Elle redoute la tentation de l'oubli qui pourrait recouvrir le malheur passé, puisqu'elle demande à Albertine Thévenon comme à Victor Bernard de garder — ou de renvoyer — certaines de ses lettres, au cas où, un jour, elle voudrait rassembler ses souvenirs de cette vie d'ouvrière.

Le malheur ouvrier, comme tout «extrême malheur» — qui suppose la «déchéance sociale[14]» —,
«crée une zone de silence où les êtres humains se
trouvent enfermés comme dans une île» (*infra*,
p. 342). Le malheur de la condition ouvrière est le
malheur de la destruction des conditions sous lesquelles l'humanité existe. Simone Weil considère
qu'elle a reçu, à l'usine, et pour toujours, «la
marque de l'esclavage» (*AD*, p. 42). Malgré cette
désolation, elle ne perd pas sa capacité de lire les
signes — regards, visages, pli des lèvres, attitudes —
du même malheur en autrui : «En même temps
qu'on les lit autour de soi on éprouve en soi-même
tous les sentiments correspondants» (*infra*, p. 343).
Aussi écrira-t-elle à son ami dominicain, le père
Perrin, en 1942 : «Étant en usine, confondue aux
yeux de tous et à mes propres yeux avec la masse
anonyme, le malheur des autres est entré dans ma
chair et dans mon âme» (*AD*, p. 42).

L'arrachement à la condition humaine, dans l'usine,
tient à cette forme de machinisme dans laquelle
l'ouvrier est réduit à exécuter des *séries*, sans jamais
être en mesure de coordonner la *suite* des opérations, suite pensée par un ingénieur et cristallisée
dans les machines[15]. Tout ce qui est proprement
temporel est confié à l'objet, et ce qui relève de la
pure répétition d'un geste identique est confié à
l'homme. La relation malheureuse de la conscience
et du corps au temps, la réclusion de la conscience et
du corps dans l'instant, telles sont les clefs de l'oppression à l'usine : «La chair et la pensée se rétractent» (*infra*, p. 331). On est installé dans un présent
interminable, celui de la cadence, répétition ininterrompue. Ce sont les conditions mêmes — conditions
spatiales, mais surtout temporelles — sous lesquelles
l'individu existe, qui deviennent étrangères à l'ouvrier ; il est déraciné : «Il a vécu dans l'exil» (*infra*,

p. 339). Seule une telle expérience de la réclusion en un point de l'espace et du temps, dans l'indifférenciation des instants qui se juxtaposent, pouvait permettre cette manière unique de définir le malheur, dans le *Journal d'usine* : «Ce qui compte dans une vie humaine, ce ne sont pas les événements qui y dominent le cours des années — ou même des mois — ou même des jours. C'est la manière dont s'enchaîne une minute à la suivante, et ce qu'il en coûte à chacun dans son corps, dans son cœur, dans son âme — et par-dessus tout dans l'exercice de sa faculté d'attention — pour effectuer minute par minute cet enchaînement» (*infra*, p. 186-187).

Cette compréhension de la spécificité du malheur ouvrier justifie la préférence accordée aux notions d'esclave et d'opprimé, plutôt qu'à celle d'exploité : «Toute condition où l'on se trouve nécessairement dans la même situation au dernier jour d'une période d'un mois, d'un an, de vingt ans d'efforts qu'au premier jour a une ressemblance avec l'esclavage» (*infra*, p. 420). Esclavage plus douloureux que celui de l'esclave antique, contraint par le fouet, certes, mais que les coups dispensaient de cette obligation de se faire soi-même complice de sa propre aliénation en se contraignant à chercher en soi les mobiles qui permettent de se plier à la nécessité[16] ; et cela à chaque instant. Il faut *vouloir* suivre constamment un processus répétitif qui, par lui-même, voue à l'inattention et à l'extinction de toute conscience. L'âme devrait être morte, étant extrêmement habituée, et pourtant elle ne peut pas mourir. Cette obligation intolérable d'avoir conscience de la monotonie est «contradictoire, impossible, épuisante» (*infra*, p. 334). Il est demandé à l'ouvrier de *vouloir* la rupture du «pacte originel de l'esprit avec l'univers» (*R*, p. 151), il lui est demandé de *vouloir* son déracinement, tout en réagissant comme

un être conscient, libre et méthodique, lorsque la
situation l'impose, c'est-à-dire lorsque survient un
incident sur la machine ou lorsqu'il faut exécuter
dans l'instant un ordre brutalement donné.

Les conséquences politiques d'une telle forme
d'oppression sont à envisager sur deux plans.
D'abord, comme « il est venu beaucoup de mal des
usines, [...] il faut corriger ce mal dans les usines »
(*infra*, p. 351). C'est la confirmation, étayée sur une
expérience vécue, de ce que pensait Simone Weil
dès 1933-1934, puisqu'elle disait à ses élèves au
lycée de Roanne : « La question n'est pas celle de la
forme du gouvernement mais celle de la *forme du
système de production* » (*LP*, p. 153).

Ensuite, si — comme l'a toujours pensé Simone
Weil — la révolution n'est pas un bouleversement
irrationnel mais « un *travail*[17] », et si, pour qu'il en
soit ainsi, les ouvriers doivent être capables de
transposer dans l'action les vertus et la méthode
exercées dans le travail, une difficulté est à redouter : comment transposer hors du travail la loi du
travail, alors que la rationalisation, en éliminant la
fonction des ouvriers qualifiés, n'a « laissé subsister
que des manœuvres spécialisés, complètement asser-
vis à la machine », comme le constatait déjà Simone
Weil dans « Perspectives » (*Œ*, p. 269). En 1933,
elle remarquait tout de même : « La classe ouvrière
contient encore, dispersés çà et là, en grande partie
hors des organisations, des ouvriers d'élite, animés
de cette force d'âme et d'esprit que l'on ne trouve
que dans le prolétariat, prêts, le cas échéant, à se
consacrer tout entiers, avec la résolution et la
conscience qu'un bon ouvrier met dans son travail,
à l'édification d'une société raisonnable » (*ibid.*,
p. 271). Or, au cours de son séjour en usine, elle
rencontre surtout des exemples du contraire de ces

ouvriers d'élite qui étaient capables de transposer, dans l'action sociale, leur force d'âme et leur esprit méthodique. Le manœuvre spécialisé, qui ne met rien de lui dans son travail, n'a pour stimulants que la peur et l'argent. Quant à l'argent, l'ouvrier n'éprouve aucun sentiment d'un rapport entre le travail effectué et le salaire reçu, bien que, par ailleurs, la revendication salariale fasse oublier d'autres revendications vitales. Hors du travail, l'humiliation du manœuvre sur machine le pousse à chercher des compensations faciles dans la vie privée[18] ou sur le plan politique. Dans ce domaine, l'«impérialisme ouvrier», entretenu par la propagande, provoque artificiellement chez le travailleur «un orgueil illimité par la pensée que sa classe est destinée à faire l'histoire et à dominer tout» (*infra*, p. 351). La crise d'une société fondée sur le travail déqualifié et servile rendrait politiquement dangereuse une tentative d'émancipation qui trouverait sa source dans une réaction irrationnelle de travailleurs qui ne comptent pour rien dans la vie sociale, et pensent pour cette raison qu'ils seront tout dans une société «où ils seront chez eux partout» (*infra*, p. 416).

DE LA RÉVOLUTION AU RÉFORMISME?

La lucidité, chez Simone Weil, n'ôte jamais courage. Dépassant les pensées faibles qui justifient la lâcheté en trouvant dans la réflexion des raisons de ne pas agir, elle défend la grandeur d'âme de tout véritable «esprit révolutionnaire[19]»: «Il n'y a aucune difficulté, une fois qu'on a décidé d'agir, à garder intacte, sur le plan de l'action, l'espérance

même qu'un examen critique a montré être presque
sans fondement; c'est là l'essence même du courage» («Perspectives», *Œ*, p. 270). Simplement,
«on ne peut agir sans savoir ce que l'on veut, et
quels obstacles on a à vaincre» (*ibid.*, p. 271).

Si les principaux obstacles à vaincre, pour corriger le mal qui est venu de l'usine, sont dans l'âme, il
faut en priorité aider les ouvriers «à retrouver ou à
conserver, selon le cas, le sentiment de leur dignité»
(*infra*, p. 214). Nulle tiédeur dans cette préoccupation pour la situation morale des ouvriers, car, rappelle Simone Weil — en 1938 —, ce sont «les
besoins de l'âme qui ont fait de l'action syndicale
chez les ouvriers, au cours du dernier demi-siècle,
quelque chose de passionné, de tendu, de violent»
(*infra*, p. 411). Ces «besoins de l'âme» — qui feront
l'objet de la première partie de *L'Enracinement*, en
1943 — ne renvoient pas à une «spiritualisation» de
la question sociale qui ferait échapper à la nécessité
de lutter contre «la portion de mal que nous avons
la possibilité et l'obligation d'empêcher» (*IPC*,
p. 150). Dès 1936, Simone Weil écrit que, dans
les événements de juin, il s'est agi «de bien autre
chose que de telle ou telle revendication particulière, si importante soit-elle [...]. Il s'agit, après
avoir toujours plié, tout subi, tout encaissé en
silence pendant des mois et des années, d'oser enfin
se redresser. Se tenir debout. Prendre la parole à
son tour. Se sentir des hommes, pendant quelques
jours» (*infra*, p. 275). Juin 1936 aurait pu être l'occasion de formuler «le problème central» de la
question ouvrière, celui du «rapport entre les revendications matérielles et les revendications morales»
(*infra*, p. 278). Les textes dans lesquels Simone
Weil, tout en insistant sur l'importance des revendications salariales, dénonce la capacité qu'auraient
«les sous» de *compenser* des conditions de travail

qui font prendre «le pli de la passivité», ces textes
s'appuient sur une expérience vécue de la souffrance : «Une ouvrière [...] m'a expliqué comment
elle et ses camarades étaient arrivées à se laisser
réduire à cet esclavage [...]. Il y a 5 ou 6 ans, m'a-
t-elle dit, on se faisait 70 F par jour, et "pour 70 F on
aurait accepté n'importe quoi, on se serait crevé".
[...] Qui donc, dans le mouvement ouvrier ou soi-
disant tel, a eu le courage de penser et de dire, pendant la période des hauts salaires, qu'on était en
train d'avilir et de corrompre la classe ouvrière?»
(lettre à Boris Souvarine, *infra*, p. 75). La place
prise par l'argent dans les stimulants au travail fait
craindre «qu'à l'amélioration des salaires [due au
mouvement de juin] corresponde une nouvelle aggravation des conditions morales du travail, une terreur accrue dans la vie quotidienne de l'atelier»
(*infra*, p. 281)[20].

C'est à partir de ces leçons tirées de son expérience vécue, qu'il faut comprendre les positions
exprimées par Simone Weil dans les textes qui
suivent immédiatement l'année d'usine. Le contenu
de ces écrits paraît en retrait par rapport à l'idéal
révolutionnaire maintenu dans les écrits antérieurs[21],
et par rapport au tableau d'une société dont le centre
serait le travail non servile. Il ne s'agit pourtant pas
d'un repli sur des positions minimales, qui n'expri-
meraient que le désespoir devant la tâche impossible de changer la condition ouvrière. Il s'agit d'un
premier cran de réflexion sur ce qu'il est *possible*
de faire dans le cadre de la grande industrie. La
réflexion sur «le régime nouveau» à instaurer dans
les entreprises[22] n'est pas une solution de rechange
à la révolution. Une transformation complète du
processus de production qui ouvrirait la voie à une
forme de travail non servile suppose, toujours après
1936, cette révolution technique que Simone Weil

considérait — dès 1932 — comme un préalable indispensable à toute mutation sociale et politique. Le deuxième cran de la réflexion, après l'année d'usine, portera, comme nous le verrons, sur la possibilité de nouvelles machines qui réinstalleraient, au cœur de l'atelier, la perception de l'homme au travail. Le premier niveau de la réflexion est annoncé clairement à Victor Bernard : « La question, *pour l'instant*, est de savoir si, dans les *conditions actuelles*, on peut arriver *dans le cadre d'une usine* à ce que les ouvriers comptent et aient conscience de compter pour quelque chose » (*infra*, p. 223-224 ; je souligne).

C'est dans ce cadre qu'il faut comprendre les considérations sur le passage progressif de la subordination totale à un certain degré de « collaboration » dans l'entreprise, entre ceux qui devraient renoncer au prétexte qu'ils représentent la nécessité de la production — ce qui justifie l'oppression à leurs yeux — et ceux qui devraient abandonner l'illusion d'un impérialisme ouvrier — ce qui fait le jeu des régimes totalitaires. L'ensemble de ces considérations n'a de sens que par cette obligation impérieuse à l'égard de ceux qui vivent dans la subordination : « Il faut [...] commencer par leur faire relever la tête » (*infra*, p. 232). Pour cela, « tout ce qu'on peut faire provisoirement, c'est d'essayer de tourner les obstacles à force d'ingéniosité ; c'est chercher l'organisation la plus humaine compatible avec un rendement donné » (*infra*, p. 210).

Simone Weil n'adopte pas pour autant une attitude de « collaboration de classe », qui lui paraissait inacceptable en 1931[23], et qui l'est encore en 1936. Une lettre à Victor Bernard le dit avec fermeté : « Entendons-nous bien : quand les victimes de l'oppression sociale se révoltent en fait, toutes mes sympathies vont vers eux, quoique non mêlées d'espérance ; quand un mouvement de révolte aboutit à un succès partiel, je me réjouis » (*infra*, p. 231-232). Le 10 juin 1936, elle livre ses sentiments au directeur technique des usines Rosières, ce qui mettra fin à leur échange : « Vous ne doutez pas, je pense, des sentiments de joie et de délivrance indicible que m'a apportés ce beau mouvement gréviste. Les suites seront ce qu'elles pourront être. Mais elles ne peuvent effacer la valeur de ces belles journées joyeuses et fraternelles » (*infra*, p. 248). Étant « à base de désespoir », elle juge que ce mouvement social « ne peut être raisonnable », comme elle l'écrit à Auguste Detœuf (*infra*, p. 285). Elle ne peut se retenir d'ajouter, cependant, que ce n'est pas à lui, comme patron, de « blâmer ce qu'il y a de déraisonnable dans ce mouvement » car malgré « vos bonnes intentions », concède-t-elle, « vous n'avez rien tenté jusqu'ici pour délivrer de ce désespoir ceux qui vous sont subordonnés » (*ibid.*).

La réaction de Simone Weil au mouvement de grèves de juin 1936 est dans la logique de sa conception de l'action méthodique. Elle recommande ainsi à Detœuf : « Si les ouvriers reprennent le travail dans un délai assez court, et avec le sentiment d'avoir remporté une victoire, la situation sera favorable dans quelque temps pour tenter des réformes dans vos usines » (*infra*, p. 286). Elle insiste longuement, dans une autre lettre, sur cette importance d'une action opportune[24], à propos de laquelle elle observe amèrement, dans les « Remarques sur les enseignements à tirer des conflits du Nord », en 1937 : « Il aurait fallu procéder à une réorganisation. Les patrons ne l'ont pas fait » (*infra*, p. 362).

Le langage qu'elle tient aux patrons, à propos de l'opportunité d'une action méthodique, elle le tient aussi aux ouvriers, dans « La vie et la grève des ouvrières métallos ». Aux uns et aux autres, patrons

et ouvriers, elle propose une alternative à une multitude de dangers qui conduiraient à l'État totalitaire[25], tout en concédant que ses propositions sont
«hardies» et «peut-être dangereuses» (voir *infra*,
p. 290), et qu'il est «délicat [de] parler publiquement [de ces dangers] dans un moment pareil»
(*infra*, p. 279). «Tant pis. Chacun doit prendre ses
responsabilités» (*ibid.*), car ni l'impérialisme ouvrier
ni le rétablissement brutal de la hiérarchie ne
constituent une solution. Le premier mènerait à
l'État totalitaire, le second à la répression[26]. D'où
l'insistance, auprès des patrons, sur l'occasion offerte
par les grèves, de prendre des mesures qui aide-
raient les subordonnés à relever la tête, condition
indispensable pour faire appel à leur responsabilité,
et l'insistance auprès des ouvriers et des syndicats
sur le fait que les nouveaux rapports de force pourraient aider à comprendre les nécessités *inévitables*
de la vie industrielle[27].

L'idée d'un «régime intérieur nouveau» dans l'entreprise tient à ce souci d'aller au maximum possible
du compromis, chacun — patron et ouvrier — pouvant, pour son propre compte, accomplir de sérieux
progrès dans la reconnaissance de ses responsabilités, *grâce au mouvement de juin 1936*. Il ne faut
jamais oublier, en lisant ces projets, que Simone
Weil s'exprime «du point de vue syndicaliste» (*infra*,
p. 363) ou du point de vue ouvrier[28]. C'est sans ambiguïté que, à propos des conséquences de l'organisation la plus humaine du travail sur le rendement
maximum, elle rappelle: «Nous n'avons pas lieu
d'hésiter à reconnaître que le problème se pose; ce
n'est pas à nous qu'on peut reprocher le fait qu'il se
pose. [...] S'il a plu aux patrons d'instituer dans les
usines un régime de travail tel que tout progrès
moral de la classe ouvrière devait inévitablement

troubler la production, ils en portent l'entière responsabilité» (*infra*, p. 370).

(*infra*, p. 370)

POUR UNE SCIENCE DES MACHINES

Les réflexions critiques de Simone Weil sur la rationalisation, dans la conférence donnée en 1937[29], s'inscrivent dans le cadre de son projet pour instaurer un régime nouveau dans les entreprises. Le problème important n'est pas celui d'une organisation du travail qui reposerait sur une science de l'utilisation de la force humaine de travail — ce pour quoi se donne la rationalisation —, mais celui d'une nouvelle science des machines. Telle est la thèse préalable qui permet de comprendre le point de vue développé dans la conférence.

À propos du projet taylorien d'application de la science à l'utilisation de la force humaine de travail, Simone Weil parle d'une «deuxième révolution industrielle», qui se définirait par «l'utilisation scientifique de la matière vivante, c'est-à-dire des hommes» (*infra*, p. 303). Elle perçoit ainsi avec netteté le fondement de la pensée taylorienne, et l'essentiel de ce que les tayloriens attendaient de leur méthode[30]. Selon Taylor, le point de départ d'une rationalisation est la connaissance des conditions réelles de travail, c'est-à-dire du temps nécessaire à la réalisation d'une tâche. Cette idée permet à Simone Weil de revenir à son idée centrale: «Le temps et le rythme sont le facteur le plus important du problème ouvrier» (*infra*, p. 347). L'effet du contrôle des temps par la direction, à partir d'une définition précise de la «juste tâche», est d'autant plus pervers qu'il pousse l'ouvrier, par le biais du salaire aux pièces, à augmenter la cadence[31]. Taylor, certes, attendait de ce contrôle du temps une plus grande efficacité économique, mais il en attendait également la suppression de « la lutte des classes, parce que son système repose sur un intérêt commun de l'ouvrier et du patron, tous les deux gagnant davantage avec ce système, et le consommateur lui-même se trouvant satisfait parce que les produits sont meilleur marché » (*infra*, p. 319). Simone Weil examine avec beaucoup de sérieux cet aspect de la doctrine taylorienne, car elle sait trop quelle forme de la collaboration de classe et quelle anesthésie des conflits sociaux peuvent s'établir sur de telles bases. Elle redoute la trop bonne adaptation du taylorisme à la structure de la grande industrie, qui aggrave le risque de voir l'oppression se maintenir indépendamment de la forme capitaliste de l'exploitation. Ayant elle-même insisté sur le déplacement de la contradiction de classe — entre techniciens de direction et ouvriers qui exécutent, à la place du conflit économique entre le capitaliste et l'exploité[32] — Simone Weil était en mesure de comprendre que le taylorisme est plus une doctrine d'ingénieur que de capitaliste, ce qui ne peut que favoriser son implantation dans un contexte juridique et politique qui aurait aboli la propriété privée des moyens de production.

Le taylorisme, de plus, ne présente aucun caractère « scientifique », aucune cohérence interne[33]. L'originalité de Taylor va à contre-courant de l'innovation scientifique, car il n'a cherché qu'à augmenter la production en utilisant « les machines qui existaient déjà » (*infra*, p. 313). Critique qui recoupe celle qui avait été émise, au début du siècle, par des ingénieurs[34] qui pensaient que Taylor avait dépensé beaucoup d'énergie pour « perfectionner » le travail humain dans des techniques industrielles déjà périmées.

Enfin, parmi les éléments à retenir, dans cette analyse critique du taylorisme, il faudrait souligner le lien de la méthode taylorienne avec la guerre, ainsi que son rapprochement avec la méthode cartésienne. Le lien du taylorisme avec la guerre est suggéré dans un passage de la conférence de 1937 : «La rationalisation a surtout servi à la fabrication des objets de luxe et à cette industrie doublement de luxe qu'est l'industrie de guerre» (*infra*, p. 320) ; ce lien était déjà évoqué dans la correspondance avec l'ingénieur Victor Bernard [35], correspondance qui livre également cet amalgame de la rationalisation et de la guerre, en un raccourci frappant : «Tous les groupements politiques qui comptent» — révolutionnaires ou fascistes, ainsi que ceux qui se réclament de l'organisation de la défense nationale — veulent «une "rationalisation" croissante» et «la préparation à la guerre» (*infra*, p. 231). La guerre, semble-t-il, implique la rationalisation [36]. Le taylorisme ne convient jamais aussi bien que lorsque les conditions l'imposent comme alternative au changement technique : augmenter la production, immédiatement, sans innovation technique et sans qualification du personnel — ce qui facilite le recours aux femmes [37].

Quant au rapprochement des méthodes analytiques de Taylor avec la méthode cartésienne, il illustre un des éléments de ce qui a «mal tourné» dans «l'aventure de Descartes [38]». Un cahier inédit — qui fait état d'une visite à l'usine Rosières [39] — signale «l'application de la méthode cartésienne, pendant la guerre, à l'adaptation des machines à de nouvelles fabrications» (*OC*, II, 2, p. 518). Cette assimilation de la méthode taylorienne à celle de Descartes, on la trouve également dans le *Journal d'usine* (*infra*, p. 171), et dans les *Leçons de philosophie* [40]. La «décomposition de chaque travail en mouvements élémentaires qui se reproduisent dans

des travaux très différents, d'après des combinaisons diverses » (*infra*, p. 314), une telle méthode pouvait difficilement empêcher d'évoquer la méthode
cartésienne, chez les penseurs français[41], et Simone
Weil ne fait pas exception, même si elle relève
l'abaissement subi par la méthode de Descartes
dans la « science » taylorienne.

Il est nécessaire, précisément, de remplacer cette
science rabaissée par une véritable science, qui ne
serait pas une science du travail — comme voudrait
l'être la psychotechnique[42]. À l'étude des « meilleurs
procédés pour utiliser les machines existantes »
(*infra*, p. 313), étude tempérée par celle des meilleures conditions de travail pour l'ouvrier tel qu'il
est, considéré dans l'usine telle qu'elle est, Simone
Weil oppose la nécessité d'une science des techniques adaptées à « la perception de l'homme au
travail » (lettre à Alain, *S*, p. 112). Seul ce dernier
point de vue permettra à la science de jouer son rôle
véritable, celui d'être un facteur de libération, au
lieu d'être un instrument de contrainte. Il n'est pas
étonnant que quelques pages de réflexions qui ter-
minent le *Journal d'usine* reviennent — avec tout le
poids de ce qui a été vécu — sur des préoccupations
qui étaient celles de Simone Weil dès 1930, c'est-à-
dire « chercher les conditions *matérielles* de la pensée claire » (*infra*, p. 190). Après avoir découvert par
une voie purement philosophique, alors qu'elle était
étudiante, que le travail était véritablement « l'entendement en acte[43] », l'activité formatrice de notre
rapport au réel, Simone Weil éprouve le besoin de
revenir sur la question des conditions de « l'exercice
de l'entendement » (*ibid.*), pour que se manifeste
dans le travail une « *nouvelle méthode de raisonner*
qui soit absolument *pure* — et à la fois intuitive et
concrète » (*infra*, p. 189). Telle est l'idée suivie que
manifestent les quelques pages qui prolongent le

Journal d'usine, sous forme de fragments apparemment indépendants. La recherche portant sur une telle méthode vise un seul but : « Entrevoir une transformation technique ouvrant la voie à une autre civilisation » (*OC*, VI, 1, p. 112).

C'est au cours de cette recherche que Simone Weil a rencontré les travaux de Jacques Lafitte. Elle a lu les *Réflexions sur la science des machines*[44], suivant les conseils de Boris Souvarine[45]. Le jugement qu'elle porte sur l'ouvrage est plutôt sévère, bien qu'elle relève que « les vues sociales de l'auteur [lui] font l'impression de coïncider avec les [siennes] » (*infra*, p. 252). Sur les vues proprement « mécanologiques[46] » de Lafitte, Simone Weil reconnaît qu'elle n'est pas assez qualifiée pour juger de cette valeur, car, confie-t-elle à Souvarine, « je ne sais pas grand chose sur les machines » (*infra*, p. 253). Quelques mois après son expérience de vie ouvrière, elle exprime, dans cette même lettre, son intention de « regarder de près » la question. Cette préoccupation, qui devient la première en 1936, explique la recherche d'interlocuteurs nouveaux. Jacques Lafitte fait partie de ces interlocuteurs, puisque Simone Weil lui écrivit et qu'elle le rencontra peut-être. Tout en regrettant « l'étroitesse du point de vue de Lafitte [qui] l'amène à ne faire entrer en ligne de compte que le degré de complexité. [des machines], en négligeant par exemple la souplesse » (*ibid.*), Simone Weil est intéressée par la description des « machines réflexes[47] » qui, par leur propriété de voir se modifier leur fonctionnement selon des variations dans leur rapport au milieu, permettraient d'introduire cette « souplesse » tellement souhaitable. La notion de « souplesse » exprime la possibilité, pour la machine, de voir son fonctionnement se modifier selon les variations de l'activité réfléchie, pensée et opérée par l'individu qui travaille. Une

telle machine permettrait la perfection de l'activité
outillée en réalisant un objet technique qui serait
assujetti aux impulsions habiles de l'homme qui travaille, mais qui serait également modifiable par
lui-même. Dans la réflexion sur la possibilité de
machines nouvelles, c'est le point de vue de la perception de l'individu au travail qui est central; il le
restera jusque dans les analyses faites en 1943, dans
L'Enracinement, qui reviendra sur la nécessité
d'une flexibilité des machines[48]. Le franchissement
d'un seuil spirituel ne modifie pas de ce point de
vue, l'exigence de révolution technique.

LA SPIRITUALITÉ DU TRAVAIL

Ce que Simone Weil a subi à l'usine l'a «marquée
d'une manière si durable» qu'elle peut écrire au
père Perrin, en 1942: «Aujourd'hui encore, lorsqu'un être humain, quel qu'il soit, dans n'importe
quelles circonstances, me parle sans brutalité, je ne
peux m'empêcher d'avoir l'impression qu'il doit y
avoir erreur et que l'erreur va sans doute malheureusement se dissiper. J'ai reçu là pour toujours la
marque de l'esclavage» (*AD*, p. 42). Après son
année d'usine, Simone Weil partit, avec ses parents,
en Espagne et au Portugal, du 25 août au 22 septembre 1935. Dans un petit village, au Portugal,
c'est une jeune fille brisée, en proie à de violents
maux de tête, qui assiste à une procession de femmes
de pêcheurs. Ces femmes chantaient «des cantiques
d'une tristesse déchirante». Elle confie au père Perrin: «Là j'ai eu soudain la certitude que le christianisme est par excellence la religion des esclaves,

que des esclaves ne peuvent pas ne pas y adhérer, et moi parmi les autres» (*ibid.*, p. 43).

La superposition et l'enchevêtrement de la vocation de Simone Weil, de son cheminement personnel, intellectuel et spirituel sont très complexes. On peut affirmer, cependant, que le franchissement d'un seuil spirituel a partie liée avec le malheur vécu à l'usine. La spiritualité, qui occupe une place prépondérante dans la dernière période de l'œuvre, n'éloigne pas de la question sociale, mais conduit avec toujours plus de détermination, à l'obligation de résoudre le problème de la condition ouvrière sur les lieux mêmes du travail. Pourquoi, le seuil spirituel franchi, le travail tient-il toujours une place capitale dans la description de la condition humaine et dans l'idée d'une civilisation à bâtir? L'article consacré à la «Condition première d'un travail non servile» (*infra*, p. 418), écrit en avril 1942, suggère une réponse.

Ce texte commence par développer l'idée que dans «le travail des mains et en général dans le travail d'exécution, qui est le travail proprement dit», il y a «un élément irréductible de servitude que même une parfaite équité sociale n'effacerait pas» (*infra*, p. 418-419). Cet élément irréductible tient au fait que le travail est gouverné par la «nécessité» — il est accompli «à cause d'un besoin» — et non par la «finalité» — c'est-à-dire «en vue d'un bien» (*ibid.*). Le travail est une *peine* parce qu'il n'a rapport qu'à «des nécessités inexorables qui n'ont aucun égard à la valeur spirituelle» (*OC*, VI, 1, p. 195). Exécuté «parce qu'on a besoin de gagner sa vie» (*infra*, p. 419), dans un monde qui, en tant que domaine de l'action méthodique, est «indifférent à la valeur» (*OC*, VI, 1, p. 195), le travail ne permet de commander à la nature qu'en obéissant aux lois de sa nécessité [49]. Cette nécessité «qui nous contraint dans

l'action la plus simple nous donne [...] l'idée d'un
monde [...] complètement indifférent à nos désirs»
(« La science et nous», *S*, p. 130).

Le franchissement d'un seuil spirituel, loin de
conférer au monde une finalité ou une valeur, révèle
au contraire sous un nouveau jour ce que l'analyse
purement philosophique avait mis en évidence
dès les premiers écrits : un «désenchantement du
monde», dans lequel « le réel et la nécessité, c'est la
même chose» (*OC*, I, p. 376). Or, en 1943, à Londres,
période ultime de la vie et de la pensée — au cours
de laquelle les préoccupations spirituelles jouent un
rôle prépondérant — Simone Weil confirme : «Tout
ce qui est réel est soumis à la nécessité » (*OL*, p. 234).
En effet, par la création, Dieu renonce à être tout, et
délègue son pouvoir à la nécessité [50]. En un sens, le
passage d'un seuil spirituel renforce la conception
philosophique d'un bon usage du matérialisme qui,
pour être cohérent dans le domaine où son usage est
légitime, doit être pratiqué avec froideur, lucidité, et
même avec cynisme [51]. Le matérialisme doit être
conçu comme étude des processus dans la matière,
mais aussi de tout ce en quoi on peut concevoir
«quelque chose d'analogue à la matière proprement
dite» (*ibid.*, p. 233), c'est-à-dire dans toute réalité régie par les lois de la nécessité. La connaissance rigoureuse de «la mécanique sociale» (*ibid.*,
p. 218) implique que, dans ce domaine comme dans
d'autres, «le matérialisme [rende] compte de tout »,
en précisant toutefois : «à l'exception du surnaturel»
(*ibid.*, p. 232).

C'est ce détour par l'analyse philosophique et spirituelle qui permet de comprendre les **premières**
pages de la «Condition première d'un travail non
servile», dans lesquelles le monde du travail est
décrit comme ce monde où «la nécessité est partout, le bien nulle part» (*infra*, p. 420). Toutefois, il

faut prendre garde au fait que la notion de nécessité
dont il est fait usage est loin d'être pure. Il est question aussi bien de la nécessité qui appartient irré-
ductiblement à la condition sociale de l'homme qui
a «besoin de gagner sa vie», que d'une forme de
nécessité qui définit l'esclavage d'une condition,
celle de l'ouvrier réduit à un être qui ne peut «poursuivre aucun bien sinon d'exister» (*infra*, p. 420), et
qui se trouve, par les conditions mêmes dans lesquelles son travail est exécuté, chaque jour de sa
vie, à chacun des instants qui composent ces jours,
«nécessairement dans la même situation au dernier
jour d'une période d'un mois, d'un an, de vingt ans
d'efforts qu'au premier jour» (*ibid.*). On retrouve
là, dans un autre contexte, l'évocation des analyses
développées dans des écrits antérieurs. Évocation
d'un esclavage dont les racines sont dans le cours
d'un travail répétitif, où l'on n'a pas le sentiment de
produire quelque chose, parce que la pure répétition des mêmes gestes ne correspond à aucun désir,
à aucun projet possible.

L'enjeu de l'article de 1942 peut alors être défini
simplement. Quelle est dans «la mécanique sociale»,
la part de la nécessité authentique, celle qui tient à
«la nature des choses», et la part de la nécessité qui
tient «aux rapports humains» (*infra*, p. 391-392),
sous leur forme sociale? Dans un article de 1937,
Simone Weil qualifiait la première espèce de nécessité de «véritable» et la seconde espèce de «fausse»
nécessité (*infra*, p. 392)[52]. On retrouve cette distinction dans l'article de 1942, sous la forme d'une séparation entre les «souffrances inscrites dans la nature
des choses» et celles «qui sont des effets de nos
crimes et tombent sur ceux qui ne les méritent pas»
(*infra*, p. 432). En d'autres termes, il ne faut pas
confondre «malheur essentiel» et «injustice sociale»
(*infra*, p. 421). De ce point de vue, le franchissement

d'un seuil spirituel ne transforme pas Simone Weil
en une idéologue qui justifierait un usage religieux
de l'oppression sociale. Plutôt pourrait-on dire que
la spiritualité lui permet d'amplifier une double
critique, précédemment esquissée. D'un côté le révolutionnaire se trompe s'il croit que le bouleversement social peut supprimer la servitude inhérente
à la condition humaine, parce qu'il fait du social
l'origine de tout malheur. Inversement, celui qui
verrait dans le facteur social une source de la souffrance rédemptrice conforterait ce malheur en le
justifiant. Si l'expérience de la fragilité de la condition humaine s'éprouve surtout dans le malheur
social, cela ne constitue pas une raison pour organiser le facteur social comme source d'une souffrance
rédemptrice. La «Condition première d'un travail
non servile» est explicite à ce sujet : les «souffrances
inscrites dans *l'essence même* du travail. [...] ne
dégradent pas». En revanche, «tout ce qui s'y ajoute
est injuste et dégrade» (*infra*, p. 432 ; souligné par
moi). Le propre de cet article est de poser le problème du bon usage spirituel de la nécessité véritable et du «malheur essentiel» qui en résulte. Un
texte de 1936 disait qu'il ne fallait pas confondre
«l'acceptation des souffrances physiques et morales
inévitables, dans la mesure où elles sont inévitables»
(*infra*, p. 232), avec la «soumission» (*ibid.*) à l'oppression — qui provoque «l'écrasement physique
et moral» de ceux qui exécutent, par un «abus de
domination» de ceux qui commandent[53]. On ne
trouve pas plus, chez Simone Weil, en 1943, de
leçons de résignation recommandant aux malheureux d'accepter leur servitude : «Avilir le travail est
un sacrilège exactement au sens où fouler aux pieds
une hostie est un sacrilège» («La personne et le
sacré», *EL*, p. 22).

Loin d'être un facteur de résignation, la spiritualité peut donner une énergie incomparable dans la protestation contre l'oppression. À ceux qui travaillent dans des conditions serviles, il faut faire comprendre que le tort qui leur est fait est d'une autre dimension que celle d'un tort de nature économique et sociale, et cela dans le but de donner à leur capacité de révolte de nouvelles ressources : « Leur résistance aurait un tout autre élan que celui que peut leur fournir la pensée de leur personne et de leur droit. Ce ne serait pas une revendication ; ce serait un soulèvement de l'être tout entier » (*ibid.*). Ce soulèvement se ferait au nom de ce que Simone Weil appelle, dès 1938, « les besoins de l'âme » (*infra*, p. 411), ces besoins qui devraient servir de modèle pour dresser « la liste des obligations envers l'être humain ». La liste des besoins de l'âme correspond à celle des besoins vitaux « analogues à la faim » (*E*, p. 13-14). Il ne faut pas négliger l'importance de la revendication d'un droit, mais une revendication a toujours quelque chose d'un échange, d'une demande de compensation. Or, Simone Weil ne cesse, dans des textes où la préoccupation spirituelle est absente, de dénoncer l'achat du travail servile par des compensations salariales, lorsqu'elles contribuent à rendre plus humiliantes encore les conditions du travail et à abaisser la situation morale des ouvriers. Aussi pense-t-elle que, dans une perspective à la fois sociale et spirituelle, « le soulèvement de l'être tout entier », appuyé sur « les besoins de l'âme », exprimerait quelque chose en chacun qui ne saurait être ni échangé, ni payé, ni compensé.

Dans la perspective spirituelle, ce quelque chose en chacun se définit par une « exigence d'un bien absolu » (*EL*, p. 74), et, par conséquent, il est fonction d'un lien de l'homme avec l'absolu, « la réalité étrangère à ce monde » (*ibid.*, p. 77). Cependant, le respect envers l'être humain, porteur de cette exigence absolue, doit se témoigner «à la partie de l'homme située dans la réalité de ce monde» (*ibid*.). L'obligation envers ceux qui travaillent est donc la plus forte que l'on puisse concevoir, puisque nul plus que le travailleur n'est confronté à la réalité du monde. Aussi, tout ce qui, dans le travail, «tue dans l'âme la faculté qui y constitue la racine même de toute vocation surnaturelle» doit être rejeté. C'est le cas du travail taylorisé : «Ce genre de travail ne peut pas être transfiguré, il faut le supprimer» (*infra*, p. 433).

Nous sommes enfin en mesure de comprendre les passages, curieux à première vue, dans lesquels Simone Weil affirme que «le peuple a besoin de poésie comme de pain» (*infra*, p. 424). La poésie dont il est question ici est celle qui doit pouvoir se cristalliser autour de la pensée, de la fatigue, des nécessités et du malheur qui appartiennent *à l'essence du travail*. Encore faut-il «que les circonstances mêmes du travail lui permettent d'exister. Si elles sont mauvaises, elles la tuent» (*infra*, p. 432). Mise en garde à rapprocher d'un autre texte écrit en avril 1942 : «On dit que le travail est une prière. C'est facile à dire. Mais en fait ce n'est vrai qu'à certaines conditions rarement réalisées» («Le christianisme et la vie des champs», *PSO*, p. 21).

Poésie et beauté ne peuvent pas être traitées comme des représentations qui accompagneraient un travail servile, ou qui «équilibreraient» le temps de travail dans la sphère du temps libre. «Il ne suffit pas de retrouver la source perdue d'une telle poésie» — source que Simone Weil situe en Dieu [54] — «il faut encore que les circonstances mêmes du travail lui permettent d'exister» (*infra*, p. 432). Ce qui veut dire qu'on ne peut pas se contenter d'accrocher dans les ateliers «des images religieuses et proposer à ceux qui travaillent de les regarder. On ne peut leur sug-

gérer non plus de réciter des prières en travaillant »
(*infra*, p. 425). Permettre au plus haut niveau de l'attention — discursive et intuitive — et à la pleine flui-
dité du corps de s'exercer dans le travail, cela n'est
permis que dans des conditions où l'activité n'a pas
besoin d'être précédée, accompagnée ou suivie de
représentations, de prières ou de récits, puisque le
travail lui-même, dans son exercice, est devenu un
équivalent de l'art[55]. Le travail deviendrait, sous
cette forme, *lecture* du texte du monde, sur plusieurs
niveaux, simultanément. Dans la beauté, la nécessité
perceptible et intelligible deviendrait objet d'amour.

Le sens ultime d'une spiritualité du travail est
livré dans *L'Enracinement* : « Tout le monde répète,
avec des termes légèrement différents, que nous souf-
frons d'un déséquilibre dû à un développement
purement matériel de la technique. Le déséquilibre
ne peut être réparé que par un développement spirituel dans le même domaine, c'est-à-dire dans le
domaine du travail » (*E*, p. 128). En 1932, le problème de la révolution était de « rétablir la domination du travailleur sur les conditions de travail, sans
détruire la forme collective que le capitalisme a
imprimée à la production » (*OC*, II, 1, p. 94). Le
problème d'une spiritualité du travail posé dans la
dernière étape de l'œuvre de Simone Weil, est de
rétablir les conditions du plus haut exercice des
facultés discursives et intuitives, ainsi que celles de
la plus grande habileté corporelle, dans les conditions du travail industriel. Il y a transposition, franchissement d'un seuil, mais il n'y a pas rupture, ni
reniement.

Certains lecteurs, intéressés par la question
sociale et par les problèmes du travail, ne suivront

pas Simone Weil jusqu'au terme spirituel de son itinéraire. Ils estimeront ne pas pouvoir — ou ne pas
vouloir — accéder à l'idée que ce monde est la
«métaphore réelle» dont «Dieu est le suprême
poète[56]», poésie dont le travail permettrait, mieux
que les autres activités, de faire l'expérience.
Simone Weil était consciente de cette difficulté. Au
terme d'une évocation des problèmes posés par
l'imprégnation spirituelle dans des milieux aussi
différents que celui de la paysannerie et celui des
intellectuels, elle conclut : «Les uns et les autres se
rejoindraient, sans aucune inégalité, au point le
plus haut, celui de la plénitude de l'attention, qui est
la plénitude de la prière. Du moins ceux qui le pourraient. Les autres sauraient du moins que ce point
existe et se représenteraient la diversité des chemins ascendants, laquelle, tout en produisant une
séparation aux niveaux inférieurs, comme fait
l'épaisseur d'une montagne, n'empêche pas l'égalité» (*infra*, p. 429-430). Se représenter les voies qui
conduisent au sommet, sans pouvoir — ou sans vouloir — le gravir, ne compromet pas l'égalité avec
ceux qui l'atteignent.

  Pour tout lecteur, l'essentiel est que l'analyse des
conditions à réaliser pour que le travail conduise à
une connaissance surnaturelle soit aussi une des
analyses les plus rigoureuses de ce que sont les
conditions d'un travail non servile. Dans un cadre de
réflexion plus large que celui qui a été tracé par les
philosophies du travail qui précèdent, Simone Weil
considère qu'il est possible de faire l'expérience
d'une activité méthodique, pourvue d'une signification spirituelle, dans la sphère du travail socialement nécessaire. Telle est son originalité par rapport
à Marx, qui concevait à la fois comme une nécessité
historique et comme une fin souhaitable une humanité s'émancipant du travail, et pas seulement dans

le travail. Simone Weil est certainement le penseur qui a poussé le plus loin la réflexion philosophique et spirituelle sur les conditions les plus favorables, dans l'organisation du travail, aux plus hautes opérations de l'esprit, qu'elles soient discursives ou intuitives. Si sa pensée sur la place du travail est précieuse, c'est parce que nul philosophe avant elle n'avait donné une telle primauté à l'activité laborieuse, au point que, une fois réalisée la forme méthodique et non servile de cette activité dans la société, les lois et les vertus du travail pourraient être transposées dans le domaine politique et dans le domaine spirituel.

Dans le contexte qui est le nôtre, où l'on annonce souvent — sans réflexion sur la signification des termes que l'on emploie — le remplacement d'une société de travail et de plein emploi par une société de «pleine activité», le rappel que toute activité tient sa valeur de l'imitation de la rigueur du travail nous avertit qu'il faut être prudent. Il ne faut pas croire trop vite que l'«activité», dans sa dimension individuelle et collective, remplacera la somme d'expérience vécue — expérience méthodique, socialement productive, formatrice de l'individu, expérience éthique et spirituelle — condensée dans le travail.

ROBERT CHENAVIER

L'USINE, LE TRAVAIL,
LES MACHINES

Trois lettres
à Albertine Thévenon

[*Nommée professeur de philosophie au lycée de jeunes filles du Puy, pour l'année scolaire 1931-1932, Simone Weil avait noué des contacts avec des syndicalistes révolutionnaires — en particulier avec Pierre Monatte, fondateur de* La Révolution prolétarienne —, *pour leur demander des adresses de militants syndicalistes dans la région du Puy. C'est sur leurs conseils qu'elle se rendit à Saint-Étienne, le 7 octobre 1931, pour rencontrer Urbain et Albertine Thévenon.*

Nous avons rétabli certains passages qui avaient été coupés dans les éditions précédentes.

Voir la notice consacrée à Albertine Thévenon, en fin d'ouvrage.]

[15-31 janvier 1935]

Chère Albertine,

Je profite des loisirs forcés que m'impose une légère maladie[1] (début d'otite — ça n'est rien) pour causer un peu avec toi. Sans ça, les semaines de travail, chaque effort en plus de ceux qui me sont imposés me coûte. Mais ce n'est pas seulement ça qui me retient : c'est la multitude des choses à dire — et l'impossibilité d'exprimer l'essentiel. Peut-être, plus tard, les mots justes me viendront-ils : maintenant, il me semble qu'il me faudrait pour traduire ce qui importe un autre langage. Cette expérience, qui correspond par bien des côtés à ce que j'attendais, en diffère quand même par un abîme : c'est la réalité, non plus l'imagination. Elle a changé pour moi non pas telle ou telle de mes idées (beaucoup ont été au contraire confirmées), mais infiniment plus, toute ma perspective sur les choses, le sentiment même que j'ai de la vie. Je connaîtrai encore la joie, mais il y a une certaine légèreté de cœur qui me restera, il me semble, toujours impossible. Mais assez là-dessus : on dégrade l'inexprimable à vouloir l'exprimer.

En ce qui concerne les choses exprimables, j'ai pas mal appris sur l'organisation d'une entreprise. C'est inhumain : travail parcellaire — à la tâche — organisation purement bureaucratique des rapports entre les divers éléments de l'entreprise, les différentes opérations du travail. L'attention, privée d'objets dignes d'elle, est par contre contrainte à se concentrer seconde par seconde sur un problème mesquin, toujours le même, avec des variantes : faire 50 pièces en 5 minutes au lieu de 6, ou quoi que ce soit de cet ordre. Grâce au ciel, il y a des tours de main à acquérir, ce qui donne de temps à autres de l'intérêt à cette recherche de vitesse. Mais ce que je me demande, c'est comment tout cela peut devenir humain : car si le travail parcellaire n'était pas à la tâche, l'ennui qui s'en dégage annihilerait l'attention, occasionnerait une lenteur considérable et des tas de loupés. Et si le travail n'était pas parcellaire... Mais je n'ai pas le temps de développer tout cela par lettre. Seulement, quand je pense que les grrrands [*sic*] chefs bolcheviks prétendaient créer une classe ouvrière *libre* et qu'aucun d'eux — Trotsky sûrement pas, Lénine je ne crois pas non plus — n'avait sans doute mis le pied dans une usine et par suite n'avait la plus faible idée des conditions réelles qui déterminent la servitude ou la liberté pour les ouvriers — la politique m'apparaît comme une sinistre rigolade.

Je dois dire que tout cela concerne le travail non qualifié. Sur le travail qualifié, j'ai encore à peu près tout à apprendre. Ça va venir, j'espère.

Pour moi, cette vie est assez dure, à parler franchement. D'autant que les maux de tête n'ont pas eu la complaisance de me quitter pour faciliter l'expérience — et travailler à des machines avec des maux de tête, c'est pénible. C'est seulement le samedi après-midi et le dimanche que je respire, me retrouve moi-même, réacquiers la faculté de rouler dans mon esprit des morceaux d'idées. D'une manière générale, la tentation la plus difficile à repousser, dans une pareille vie, c'est celle de renoncer tout à fait à penser : on sent si bien que c'est l'unique moyen de ne plus souffrir ! D'abord de ne plus souffrir moralement. Car la situation même efface automatiquement les sentiments de révolte : faire son travail avec irritation, ce serait le faire mal, et se condamner à crever de faim ; et on n'a personne à qui s'attaquer en dehors du travail lui-même. Les chefs, on ne peut pas se permettre d'être insolent avec eux, et d'ailleurs bien souvent ils n'y donnent même pas lieu. Ainsi il ne reste pas d'autre sentiment possible à l'égard de son propre sort que la tristesse. Alors on est tenté de perdre purement et simplement conscience de tout ce qui n'est pas le train-train vulgaire et quotidien de la vie. Physiquement aussi, sombrer, en dehors des heures de travail, dans une demi-somnolence est une grande tentation. J'ai le plus grand respect pour les ouvriers qui arrivent à se donner une culture. Ils sont le plus souvent costauds, c'est vrai. Quand même, il faut qu'ils aient quelque chose dans le ventre. Aussi est-ce de plus en plus rare, avec les progrès de la rationalisation. Je me demande si cela se voit chez des manœuvres spécialisés.

Je tiens le coup, quand même. Et je ne regrette pas une minute de m'être lancée dans cette expérience. Bien au contraire, je m'en félicite infiniment toutes les fois que j'y pense. Mais, chose bizarre, j'y pense rarement. J'ai une faculté d'adaptation presque illimitée, qui me permet d'oublier que je suis un «professeur agrégé» en vadrouille dans la classe ouvrière, de vivre ma vie actuelle comme si j'y étais destinée depuis toujours (et, en un sens, c'est bien vrai) et que cela devait toujours durer, comme si elle m'était imposée par une nécessité inéluctable et non par mon libre choix.

Je te promets pourtant que quand je ne tiendrai plus le coup j'irai me reposer quelque part — peut-être chez vous.

. . . .

Je m'aperçois que je n'ai rien dit des compagnons de travail. Ça sera pour une autre fois. Mais ça aussi, c'est difficile à exprimer. On est gentil, très gentil. Mais de vraie fraternité, je n'en ai presque pas senti. Une exception : le magasinier du magasin des outils, ouvrier qualifié, excellent ouvrier, et que j'appelle à mon secours toutes les fois que je suis réduite au désespoir par un travail que je n'arrive pas à bien faire, parce qu'il est cent fois plus gentil et plus intelligent que les régleurs (lesquels ne sont que des manœuvres spécialisés). Il y a pas mal de jalousie parmi les ouvrières, qui se font en fait concurrence, du fait de l'organisation de l'usine. Je n'en connais que 3 ou 4 pleinement sympathiques. Quant aux ouvriers, quelques-uns semblent très chics. Mais il y en a peu là où je suis, en dehors des régleurs, qui ne sont pas des vrais copains. J'espère changer d'atelier dans quelque temps, pour élargir mon champ d'expérience.

[...] Je te donne assez longuement de mes nouvelles, j'espère ? Donne-moi des tiennes. Pas quelques lignes qui ne disent rien, mais des détails concrets qui m'intéressent. Si tu ris des fois ? Si tu sais de nouveau te perdre tout entière dans un moment de joie élémentaire — causée par une perspective de maisons, une atmosphère humaine, une chanson, un coin de paysage, un bout de film : bref un morceau de vie bien chaude ? J'aime tant ça en toi. Est-ce que des fois « À nous la liberté » te revient avec la même signification qu'avant ? Et « À Paris dans tous les faubourgs » ? Et tant de choses — Vrai, quelque chose me manquerait dans mon univers si tu n'étais pas en train de retrouver tout ça [...].

Allons, au revoir. Réponds-moi bientôt.

S. W.

*

[Fin septembre - début octobre 1935]

Ma chère Albertine,

Je crois sentir que tu as mal interprété mon silence. Tu crois, semble-t-il, que je suis embarrassée pour m'exprimer franchement. Non, nullement ; c'est l'effort d'écrire, simplement, qui était trop lourd. Ce que ta grande lettre a remué en moi, c'est l'envie de te dire que je suis profondément avec toi, que c'est de ton côté que me porte tout mon instinct de fidélité à l'amitié. Je suis comme toi, tu le sais ; moi aussi je me sens la sœur de la fille qui fait le trottoir[2] — de tous les êtres méprisés, humiliés, maniés comme du rebut. [...] Enfin nous sommes sœurs, je ne devrais même pas avoir besoin de le dire.

Mais avec tout ça je comprends des choses que peut-être tu ne comprends pas, parce que tu es trop différente. Vois-tu, tu vis tellement dans l'instant

— et je t'aime pour ça — que tu ne te représentes pas peut-être ce que c'est que de concevoir toute sa vie devant soi, et de prendre la résolution ferme et constante d'en faire quelque chose, de l'orienter d'un bout à l'autre par la volonté et le travail dans un sens déterminé. Quand on est comme ça — moi, je suis comme ça, alors je sais ce que c'est — ce qu'un être humain peut vous faire de pire au monde, c'est de vous infliger des souffrances qui brisent la vitalité et par conséquent la capacité de travail.

. . . .

Je ne sais que trop (à cause de mes maux de tête) ce que c'est que de savourer ainsi la mort tout vivant, de voir des années s'étendre devant soi, d'avoir mille fois de quoi les remplir, et de penser que la faiblesse physique forcera à les laisser vides, que les franchir simplement jour par jour sera une tâche écrasante.

. . . .

J'aurais voulu te parler un peu de moi, je n'en ai plus le temps. J'ai beaucoup souffert de ces mois d'esclavage, mais je ne voudrais pour rien au monde ne pas les avoir traversés. Ils m'ont permis de m'éprouver moi-même et de toucher du doigt tout ce que je n'avais pu qu'imaginer. J'en suis sortie bien différente de ce que j'étais quand j'y suis entrée — physiquement épuisée, mais moralement endurcie (tu comprendras en quel sens je dis ça).

Écris-moi à Paris. Je suis nommée à Bourges. C'est loin. On n'aura guère la possibilité de se voir.

. . . .

Je t'embrasse.

SIMONE

*

[Fin décembre 1935[3]]

Chère Albertine,

Ça me fait du bien de recevoir un mot de toi. Il y a des choses, il me semble, pour lesquelles on ne se comprend que toi et moi. Tu vis encore ; ça, tu ne peux pas savoir comme j'en suis heureuse. . . . . . .

Tu méritais bien de te libérer. La vie les vend cher, les progrès qu'elle fait faire. Presque toujours au prix de douleurs intolérables.

. . . .

Tu sais, j'ai une idée qui me vient juste à l'instant. Je nous vois toutes les deux, pendant les vacances, avec quelques sous en poche, marchant le long des routes, des chemins et des champs, sac au dos. On coucherait des fois dans les granges. Des fois on donnerait un coup de main pour la moisson, en échange de la nourriture. . . . .
. . . . Qu'en dis-tu ?

. . . .

. . . .

Ce que tu écris de l'usine m'est allé droit au cœur[4]. C'est ça que je sentais, moi, depuis mon enfance. C'est pour ça qu'il a fallu que je finisse par y aller, et ça me faisait de la peine, avant, que tu ne comprennes pas. Mais une fois dedans, comme c'est autre chose ! Maintenant, c'est comme ceci que je sens la question sociale : une usine, cela doit être ce que tu as senti ce jour-là à Saint-Chamond, ce que j'ai senti si souvent, un endroit où on se heurte durement, douloureusement, mais quand même joyeusement à la vraie vie. Pas cet endroit morne où on ne fait qu'obéir, briser sous la contrainte tout ce qu'on a d'humain, se courber, se laisser abaisser au-dessous de la machine.

Une fois j'ai senti pleinement, dans l'usine, ce que j'avais pressenti, comme toi, du dehors. À ma première boîte. Imagine-moi devant un grand four, qui

crache au-dehors des flammes et des souffles
embrasés que je reçois en plein visage. Le feu sort
de cinq ou six trous qui sont dans le bas du four. Je
me mets en plein devant pour enfourner une trentaine de grosses bobines de cuivre qu'une ouvrière
italienne, au visage courageux et ouvert, fabrique à
côté de moi ; c'est pour les trams et les métros, ces
bobines. Je dois faire bien attention qu'aucune des
bobines ne tombe dans un des trous, car elle y fon-
drait ; et pour ça, il faut que je me mette en plein en
face du four, et que jamais la douleur des souffles
enflammés sur mon visage et du feu sur mes bras
(j'en porte encore la marque) ne me fasse faire un
faux mouvement. Je baisse le tablier du four ; j'attends quelques minutes ; je relève le tablier et avec
un crochet je retire les bobines passées au rouge, en
les attirant à moi très vite (sans quoi les dernières
retirées commenceraient à fondre), et en faisant
bien plus attention encore qu'à aucun moment un
faux mouvement n'en envoie une dans un des trous.
Et puis ça recommence. En face de moi un soudeur,
assis, avec des lunettes bleues et un visage grave
travaille minutieusement ; chaque fois que la douleur me contracte le visage, il m'envoie un sourire
triste, plein de sympathie fraternelle, qui me fait un
bien indicible. De l'autre côté, une équipe de chaudronniers travaille autour de grandes tables ; travail
accompli en équipe, fraternellement, avec soin et
sans hâte ; travail très qualifié où il faut savoir calculer, lire des dessins très compliqués, appliquer
des notions de géométrie descriptive. Plus loin, un
gars costaud frappe avec une masse sur les barres
de fer en faisant un bruit à fendre le crâne. Tout ça,
dans un coin tout au bout de l'atelier, où on se sent
chez soi, où le chef d'équipe et le chef d'atelier ne
viennent pour ainsi dire jamais. J'ai passé là 2 ou
3 heures à 4 reprises (je m'y faisais de 7 à 8 F

l'heure — et ça compte, ça, tu sais!). La première fois, au bout d'une heure et demie, la chaleur, la fatigue, la douleur m'ont fait perdre le contrôle de mes mouvements; je ne pouvais plus descendre le tablier du four. Voyant ça, tout de suite un des chaudronniers (tous de chics types) s'est précipité pour le faire à ma place. J'y retournerais tout de suite, dans ce petit coin d'atelier, si je pouvais (ou du moins dès que j'aurais retrouvé des forces). Ces soirs-là, je sentais la joie de manger un pain qu'on a gagné.

Mais ça a été unique dans mon expérience de la vie d'usine. Pour moi, moi personnellement, voici ce que ça a voulu dire, travailler en usine. Ça a voulu dire que toutes les raisons extérieures (je les avais crues intérieures, auparavant) sur lesquelles s'appuyaient pour moi le sentiment de ma dignité, le respect de moi-même ont été en deux ou trois semaines radicalement brisées sous le coup d'une contrainte brutale et quotidienne. Et ne crois pas qu'il en soit résulté en moi des mouvements de révolte. Non, mais au contraire la chose au monde que j'attendais le moins de moi-même — la docilité. Une docilité de bête de somme résignée. Il me semblait que j'étais née pour attendre, pour recevoir, pour exécuter des ordres — que je n'avais jamais fait que ça — que je ne ferais jamais que ça. Je ne suis pas fière d'avouer ça. C'est le genre de souffrances dont aucun ouvrier ne parle : ça fait trop mal même d'y penser. Quand la maladie m'a contrainte à m'arrêter, j'ai pris pleinement conscience de l'abaissement où je tombais, je me suis juré de subir cette existence jusqu'au jour où je parviendrais, en dépit d'elle, à me ressaisir. Je me suis tenu parole. Lentement, dans la souffrance, j'ai reconquis à travers l'esclavage le sentiment de ma dignité d'être humain, un sentiment qui ne s'appuyait sur rien d'extérieur cette fois, et toujours accompa-

gné de la conscience que je n'avais aucun droit à
rien, que chaque instant libre de souffrances et d'humiliations devait être reçu comme une grâce, comme
le simple effet de hasards favorables.

Il y a deux facteurs, dans cet esclavage : la vitesse
et les ordres. La vitesse : pour «y arriver» il faut répéter mouvement après mouvement à une cadence qui,
étant plus rapide que la pensée, interdit de laisser
cours non seulement à la réflexion, mais même à la
rêverie. Il faut, en se mettant devant sa machine,
tuer son âme pour 8 heures par jour, sa pensée, ses
sentiments, tout. Est-on irrité, triste ou dégoûté, il
faut ravaler, refouler tout au fond de soi, irritation,
tristesse ou dégoût : ils ralentiraient la cadence. Et la
joie de même. Les ordres : depuis qu'on pointe en
entrant jusqu'à ce qu'on pointe en sortant, on peut à
chaque moment recevoir n'importe quel ordre. Et
toujours il faut se taire et obéir. L'ordre peut être
pénible ou dangereux à exécuter, ou même inexécu-
table ; ou bien deux chefs donner des ordres contradictoires ; ça ne fait rien : se taire et plier. Adresser la
parole à un chef — même pour une chose indispensable — c'est toujours, même si c'est un brave type
(même les braves types ont des moments d'humeur)
s'exposer à se faire rabrouer ; et quand ça arrive,
il faut encore se taire. Quant à ses propres accès
d'énervement et de mauvaise humeur, il faut les ravaler ; ils ne peuvent se traduire ni en paroles ni en
gestes, car les gestes sont à chaque instant déterminés par le travail. Cette situation fait que la pensée se
recroqueville, se rétracte, comme la chair se rétracte
devant un bistouri. On ne *peut pas* être «conscient».

Tout ça, c'est pour le travail non qualifié, bien
entendu. (Surtout celui des femmes).

Et à travers tout ça un sourire, une parole de bonté,
un instant de contact humain ont plus de valeur que
les amitiés les plus dévouées parmi les privilégiés

grands ou petits. Là seulement on sait ce que c'est que la fraternité humaine. Mais il y en a peu, très peu. Le plus souvent, les rapports même entre camarades reflètent la dureté qui domine tout là-dedans.

Allons, assez bavardé. J'écrirais des volumes sur tout ça.

S. W.

Je voulais te dire aussi : le passage de cette vie si dure à ma vie actuelle, je sens que ça me corrompt. Je comprends ce que c'est qu'un ouvrier qui devient « permanent », maintenant. Je réagis tant que je peux. Si je me laissais aller, j'oublierais tout, je m'installerais dans mes privilèges sans vouloir penser que ce sont des privilèges. Sois tranquille, je ne me laisse pas aller. À part ça, j'y ai laissé ma gaieté, dans cette existence ; j'en garde au cœur une amertume ineffaçable. Et quand même, je suis heureuse d'avoir vécu ça.

Ça me fait du bien ce que tu dis de Souvarine. C'est vrai que c'est un chic type, tu peux en être sûre. Et il est seul, méconnu de presque tout le monde.

À propos, peux-tu faire insérer dans *L'Effort*, par l'intermédiaire d'Urbain, le papier ci-inclus ? N'oublie pas. C'est important.

Garde cette lettre — je te la redemanderai peut-être si, un jour, je veux rassembler tous mes souvenirs de cette vie d'ouvrière. Pas pour publier quelque chose là-dessus (du moins je ne pense pas), mais pour me défendre moi-même de l'oubli. C'est difficile de ne pas oublier, quand on change si radicalement de manière de vivre.

Lettre à Nicolas Lazarévitch

[Inédit]

[*Après un congé pour soigner une otite, et une convalescence passée à Montana (15 janvier-22 février 1935) Simone Weil avait repris le travail chez Alsthom, mais elle souffrait de maux de tête et se sentait profondément fatiguée. Elle apprit avec satisfaction sa mise à pied, pour une huitaine de jours. C'est pendant cette période qu'elle écrivit à Nicolas Lazarévitch, rencontré probablement au cours des réunions organisées à* La Révolution prolétarienne. *Nous donnons le texte intégral de cette lettre («Fonds Simone Weil», BnF, Boîte I, f. 206), partiellement reproduite dans l'ouvrage de Simone Pétrement (SP, p. 342-343).*

Voir la notice consacrée à Nicolas Lazarévitch.]

[9-17 mars 1935]

Cher Nicolas,

Voilà bien longtemps que je ne vous ai pas donné signe de vie. La raison, c'est que j'ai pu grâce à Boris[1], réaliser un projet qui me préoccupe depuis des années et que vous, vous comprendrez aisément : travailler en usine. Je suis entrée comme découpeuse (c'est-à-dire ouvrière sur presses) dans une usine de fabrication électrique possédée par une compagnie dont l'administrateur délégué[2], homme d'esprit fort large et fort compréhensif, est en bonnes relations avec Boris. Je dois avouer que je n'ai pas tenu le coup : j'ai pris froid, j'ai eu de l'anémie et j'ai dû me reposer ; mais j'y suis rentrée depuis trois semaines. J'y ai compris bien de choses qu'auparavant je ne faisais qu'entrevoir, j'y ai rectifié des idées fausses, j'y ai fait bien des observations, les unes décourageantes, les autres réconfortantes. Mais je ne fais encore qu'entrevoir ce dont j'ai tout particulièrement à cœur de me faire une idée un peu nette, l'organisation de l'entreprise.

J'ai voulu bien des fois vous écrire, d'autant plus que vous êtes un des rares camarades capables de compréhension et de sympathie à l'égard d'une expérience de ce genre ; j'en ai toujours été empêchée par la fatigue. On travaille aux pièces, les normes sont dures, comme il est normal en temps de crise, rien dans ma vie passée ne m'a préparée à ce genre d'efforts, et le découpage est, je crois, une des choses les plus dures qu'il y ait parmi les travaux de femmes. Je suis loin encore d'atteindre les normes, lesquelles sont d'ailleurs assez souvent rigoureusement impossibles à atteindre, même pour de bonnes ouvrières, vu que le chronométrage se fait en dépit du bon sens ; mais il y a une moyenne à laquelle je devrais arriver et à laquelle je n'arrive pas ; j'y ai d'autant plus de mal qu'étant là avant tout pour observer et comprendre, je ne puis obtenir de moi ce vide mental, cette absence de pensée indispensable aux esclaves de la machine moderne.

Avant d'entrer dans cette usine, j'ai terminé un long papier que la *Critique* sortira sans doute d'ici peu (et ce sera probablement son dernier nº) ; vous y verrez à quelles conclusions je suis arrivée, et vous me direz ce que vous en pensez[3].

J'ai assisté à la discussion de la RP[4] sur le plan de la CGT[5], et ai été scandalisée de voir qu'on n'y a même pas mis en question le principe même du

plan, c'est-à-dire de l'économie dirigée par un pouvoir central qui manipule à son gré les masses tra-
vailleuses. Entre nous soit dit — car je ne le dirais
pas à d'autres — j'ai l'impression que les copains de
la RP, dans leur faiblesse actuelle, subissent malgré
eux et sans en avoir conscience, l'ascendant de la
CGT, et cela au moment même où ils la combattent.

J'oubliais de vous dire, à propos de mon usine,
que depuis que j'y suis je n'ai pas entendu *une seule
fois* parler de questions sociales, ni de syndicat, ni
de parti. À la cantine, où j'ai mangé quelque temps,
je n'ai vu qu'un petit nombre de journaux, tous
bourgeois. Et pourtant la direction est, me semble-
t-il, fort libérale. Une fois seulement il y a eu un
petit incident : quelqu'un a distribué, à la rentrée de
1 h 1/4, à la porte de l'usine, des tracts sur l'affaire
Citroën, signés « La section syndicale de l'usine ».
Tous les ouvriers, et la plupart des ouvrières, ont
pris ces tracts avec une satisfaction visible, la satisfaction que procure toujours à des esclaves une bra-
vade sans risques. Mais il n'y a rien eu d'autre ; on
n'en a plus parlé. J'ai demandé à un ouvrier s'il
existait réellement une section syndicale à l'usine ;
je n'ai obtenu d'autre réponse qu'un haussement
d'épaules et un rire significatif. On se plaint des
normes, du manque de travail, de bien des choses ;
mais ce sont des plaintes, et voilà tout. Quant à
l'idée de résister tant soit peu, elle ne vient à personne. Pourtant, en ce qui concerne les normes, il y
aurait moyen de se défendre un peu, même sans
syndicat, avec un peu de ruse et surtout de solidarité ; mais la solidarité fait défaut dans une large
mesure.

J'ai eu le plaisir de faire la connaissance de Guihéneuf[6] (je ne sais par quel hasard je ne l'avais pas
rencontré plus tôt) et de m'apercevoir que sur bien
des points sa pensée a parcouru un chemin ana-

logue à celui qu'a parcouru la mienne. Par ailleurs, c'est un camarade remarquable à tous égards.

Colette[7] va toujours aussi mal (je n'ai jamais eu le moindre espoir à ce sujet) et Boris semble sans forces pour surmonter le chagrin, bien qu'il ait eu des mois pour s'y accoutumer, si on peut employer un tel terme.

J'espère que chez vous au moins ça ne va pas trop mal, que le gosse et Ida[8] vont bien et que vous êtes dans une situation tolérable. Je n'ai guère le droit, après un aussi long silence, de vous demander de vos nouvelles, mais je compte bien quand même que vous m'en donnerez.

Faites mes amitiés à Ida. Bien àmicalement à vous.

S. WEIL

Écrivez-moi 228 rue Lecourbe, Paris XVe. J'ai pris une petite chambre tout près de mon travail.

Lettre à Simone Gibert

[*Comme la précédente à Nicolas Lazarévitch, la présente lettre, à une ancienne élève, a été écrite pendant la période de mise à pied, en mars 1935.*
Voir la notice consacrée à Simone Gibert.]

[9-17 mars 1935]

Chère petite,

Il y a longtemps que je veux vous écrire, mais le travail d'usine n'incite guère à la correspondance. Comment avez-vous su ce que je faisais ? Par les sœurs Dérieu[1], sans doute ? Peu importe, d'ailleurs, car je voulais vous le dire. Vous, du moins, n'en parlez pas, même pas à Marinette, si ce n'est déjà fait. C'est ça le «contact avec la vie réelle» dont je vous parlais[2]. Je n'y suis arrivée que par faveur : un de mes meilleurs copains[3] connaît l'administrateur délégué de la Compagnie[4], et lui a expliqué mon désir ; l'autre a compris, ce qui dénote une largeur d'esprit tout à fait exceptionnelle chez cette espèce de gens. De nos jours, il est presque impossible d'entrer dans une usine sans certificat de travail — surtout quand on est, comme moi, lent, maladroit et pas très costaud.

Je vous dis tout de suite — pour le cas où vous auriez l'idée d'orienter votre vie dans une direction

semblable — que, quel que soit mon bonheur d'être
arrivée à travailler en usine, je ne suis pas moins
heureuse de n'être pas enchaînée à ce travail. J'ai
simplement pris une année de congé «pour études
personnelles». Un homme, s'il est très adroit, très
intelligent et très costaud, peut à la rigueur espérer,
dans l'état actuel de l'industrie française, arriver
dans l'usine à un poste où il lui soit permis de travailler d'une manière intéressante et humaine ; et
encore les possibilités de cet ordre diminuent de jour
en jour avec les progrès de la rationalisation. Les
femmes, elles, sont parquées dans un travail tout à
fait machinal, où on ne demande que de la rapidité.
Quand je dis machinal, ne croyez pas qu'on puisse
rêver à autre chose en le faisant, encore moins réfléchir. Non, le tragique de cette situation, c'est que le
travail est trop machinal pour offrir matière à la pensée, et que néanmoins il interdit toute autre pensée.
Penser, c'est aller moins vite ; or il y a des normes de
vitesse, établies par des bureaucrates impitoyables,
et qu'il faut réaliser, à la fois pour ne pas être renvoyé et pour gagner suffisamment (le salaire étant
aux pièces). Moi, je n'arrive pas encore à les réaliser,
pour bien des raisons : le manque d'habitude, ma
maladresse naturelle, qui est considérable, une certaine lenteur naturelle dans les mouvements, les
maux de tête, et une certaine manie de penser dont
je n'arrive pas à ma débarrasser... Aussi je crois
qu'on me mettrait à la porte sans une protection d'en
haut. Quant aux heures de loisir, théoriquement on
en a pas mal, avec la journée de 8 heures ; pratiquement elles sont absorbées par une fatigue qui va
souvent jusqu'à l'abrutissement. Ajoutez, pour compléter le tableau, qu'on vit à l'usine dans une subordination perpétuelle et humiliante, toujours aux
ordres des chefs. Bien entendu, tout cela fait plus ou
moins souffrir, selon le caractère, la force physique,

etc.; il faudrait des nuances; mais enfin, en gros, c'est ça.

Ça n'empêche pas que — tout en souffrant de tout cela — je suis plus heureuse que je ne puis dire d'être là où je suis. Je le désirais depuis je ne sais combien d'années, mais je ne regrette pas de n'y être arrivée que maintenant, parce que c'est maintenant seulement que je suis en état de tirer de cette expérience tout le profit qu'elle comporte pour moi. J'ai le sentiment, surtout, de m'être échappée d'un monde d'abstractions et de me trouver parmi des hommes réels — bons ou mauvais, mais d'une bonté ou d'une méchanceté véritable. La bonté surtout, dans une usine, est quelque chose de réel quand elle existe; car le moindre acte de bienveillance, depuis un simple sourire jusqu'à un service rendu, exige qu'on triomphe de la fatigue, de l'obsession du salaire, de tout ce qui accable et incite à se replier sur soi. De même la pensée demande un effort presque miraculeux pour s'élever au-dessus des conditions dans lesquelles on vit. Car ce n'est pas là comme à l'université, où on est payé pour penser ou du moins pour faire semblant; là, la tendance serait plutôt de payer pour ne pas penser; alors, quand on aperçoit un éclair d'intelligence, on est sûr qu'il ne trompe pas. En dehors de tout cela, les machines par elles-mêmes m'attirent et m'intéressent vivement. J'ajoute que je suis en usine principalement pour me renseigner sur un certain nombre de questions fort précises qui me préoccupent, et que je ne puis vous énumérer.

Assez parlé de moi. Parlons de vous. Votre lettre m'a effrayée. Si vous persistez à avoir pour principal objectif de connaître toutes les sensations possibles — car, comme état d'esprit passager, c'est normal à votre âge — vous n'irez pas loin. J'aimais bien mieux quand vous disiez aspirer à prendre

contact avec la vie réelle. Vous croyez peut-être que
c'est la même chose ; en fait, c'est juste le contraire.
Il y a des gens qui n'ont vécu que de sensations et
pour les sensations ; André Gide en est un exemple.
Ils sont en réalité les dupes de la vie, et, comme ils
le sentent confusément, ils tombent toujours dans
une profonde tristesse où il ne leur reste d'autre
ressource que de s'étourdir en se mentant misérablement à eux-mêmes. Car la réalité de la vie, ce
n'est pas la sensation, c'est l'activité — j'entends
l'activité et dans la pensée et dans l'action. Ceux qui
vivent de sensations ne sont, matériellement et moralement, que des parasites par rapport aux hommes
travailleurs et créateurs qui seuls sont des hommes.
J'ajoute que ces derniers, qui ne recherchent pas
les sensations, en reçoivent néanmoins de bien plus
vives, plus profondes, moins artificielles et plus vraies
que ceux qui les recherchent. Enfin la recherche de
la sensation implique un égoïsme qui me fait horreur, en ce qui me concerne. Elle n'empêche évidemment pas d'aimer, mais elle amène à considérer les
êtres aimés comme de simples occasions de jouir ou
de souffrir, et à oublier complètement qu'ils existent
par eux-mêmes. On vit au milieu de fantômes. On
rêve au lieu de vivre.

En ce qui concerne l'amour, je n'ai pas de conseils
à vous donner, mais au moins des avertissements.
L'amour est quelque chose de grave où l'on risque
souvent d'engager à jamais et sa propre vie et celle
d'un autre être humain. On le risque même toujours,
à moins que l'un des deux ne fasse de l'autre son
jouet ; mais en ce dernier cas, qui est fort fréquent,
l'amour est quelque chose d'odieux. Voyez-vous,
l'essentiel de l'amour, cela consiste en somme en
ceci qu'un être humain se trouve avoir un besoin
vital d'un autre être — besoin réciproque ou non,
durable ou non, selon les cas. Dès lors le **problème**

est de concilier un pareil besoin avec la liberté, et les hommes se sont débattus dans ce problème depuis des temps immémoriaux. C'est pourquoi l'idée de rechercher l'amour pour voir ce que c'est, pour mettre un peu d'animation dans une vie trop morne, etc., me paraît dangereuse et surtout puérile. Je peux vous dire que quand j'avais votre âge, et plus tard aussi, et que la tentation de chercher à connaître l'amour m'est venue, je l'ai écartée en me disant qu'il valait mieux pour moi ne pas risquer d'engager toute ma vie dans un sens impossible à prévoir avant d'avoir atteint un degré de maturité qui me permette de savoir au juste ce que je demande en général à la vie, ce que j'attends d'elle. Je ne vous donne pas cela comme un exemple ; chaque vie se déroule selon ses propres lois. Mais vous pouvez y trouver matière à réflexion. J'ajoute que l'amour me paraît comporter un risque plus effrayant encore que celui d'engager aveuglément sa propre existence ; c'est le risque de devenir l'arbitre d'une autre existence humaine, au cas où on est profondément aimé. Ma conclusion (que je vous donne seulement à titre d'indication) n'est pas qu'il faut fuir l'amour, mais qu'il ne faut pas le rechercher, et surtout quand on est très jeune. Il vaut bien mieux alors ne pas le rencontrer, je crois.

Il me semble que vous devriez pouvoir réagir contre l'ambiance. Vous avez le royaume illimité des livres ; c'est loin d'être tout, mais c'est beaucoup, surtout à titre de préparation à une vie plus concrète. Je voudrais aussi vous voir vous intéresser à votre travail de classe, où vous pouvez apprendre beaucoup plus que vous ne croyez. D'abord à travailler : tant qu'on est incapable de travail suivi, on n'est bon à rien dans aucun domaine. Et puis vous former l'esprit. Je ne vous recommence pas l'éloge de la géométrie. Quant à la physique, vous ai-je suggéré l'exercice suivant? C'est de faire la critique de votre manuel et de votre cours en essayant de discerner ce qui est bien raisonné de ce qui ne l'est pas. Vous trouverez ainsi une quantité surprenante de faux raisonnements. Tout en s'amusant à ce jeu, extrêmement instructif, la leçon se fixe souvent dans la mémoire sans qu'on y pense. Pour l'histoire et la géographie, vous n'avez guère à ce sujet que des choses fausses à force d'être schématiques; mais si vous les apprenez bien, vous vous donnerez une base solide pour acquérir ensuite par vous-même des notions réelles sur la société humaine dans le temps et dans l'espace, chose indispensable à quiconque se préoccupe de la question sociale. Je ne vous parle pas du français, je suis sûre que votre style se forme.

J'ai été très heureuse quand vous m'avez dit que vous étiez décidée à préparer l'école normale; cela m'a libérée d'une préoccupation angoissante. Je regrette d'autant plus vivement que cela semble être sorti de votre esprit.

Je crois que vous avez un caractère qui vous condamne à souffrir beaucoup toute votre vie. J'en suis même sûre. Vous avez trop d'ardeur et trop d'impétuosité pour pouvoir jamais vous adapter à la vie sociale de notre époque. Vous n'êtes pas seule ainsi. Mais souffrir, cela n'a pas d'importance, d'autant que vous éprouverez aussi de vives joies. Ce qui importe, c'est de ne pas rater sa vie. Or, pour ça, il faut se discipliner.

Je regrette beaucoup que vous ne puissiez pas faire de sport: c'est cela qu'il vous faudrait. Faites encore effort pour persuader vos parents. J'espère, au moins, que les vagabondages joyeux à travers les montagnes ne vous sont pas interdits. Saluez vos montagnes pour moi.

Je me suis aperçue, à l'usine, combien il est paralysant et humiliant de manquer de vigueur, d'adresse, de sûreté dans le coup d'œil. À cet égard, rien ne peut suppléer, malheureusement pour moi, à ce qu'on n'a pas acquis avant 20 ans. Je ne saurais trop vous recommander d'exercer le plus que vous pouvez vos muscles, vos mains, vos yeux. Sans un pareil exercice, on se sent singulièrement incomplet.

Écrivez-moi, mais n'attendez de réponse que de loin en loin. Écrire me coûte un effort excessivement pénible. Écrivez-moi 228 rue Lecourbe, Paris, XVe. J'ai pris une petite chambre tout près de mon usine.

Jouissez du printemps, humez l'air et le soleil (s'il y en a), lisez de belles choses.

χαῖρε[5]
S. WEIL

Lettre à Boris Souvarine

[*Simone Weil a cessé de travailler chez Alsthom le 5 avril 1935. Elle retrouve vite un emploi, à l'usine Jean-Jacques Carnaud et Forges de Basse-Indre où elle entre le jeudi 11 avril 1935. Le lendemain soir, elle fait part à Boris Souvarine des seules impressions que nous connaissions sur son bref séjour (à peine un mois) dans cette usine, puisque le* Journal d'usine *n'en dit rien au-delà du deuxième jour de travail.*

Voir la notice sur Boris Souvarine.]

Vendredi [12 avril 1935]

Cher Boris, je me contrains à vous écrire quelques lignes, parce que sans cela je n'aurais pas le courage de laisser une trace écrite des premières impressions de ma nouvelle expérience. La soi-disant petite boîte sympathique s'est avérée être, au contact, d'abord une assez grande boîte, et puis surtout une sale, une très sale boîte. Dans cette sale boîte, il y a un atelier particulièrement dégoûtant : c'est le mien. Je me hâte de vous dire, pour vous rassurer, que j'en ai été tirée à la fin de la matinée, et mise dans un petit coin tranquille où j'ai des chances de rester toute la semaine prochaine, et où je ne suis pas sur une machine.

Hier, j'ai fait le même boulot toute la journée

(emboutissage à une presse). Jusqu'à 4 h j'ai travaillé au rythme de 400 pièces à l'heure (j'étais à
l'heure, remarquez, avec salaire de 3 F), avec le sentiment que je travaillais dur. À 4 h, le contremaître
est venu me dire que si je n'en faisais pas 800 il me
renverrait : « Si, à partir de maintenant vous en
faites 800, *je consentirai peut-être* à vous garder. »
Vous comprenez, on nous fait une grâce en nous
permettant de nous crever, et il faut dire merci. J'ai
tendu toutes mes forces, et suis arrivée à 600 à
l'heure. On m'a quand même laissée revenir ce
matin (ils manquent d'ouvrières, parce que la boîte
est trop mauvaise pour que le personnel y soit
stable, et qu'il y a des commandes urgentes pour les
armements). J'ai fait ce boulot 1 h encore, en me
tendant encore un peu plus, et ai fait un peu plus de
650. On m'a fait faire diverses autres choses, toujours avec la même consigne, à savoir y aller à toute
allure. Pendant 9 h par jour (car on rentre à 1 h,
non 1 h 1/4 comme je vous l'avais dit) les ouvrières
travaillent ainsi, littéralement sans une minute de
répit. Si on change de boulot, si on cherche une
boîte, etc., c'est toujours en courant. Il y a une chaîne
(c'est la première fois que j'en vois une, et cela
m'a fait mal) où on a, m'a dit une ouvrière, *doublé*
le rythme depuis 4 ans ; et aujourd'hui encore le
contremaître a remplacé une ouvrière de la chaîne
à sa machine et a travaillé 10 mn à toute allure (ce
qui est bien facile quand on se repose après) pour
lui prouver qu'elle devait aller encore plus vite. Hier
soir, en sortant, j'étais dans un état que vous pouvez
imaginer (heureusement les maux de tête du moins
me laissaient du répit) ; au vestiaire, j'ai été étonnée
de voir que les ouvrières étaient encore capables de
babiller, et ne semblaient pas avoir au cœur la
rage concentrée qui m'avait envahie. Quelques-unes
pourtant (2 ou 3) m'ont exprimé des sentiments de

cet ordre. Ce sont celles qui sont malades, et ne peuvent pas se reposer. Vous savez que le pédalage exigé par les presses est quelque chose de très mauvais pour les femmes ; une ouvrière m'a dit qu'ayant eu une salpingite, elle n'a pas pu obtenir d'être mise ailleurs que sur les presses. Maintenant, elle est enfin ailleurs qu'aux machines, mais la santé définitivement démolie.

En revanche, une ouvrière qui est à la chaîne, et avec qui je suis rentrée en tram, m'a dit qu'au bout de quelques années, ou même d'un an, on arrive à ne plus souffrir, bien qu'on continue à se sentir abrutie. C'est à ce qu'il me semble le dernier degré de l'avilissement. Elle m'a expliqué comment elle et ses camarades étaient arrivées à se laisser réduire à cet esclavage (je le savais bien, d'ailleurs). Il y a 5 ou 6 ans, m'a-t-elle dit, on se faisait 70 F par jour, et «pour 70 F on aurait accepté n'importe quoi, on se serait crevé». Maintenant encore certaines qui n'en ont pas absolument besoin sont heureuses d'avoir, à la chaîne, 4 F l'heure et des primes. Qui donc, dans le mouvement ouvrier ou soi-disant tel, a eu le courage de penser et de dire, pendant la période des hauts salaires, qu'on était en train d'avilir et de corrompre la classe ouvrière ? Il est certain que les ouvriers ont mérité leur sort : seulement la responsabilité est collective, et la souffrance est individuelle. Un être qui a le cœur bien placé doit pleurer des larmes de sang s'il se trouve pris dans cet engrenage.

Quant à moi, vous devez vous demander ce qui me permet de résister à la tentation de m'évader, puisque aucune nécessité ne me soumet à ces souffrances. Je vais vous l'expliquer : c'est que même aux moments où véritablement je n'en peux plus, je n'éprouve à peu près pas de pareille tentation. Car ces souffrances, je ne les ressens pas comme

miennes, je les ressens en tant que souffrances des
ouvriers, et que moi, personnellement, je les subisse
ou non, cela m'apparaît comme un détail presque
indifférent. Ainsi le désir de connaître et de comprendre n'a pas de peine à l'emporter.

Cependant, je n'aurais peut-être pas tenu le coup
si on m'avait laissé dans cet atelier infernal. Dans le
coin où je suis maintenant, je suis avec des ouvriers
qui ne s'en font pas. Je n'aurais jamais cru que d'un
coin à l'autre d'une même boîte il puisse y avoir de
pareilles différences.

Allons, assez pour aujourd'hui. Je regrette presque
de vous avoir écrit. Vous êtes assez malheureux sans
que j'aille encore vous entretenir de choses tristes.

Affectueusement.

S. W.

Journal d'usine

[*Simone Weil a tenu son* Journal d'usine *sur un cahier à couverture cartonnée. Anne Roche a décrit avec précision l'organisation du manuscrit, dans son introduction de ce texte pour les* Œuvres complètes *(OC, II, 2, p. 157-158).*

Nous retiendrons que sur la page de gauche du cahier [ms. pair] *figurent l'emploi du temps, les heures et le gain. La page de droite* [ms. impair] *est consacrée au développement de certains incidents ou à des commentaires. Comme dans l'édition des* Œuvres complètes, *le texte imprimé rend compte de cette alternance par une modification du corps et de la marge. Les difficultés rencontrées, dans la restitution de l'ordre du manuscrit, ont reçu des solutions claires dans l'édition des* Œuvres complètes. *L'ordre suivi dans la première édition de* La Condition ouvrière *était un ordre logique. L'ordre suivi dans les* Œuvres complètes *est l'ordre matériel du manuscrit, reproduit dans la présente édition.*]

Pour les appels de notes nous adoptons les conventions utilisées par les éditeurs des *Œuvres complètes*, conventions ainsi présentées (*OC*, II, 2, p. 169):
1. Pour les notes relatives à la matérialité du

texte, l'astérisque renvoie en bas de page (ces notes sont reprises de l'édition des *Œuvres complètes*).

2. Pour les termes techniques, on use du sigle «*G*» (pour la première occurrence de chacun d'eux), qui renvoie au «Glossaire».

3. Pour les notes d'éclaircissement et de commentaire, on utilise les appels chiffrés.

Pour les mots biffés, on a adopté la convention suivante: Le mot (ou les mots) biffé(s) figurent en italique entre deux barres droites. Ex: |*métal*| laiton.

Les crochets droits en gras sont de Simone Weil.

Les crochets droits en maigre sont des éditeurs.

Les pages du manuscrit sont annoncées sous la forme abrégée [*ms. 1, 2, 3*, etc.].

> Non seulement que l'homme sache
> ce qu'il fait — mais si possible qu'il en
> *perçoive l'usage* — qu'il perçoive la
> nature modifiée par lui.
> Que pour chacun son propre travail
> soit un *objet de contemplation*.

[*ms. 1*]
  πόλλ' ἀεκαζομένη, κρατερὴ δ'ἐπικείσετ' ἀνάγκη[1]

[*ms. 2*]   [ALSTHOM]

PREMIÈRE SEMAINE [du 4 au 8 déc. 1934]

Entrée le mardi 4 décembre 1934.
Mardi. — 3 h de travail dans la journée: début de
la matinée, 1 h de *perçage* (Catsous).

Fin de la matinée, 1 h de *presse* avec Jacquot[2]
(c'est là que j'ai fait connaissance avec le magasinier). Fin de l'après-midi: 3/4 h à tourner *une manivelle* pour aider à faire cartons[G] (avec Dubois).

Mercredi matin [5 déc.] — *Balancier*[G] toute la
matinée, avec des arrêts. Fait sans me presser, par
suite sans fatigue. Coulé!

De 3 à 4, *travail facile à presse* ; 0,70 %[*]. Coulé néanmoins.

À 4 h 3/4 : *machine à boutons*.

Jeudi matin [6 déc.]. — *Machine à boutons*[G] ; 0,56 % (devait être 0,72). 1 160 dans toute la matinée — très difficile.

Après-midi. — Panne d'électricité. Attente de 1 h 1/4 à 3 h. Sortie à 3 h.

Vendredi [7 déc.]. — Pièces à angle droit, à la *presse* (outil devant seulement accentuer l'angle droit). 100 *pièces loupées* (écrasées, *la vis s'étant desserrée*).

À partir de 11 h, *travail à la main* : ôter les cartons dans un montage qu'on voulait refaire (circuits magnétiques fixes — remplacer carton par plaquettes de cuivre). Outils : maillet, tuyau à air comprimé, lame de scie, boîte à lumière[G], très fatigante pour les yeux.

Samedi [8 déc.]. — *Cartons*.

Pas un seul bon[G] *non coulé*[G].

Ouvrières :

Mme Forestier[3].

Mimi.

Admiratrice de Tolstoï (Eugénie).

Ma coéquipière des barres de fer (Louisette).

Sœur de Mimi.

Chat.

Blonde de l'usine de guerre.

Rouquine (Joséphine).

Divorcée.

Mère du gosse brûlé.

Celle qui m'a donné un petit pain.

Italienne.

Dubois.

---

[*] S.W. exprime en pourcentage le montant du salaire attribué pour chaque pièce. 0,70 % signifie 0,70 F pour 100 pièces, ou 0,70 centime par pièce.

[*ms. 3*]

Tour à l'*outillage*^G, mais pas le temps d'y voir grand-chose. Engueulée pour y être allée.

Personnages :

> *Mouquet*[4].
> *Chatel.*
> *Magasinier* (Promeyrat).

Régleurs^G :

> *Hillion*[5].
> *Léon.*
> *Catsous* (Michel).
> «*Jacquot*» (redevenu ouvrier).
> *Robert.*
> «*Biol*» (fond).
> (Ou V...?)
> «...» (four).

Ouvriers :

> violoniste
> blond avantageux
> vieux à lunettes (lecteur de l'*Auto*)
> chanteur au four
> ouvr. à lunettes du perçage («on y va voir»... très gentil)
> gars au maillet (boit — le seul)
> son coéquipier
> mon «fiancé»
> son frangin (?)
> jeune Ital. blond
> soudeur
> chaudronnier

[*ms. 4*]

DEUXIÈME SEMAINE [du 10 au 15 déc. 1934]

Lundi [10 déc.]
Mardi [11 déc.]   *Ôter les cartons.*
Mercredi [12 déc.]

[Lundi]. — Chef du personnel me fait appeler à

10 h pour me dire qu'on met mon taux d'affûtage^G
à 2 F (en fait, ce sera 1,80 F)*.

Mardi. — Violent mal de tête, travail très lent et
mauvais.

(Mercredi je suis arrivée à le faire vite et bien, en
tapant fort et juste avec le maillet — mais un mal
aux yeux terrible).

Jeudi [13 déc.]. — De 10 h (ou plus tôt?) à 2 h
environ, *planage*^{G} avec |*la grande manivelle*| le
grand balancier. Travail recommencé, une fois
achevé entièrement, sur l'ordre du chef d'atelier, et
recommencé de manière *pénible* et dangereuse —
Après midi : arrêt jusqu'à 4 h.

De 4 h à 5 h 1/4**

Vendredi [14 déc.].

Presse — *rondelles* auxquelles l'outil donnait un
trou et une forme ⊖. Travaillé toute la journée.
Bon non coulé, malgré nécessité de remettre un
ressort, *le ressort s'étant cassé*. Première fois que
j'ai travaillé toute la journée à la même machine :
grande fatigue, bien que je n'aie pas donné toute
ma vitesse. Erreur sur le compte, rectifiée à ma
demande par l'ouvrière qui m'a suivie (très
chic!).

Samedi [15 déc.] — 1 h pour pratiquer un trou
dans des bouts de laiton, placés contre une butée^G
très basse que je ne voyais pas, ce qui m'en a fait
louper 6 ou 7 (travail fait la veille avec succès par
une nouvelle qui n'avait jamais travaillé, au dire du
régleur Léon, qui gueule tant qu'il peut). Coulé —
mais pas de réprimande pour les pièces loupées,
parce que le compte y est.

---

* Sur le manuscrit, un trait fléché relie ces deux lignes à la
mention «Lundi».

** Par une accolade, S. W. relie cette indication d'horaire à
ce qui suit, à savoir : «Presse — *rondelles* [etc.].»

3/4 h pour couper de petites barres de laiton, avec
Léon. Facile — pas de bêtise.

Arrêt, nettoyage de machines.

1 bon non coulé (de 25,50 F).

Ouvrière renvoyée* — tuberculeuse — avait plusieurs fois loupé des centaines de pièces (mais combien ?). Une fois, juste avant de tomber très malade ;
aussi on lui avait pardonné. Cette fois, 500. Mais en
équipe du soir (2 h 1/2 — 10 h 1/2), quand toutes les
lumières sont éteintes, sauf les baladeuses (lesquelles
n'éclairent rien du tout). Le drame se complique
du fait que la responsabilité du monteur^G (Jacquot)
est automatiquement engagée. Les ouvrières avec
lesquelles je suis (Chat et autres, à l'arrêt — dont
adm[iratrice] de Tolstoï ?) pour Jacquot. Une d'elles :
« Il faut être plus consciencieux, *quand on a sa vie à
gagner.* »

Il paraît que cette ouvrière avait refusé la commande en question (sans doute délicate et mal
payée), « travail trop dur », dit-on. Le chef d'atelier
lui avait dit : « Si ce n'est pas fait demain matin... »
On en a conclu, sans doute, qu'elle avait loupé par
mauvaise volonté. Pas un mot de sympathie des
ouvrières, qui connaissent pourtant cet écœurement
devant une besogne où l'on s'épuise en sachant
qu'on gagnera 2 F ou moins et qu'on sera engueulé
pour avoir coulé le bon — écœurement que la maladie doit décupler. Ce manque de sympathie s'explique
du fait qu'un « mauvais » boulot, s'il est épargné
à une, est fait par une autre... Commentaire d'une
ouvrière (Mme Forestier ?) « Elle n'aurait pas dû

---

* S. W. a d'abord écrit sur la page de droite [ms. 5] (avant
de biffer puis de reprendre longuement sur la page en vis-à-
vis) les lignes suivantes :

« Ouvrière renvoyée. Tuberculeuse. Mari chômeur. Gosses
(mais d'un autre, et à la charge du père) – Peu de solidarité
des autres. »

répondre... quand on a sa vie à gagner, il faut ce qu'il
faut... (répété plusieurs fois)... Elle aurait pu alors
aller dire au sous-directeur : J'ai eu tort, oui, mais ce
n'est pas tout à fait de ma faute quand même : on n'y
voit pas bien clair, etc. Je ne le ferai plus, etc. »

« Quand on a sa vie à gagner » : cette expression a
en partie pour cause le fait que certaines ouvrières,
mariées, travaillent non pour vivre, mais pour avoir
un peu plus de bien-être. (Celle-là avait un mari,
mais chômeur.) Inégalité très considérable entre les
ouvrières...

[ms. 5]

Lundi matin, appelée chez le chef du personnel qui
m'annonce qu'on baisse mon taux d'affûtage à 2 F. (En
fait, on me le met à 1,80 F.)

Ordre de recommencer justifié, ou brimade ? En tout
cas, Mouquet me l'a fait recommencer d'une manière
épuisante et dangereuse (il fallait se baisser à chaque fois
sous peine de recevoir ce lourd contrepoids^G en plein sur
la tête.) Pitié et indignation muettes des voisins. Moi, en
fureur contre moi-même (sans raison, car personne ne
m'avait dit que je ne frappais pas assez fort), avais le
sentiment stupide que ça ne valait pas la peine de faire
attention à me protéger. Pas d'accident néanmoins.
Régleur (Léon) très irrité, sans doute contre Mouquet,
mais non explicitement.

À 11 h 3/4, regard...

Système de salaire. Bon coulé au-dessous de 3 F. On
règle les bons coulés, à la fin de la quinzaine, en petit
comité (Mouquet, le chrono... Le chrono est impitoyable ;
M., sans doute, défend un peu les ouvrières), à un prix
arbitraire — des fois 4 F — des fois 3 F — des fois au taux
d'affûtage (2,40 F pour les autres). Des fois on ne paie que
le prix effectivement réalisé en déduisant du boni^G la différence avec le taux d'affûtage. Quand une ouvrière se
juge victime d'une injustice, elle va se plaindre. Mais c'est
humiliant, vu qu'elle n'a aucun droit et se trouve à la merci
du bon vouloir des chefs, lesquels décident d'après la
valeur de l'ouvrière, et dans une large mesure d'après leur
fantaisie.

Le temps perdu entre les tâches ou doit être marqué sur les bons (mais alors on risque de les couler, surtout pour les petites commandes) ou est déduit de la paye. On compte alors moins de 96 h pour la quinzaine. C'est un mode de contrôle ; sans cela on marquerait toujours des temps plus courts que ceux effectivement employés.

Système des heures d'avance.

Histoire racontée. Mouquet : sœur de Mimi va le trouver pour se plaindre du prix d'un bon ; il la renvoie brutalement à son travail. Elle s'en va en rouspétant — 10 mn — il va la trouver : « Qu'est-ce qu'il y a ? » et arrange l'affaire.

« Il n'y en a pas beaucoup qui osent couler les bons. »

[*ms. 6*]

TROISIÈME SEMAINE [du 17 au 22 déc. 1934]

Tâches :

Lundi 17 [déc.], *matin.* — *Au petit balancier.*

Planage toute la matinée — fatigant — coulé.

Fin de la matinée : rondelles dans barres de métal, avec presse lourde de Robert.

Après-midi — *presse* : pièces fort difficiles à placer, à 0,56 % (600 de 2 h 1/2 à 5 h 1/4 ; une 1/2 h pour remonter la machine, qui s'était déréglée parce que j'avais laissé une pièce dans l'outil). Fatiguée et écœurée.

Mardi 18 [déc.]. — Mêmes pièces. 500 de 7 h à 8 h 3/4, *toutes loupées.*

De 9 h à 5 h, travail à deux, payé à l'heure : barres de fer de 3 m de long, lourdes de 30 à 50 kg. Fort pénible, mais non énervant. Une certaine joie de l'effort musculaire... mais le soir épuisement. Les autres regardent avec pitié, notamment Robert.

Mercredi 19 [déc.]. — 7 h à 11 h, arrêt.

11 h à 5, *lourde presse pour faire des rondelles* dans une barre de tôle avec Robert. Bon coulé (2 F l'heure ; 2,28 F pour 1 000 rondelles). (Mal de tête

très violent, travail accompli en pleurant presque sans arrêt. En rentrant, crise de sanglots interminable. Pas de bêtises cependant, sauf 3 ou 4 pièces loupées.)

Jeudi 20, vendredi 21 [déc.]. — Presse légère pour marquer les rivets — 0,62 % — réalisé 2,40 F l'heure (plus).

(Avertissement aimable du chef d'équipe : si vous les loupez, on vous fout à la porte). 3 000 — gagné 18,60 F. Bon coulé néanmoins : minimum 3 F. Pas de bêtises, mais retardée par des scrupules irraisonnés.

Le jeudi, paye : 241,60 F.

Samedi 22 [déc.]. — Rivetage avec Hillion. Travail assez agréable — 0,028 la pièce. *Bon non coulé*, mais cela en donnant toute ma vitesse. Effort constant — non sans un certain plaisir, parce que je réussis.

Salaire probable : 48 h à 1,80 F = 86,25 F. Boni : pour le mardi, si on a travaillé à 4 F l'heure, 17,60 F ; pour le mercredi 1,20 F, pour jeudi et vendredi 0,60 × 15 (environ) = 9 F ; pour samedi 1,20 × 3,5 = 4,20 F. Donc :

17,60 F + 1,60 F + 9 F + 4,20 F = 32,40 F. Cela ferait 86,25 F + 32,40 F = 118,65 F. Là-dessus peut-être une retenue correspondant à la tâche où j'ai loupé 500 pièces.

En fait j'ai eu un boni de 36,75 F (mais 3/4 d'h déduits, soit 1,20 F). Donc 4,35 F de plus que je n'avais cru. Sans doute un bon arrangé — probablement planage de lundi matin.

Un bon non coulé (de 12 F).

QUATRIÈME SEMAINE [du 24 au 29 déc.]

Mise à pied (semaine Noël-jour de l'an).

Prends froid — ai de la fièvre au cours de la semaine (fort peu) et des maux de tête terribles ;

quand vient la fin des fêtes et le moment de reprendre le travail, je suis encore enrhumée, et, surtout, brisée de fatigue.

Jeune chômeur rencontré le jour de Noël...

[*ms. 7*]

Planage : le souvenir de mon aventure au grand balancier me fait craindre de ne pas frapper assez fort. D'autre part il ne faut pas, paraît-il, frapper trop fort. Et le bon comporterait une vitesse qui me semble fantastique...

Sentiment d'avoir été un être libre 24 h (le dimanche), et de devoir me réadapter à une condition servile. Dégoût, à cause de ces 56 centimes, contraignant à se tendre et à s'épuiser avec la certitude d'une engueulade ou pour lenteur ou pour loupage... Augmenté par le fait que je dîne chez mes parents — Sentiment d'esclavage —

Vertige de la vitesse. (Surtout quand pour s'y jeter il faut vaincre fatigue, maux de tête, écœurement.)

Mimi à côté de moi —

Mouquet : ne pas mettre les doigts. « Vous ne mangez pas avec vos doigts... »

Conseils du magasinier, lumineux. Ne pédaler qu'avec la jambe, pas avec tout le corps ; pousser la bande avec une main, la maintenir avec l'autre, au lieu de tirer et maintenir avec la même. Rapport du travail avec l'athlétisme.

Robert assez dur quand il voit que j'ai loupé deux pièces.

Rivetage : travail de combinaison. Seule difficulté, faire les opérations dans l'ordre. Ici, par exemple, deux loupés parce que j'avais riveté avant d'avoir tout assemblé, par distraction.

[*ms. 8*]

CINQUIÈME SEMAINE [du 2 du 5 janv. 1935]

Mercredi 2 [janv. 1935]*. 7 h 1/4 - 8 h 3/4 : *découpage dans longue bande métal*, à grosse presse avec

---

* Du mercredi 2 au 11 janvier, dans la marge des pages 8, 10 et 12 [*ms. 8, 10 et 12*], S. W. a mentionné en marge « c » (coulé), ou « nc » (non coulé).

Robert. 677 pièces à 0,319 %. Marqué 1 h 10.
Accroc au début par manque d'huile. Difficulté à couper la bande. À la tirer. Retiré pièces trop souvent.
Gagné : 1,85 F ; au taux d'affûtage on doit me payer
2,10 F. *Différence de 0,25 F.*

8 h 50 à 11 h 3/4 : *trous pour connexions*[G], avec
|*la petite manivelle*| le petit balancier (nom ?). Len-
teur au début, parce que trop enfoncé outil, trop
longuement placé pièce — et regardé à côté.
830 pièces à 0,84 %. Gagné 7 F ; coulé, mais de peu.
Effect[ué] 2,30 F, marqué pour 2,80 F pour la matinée : 1 h à regagner.

1 h 1/4 - 2 h 1/2 : arrêt (1 h seulement marquée).

2 h 1/2 - 4 h : *presse. Cambré pièces* découpées le
matin : 600. 0,54 % ; gagné donc 3,24 F. Marqué
1 h 20 (1/4 h de plus que si pas coulé).

4 h 1/2 - 5 h 1/4 : *four*[G]. Travail très pénible[6] : non
seulement chaleur intolérable, mais les flammes
vont jusqu'à vous lécher les mains et les bras. Il faut
dompter les réflexes, sous peine de louper... (une
loupée !).

En marge : Reconnaissance profonde, quand on m'aide (petit
gars qui me montre à baisser le tablier avec le crochet
— chaudronnier sympathique qui le baisse pour moi quand je
cesse d'être maîtresse de mes mouvements...) et pour les sourires tristes du soudeur, quand je me brûle*.

Il y a 500 pièces (le reste jeudi matin), payés
4,80 F les 100. Donc 24 F le tout. Je dispose de
8 heures.

En dehors de ça, j'ai dans la journée 3 h 40 +
1 h 1/4 + 1 h 20 + 6 h 1/4**.

---

* Variante abrégée du paragraphe de la page suivante :
«Four. Le premier soir [...] sourire de sympathie.» Ajout
marginal relié avec une flèche à l'expression «chaleur into-
lérable».
** Ici, texte biffé : «Faut donc marquer 2 h 1/2 pour hier
— Et il me reste encore 4 h — J'ai donc à regagner.»

2 h 3/4 à regagner. En tenir compte. Demain je ne ferai sans doute pas plus de 3 h 1/2 ou 4 h...

Jeudi 3 [janv.]. — Passé journée au perçage*. 7 h - 9 h 1/4 : *four*. Nettement moins pénible que la veille, malgré un mal de tête violent dès le réveil. Ai appris à ne pas tellement m'exposer à la flamme, et à courir peu de risques de louper. Très dur néanmoins. Bruit terrible des coups de maillet, à quelques mètres.

Gagné 24,60 F au four. Marqué 6 h. Mis 3 h (donc 8,20 F l'heure).

9 h 1/4 - 11 h 1/4 (ou 1/2 ?) : *rivetage* amusant : passer rivets dans piles de feuilles métalliques trouées. Mais bon inévitablement coulé.

Marqué combien ? Sans doute 1 h 1/4 ? ou 1/2 ? ou 3/4 ? En tout cas au-dessous de mon t[au]x d'affûtage (*diff*[érent] *de plus de 1 h, sans doute*).

11 h 1/2 - 3 h ; déjeuné au rest[aurant] russe. *Rivetage* amusant et facile. 400 pièces à 0,023 = 9,20 F. Marqué 2 h 1/2 (de 3,70 F de l'h). (À la rentrée de 1 h 1/4, souffrant d'un mal de tête accablant, j'ai loupé 5 pièces en les posant à l'envers avant de river. Heureusement le jeune chef d'équipe du perçage est venu voir...)

Fait pour plus de 3 F l'h.

3 h 1/4 - 5 h 1/4 : *four* beaucoup moins pénible que la veille au soir et le matin. Fait 300 pièces (rythme 7,35 F).

Vendredi 4 [janv.]. — 7 h - 8 h 1/2 : *découpage de bandes de |métal|* laiton à grosse presse. Pris mon temps, me sachant de l'avance. Médité sur un mystère exaspérant : la dernière pièce découpée dans la bande était échancrée ; or celle qui tombait échancrée était là 7ᵉ. Explication simple donnée par le régleur (Robert) : il en restait toujours 6 dans la

---

* En marge, au milieu d'une grande accolade réunissant les mentions de « jeudi » et « vendredi ».

matrice*ᴳ*. M. 1 h 1/4 - 578 pour 0,224 %. Gagné
1,30 F! *Diff*[érence] *avec t*[au]*x d'affûtage = 0,95 F.*
    8 h 3/4 - 1 h 1/2 (debout): *polissage*. Une petite
commande, marquée 10 mn, puis 300 pièces à
0,023. Gagné 6,90 F. Marqué 2 h 3/4 (ou 2 h 1/2?).
Soit 2,40 F ou 2,70 F l'h. Travail au tapis à polir*ᴳ*,
délicat. Fait lentement et, apparemment, *mal* (tour
de main non attrapé); néanmoins pièces pas loupées. Mais M[ouque]t m'a fait arrêter, et fait faire à
une autre les 200 pièces restantes.

[*ms. 9 (bas). Prend la suite de ms. 8*]
    1 h 1/2 - 3 h 5 (debout): *avec le régleur du fond
(Biol?). Grosses pièces.* Placer en enfonçant; serrer
avec une barre mobile; pédale; desserrer la barre;
taper sur un levier pour dégager la pièce; la
retirer avec vigueur... 1 F %! Marqué 1 h 25 mn.
— 244 pièces: gagné 2,44 F. Régleur rude et très
sympathique. Je l'avais déjà aidé à découper des
tôles, avec grand plaisir. Bon coulé, mais par faute
du chrono.
    Diff[érence] *avec t*[au]*x d'aff*[ûtage]*: 0,25 F.*
    3 h 1/4 - 4 h 50 (environ): *boîtes de tôle*: badi-
geonner à l'huile, passer autour d'une tige, frapper;
l'outil les forme. Mettre la soudure du bon côté.
Épuisée d'avoir passé la journée et la veille debout;
mouvements lents. Grand plaisir à penser que cette
boîte avait été faite par les copains de l'équipe de
chaudronnerie, soudée... Pendant ce travail, quête
pour une ouvrière malade. Donné 1 F. Marqué
1 h 1/4. Gagné? Fait 137 pièces, 0,92 % — gagné
1,30 F environ. Pourtant le chef d'équipe n'a rien
dit. *Diff*[érence] *avec t*[au]*x d'aff*[ûtage]*: 0,90 F.*
    Samedi 5 [janv.]. — 7 h - 10 h: *four*. À peine
pénible: pas de maux de tête, fait à loisir 300 pièces.
Pour les 600, gagné 29,40 F. Marqué 7 h 3/4. Travaillé rythme de 4,90 F.

10 h - 11 h: *cartons* (à continuer). Facile. Une seule bêtise à faire : bourrer. L'ai faite ! Engueulade de Léon, 50 c. %. Fait 425. Gagné 2,12 F. Marqué 3/4 h. Paye à 10 h : 115 F ; boni : 36,75 F.

Total des différences avec taux d'affûtage : 0,25 F + 1 F + 0,95 + 0,25 + 0,90 = 2,50 F (ne ruinera pas l'usine...).

[*ms. 9*]

Four. Coin tout différent, bien qu'à côté de notre atelier. Les chefs n'y vont jamais. Atmosphère libre et fraternelle, sans plus rien de servile ni de mesquin. Le chic petit gars qui sert de régleur... Le soudeur... Le jeune Italien aux cheveux blonds... mon «fiancé»... son frangin... l'Italienne... le gars costaud au maillet...

Enfin un atelier joyeux. Travail en équipe. Chaudronnerie, instruments : surtout le maillet ; on pratique les coudages avec une petite machine à main, puis on les arrange au maillet ; donc tour de main indispensable. Nombreux calculs, pour mesure — on met les boîtes ensemble, etc. Travail à deux le plus souvent, ou même plus.

Mercredi, allée à réunion de XVe sec[tion] soc[ialiste] et comm[uniste] concernant Citroën. Confidentiel. Pas d'ouvriers de chez Citroën, semble-t-il.

Réaction faible, à l'usine, là-dessus. 2 ouvrières : «On est des fois "révolutionné", mais il y a de quoi.» C'est tout. Magasinier : «C'est comme ça...»

À la chaudronnerie, un ouvrier avait sur sa table le tract distribué à la réunion de la veille.

	Heures mn		*Sous*
	1 h 1/4		1,85 F
	2 h 1/2		7 F
	1 h		1,80 F
	1 h 1/4 ± 1/4 ?		3,25 F
	...6 h		24,60 F
	1 h 1/2	(?)	1 F
	2 h 1/2		9,20 F
	1 h 1/4		1,30 F
	2 h 3/4		6,90 F
5 mn	[1/4] 10 mn		?
5 mn	1 h 1/2/25 mn		2,45 F

—	1 h 1/4	1,30 F
	7 h 3/4	29,40 F
	3/4	2,10 F

31 h [1/2] 20 mn (1 h d'avance peut-être 1 h 25 ?)	92,15 F Tx d'af. 1,80 F en 30 h 1/2 = 54,60 F ; boni : 37,55 F ; cela fait un peu plus de 3 F l'h. (0,65 de plus).

Four. Le premier soir, vers 5 h, la douleur de la brûlure, l'épuisement et les maux de tête me font perdre tout à fait la maîtrise de mes mouvements. Je n'arrive pas à baisser le tablier du four[G]. Un chaudronnier se précipite et le baisse pour moi. Quelle reconnaissance, à des moments pareils ! Aussi quand le petit gars qui m'a allumé le four m'a montré comment baisser le tablier avec un crochet, avec bien moins de peine. En revanche, quand Mouquet me suggère de mettre les pièces à ma droite pour passer moins souvent devant le four, j'ai surtout du dépit de n'y avoir pas songé moi-même. Toutes les fois que je me suis brûlée, le soudeur m'a adressé un sourire de sympathie.

3 bons non coulés (four et 1 rivetage) ; pour 24,60 F + 9,20 F + 29,40 F = 63, 20 F.

[ms. 10]

SIXIÈME SEMAINE [du 7 au 12 janv. 1935]

Lundi 7 [janv.]. — 7 h - 9 h 1/2 : continué les *cartons*. En ai fait 865 de 7 h à 8 h 3/4 (1 h 3/4 à 50 c. %) ; j'aurais dû en faire 1 050. Puis suis allée cisailler les trop gros, ce pourquoi Bret. m'a marqué 1/2 h (effectivement).

À 9 h 1/4 suis allée les découper, jusqu'à 9 h 1/2. Marqué sur le 1er bon 1/2 h (donc 1 h 1/4 pour 680 pièces), soit pour 3,40 F ; donc 2,72 F l'h : *coulé*. Marqué sur 2e bon 1 h 10 ; pour un peu plus de 700 pièces ; NON COULÉ. Total : 1 h 10 mn + 1/2 h + 1/2 h = *2 h 10 mn.*

9 h 1/2 - 10 h 20 : 1 h *travail à l'heure* (**découpé**

extrémités de longues bandes déjà découpées, pour Bret.).

10 h 20 - 2 h 40: *planage* à la presse (avec chic régleur du fond) des grosses pièces où découpé des languettes vendredi de 1 h 1/2 à 3 h (une autre les avait cambrées dans l'intervalle). 0,80 %! Fait 516 en 2 h 50 mn. Marqué *2 h 1/2*. Gagné 4,15 F, soit offic[iellement] 1,65 F de l'h. Diff[érence] avec t[au]x d'aff[ûtage] pour 2 h 1/2 : *0,37 F*.

2 h 45 à 5 h 1/4: *presse pour ovaliser*[G] petites pièces destinées à être soudées. 0,90 %. Très facile (Le chrono est sûrement fou!). En ai fait 1 400; donc gagné 1 400 x 0,90 = 14 x 90 = 12,60 F. Rythme réel: 5,05 F! Marqué 1/2 h + 3/4 h + 2 h 1/4 [3 commandes] = 3 h 1/2; là, rythme: 3,60 F (à continuer).

Total des heures: 2 h 10 mn + 1 h + 2 h 1/2 + 3 h 1/2 = *9 h 10 mn*; soit *25 mn d'avance* (soit 1 h 25 ou 1 h 50).

Total des prix: 3,40 F + 4,15 F + 12, 60 F = 20,15 F; y ajouter 1 h 1/2 payée à l'heure (entre 4,50 F et 6 F). (La journée à 3 F l'h serait de 26,25 F; mais pour le bon coulé de planage on me doit plus que sur 1,80 F). Disons 25 F en 8 h 3/4. Exactement 2,88 F l'h.

Mardi 8 [janv.].

Matin: 25 mn + 1 h 1/4 + 2 h 1/2 + 2 h 1/2 + 1 h = *7 h 40 mn* (1 h 5 mn de trop peu)

7 h 1/2 - 11 h 1/4: *1 181 pièces planées à la presse*. Accident à 7 h 1/4: une pièce collée à l'outil le cale. Calme et patience du régleur (Hillion). 25 loupées seulement. Pas de ma faute; mais prendre garde désormais à cette machine. *2 h 3/4*. 5,30 F (0,45). *Coulé*.

Pendant qu'on la réparait, passé *1 h 1/4* à tourner manivelle pour découper cartons. L'ouvrière levait la manivelle trop tôt et m'accusait de tourner trop vite... [Commande] 515 645. Trav. à l'heure.

11 h 1/4 - 3 h 40 : *grande presse* avec Robert : ôter bavures — facile. C.* 280-804 — mis *2 h 1/2* (juste *non coulé* ; n'ai eu le bon qu'à la fin) — Robert, auparavant un peu sec, devenu très gentil, patient, attentif à me faire comprendre mon travail. Le magasinier a dû lui parler. Robert est sympathique décidément. Importance des qualités humaines d'un régleur.

Mercredi 9 [janv.].

7 h - 1 h 1/2 *cambrage à la machine à boutons*. L'outil grippait — huiler à chaque pièce — (à ce propos, le chef d'équipe m'a parlé sur un ton de gentillesse peu habituel) — long — 62 % ; mais le tarif ne compte pas sans doute. Fait 833 — marqué en tout *6 h*. Travail pas trop ennuyeux, grâce au sentiment de responsabilité (j'étudiais la manière d'éviter le grippage).

1 h 1/2 - 3 h 1/2 : *trous percés à la presse* (pièces comme celles que j'ai planées, quand le chef m'a fait recommencer). La butée était d'abord mal mise. Hillion ne s'en fait pas pour autant — la rectifie à loisir — chante par bribes. Travaillé lentement à cause du souci de vérifier (je craignais de mettre mal à la butée). Heure ? — marqué 1 h 1/4 — *coulé*.

[*ms. 11*]

　　6 bons, dont 4 non coulés. — Travaillé en moyenne au rythme de 2,88 F.

　　Journée sans incidents. Pas trop pénible. Fraternité silencieuse avec le régleur bourru du fond (le seul). Parlé à personne. Rien de fort instructif.

　　Je me sens bien mieux à l'usine depuis que j'ai été dans l'atelier du fond, même quand je n'y suis plus.

---

* « C. » ou « Com. » devant un numéro à cinq ou six chiffres signifie « commande ».

Une ouvrière du perçage a eu toute une touffe de cheveux arrachée par sa machine, en dépit de son filet; on voit une grande plaque nue sur sa tête. Cela s'est passé à la fin d'une matinée. Elle n'en est pas moins venue l'après-midi travailler, bien qu'elle ait eu très mal et encore plus peur.

Très froid, cette semaine. Grande inégalité de température selon les endroits de l'usine; il y en a où je suis transie à ma machine au point d'en être nettement ralentie dans le travail. On passe d'une machine placée devant une bouche à air chaud, ou même d'un four, à une machine exposée aux courants d'air. Les vestiaires ne sont pas chauffés du tout; on y est glacé pendant les 5 mn qu'on prend pour se laver les mains et s'habiller. L'une de nous a une bronchite chronique, au point qu'elle doit se faire mettre des ventouses tous les deux jours...

[*ms. 12*]

3 h 3/4 - 5 h 1/4 : *rivetage avec Léon: capots d'acier enveloppés dans papier*. Facile : faire attention seulement à bien mettre les rondelles (fraisure^G en haut). Ai travaillé avec le rythme voulu, i.e. ininterrompu. Mais lenteurs au début (à restreindre à l'avenir).

Jeudi 10 [janv.]. — (Éveillée à 3 h 1/2 du matin par une vive douleur à l'oreille, avec frissons, sentiment de fièvre...)[7]

7 h - 10 h 40 : continué — rythme rapide, malgré malaise. Effort, mais aussi après quelque temps sorte de bonheur machinal, plutôt avilissant — une pièce loupée (pas d'engueulade). Vers la fin, incident bureaucratique : 10 rondelles manquantes.

5 F 10 % — 350, soit 17 F 85 — mais *5 h 3/4* (non coulé). En réalité, fait 340 en moins de 5 h.

Intervalle — chef d'équipe et Léon s'accrochent légèrement au sujet d'une machine à me trouver.

10 h 45 à 11 h 25 : *recuit*^G dans four à Léon — 25 pièces — obligée de rester constamment devant le four (d'ailleurs petit) pour surveiller. Chaleur mal tolérable. Marqué 35 mn — 0,036 la pièce : travaillé pour 0,90 F.

11 h 1/2 à 5 h: *trous dans gros et lourd écran* (0,56 %; prix fantaisiste. C. 12 190, b. 55 — 213 pièces — marqué 4 h).

Drame. Chef d'équipe... Léon... magasinier... apprentissage[*].

En marge: (à 5 h, commencé avec Robert).

5 h + 1 h 1/4 + 5 h 3/4 + 35 mn + 4 h = *16 h 35 m.*

À supposer que les 10 h coulées soient réglées à 2 F l'heure, j'aurai travaillé environ au rythme de 2 F dans ces 3 jours.

1 heure retard en tout.

En marge: 4 bons non coulés pour 41 F 35.

10 dernières minutes: *grosse presse à Robert* — pièces à faire descendre par un trou, pour supprimer très légère bavure. Facile et moralement reposant, seulement pédale toujours un peu dure — 0,54 % — C. 12 190, b. 55.

Vendredi 11 [janv.].

7 h - 8 h 5: *id.* fait 601 pièces, soit 5,04 F. Marqué *1 h 1/2. Non coulé.* Travaillé à près de 4 F l'h, offic[iellement] pour 3,40 F.

8 h 1/4 - 10 h 1/4: *contacts:* petites barres de cuivre à percer en les plaçant à la butée; pas de difficulté; je demande à Hillion à quoi ça sert, il me répond par une blague. Au contraire Robert m'explique toujours quand je lui demande, et me montre le dessin; mais le magasinier a dû lui parler. Quant à Léon, quand je regarde ses commandes, il m'engueule. Pourquoi? hiérarchie?

En marge: Non: il croit que je veux m'arranger pour avoir les meilleures.

---

[*] Esquisse du paragraphe de la page suivante: «*Drame* — légère lâcheté de Léon [...]» [*ms. 13*].

En tout cas ce n'est pas de la camaraderie. C. 412 087, b. 2 — 600 à 0,64 % = 3,84 F. Marqué 1 h 3/4. Coulé. À la fin, léger incident avec le cisailleur^G (refuse de refaire des pièces, ce qui s'avère d'ailleurs inutile).

10 h 3/4 à 11 h 1/2 : *grosse presse à Robert.*

11 h 3/4 à 5 h 3/4 : *bandes de cuivre à découper et percer* (avec Léon). Second drame. Au bout de 250 pièces, Léon s'aperçoit que les trous ne sont pas au milieu (je n'en avais rien vu). Nouveaux cris. Mouquet survient, voit mon air désolé, et est très gentil. Du coup Léon — qui s'en fout dès lors que sa responsabilité est dégagée — ne dira plus rien. Moi, au lieu de comprendre que l'exactitude de ces trous est apparemment sans grande importance, je m'arrête à chaque pièce pour voir si c'est à la butée, je compare tout le temps au modèle. Léon m'engueule encore, dans de bonnes intentions cette fois, ne pouvant évidemment comprendre qu'on soit consciencieux aux dépens de son porte-monnaie. J'accélère un peu, mais à 5 h 3/4 n'ai fait que 1 845 pièces. Payé 0,45 % ; donc gagné 4,50 F + 3,60 F + 20 cent. = 8,30 F, soit à peine 2 F de l'heure. Aurais à rattraper plus de 1 h 1/2. Il y a 10 000 pièces.

[*ms. 13*]

L'incident bureaucratique est fort drôle. Je parle du manque de 10 rondelles à Léon qui, pas content (tout comme s'il y avait de ma faute), me renvoie au chef d'équipe. Celui-ci m'envoie sèchement à Mme Blay, au cagibi de verre. Elle m'emmène au magasin de Bretonnet, qui n'y est pas, ne trouve pas de rondelles, en conclut qu'il n'y en a pas, rentre au cagibi, téléphone au bureau dont elle suppose que vient la commande ; on l'adresse à M. X. Elle *téléphone à son bureau*, où on lui dit qu'il est allé faire un tour au bureau de M. Y, et on refuse d'aller le chercher. Elle raccroche, rit et peste (mais toujours de bonne humeur) pendant quelques minutes, et téléphone au bureau de M. Y, où on lui passe M. X, qui dit qu'il n'a rien à voir avec cette commande. Elle raconte en riant ses tribulations à Mouquet, et conclut qu'il n'y a qu'à passer à la quantité. Mouquet approuve tranquillement, ajoutant qu'ils ne sont pas outillés pour faire des rondelles. Je vais le dire au chef d'équipe, puis à Léon (qui m'engueule!). Pendant que je fais mon bon, on a apparemment fait de nouvelles recherches chez Bretonnet; Léon m'apporte une quinzaine de rondelles (en m'engueulant encore!) et je vais faire les 10 pièces qui restent. Bien entendu, toutes ces transactions bureaucratiques représentent pour moi autant de temps non payé...

Drame — légère lâcheté de Léon («Je ne veux pas être responsable des bêtises d'autrui»). Il va avec ma pièce la plus mal faite au chef d'équipe (sa violence —) — Le chef d'équipe — contrairement à son habitude plutôt gentil — vient voir et trouve que les butées sont insuffisantes. Il les fait modifier: Léon met une butée continue derrière.

Je fais encore une mauvaise pièce, trompée par l'ancienne butée. Léon tempête et va au chef d'équipe. Heureusement j'en fais ensuite une bonne. Je continue, mais en tremblant. En désespoir de cause je vais chercher le magasinier, qui m'explique gentiment et d'une manière lumineuse (au lieu d'empoigner la pièce, la soutenir par en dessous, et pousser constamment en avant avec les pouces; la faire glisser le long de la butée pour m'assurer qu'elle y est). Mimi, venue à mon secours auparavant, n'avait pas su m'aider, sauf en me recommandant de moins m'en faire.

Formidable distance entre le magasinier et les régleurs — surtout Léon, le plus médiocre.

Je dis à Mimi, lui indiquant le tarif: «Tant pis, je n'ai qu'à couler le bon.» Elle répond: «Oui, *puisqu'ils ne veulent pas nous payer les pièces mal faites*, il n'y a rien d'autre à faire.» (!)

Léon me donne ce travail comme une grande faveur. **Effectivement** c'est une **grosse commande.** Néanmoins même le **dernier** jour, déjà **faite à ce travail, et donnant toute ma** vitesse parce qu'anxieuse de rattraper mon retard, je fais à peine les 3 F réglementaires. Je suis un peu malade, c'est vrai. Mais le travail n'en est pas moins très mal payé.

[*ms. 14*]

Samedi 12 [janv.]. — *Id.* force à fond. Trouve procédés : d'abord poser les bandes droites (Léon avait mal arrangé les supports). Puis faire glisser la bande le long de la butée par un mouvement continu. Réalise d'abord 800 pièces en 1 h et quelque, puis ralentis sous l'effet de la fatigue. *Très* pénible — dos cassé qui me fait penser à l'arrachage des patates — bras droit constamment tendu — pédale un peu dure. Grâce au ciel, c'est samedi !

N'arrive pas à me rattraper. En fais 2 600, soit 9 F + 2,70 F = 11,70 F en 4 h. Loin de me rattraper, c'est encore de 30 c. (soit 60 pièces) au-dessous de la vitesse réglementaire. Et j'y ai mis toute mon énergie… Me suis endormie trop tard, c'est vrai.

Ai fait en tout : 4 400.

Après-midi et dimanche pénibles : maux de tête — mal dormi, mon unique nuit [inquiétudes…].

SEPTIÈME SEMAINE [14 et 15 janv. 1935]

Lundi 14 [janv.]. — *Id.* force encore plus — acquiers continuité plus grande dans coups de pédale. En ai fait 10 150 à la fin, soit dans la journée 5 750, ou

$$22,50 \text{ F} + 3,75 \text{ F} = 26,25 \text{ F en 8 h 3/4.}$$

À peine 3 F l'h (s'en faut de 60 cent).

Je suis épuisée. Avec cela je ne me suis pas rattrapée ; car j'aurais dû faire les 10 000 pièces (45 F) en 15 h, et j'y ai mis 16 h 3/4.

Mardi 15 [janv.].

7 h - 7 h 1/2 : *id.* — finis (restait 200 environ). Marque en tout 17 h 1/2. Bon coulé, mais qui reste au-dessus de 2,50 F.

Erre, un peu, vainement.

8 h… : *colliers*^G avec Biol. Très grosse presse (emboutisseuse) — pièces très lourdes (1 kg. ?). Il y

en aura à faire 250. Payé 3,50 F %. Faut graisser chaque pièce, et l'outil à chaque fois. Travail très dur : debout, pièces lourdes. Suis mal en point : mal aux oreilles, à la tête...

Incident avec la courroie, Mouquet-Biol*.

[*ms. 15*]

La jalousie entre ouvriers. La conversation entre le grand blond avantageux et Mimi, accusée de s'être dépêchée afin d'arriver à point pour la «bonne commande».
— Mimi à moi : «Vous n'êtes pas jalouse, vous ? vous avez tort.» Elle dit pourtant ne pas l'être — mais peut-être l'est-elle quand même.

Cf. incident avec la rouquine, mardi soir. Réclame un travail qu'Hillion est en train de me donner, comme s'étant arrêtée avant moi (mais elle a une commande en train, seulement interrompue ; elle ne le dit à Hillion que quand je me suis éloignée...). Le boulot est mauvais (0,56 %, pièces à mettre à une butée si plate qu'il est presque impossible de voir si elle y est bien) ; cependant je dois faire un effort sur moi-même pour le lui céder, car j'ai entre une heure et trois heures de retard. Mais sûrement, quand elle a vu que le boulot était mauvais, elle a pensé que c'était là la raison pour laquelle je le lui avais cédé.

La même rouquine, au temps des mises à pied, ne tenait pas du tout à ce qu'on en exempte celles seules et avec gosses.

Je ne trouve rien d'autre. Robert me refuse un travail parce que, dit-il, je louperais la moitié. Je vais donc simplement causer avec le magasinier, bien contente en un sens, car je suis à bout.

À 5 h 3/4, arrête ma machine dans l'état d'âme morne et sans espoir qui accompagne l'épuisement complet. Cependant il me suffit de me heurter au gars chanteur du four qui a un bon sourire — de rencontrer le magasinier — d'entendre au vestiaire un échange de plaisanteries plus joyeux qu'à l'ordinaire — ce peu de fraternité me met l'âme en joie au point que pendant quelque temps je ne sens plus la fatigue. Mais chez moi, maux de tête...

---

* Trois croquis, légendés «pièce plate», «pièce usinée» et «outil».

Mardi à 1 h, distribution de tracts du syndicat unitaire. Pris, avec un sentiment de plaisir visible (et que je partage) par presque tous les hommes et pas mal de femmes. Sourire de l'Italienne. Le gars chanteur... On le tient à la main avec ostentation, plusieurs le lisent en entrant dans l'usine. Contenu idiot.

1er incident, le matin : Biol et Mouquet. On a arrangé la courroie de la machine avant que j'y travaille, mais mal, il faut croire ; car elle s'en va sur le côté. Mouquet la fait arrêter (Biol était fautif dans une certaine mesure, il aurait dû l'arrêter avant), et dit à Biol : « C'est la poulie qui s'est déplacée, c'est pour ça que la courroie s'en va. » Biol, regardant pensivement la courroie, commence une phrase : « Non... » et Mouquet l'interrompt : « Ce n'est pas non que je dis, *moi*, c'est oui. Quand même !... » Biol, sans répliquer un mot, va chercher le type chargé de réparer. Pour moi, forte envie de gifler Mouquet pour sa réaction d'officier et son ton humiliant d'autorité. (Par la suite j'apprends que Biol est universellement regardé comme une sorte de *minus habens*.)

2e L'après-midi, tout d'un coup, l'outil emporte une pièce, et je n'arrive pas à la déplacer. Une petite tige empêchant de tomber la barre qui est au-dessus de l'outil avait glissé hors de son trou, et je ne l'avais pas vue ; l'outil s'était ainsi enfoncé dans la pièce*. Biol me parle comme si c'était de ma faute.

Histoire entendue : un ouvrier a fait des bobines avec le crochet trop court d'un centimètre. Le chef d'atelier (Mouquet) lui dit : « Si elles sont foutues, vous êtes foutu. » Mais par hasard une *autre* commande comportait juste de telles bobines, et l'ouvrier est gardé...

L'épuisement finit par me faire oublier les raisons véritables de mon séjour en usine, rend presque invincible pour moi la tentation la plus forte que comporte cette vie : celle de ne plus penser, seul et unique moyen de ne pas en souffrir. C'est seulement le samedi après-midi et le dimanche que me reviennent des souvenirs, des lambeaux d'idées, que je me souviens que je suis *aussi* un être pensant. Effroi qui me saisit en constatant la dépendance où je me trouve à l'égard des circonstances extérieures : il suffirait qu'elles me contraignent un jour à un travail sans

* Croquis en marge, légendé « outil, tige de l'outil ».

repos hebdomadaire — ce qui après tout est toujours possible — et je deviendrais une bête de somme, docile et
résignée (au moins pour moi). Seul le sentiment de fraternité, l'indignation devant les injustices infligées à autrui
subsistent intacts — mais jusqu'à quel point tout cela
résisterait-il à la longue ? — Je ne suis pas loin de conclure
que le salut de l'âme d'un ouvrier dépend d'abord de sa
constitution physique. Je ne vois pas comment ceux qui ne
sont pas costauds peuvent éviter de tomber dans une
forme quelconque de désespoir — soûlerie, ou vagabon-
dage, ou crime, ou débauche, ou simplement, et bien plus
souvent, abrutissement — (et la religion ?)*.

   La révolte est impossible, sauf par éclairs (je veux dire
même à titre de sentiment). D'abord, contre quoi ? On est
seul avec son travail, on ne pourrait se révolter que contre
lui — or travailler avec irritation, ce serait mal travailler,
donc crever de faim. Cf. l'ouvrière tuberculeuse renvoyée
pour avoir loupé une commande. On est comme les chevaux qui se blessent eux-mêmes dès qu'ils tirent sur le
mors — et on se courbe. On perd même conscience de
cette situation, on la subit, c'est tout. Tout réveil de la pensée est alors douloureux.

[ms. 16]

   Le mardi soir de la 7ᵉ semaine (15 janvier) Bal-
denweck me diagnostique une otite. Je me trans-
porte jeudi rue Auguste-Comte où je reste la 8ᵉ et
la 9ᵉ semaine. 10ᵉ, 11ᵉ, 12ᵉ j.[usqu']à vendredi à
Montana, en Suisse, où je vois le frère de A. L. et
Fehling[8]. Je rentre rue Lecourbe samedi soir
(23 février). Rentre à l'usine le 25. Absence : un
mois et 10 jours. Avais demandé permission de
15 jours la veille du 1ᵉʳ février. Pris 10 jours de plus :
25 jours. À la date du 24 février, ai travaillé en tout
5 semaines (en comptant seulement les jours de travail effectif).

   Repos de 6 semaines.

* S. W. a ajouté puis barré : « et la révolution ? Il y a aussi le
traînard ».

TREIZIÈME SEMAINE [du 25 fév. au 1er mars 1935]
(Semaine de 40 h : sortie à 4 h 1/2,
repos le samedi).

Lundi 25 [fév.].

7 h - 8 h 1/4 (environ) : arrêt avec Mimi-Eugénie
— la copine de Louisette, etc.

Après 8 h 1/4 : *marquer rivets* à la presse légère.
Même travail que jeudi et vendredi de la 3e semaine,
sauf qu'il n'y a qu'un côté qu'on puisse mettre à la
butée, ce qui oblige à regarder chaque pièce, et
retarde. Je n'arrive pas à aller vite : je fais en tout
2 625 pièces, soit à peu près 400 à l'heure (compte
tenu du fait que j'ai perdu 10 mn à toucher ma paye
le matin à 11 h). La 1re heure, je n'arrive pas à travailler ; ma main tremble d'énervement. Après, ça
va, sauf la lenteur. Mais je travaille sans fatigue. Au
reste je n'ai pas le bon.

Si je pouvais être tous les jours aussi peu énervée
et fatiguée, je ne serais pas malheureuse à l'usine.

Mardi [26 fév.].

Encore rivets. J'ai le bon : 0,62 %, comme l'autre
fois (où cependant les deux côtés allaient à la
butée). Je fais le reste à 500 à l'heure environ, soit
3 F, mais ne rattrape pas le retard de la veille. À
midi, rentre chez moi en proie à un épuisement
extrême ; ne mange guère, arrive à peine à me traî-
ner à l'usine. Mais, le travail une fois repris, la
fatigue disparaît, remplacée par une sorte d'allé-
gresse, et je sors sans fatigue. Finis les pas de vis
entre 3 h 1/2 et 4 h (Com. 406 367, b. 3). Il y en a
6 011. J'en ai donc fait 3 375 en plus de 7 h (ce n'est
quand même pas 500 à l'heure), soit 21 F. En tout
37,20 F. Marque 13 h 3/4.

De 4 h à 4 h 1/2 : rondelles, toujours avec Jacquot,
à presse à main. Faut les soutenir avec la main pour

les enfiler dans la matrice. Mouquet veut faire faire
un montage plus commode : Jacquot n'y arrive pas,
faute de blocs exactement à la hauteur voulue, et me
fait seulement perdre du temps. 110 rondelles.

Mercredi [27 fév.].

Fini 8 h 10. 560 *rondelles* en tout, à 0,468 % :
gagné 2,60 F ! Mimi me suit (je la retarde un peu),
se plaint amèrement de son bon, d'un ton un peu
harassé [C. 406 246, b. 1].

Marqué 1 h 1/4.

Clinquants G. Je crois d'abord que je n'y arriverai
pas, mais j'y arrive très bien. Jacquot, très doux,
m'avait dit de lui dire si je n'y arrivais pas. Erreur
sur le prix : 2,80 %, mais c'est pour 100 paquets de
6, soit le montant de la commande ! C'est du moins
ce que dit Mimi. Je ne m'étais jamais pressée avant.
Fini à 10 h, gagné exactement 2,80 F ! Marqué 2 h
— Com. 425 512, b. 2.

[*ms. 17*]

    Conversations à l'arrêt. La copine de Louisette a eu un
abcès à la gorge — s'est arrêtée 5 jours — est revenue :
« Les gosses, ça ne demande pas si on est malade » ; a travaillé 2 jours, s'est arrêtée encore ; est revenue après que
l'abcès a percé. Elle est toujours gaie. Elle devient ner-
veuse, dit-elle, ne peut plus supporter que ses gosses se
donnent du mouvement en jouant, etc.

    Mouquet — il lui a dit : « Vous avez les cheveux aussi
longs que le corps. » Elle était vexée, vexée. Aurait voulu
répondre grossièrement. « On ne peut pas répondre. » La
sœur de Mimi, elle, répond. Une fois, elle va le trouver
pour réclamer pour un bon ; il la renvoie brutalement
à son boulot ; elle y va en rouspétant. 1/4 d'heure après il
va la trouver et arrange le bon… « Quand le travail ne va
pas, il vaut mieux s'adresser à lui qu'à un régleur ou
à Chatel ; et il est alors très gentil. » Mais parfois colère ; et
il manque de tact. On cite de ses mots vexants : « Vous
n'avez jamais été à la chasse ? » à la sœur de Mimi. —
Eugénie interrompt son travail pour venir me raconter
joyeusement qu'elle a vu les animaux d'un cirque, à la

porte de Versailles (2 F d'entrée) ; qu'elle a caressé le léo-
pard...

Doléances du petit manœuvre : il a fait 2 ans de latin, 1
an de grec, de l'anglais (il se vante de tout ça naïvement),
est de son métier employé de bureau (il en est très fier)
et on l'a mis manœuvre ! « Il faut obéir à des cons qui
ne savent même pas signer leur nom ! » Et on se fait
engueuler par eux, encore. « Si c'est ça, la camaraderie
ouvrière !... » Après ça, on échange des sourires quand il
passe. Il a peut-être 17 ans. Assez prétentieux.

Léon n'est pas là (s'est blessé le bras). Soulagement
indescriptible. Jacquot le remplace, détendu et tout à fait
charmant.

[*ms. 18*]

Rivetage, au grand balancier. Difficile — les pièces
ne vont pas toutes. Une pièce loupée, qui donne à
Jacquot un air grave. Le compte n'y est pas ; passé à
la quantité (108 pièces, je crois, au lieu de 125).
Payé 0,034 pièce, soit 3,65 F en tout. Et j'ai fini à
2 h 3/4 ! Marqué 3 h. Ensuite 3/4 d'heure arrêt chez
Bretonnet (couper les déchets !) ; enfin des *cartons*
que je finis juste à 4 h 1/2, avec Jacquot, presse à
main ou pied à volonté. Jacquot toujours gentil
(m'arrange une caisse, etc.). Le petit manœuvre
vient me déranger. Pas marqué prix, mais bon
coulé.

En marge du paragraphe ci-dessus : 1 h perdue —

Gagné ces jours 37,20 F + 3,60 F + 2,60 F +
2,80 F + 3,65 F + (mettons !) 2,50 F = 52,35 F !!!
soit 17,43 F par journée de 8 h, soit une moyenne de
2,20 F l'heure ! Au-dessous du taux d'affûtage officiel !

Jeudi [28 fév.].

« *Plaquettes d'entrefer*G. » C. 421 346, b. 1. 0,56 %.
1 068 pièces, soit 6 F. Fini à 9 h 5 (?), marqué 2 h,
bon non coulé (le seul).

« *Déflecteur du doigt mobile*G » avec Robert —

pièces que je crois d'abord difficiles à placer ; mais je reconnais ensuite que l'outil les met en place en tombant, et ça va plus vite. 510 pièces, 0,71 %, soit 3,50 F. Finis à 10 h 3/4, marqué 1 h 1/2 [soit 2,30 F l'heure]. Com. 421 329, b. 1.

Arrêt (déchets). Bretonnet marque 1/2 h.

Plaques de serrage à la cisaille^G (avec Jacquot) (debout, un pied sur la pédale, à la presse où j'avais fait avec Louisette les grosses barres de 40 kg). Com. 421 322, b. 1 — 0,43 %, marque 350 (j'apprends le lendemain qu'il y en avait plus, je n'avais pas compté). 1,50 F. Marque 35 mn. Fini à 11 h 3/4 ; gagné ce matin : 6 F + 3,50 F + 0,90 F + 1,50 F = 11,90 F, en 4 h 3/4, soit exact[ement] 2,50 F l'heure.

Après-midi : découpé cartons à l'heure avec la sœur de Mimi ; tourné la manivelle. Très agréable, sans à-coups comme les fois d'avant. Marqué 1 h 1/4.

À 2 h 1/2, mise par Jacquot à *Cosses*^{G} (pièces pour moteurs électriques, dit le magasinier). C. 421 337, b. 1 — 0,616 %.

Travail à la pièce.

La difficulté était de mettre les pièces à la butée de manière que le 2e angle droit se fasse. Si elles n'étaient pas juste à la butée, la pièce était loupée*.

Jacquot me l'explique gentiment — Je m'applique, sûre de moi. Je réussis plusieurs. Une, trop large, n'entre pas dans le creux de la matrice, et, n'étant pas maintenue, recule. Chatel, juste derrière moi, me dit pas trop brutalement de les mettre mieux à la butée. J'en réussis d'autres, puis en loupe encore. Non seulement certaines pièces sont trop larges, mais d'autres trop étroites, et la butée,

---

* Croquis en vis-à-vis, légendés «pièce à mettre», «pièce usinée», «pièce loupée», «creux-matrice-butée» ; avec, dans les marges et en travers, la mention « 1/4 perdu —».

arrondie par l'usure, les fait glisser. Je montre à
Jacquot : il dit de mettre les larges de côté. Je l'appelle encore ; il parle à Chatel, me dit de continuer,
et, si ça ne va pas, de le dire à Chatel. J'essaie
encore, puis vais chez Chatel, une pièce loupée à la
main. Il me dit : elle est morte, celle-là. Faut les
mettre à la butée. J'essaie d'expliquer. Il dit, sans se
déranger : Allez-y, et tâchez de ne pas continuer
comme ça. J'appelle aussitôt le magasinier, qui dit :
Ça ne va pas bien, évidemment, quoique moi je les
réussirais toutes. Il essaye en les mettant avec le
doigt et en les maintenant quand l'outil tombe... et
en loupe pas mal aussi ! Il étudie ça longtemps,
appelle un type de l'outillage qui lui dit que la butée
est usée (je l'avais vu tout de suite !), enlève la
matrice, va limer la butée, remonte la machine. Je
continue au doigt (dangereux !). Ça va mieux, mais
pas encore bien. Je vais le retrouver ; il est avec
Mouquet qui vient voir, donne ordre d'élargir un
peu la matrice et mettre l'outil plus bas pour que
ma main ne risque pas de passer dessous. Ça va
jusque 4 h 1/2... Il y a un peu plus de 100 pièces
faites, et une 40taine loupées.

[*ms. 19*]

Le soir, à mes cartons, maux de tête. Mais en même
temps sentiment de ressources physiques. Les bruits
de l'usine, dont certains à présent significatifs (les coups
de maillet des chaudronniers, la masse...), me causent en
même temps une profonde joie morale et une douleur
physique. Impression fort curieuse.

En rentrant, maux de tête accrus, vomissements, ne
mange pas, ne dors guère ; à 4 h 1/2, décide de rester à
la maison ; à 5 h me lève... Compresses d'eau chaude,
cachet. Jeudi matin, ça va.

Pour ces 4 jours, je suis payée 66,55 F (4 F de retenue
pour A[ssurances] S[ociales]). Mais les 2 derniers sont
payés au taux d'affûtage : 14,40 F par jour, pour moi
(1,80 F l'heure). J'ai 12,95 F de boni pour les 2 premiers.

28,80 F + 12,95 F = 41,75 F. Où diable l'ont-ils pris ? Il y a arrêt (1 h 1/4, soit 3,25 F ?) et puis ?

[*ms. 20*]

Vendredi 1ᵉʳ mars. — Fais mes cosses. Finis à 10 h 1/2 ; en ai fait en tout 2 131, soit 2 030 environ ce matin-là en 3 h 1/2 (soit 580 à l'heure, à 0,616 %!). Gagné en tout 13 F. Explique à Chatel que j'ai perdu 2 h la veille ; il grommelle : « 2 h ! », et met sur le bon : temps perdu…, mais ne met pas *combien* ! Marqué 2 h et 3 h 1/2.

Arrêt jusqu'à 11 h 3/4.

Recuis au petit four, à la rentrée ; ça va, c'est-à-dire que je ne perds pas mon sang-froid en ôtant les pièces. Pénible, parce que je suis perpétuellement devant le four (pas comme au grand). On m'interrompt à 2 h parce que… les pièces sont pour le laminage à froid[G] !!! Je ne marque que mon temps sur le bon. Marqué 3/4 h.

« *Poignées* » *à la cisaille* C. 918 452, b. 31. Avec Robert. 300 à faire, à 0,616 %, soit 1,85 F en tout. Je ne pense pas au prix, à la vitesse obligée, et je les fais tout à mon aise, prenant bien soin, à chaque fois, de placer la pièce au bout arrondi bien à la butée. Certaines barres sont tordues et rendent difficile de maintenir à la butée. Beaucoup trop long : fini à 3 h 35 (mais commencé tard). Marqué 1 h.

Cosses. Les mêmes. Toujours 0,616 % — dernière opération : les mettre en V. À la pince-boutons[G]. Retardée souvent par la difficulté de détacher la pièce de l'outil, au reste, facile à placer[*].

La pièce, pendant que l'outil la met en V, se plie légèrement. Je le montre à Jacquot (qui pourtant m'avait dit que ce n'était pas la peine de regarder

---

[*] Trois croquis, légendés « pièce à usiner », « pièce usinée », « matrice-outil ».

les pièces), il le montre à Chatel : tous deux discutent gravement, puis Chatel dit qu'on planera (mais comment ?) et me fait continuer. Je continue tout à mon aise, bien trop lentement. Fais 281 pièces seulement ! Reste 1 850, à faire *au plus* en 3 h 1/4, c'est-à-dire, en tenant compte des pertes de temps, au rythme de 600 à l'heure. Indispensable !

Si je marque 1 h vendredi pour les cosses, j'ai *1/2* h perdue — mais plutôt perdre 1 heure que de couler mon bon, si possible.

En marge : 1/4 d'heure perdu (si nettoyage compte 1/4 h).

Mais non : en réalité 0,72 (boutons), de 15,30 F - 5 h. Reste 4 h, soit 460 à l'heure, pour rattraper. Aurais dû faire dans 1 h : 425. Si je ne fais lundi que 425 à l'heure, pour pas couler le bon, perdre encore vendredi 20 mn.

Mais non, d'ailleurs : il y a 1/4 h pour le nettoyage des machines. Ne dois donc compter que 3/4 h le vendredi, et n'ai rien à rattraper, que 5 mn, négligeables. Ai donc encore 4 h 1/4. Dois finir à 11 h 1/4.

QUATORZIÈME SEMAINE [du 4 au 9 mars 1935]

Lundi 4 [mars].

Cosses. — Finis seulement à 11 h 3/4, mais non par ma faute : plus d'1/2 h, sûrement, est perdue dans la matinée (beaucoup plus, même) à cause de la machine. Avec les boutons, dit Jacquot, ça ne va jamais. Je le persuade de mettre la pédale, bien que ce soit plus dangereux. Ça ne va pas non plus ; je dois l'appeler encore — Sur ordre de Mouquet, il remet les boutons. Va toujours pas. Le petit Jacquot s'impatiente... À 11 h 10, se met à démonter la machine — ressort cassé. Mais, quand il la remonte, rien ne va plus. Il devient nerveux, nerveux... Le chef d'équipe, quand je lui remets mon bon (car je

renonce à finir les pièces, vu que ce qui est fait est
plus que le compte), est sarcastique pour J.

Après-midi : 1/2 h arrêt. Puis 2 commandes de
plaquettes, 520 chacune, à 0,71 % (C. 421 275, b. 4).
Je perds du temps au début : pour retirer les pièces
— pour les compter — aussi pour les placer, car j'y
prends des précautions inutiles — et pédale mal
(pas à fond ; pédale dure) — 1re commande finie à
3 h 1/4. 2e commencée à 3 h 25 (je perds 5 mn
à attendre, ne m'apercevant pas que Jacquot a préparé la machine), faite à un train d'enfer, mon
maximum, finie juste à 4 h 1/2 : là, j'ai fait du 3,60 F
de l'heure. Marqué 1 h 20 chaque — 4 h 1/2
+ 1/2 + 2 h 40 = 7,40 F. Gagné vendredi et lundi :
12,30 F + 1,35 F + 1,85 F + 14,40 F + 0,90 F +
7,80 F = *39,60 F.* Là-dessus, 21,20 F pour lundi.

En marge : Mis 1 h pour vendredi et 4 h 1/2 pour lundi.
20 minutes perdues —

[*ms. 21*]

Dispute à l'arrêt entre Dubois et Eugénie et la rouquine.

Attends Robert pendant bien 20 mn. Une autre aussi…

Vais, sur le conseil du magas[inier], demander à
Delouche l'autorisation de rester jusqu'à 5 h 1/4. Accordé.
Vais le soir même à l'outillage — le contremaître ne me
voit pas.

Beaucoup moins fatiguée que je ne le craignais. Moments
d'euphorie, même, à mes machines, comme je n'en ai pas
eu à Montana même (effet à retardement !) — Mais la
question de la nourriture reste aussi angoissante.

Maux de tête vifs, lundi, en me levant. Par malchance
toute la journée on fait marcher à côté de moi la chose
tournante au bruit infernal. À midi, à peine capable
de manger. Mais cela n'empêche pas la vitesse, et sans
cachets.

Vendredi, j'ai vu la lourde machine de Biol en préparation (pas prête). Le magas[inier] me dit : prends pas ça,
c'est trop dur. Je trouve autre chose — Lundi, je vois
Eugénie qui le fait toute la journée. Suis bourrelée de
remords. Si j'avais *voulu* m'arranger pour le prendre, je

l'aurais pu sans doute. Et je sais combien c'est pénible :
c'est ce que j'avais fait la dernière après-midi lors de
l'otite, ou quelque chose d'équivalent. À 4 h 1/2, elle est
visiblement épuisée.

Jacquot et la machine.

Le magasinier, le dessinateur, et l'«outil universel».

L'outillage et son contremaître.

Que s'était-il passé avec la machine ?
(idiote, de n'avoir pas observé avec
plus d'attention). — Quand j'appuyais
sur les boutons, l'outil tombait parfois
2 fois ; le chef d'équipe, voyant ça, dit :
«Ça ne doit pas faire ça» (c'est tout!).
Plus tard, ça refait la même chose,
seulement la 2ᵉ fois ça reste! Jacquot
la relève et je continue... jusqu'à ce
que ça recommence. Il finit par me
faire arrêter. Hillion, qui passe, lui dit
que le «doigt» (le ressort) de la grande
roue est cassé — C'est vrai. Mais il y
avait, paraît-il, encore autre chose.
On voit que, pour le petit Jacquot, la
machine est une drôle de bête...

[*ms. 22*]

Mardi [5 mars].

Matin : 3 commandes analogues à lundi soir.

1] 600 à 0,56 % — petites pièces difficiles à ôter
— marque 1 h 1/4.

2] 550 à 0,71 %, m[arqué] 1 h 20.

3] 550 à 0,71 %, m[arqué] 1 h 20.

Très fatigant à la longue, car la pédale est très dure
(mal au ventre). Jacquot toujours charmant.

Après, tombe sur Biol (nostalgie des pièces lourdes
qui m'ont donné des remords!), il me met au «piano*ᴳ*», où je passe aussi tout l'après-midi, exception
faite pour arrêt de 2 h 3/4 à 3 h 3/4. Les 2 commandes payées 0,50 %, l'une 630, l'autre 315.

Temps m[arqué] 2 h, puis 3 h 1/4.

Total : 1 h 1/4, 1 h 20, 1 h 20, 2 h 3/4 = 6 h 40 mn
— il me faudrait 1 h 20 d'arrêt — je crois que j'en ai
1 h, ce qui ferait 20 mn perdues.

À 4 h 1/2, très fatiguée, au point que je pars tout de suite. Le soir, vifs maux de tête.

Au «piano» d'abord ai beaucoup de peine à cause de ma crainte de mal buter — à la fin de l'après-midi, ça va un peu mieux. Mais bouts des doigts sanglants.

Mercredi [6 mars].

Matin: Encore piano (630 pièces), ça va encore mieux, sauf le mal aux doigts — néanmoins prends plus de 1 h 1/2. Marqué 1 h 20. Robert, aussitôt après, me fait faire une commande de 50 pièces (C. 421 146 et 7) (Payé?). Assez gentil pour me donner un autre bon de commande de 50 mêmes, qu'il a faites parce que c'était pressé, pour y mettre du temps — Difficultés: certaines n'entrent pas dans la butée. Il me les fait mettre de côté pour les faire lui-même. Retardée par une lourde fatigue et des maux de tête, passé 1/2 h que je partage entre les deux bons. Après, encore «piano»: les mêmes 630, à refaire autrement. J'essaye de faire de la vitesse et manque en louper; néanmoins je ne me laisse plus trop retenir par la crainte de louper (bien qu'il ne faille pas en perdre une seule, m'a dit Biol, car le compte n'y est peut-être pas, ou juste). Je recompte en les refaisant. Avais d'abord trouvé 610. Trouve là 620, à quelques unités près. L'ouvrière qui les avait faites avant a dit en avoir compté 630: la 2e fois, je dis qu'il y a le compte, pour en avoir fini. Comment veut-on qu'on compte convenablement, au taux de 0,50 %? Marqué 1 h 20. Après, Robert me reprend, 2 commandes marquées 25 mn chacune (quoi?).

Fini tout cela (y compris confection des bons) à 11 h 1/4 — Je dis au chef avoir fini à 11 h 5, il me marque un bon d'arrêt à 11 h, moyennant quoi je n'ai pas pris de retard ce matin. Il me reproche d'avoir marqué tous mes bons à la fois.

Après-midi, arrêt jusqu'à 2 h. Puis calottes^G: 200

à 1,45 %! je devrais donc y mettre moins d'une heure. Or, elles sont lourdes, il faut les prendre d'une caisse, et on donne 4 coups de pédale pour chacune, et 2 opérations.

[*ms. 23 blanc*]

[*ms. 24*]

On les met d'abord   puis on les retourne.
          ainsi   À la 2ᵉ opération ainsi :

puis on les retourne. Donc, avec 1ᵉʳ montage, on les fait toutes, 2 coups de pédale à chacune, puis 2ᵉ montage *id.* — il faut donc donner 800 coups de pédale. Or elles ne sont pas si faciles à placer : on doit passer les trous dans des vis, etc. Je n'ai le bon qu'une fois la 1ʳᵉ opération finie. J'ai le sentiment souvent de ne pas donner toute ma vitesse. Néanmoins je m'épuise. Le soir, je me sens, pour la première fois, vraiment écrasée de fatigue, comme avant de partir pour Montana ; sentiment de commencer à nouveau à glisser à l'état de bête de somme. Reste néanmoins : conversation avec le magasinier, visite à l'outillage.

Jeudi [7 mars]. — Continue mêmes pièces jusqu'à 8 h. Marque 3 h 1/2 : la vérité (oublie noter commande). Après, C. 421 360, b. 1. 230 plaquettes serrage à 1,28 F %. Fini à 9 h 3/4. Marqué 1 h 10 mn (y a-t-il eu 1/2 h arrêt entre-temps ? je ne sais plus). Fait avec Jacquot, à la petite presse à main. Jacquot a toujours de charmants sourires.

Après, arrêt jusqu'à 11 h. À l'arrêt, sens tout le poids de la fatigue, attends le travail qu'on me don-

nera avec un sentiment de malaise. Les ouvrières
s'irritent de perdre souvent leur tour d'arrêt pour
des commandes de 100 pièces (notamment la sœur
de Mimi). Jacquot vient, apportant une commande
de 5 000 pièces ; c'est mon tour. Ce sont des rondelles à découper dans des bandes, avec pédalage
continu. Prix 0,224 % (à peu près). Je voudrais bien
ne pas couler le bon. Je me mets au travail sans
arrière-pensée. Jacquot me fait une seule recommandation : ne pas laisser bourrer, de peur de casser
l'outil. La fatigue et le désir d'aller vite m'énervent
un peu. Je mets une bande, en commençant, pas
assez loin, ce qui m'oblige à recommencer le 1er coup
de pédale et loupe une pièce (1 loupée sur 5 000, c'est
peu, mais si cela se produisait à toutes les bandes,
cela ferait beaucoup). Cela m'arrive plusieurs fois.
Enfin, énervée, je remets alors la bande trop loin,
elle passe par-dessus la butée et au lieu d'une ron-
delle il tombe un cône — Au lieu d'appeler aussitôt
Jacquot, je retourne la bande, mais, n'ayant pas
conscience de la faute commise, je passe encore
par-dessus la butée (du moins c'est vraisemblable),
et c'est encore un cône qui tombe, et, aussitôt après,
le « grenadier » de l'outil (?). L'outil est cassé. Ce qui
me peine le plus, c'est le ton sec et dur que prend ce
cher petit Jacquot. La commande était pressée, le
montage, peut-être difficile, était à refaire, tout le
monde était énervé par des accidents similaires arrivés les jours précédents (et peut-être le jour même ?)
— Le chef d'équipe, bien entendu, m'engueule
comme un adjudant qu'il est, mais collectivement,
en quelque sorte (« c'est malheureux d'avoir des
ouvrières qui... ») — Mimi, qui me voit désolée, me
réconforte gentiment. Il est 11 h 3/4.

Après-midi (vifs maux de tête). Arrêt jusqu'à
3 h 1/2, 500 pièces, encore des ronds à couper dans
des bandes (quelle malchance !), mais à petite presse

à main. Je suis horriblement énervée par la crainte
de recommencer. Effectivement, je passe plus d'une
fois la bande un peu au-dessus de la butée au 1er coup
de pédale, mais il n'en résulte rien ; à chaque fois je
tremble... Jacquot a retrouvé ses sourires (je dois
faire appel à lui pour quelques caprices de la
machine, qui refuse de se mettre en marche, ou bien
fonctionne n. fois de suite pour un coup de pédale)*,
mais je n'ai plus le cœur d'y répondre.

[ms. 25]

    Incident entre Joséphine (la rouquine) et Chatel. On lui
a donné, paraît-il, un boulot très peu rémunérateur (à la
presse à côté de la mienne, qui est celle à boutons en face
le bureau du chef). Elle rouspète. Chatel l'engueule comme
du poisson pourri, très grossièrement, il me semble (mais
je ne discerne pas bien les paroles). Elle ne réplique rien,
se mord les lèvres, dévore son humiliation, réprime visiblement une envie de pleurer et, sans doute, une envie
plus forte encore de répondre avec violence — 3 ou
4 ouvrières assistent à la scène, en silence, ne retenant
qu'à moitié un sourire (Eugénie parmi elles). Car si Joséphine n'avait pas ce mauvais boulot, l'une d'elles l'aurait ;
elles sont donc bien contentes que Joséphine se fasse
engueuler, et le disent ouvertement, plus tard, à l'arrêt
— mais non pas en sa présence. Inversement Joséphine
n'aurait vu aucun inconvénient à ce qu'on refile le mauvais boulot à une autre.
    Conversations à l'arrêt (je devrais les noter toutes). Sur
les maisons de banlieue (sœur de Mimi et Joséphine).
Quand Nénette est là, il n'y a le plus souvent que des plaisanteries et des confidences à faire rougir tout un régi-
ment de hussards. (Cf. celle dont l'«ami» est peintre [mais
elle vit seule], et qui se vante de coucher avec lui 3 fois
par jour, matin, midi et soir ; qui explique la différence
entre la «technique» dudit et celle d'un autre — qui se fait
aider pécuniairement par lui, et «ne se prive de rien» ;
autant que j'ai compris, le temps qu'elle ne passe pas à

* Flèche, et ajout en bas de page : «dite automatique, pourquoi ? j'oublie d'y faire attention».

faire l'amour, elle le passe à se faire la cuisine et à manger.)

La rencontre au métro, alors que je suis chez Renault. Raconte que huit jours plus tôt elle a été malade, n'a pas pu prévenir et n'ose plus retourner à l'Alsthom — [qu'est-ce qu'elle risque? mais...]. Sans doute coup de tête... Air de compassion peinée, quand je dis que je suis chez Renault.

Mais chez Nénette, il y a autre chose que ça encore — quand elle parle de ses gosses (garçon de 13 ans, fille de 6) — de leurs études — du goût de son fils pour la lecture (elle en parle avec respect) — Les derniers jours de cette semaine, semaine où elle a tout le temps été à l'arrêt, elle a une gravité inaccoutumée ; elle se demande évidemment comment elle fera pour payer la pension des gosses.

Incident au sujet de Mme Forestier. Il est question de quête pour elle. Eugénie déclare qu'elle ne donnera rien. Joséphine aussi (mais celle-là ne doit pas donner souvent), et ajoute que Mme Forestier est passée à l'usine dire bonjour à tout le monde (le jour même où je suis rentrée) à cause de la quête. Nénette et l'Italienne, autrefois ses grandes copines, ne donneront rien non plus. Elle a, paraît-il, fait du mal, non à elles, mais à plusieurs autres (?).

L'Italienne est malade. Ma 2e semaine, elle avait demandé à «aller à la pêche» et Mouquet a refusé ; or il n'y en avait que 2, et il n'y a eu que de l'arrêt. Elle a 2 gosses ; son mari est briquetier (manœuvre) et gagne 2,75 F l'heure. Elle ne peut donc pas se soigner. Elle a le foie malade, et des maux de tête que les bruits de l'usine rendent intolérables (je connais ça!).

[*ms. 26*]

Vendredi 8 [mars]. — Arrêt. Je ne le passe pas, comme je l'aurais fait quelques semaines plus tôt en pareille circonstance, à trembler à l'idée des bêtises que je ferai peut-être — Preuve que je suis un peu plus sûre de moi que naguère.

Hillion m'appelle (à quelle heure?) pour échancrer des couvercles pour métros[G]. Il y a un côté : je crains vivement de me tromper par distraction — 149 couvercles (bon de 150) à 1,35 F %. Je ne cherche guère à aller vite, craignant trop de louper :

car une seule pièce «morte» serait, là, d'une grosse importance. Une alerte : l'outil manque de pénétration, l'échancrure ne s'en va pas. Beaucoup de temps perdu pour la manutention : il y a 3 chariots. J'en trouve 147 ; émoi du chef d'équipe, qui me fait passer 1/4 d'h à recompter (mais ce 1/4 d'h ne sera pas mis dans le bon, mais dans l'arrêt) Com. 421 211, b. 3. Fini à 9 h. Arrêt jusqu'à 10 h : fatiguée, inquiète, je voudrais rester à l'arrêt toute la journée. À 10 h, on m'appelle pour ôter cartons de circuits magnétiques (ce que j'avais fait fin de la 1re semaine). Je vois qu'il y en a pour jusqu'au soir. Soulagement considérable. J'emploie la technique découverte le dernier jour que je l'avais fait (beaucoup de petits coups de maillet) et travaille bien et assez vite (plus de 30 pièces à l'heure ; or, les premiers jours, j'en avais fait 15, et Mouquet avait estimé la valeur de mon travail à 1,80 F l'h, puisqu'il m'avait dit qu'en 5 h j'avais fait à peine pour 9 F de travail). Pas de crainte de faire de bêtises, d'où détente. Néanmoins (et bien qu'ayant mangé à midi au restaurant) je me sens prise vers le milieu de l'après-midi d'une très grande fatigue et fais bon accueil à l'annonce que je suis à pied.

QUINZIÈME SEMAINE [du 11 au 16 mars 1935]

Mise à pied (du 8 mars au 18 mars)[9].
Maux de tête samedi et dimanche — prostration presque totale jusqu'au mercredi à midi ; l'après-midi, par un magnifique temps de printemps, vais chez Gibert de 3 à 7 heures. Lendemain, vais chez Martinet[10], achète manuel de dessin industriel. Après-midi, vendredi, prostration. Vendredi soir, vois Guihéneuf[11]. La nuit, ne dors pas (mal de tête). Dors jusqu'à midi. Chez Guihéneuf de 12 h (à sa boîte) à 10 h 1/2. Dimanche quelconque.

Lundi 18 [mars]. — *Rondelles dans bande* jusqu'à
7 h 50 (?). Avec Léon, revenu (mon cher petit Jacquot de nouveau ouvrier) — 0,336 %. 336 pièces.
Encore la frousse — Bêtise commise 2 fois, heureusement passée inaperçue ; je n'en prends conscience
qu'après la 2e : je retourne la bande après le 1er coup
de pédale ; or le trou qu'il a pratiqué n'est pas au
milieu de la bande, parce qu'on appuie en arrière. Il
en résulte quelques pièces tordues que je cache, et
l'outil ne s'en porte probablement pas mieux. Travail très lent, aucun souci de vitesse. Marqué 40 mn.

Planage au petit balancier de ces mêmes rondelles, ce qui me permet de supprimer une pièce
loupée qui m'avait échappé. Comm. 907 405, b. 34
— 0,28 % — Fini 8 h 1/2, marque 1/2 h (donc perdu
20 mn en tout) — Gagné 0,95 F ! Mon taux d'affûtage... Je n'ai guère cherché la vitesse.

Planage au petit balancier de shunts[G]. C. 420 500
— 796 pièces jusqu'à 2 h 1/4. Marqué 4 h 1/4. Payé
1,12 F % ; gagné 8,90 F (guère plus de 2 F l'h). Chatel me fait frapper 4 à 5 coups par pièce (2 sur une
extrémité, 2 ou 3 sur l'autre). Je lui dis, en lui
remettant le bon, que dans ces conditions je n'ai pas
pu ne pas le couler. Il me répond du ton le plus
insolent : coulé à 1,12 F ! Ça ne m'impressionne pas,
vu son incapacité. J'ignore s'il a mis quelque chose
sur le bon, sûrement non. J'aurais dû frapper moins
de coups... J'ai essayé d'aller vite, mais je me sur-
prenais sans cesse à retomber dans la rêverie.
Contrôle de la vitesse difficile, car je ne comptais
pas. Fatiguée, notamment à la sortie de 11 h 3/4
(mange au «Prisunic» ; détente ; délicieux instants
avant la rentrée : fortifs, ouvriers... Me retrouve
esclave devant ma machine).

[*ms. 27*]
> Vu, dans l'entée, par séries, des shunts semblables, liés d'un côté à des doigts de contact, de l'autre à des bobines métalliques.

[*ms. 28*]

Arrêt — théor[iquement] de 2 h à 3 h.

Douilles à poinçonner dans drageoir^G — avec Robert. C. 406 426 — 580 pièces 0,50 %: donc 2,90 F. Marqué 1 h 10, rythme 2,45 F l'h — Fait en réalité de 3 h – 10* à 3 h 10, soit 1 h 40 mn. Mais perdu du temps en essayant des pinces les 100 premières, et, à la fin, en ramassant les pièces. Là encore, n'atteins rythme ininterrompu que par moments, et retombe dans la rêverie. Compteur pour contrôler: après avoir fait 40 ou 45 pièces en 5 mn, j'en fais 20 les 5 mn suivantes, où je me suis laissée aller à rêver.

Arrêt — de 4 h 1/4 à 4 h 1/2.

Total: 40 mn + 1/2 h + 4 h 1/4 + 1 h + 1 h 10 mn + 1/4 h: 8 h *juste*.

Rentre (à 5 h 1/2) fraîche et dispose. La tête pleine d'idées tout le soir — cependant j'ai souffert — surtout au balancier — bien plus que le lundi après Montana.

Le repas au «Prisunic» est-il pour quelque chose dans mon bien-être du soir?

Mardi [19 mars]. — *Arrêt* 8 h 1/4.

Rivetage de doigts de contact^G avec Léon, jusqu'au soir — 500 à 4 F 12 %. C. 414 754, b. 1 — Pour interrupteurs. Équipements de trams. D'abord très lent: Chatel m'a fait peur, je crains de faire quelque bêtise; il ne s'agit pas de louper des pièces, et j'en ai

---

* S. W. s'est trompée dans son compte horaire.

loupé la 1re. Il y a 4 pièces à assembler : contact et 2
plaquettes, et paquet de 10 clinquants (mais cer-
tains paquets n'en ont que 9). Il fallait faire attention aux 2 trous, inégaux, de la grande plaquette
— mettre la petite, la bavure au-dessus, et dans le
sens du cisaillage. Fais les premiers 70 en 2 h, je
crois… Après, ne cesse de rêver — N'arrive au
rythme ininterrompu que l'après-midi (réconfor-
tée par le déjeuner et la flânerie), mais en me répé-
tant continuellement la liste des opérations (fil fer
— grand trou — bavure — sens — fil fer…), moins
encore pour me préserver d'une étourderie que
pour m'empêcher de penser, condition de la vitesse.

Mercredi [20 mars]. — *Id.* jusqu'à 8 h 1/2, m[arqué]
7 h 3/4 — Gagné 20,60 F (en 8 h 1/4, soit 2,50 F de
l'h).

Je ne retrouve pas le « rythme ininterrompu » ;
j'aurais dû finir à 8 h.

Polissage des mêmes jusqu'à 3 h 3/4, m[arqué]
5 h 1/4 — gagné 13,50 F — C. 414 754, b. 4.
0,027 %. C'est ce que j'avais fait la semaine du four ;
Mouquet m'avait ôté ce travail, comme mal fait, et
effectivement je m'en tirais fort mal. Je commence
donc avec appréhension. Je vais très, très lentement
d'abord. Catsous m'abandonne à moi-même. Je fais
une 1re découverte concernant le sens dans lequel
on doit tourner la pièce : dans celui où l'entraînerait
le |*tapis roulant*| ruban, mais en la tirant en sens
contraire du ruban. Ainsi la pièce et le ruban restent
en contact (du moins je me figure que c'est là la raison). La 2e (faite depuis longtemps, mais je l'applique
là) est qu'une main ne doit faire qu'une opération à
la fois. J'appuie donc de la main gauche, je tire de la
main droite ; quant à tourner, je n'ai pas à le faire,
le ruban s'en charge. Quant au rythme, je vais
d'abord à mon aise ; puis, constatant mon extrême
lenteur, je m'efforce vers le « rythme ininterrompu »,

mais avec répugnance et ennui; aussi le plaisir d'avoir conquis un tour de main m'est-il tout à fait insensible. À midi, je déjeune en vitesse à «Prisunic», puis vais m'asseoir au soleil en face de chez les aviateurs; j'y demeure dans une telle inertie que j'arrive à l'usine dans une sorte de demi-rêve, sans me presser le moins du monde, à 1 h 13 ou 14... On fermait la porte!

4 h - 4 h 1/2 à rivetage — voir le lendemain.

[*ms. 29*]

Sens profondément l'humiliation de ce vide imposé à la pensée. J'arrive enfin à aller un peu vite (à la fin, je fais plus que 3 F l'h), mais l'amertume au cœur.

Paye. 125 F (dont 4 F avancés). La précédente, 70 F. Soit 192 F pour 32 + 48 = 80 heures... donc 2,40 F l'heure exactement!...

Conversation avec Promeyrat* — Connaît tous les outils.

Soir, maux de tête, et fatigue fort amère au cœur. Je ne mange pas, sinon un peu de pain et de miel. Prends un tub pour me faire dormir, mais le mal de tête me tient éveillée à peu près toute la nuit. À 4 h 1/2 du matin, je suis prise d'un grand besoin de sommeil. Mais il faut se lever. Je repousse la tentation de prendre 1/2 journée.

[*ms. 30*]

Jeudi [21 mars]. — Toute la journée: rivetage des armatures^G — ai atteint 700 à 4 h 1/2 (en 8 h 3/4) — entrain en sortant à midi — épuisement après le repas. Soir: trop fatiguée pour manger, reste étendue sur le lit; peu à peu lassitude très douce — sommeil délicieux.

C. 421 121, b. 3 — 0,056 pièce — 800 pièces. Marqué 14 h 1/4.

Pensée vide, toute la journée, sans artifice comme pour le rivetage, par un effort de volonté soutenu

---

* S. W. a écrit «Pommier», écorchant un nom qu'elle écrit habituellement «Pommera»...

sans trop de peine. Pourtant je m'étais levée avec un
mal de tête qui a failli me faire rester.

Encouragée par le fait que c'est du «bon boulot»,
quoique dur. Et aussi — surtout — par une sorte
d'esprit sportif. Travail réellement *ininterrompu*.

Vendredi [22 mars]. — Finis rivetage. Mais il
manque des rivets (à vrai dire, il y en avait dans les
rainures de la machine). 8 1/4 à 8 3/4, 50 rallonges
à 0,54 %, C? (sûrement 413 910), marqué 1/4 h.
Rondelles carton, non chronométrées, bon de travail n° 1747, c^{de} 1415, marque 2 h (mis 2 h 1/4)
— calottes. C. 412 105, b. 1, 0,72 % (boutons),
400 pièces. Marqué 3 h 1/2 (je ne les ai pas finies en
partant, mais Chatel les finit). Perdu 1 h; la veille
j'en avais pris (retard rattrapé) 3, reste 2.

[*ms. 31*]

    Italienne et Mouquet.

    «4 sous... de l'heure, ça ne vous suffit pas dans cette
période de chômage?»

    Outillage (Mouquet y vient...).

    Réflexions d'Hillion :

    «Le patron sera toujours assez riche... Ça va toujours
trop vite, c'est pour ça qu'il n'y a pas de travail...»

    Sur un «J.P.¹² » qui passe : «et ce sont les mieux vus
encore» —

    Machine démolie par Hillion (au cours d'un montage, il
a cassé quelque chose).

    Le magasinier : «Les régleurs ne savent pas se servir des
freins.» «Ils ne savent pas mettre les boutons — C'est toujours trop court, de sorte que le clapet... (?).»

[*ms. 32*]

Lundi [25 mars].

Jusqu'à 8 h fini *circuits magnétiques* — commande 20 154 — il n'en reste que 25 environ. Je travaille facilement, sans me presser, sans lenteur
néanmoins. — Marque 1 h. J'ai 6 h en tout (le bon
n'était pas passé).

« *Rallonges* » (boîtes à 4 côtés à mettre en forme).
Prix dérisoire (0,923 %), 50 pièces! C. 413 910, b. 1
— Je marque 1/2 h. Finis à 9 h 3/4 — On n'en met
pas deux à la fois, me dit mimi. On met de l'huile à
toutes. — Alors?

Jusqu'à 10 h 3/4, *clinquants* avec Léon, à côté
d'Eugénie qui pose des rivets. C. 425 537, b. 2
— 200 paquets de 6 — 2,80 F % — Je vais vite (le
mercredi après Montana, j'avais mis 2 h pour
100 paquets!). Donc gagné 5,60 F. Je marque 1 h
50 mn (non coulé). J'ai réalisé à peu près, là encore,
le rythme ininterrompu.

Débiter pièces dans barres métalliques à la presse
où j'ai passé un mercredi avec Louisette. Bien
mettre à la butée, bien tenir parallèle... je ne vais
pas vite. Cela dure jusqu'à 1 h 50 mn. Je marque
apparemment par erreur trop de temps : 1 h 40 mn.
C. 4 009 194, b. 97 — 346 pièces à 0,88 %! (Je crois
en faire 360, mais vendredi Catsous m'apprendra
qu'il n'y en avait que 330!). Travaille sans tendre
aucunement à la vitesse ; fatiguée et découragée par
le prix, ayant aussi un alibi dans les difficultés à
faire tomber les pièces.

Déchets de 1 h 3/4 à 3 h 1/2 (donc 1 h 3/4).

Mêmes pièces à mettre en triangle, sur *même* bon.
Profond dégoût, qui me fait ralentir.

Fini à 4 h 1/2 — marqué 3 h 1/4 en tout.

Mardi.

1/4 h déchets.

Pièces délicates à placer à la butée : matrice presque
sans relief *(« bilames ^{G} »)*, avec Léon. C. 421 227,
2 100 pièces avec les boutons, donc à 0,72. Marqué
6 h 1/4. Même machine où j'avais fait les cosses la
2e fois, et que Jacquot n'avait pu arranger.

1/2 h déchets (perdu 40 mn ces 2 jours).

[*ms. 33*]

Mouquet. Conversation avec Mimi (Joséphine) — jeune mère. Léon.

Conversation aux déchets : Souchal grossier. Joséphine l'a sommé un jour de venir la <*illis.*> l'y a fait contraindre par Mouquet. Celui-ci est juste, mais capricieux. Règle les bons coulés tantôt à... tantôt à... pas selon la dureté du travail !

Fraiseur.

Promeyrat (Jacquot et la machine aux cosses. Régleurs et machines.)

[*ms. 34*]

Mercredi [27 mars]. — 1/2 h déchets.

Piano de 7 h 1/2 à 8 h 1/4. C. 15 682, b. 11, puis C. 15 682, b. 8, les deux à 0,495 % — 180 pièces pour la 1re, 460 pour la 2e. Marque 25 mn, puis 1 h 1/4. Lenteur lamentable. Celle dont l'ami est peintre vient me[*]

Rivetage, « support. inférieur ensem. » C. 24 280, b. 45, 200 pièces à 0,10 F (autrefois 0,208 !) (prix provisoire pour la commande Souchal) la pièce — 9 h 3/4 jusqu'à jeudi matin. Marqué 6 h 1/4 en tout.

Fait le matin 75 pièces, soit 7,50 F encore.

Mal de tête TRÈS violent, ce jour-là, sans quoi j'aurais pu aller plus vite. Je me suis couchée bien la veille, mais réveillée à 2 h. Le matin, envie de rester chez moi. À l'usine, chaque mouvement fait mal. Louisette, de sa machine, voit que ça ne va pas.

Jeudi [28 mars].

3/4 h déchets.

C. 428 195, b. 1 — marqué 2 h.

En marge : Machine à bras. — Proc[ure] rondelles.

C. 23 273, b. 21, 198 pièces (toutes comptées) à 1,008 F % (temps ? 2 h, je crois) — Rondelles.

---

[*] Phrase inachevée.

10 000 à 7,50 F, marqué 1 h 1/2 pour ce jour-là ; perdu 1 h 3/4.

Machine à bras. Deux leviers, dont un de sécurité, empêche l'autre de s'abaisser ; je ne comprenais pas à quoi il servait, le magasinier me l'explique — [Cf. Descartes et Tantale !][13]

[*ms. 35*]

> Une ouvrière du perçage : son gosse de 9 ans au ves-tiaire. Il vient travailler ? — « Je voudrais bien qu'il soit assez grand pour ça », dit la mère — Elle raconte que son mari vient de lui être renvoyé de l'hôpital, où on ne peut à peu près rien pour lui (pleurésie et grave maladie du cœur). Il y a encore une fille de 10 mois...

[*ms. 36*]

Vendredi [29 mars]. — Finis rondelles à la hâte. En les passant au tamis, m'aperçois que beaucoup sont loupées. J'en « fous en l'air » le plus possible ; ai néanmoins fort peur. Je marque 10 000, bien qu'il en manquât déjà en dehors de celles « foutues en l'air », et 2 h 1/2, ce qui fait un bon non coulé.

8 - 9 h — déchets.

9 h - 10 h 1/2, pièces faciles à faire. C. 421 324, bon de 500 ; il n'y en a que 464 ; Robert me fait pas-ser le bon. Payé 0,61 %. Marque 1 h (bon coulé), car je crois avoir perdu plus d'1/2 h à regarder Robert se débattre avec une machine. Le clapet ne s'écar-tait plus (Promeyrat est venu après ; une pièce man-quait, un coin). Il y était quand je suis arrivée ; ne s'est pas interrompu pour moi. Ça a recommencé plusieurs fois. L'ouvrière (pour une fois) semblait un petit peu intéressée (je ne la connais pas ; brune aux cheveux un peu fous, à l'air sympathique).

10 h 1/2 à 4 h 1/2, déchets — chance, car c'est un repos inexprimable. Dans l'après-midi, je finis même par m'asseoir — avec seulement 200 pièces à *recuire*, au four de Léon, jusqu'à 2 h — Marqué

50 mn, 0,021 pièce ; donc gagné 4,20 F (mais est-ce bien recuit ?). Je n'ose marquer plus de 50 mn, et ne prends pas le temps de calculer. Cela fait, hélas, 5 F l'heure. Baissera-t-on le bon à cause de moi ? J'aurais mieux fait d'attendre et de marquer au moins 1 h. En tout cas perdu en tout 25 mn.

Chatel charmant — on me laisse une liberté totale — on me traite en condamnée à mort...

Nénette soudain grave. « Tu vas chercher du boulot ? Pauvre Simone ! »[14] — Elle-même à pied la semaine prochaine. « C'est impossible d'y arriver. » Je dis à Louisette ce que j'en pense ; elle répond que Mouquet a refusé à Nénette d'être exempte de la mise à pied. Mme Forestier l'avait été il y a 2 ans, mais par ordre d'en haut.

Robert et machine.

[*ms. 37*] [voir tableau, p. 130-131].

[*ms. 38*]

Lundi [1er avril].

Recuit jusqu'à 9 h 10 plaques (arrêts de bobine), 200 à 0,021 [421 263, b. 21].

Tiges : 180 à 0,022 — [928 494, b. 48] — marqué 1 h 1/4 et 1 h.

Balancier, calibrage de corps de carrure (comme 2e jour ?) [22 616, b. 17, 2 bons], 116 p. à 0,022 % — chaque opération, l'une difficile, l'autre facile ! [à petits instruments à main] — Mis 50 mn (fini à 11 h 1/2).

Petites pièces : 421 446, 150 pièces sur 400 à 0,62 %, soit 0,90 F en tout — marqué 1/4 h. Mal au ventre violent — infirmerie. M'en vais à 2 h 1/2 après avoir vainement essayé de tenir le coup. Prostration jusqu'à 6 h environ, après, pas fatiguée.

Mardi [2 avril].

Bornes[G] : 240 à 0,53 % [409 134, 409 332].

Rondelles : 421 437, b. 1 — 0,56 % — 865 p., m[arqué] 1 h 1/4 — presses à cosses 2.

Guides d'enclenche^G : [12 270, b. 68] 1,42 F %, 150 p. — presse à Robert (mais il est à la pêche, c'est avec Biol) — ce sont des barres dans lesquelles on coupe en 2 coups de pédale successifs, parce que l'outil n'a pas la longueur voulue. Elles ne sont pas plates. Si on les entre ainsi ⌣ faciles à entrer, presque impossibles à sortir. Ainsi, ⌢ très dures à entrer, sortables. Biol recommande la 1re manière, Promeyrat (très dédaigneux pour lui) la 2e — Mouquet vient — me faire prendre la 1re man[ière], mais me donne une clef pour sortir (Promeyrat l'apportait, Mouquet a dit : «Je vais lui montrer»). Je la manie d'abord maladroitement. Il doit me rappeler le principe du levier...

Pour la 1re fois peut-être, je rentre à 1 h 1/4 avec plaisir — dû, aussi, à la manière dont Mouquet m'a parlé.

Je jouis de faire un travail dur, qui «ne va pas». À 1 h 1/4, je dis à Promeyrat que le travail qui ne va pas est bien moins embêtant. Il dit : «C'est vrai.» Je m'écorche les mains (une mauvaise coupure). Question du rythme inexistante, puisque le bon ne compte pas. Je remarque que devant Mouquet je prends sans effort le «rythme ininterrompu». Lui une fois parti, non... Ce n'est pas parce que c'est le chef : c'est que quelqu'un me regarde et attend après moi.

Déchets : 2 h 1/2 à 3 h 1/4.

Piano : 344 tôles à 0,56 % [508 907, b. 10], m[arqué] 50 mn.

Guides (?) : 40 009 195, 1 h.

Soir, pas fatiguée. Vais à Puteaux par un beau soleil, un vent frais — métro, taxi col. Viens par autobus jusque rue d'Orléans. Délicieux — monte chez B¹⁵. Mais me couche tard.

Travail à l'heure   QUIN
C 20 154 - 1 h   *Bons non coulés*
(6 h en tout)

Déchets		N⁰ˢ	Prix	Temps
1 h		421 121 (armatures R)	44,80 F	14 h 15 mn
	15 mn	24 280 (support R)	20 F	6 h 15 mn
1 h	15 mn	?	7,50 F	2 h 30 mn
1 h	45 mn	(rondelles I)		
	15 mn	408 294 (four L)	4,20 F	50 mn
			76,50 F	22 h 110 mn
	30 mn			
	30 mn			
	45 mn			23 h 50 mn
1 h		oublié		
1 h	15 mn			
2 h	30 mn	425 537	5,60 F	1 h 50 mn
	240 mn		82,10 F	25 h 40 mn

7 h (60 × 4)
7 h + 4 h = 11 h

12 h

Quels bons *auraient dû* ne pas être coulés? Ceux de planage (mais...) — les douilles, les doigts (si j'avais pris le bon système tout de suite...) le polissage, si cela n'avait pas été seulement la 2ᵉ fois, le piano — (là, la responsabilité revient aux maux de tête). Les pièces Δ (démoralisée par l'annonce de renvoi).

Dorénavant: chercher d'abord le *système* pour obtenir avec sécurité la plus grande rapidité. Après, viser sur *rythme ininterrompu*.

manque: 20 mn

Mais si on ajoute 3 F pour les circuits (?) et 5,50 F pour les calottes, et peut-être 1,50 F quelque part ailleurs, soit 10 F, j'aurai 167 F pour 65 h, soit 2,55 F l'heure environ...

Si j'ai pour ces 65 h 170 F, et pour les 11 h de déchets et les 2 h de cartons 32,50 F, et pour les 5 h de circuits en retard 15 F, cela me ferait en tout 217,50 F, moins la retenue des assurances sociales!

Ajouter aux 167 F, 6 F pour les clinquants, soit 173 F. En tout peut-être 223 F, dont 209 F seraient pour cette quinzaine-ci.

Dans l'ensemble, je n'ai pas fait de progrès qui soient appréciables dans le cadre du salaire...

ZAINE

Bons coulés

N.c.	Prix	Temps
907 405 rondelles L	1 F 12 [coulé pour raison Ψ!]	40 mn
Id. plan L	0,95 F	30 mn
420 500 pl. shunts L	8,90 F	4 h 15 mn
406 426 douilles R	2,90 F	1 h 10 mn
414 754 doigts L	20,60 F	7 h 45 mn
Id. doigts (pol.) Q	13,50 F	5 h 15 mn
413 910 cal. I	0,27 F	15 mn
412 105 cal. I	2,88 F	3 h 30 mn
413 910 cal. I	0,46 F	30 mn
*****		
4 009 194 perç. L	2,90 F	3 h 15 mn
421 227 bil. L	15,12 F	6 h 15 mn
15 682 pian. B	0,89 F	25 mn
Id. B	2,30 F	1 h 15 mn
428 195 mcbr. L	2,80 F (?)	2 h
23 173 mcbr I	2,14 F	2 h (?)
421 342 mcbr R.	2,83 F	1 h
	80,55 F	300 mn
		35 h 5 h
		40 h

à ajouter :

1 415   ?   2 h
                   (b. tr. 1 747)

80,50 F
82,10 F

162,60 F pour 65 h 3/4 de travail

```
      157  | 64
      290  | 2,45
      340  |
   20 | 163    | 66
        | 310    | 2,4766
        | 460    |
        | 440    |
        |  24    |
```

[*ms. 39*]

Satisfaction profonde que le travail aille mal… Mouquet.

[*ms. 40 blanc*]

[*ms. 41*]

Une oppression évidemment inexorable et invincible n'engendre pas comme réaction immédiate la révolte, mais la soumission.

À l'Alsthom, je ne me révoltais guère que le dimanche…

Chez Renault, j'étais arrivée à une attitude plus stoïcienne. Substituer l'acceptation à la soumission*.

[*ms. 42 et 43 blancs*]

[*ms. 44*]

À LA RECHERCHE DE L'EMBAUCHE

Lundi [8 avril] — Seule — À Issy. Malakoff. Ennuyeux. Rien à signaler.

Mardi [9 avril] (sous la pluie) avec une ouvrière (me parle de son garçon de 13 ans qu'elle laisse à l'école. « Sans ça qu'est-ce qu'il peut devenir ? Un martyr comme nous autres »).

Mercredi [10 avril] (temps divin) avec 2 ajusteurs. Un de 18 ans. Un de 58. *Très* intéressant, mais fort réservé. Un homme, selon toute apparence. Vivant seul (sa femme l'a plaqué). Un « violon d'Ingres », la photo. « On a tué le cinéma en le rendant parlant, au lieu de le laisser ce qu'il est véritablement, la plus belle application de la photographie. » Souvenirs de guerre, sur un ton singulier, comme d'une vie

---

* Puisque S. W. compare ses expériences à l'Alsthom et chez Renault, il s'agit d'une réflexion après coup, lors d'une relecture du *Journal*. Nous avons néanmoins respecté, comme ailleurs, l'ordre matériel du manuscrit.

pareille à une autre, un boulot seulement plus dur et plus dangereux (artilleur, il est vrai). «Celui qui dit qu'il n'a jamais eu peur ment.» Mais lui ne semble pas avoir subi la peur au point d'en avoir été intérieurement humilié. Sur le travail. «On demande de plus en plus aux professionnels, depuis quelque temps; il faudrait presque des connaissances d'ingénieur» — Me parle des «développés». Il faut trouver les dimensions de la tôle plate dont on fera ensuite une pièce pleine de courbes et de lignes brisées.

[*Tâcher de savoir de la manière la plus précise ce que c'est qu'un développé.*][16]

Une fois, il a raté un essai, autant que j'ai compris, parce qu'il avait oublié de multiplier le diamètre par π.

À son âge, dit-il, on a le dégoût du travail (ce travail auquel, étant jeune, il s'intéressait avec passion). Mais il ne s'agit pas du travail même, il s'agit de la subordination. La tôle... «Il faudrait pouvoir travailler pour soi.» «Je voudrais faire autre chose.» Travaillait (aux «Mureaux»), mais s'attend à moitié à être viré, pour avoir coulé des bons (il est au temps). Se plaint des bureaux, des temps. «Ils ne peuvent pas se rendre compte.» Discussion avec le contremaître, pour des pièces à faire en 7 mn; il en met 14; le contremaître, pour lui montrer, en fait une en 7, mais, dit-il, mauvaise — (c'est donc de l'ajustage en série?).

Parle de ses boulots passés. Des planques. A été mécanicien dans un tissage. «Ça, c'est le rêve.» Passait son temps à «faire de la perruque[G]». N'a même pas perçu, de toute évidence, le sort misérable des esclaves. Affecte un certain cynisme. Pourtant, de toute évidence, homme de cœur.

Toute la matinée, conversation à 3 extraordinairement libre, aisée, d'un niveau supérieur aux misères de l'existence qui sont la préoccupation dominante des esclaves, surtout des femmes. Après l'Alsthom, quel soulagement !

Le petit est intéressant aussi. En longeant Saint-Cloud, il dit : «Si j'étais en forme (il ne l'est pas, hélas, parce qu'il a faim...) je dessinerais.» «Tout le monde a |besoin de| quelque chose à quoi il s'intéresse.» «Moi, dit l'autre, c'est la photo.» Le petit me demande : «Et vous, quelle est votre passion ?» Embarrassée, je réponds : «La lecture.» Et lui : «Oui, je vois ça. Pas des romans. Plutôt philosophique, n'est-ce pas ?» On parle alors de Zola, de Jack London.

Tous deux, de toute évidence, ont des tendances révolutionnaires (mot très impropre — non, plutôt ils ont une conscience de classe, et un esprit d'hommes libres). Mais quand il s'agit de défense nationale, on ne s'entend plus. D'ailleurs je n'insiste pas.

Camaraderie totale. Pour la 1ʳᵉ fois de ma vie, en somme. Aucune barrière, ni dans la différence des classes (puisqu'elle est supprimée), ni dans la différence des sexes. Miraculeux.

[ms. 45]

DIMANCHE DE PÂQUES

En revenant de l'église où j'avais espéré (sottement) entendre du chant grégorien, je tombe sur une petite exposition où on aperçoit un métier de Jacquard *en marche*. Moi qui l'avais si passionnément, si vainement contemplé au Cons[ervatoire] des Arts et Métiers, je m'empresse de descendre — Explications de l'ouvrier, qui voit que je m'intéresse (en sortant, 2 tournées Claquesin... je l'intrigue beaucoup !). Il fait tout : carton (d'après dessin *du carton*, non de l'étoffe — il saurait, dit-il, trouver lui-même le dessin du carton (?) et, aussi, lire sur le carton le dessin de l'étoffe (?); cependant, quand je lui demande s'il saurait lire sur le carton des *lettres* à tisser dans l'étoffe, il dit

— et encore avec hésitation — que oui, mais pas couramment). Montage de la machine (ce qui signifie disposer tous les fils, sans erreur... travail excessivement minutieux) — et tissage, accompli en lançant la navette et en pédalant ; pédale lourde à cause de toutes les aiguilles et tous les fils soulevés, mais il dit n'être jamais fatigué. J'ai enfin compris — à peu près — le rapport du carton, des aiguilles et du fil. Il y a, dit-il, un métier Jacquard dans chaque tissage, pour les échantillons ; mais il pense que ça va disparaître. Excessivement fier de son savoir...

[*ms. 46*]

DEUXIÈME BOÎTE, DU JEUDI 11 AVRIL
AU MARDI 7 MAI, CARNAUD,
FORGES DE BASSE-INDRE,
RUE DU VIEUX-PONT DE SÈVRES,
BOULOGNE-BILLANCOURT

1re JOURNÉE [jeudi 11 avril]. — Atelier de Gautier : bidons d'huile [après, masques à gaz) (ateliers strictement spécialisés). Des chaînes et quelques presses. On me met à une presse. Pièces ⬭ à emboutir pour en faire ⬭ Le point sert à déterminer le sens — petite presse, pédale |*légère*| douce ; c'est ce point qui me gêne. Il faut compter (ignorant quel est le contrôle, je compte consciencieusement ; à tort) — Je les range dans l'ordre et les compte par 50, puis les fais en vitesse. Je force, quoique non au maximum, et fais 400 à l'h. Je travaille plus dur qu'en général à l'Alsthom. L'après-midi, fatigue, augmentée par l'atmosphère étouffante, chargée d'odeurs de couleurs, vernis, etc. — Je me demande si je pourrai maintenir la cadence. Mais à 4 h Martin, contremaître (un beau gars à l'air et à la voix affables), vient me dire bien poliment : «Si vous n'en faites pas 800, je ne vous garderai

pas. Si vous en faites 800 les 2 h qui restent, je
consentirai peut-être à vous garder. Il y en a qui en
font 1 200. » Je force, la rage au cœur, et j'arrive à
600 l'h (en trichant un peu sur le compte et le sens
des pièces). À 5 h 1/2 Martin vient prendre le
compte et dit : « Ce n'est pas assez. » Puis il me met
à |aider| ranger les pièces d'une autre, laquelle n'a
pas un mot ni un sourire d'accueil. À 6 h, en proie à
une rage concentrée et froide, je vais dans le bureau
du chef d'atelier, et demande carrément : « Est-ce
que je dois revenir demain matin ? » Il dit, assez
étonné : « Revenez toujours, on verra ; mais il faut
aller plus vite. » Je réponds : « Je tâcherai », et pars.
Au vestiaire, étonnement d'entendre les autres
caqueter, jacasser, sans paraître avoir au cœur la
même rage que moi. Au reste, le départ de l'usine
se fait en vitesse ; jusqu'à la sonnerie, on travaille
comme si on en avait encore pour des heures ; la
sonnerie n'a pas encore commencé à retentir que
toutes se lèvent comme mues par un ressort, courent pointer, courent au vestiaire, enfilent leurs
affaires en échangeant quelques mots, courent chez
elles. Moi, malgré ma fatigue, j'ai tellement besoin
d'air frais que je vais à pied jusqu'à la Seine ; là je
m'assieds au bord, sur une pierre, morne, épuisée et
le cœur serré par la rage impuissante, me sentant
vidée de toute ma substance vitale ; je me demande
si, au cas où je serais condamnée à cette vie, j'arriverais à traverser tous les jours la Seine sans me
jeter une fois dedans.

Le lendemain matin, de nouveau sur ma
machine [17]. 630 à l'h, en bandant désespérément
toutes mes forces. Tout d'un coup Martin, qui s'approche suivi de Gautier, me dit : « Arrêtez. » Je m'arrête, mais reste assise devant ma machine sans
comprendre ce qu'on me veut. Ce qui me vaut une
engueulade, car, quand un chef dit : « Arrêtez », il

faut, paraît-il, être immédiatement debout à ses ordres, prête à bondir [sur] le nouveau

[*ms. 47*]

travail qu'il va vous indiquer. « On ne dort pas ici. » (Effectivement, pas une seconde, dans cet atelier, en 9 h par jour, qui ne soit pas une seconde de travail. Je n'ai pas vu une fois une ouvrière lever les yeux de sur son travail, ou deux ouvrières échanger quelques mots. Inutile d'ajouter que dans cette boîte les secondes de la vie des ouvrières est *(sic)* la seule chose qu'on économise aussi précieusement ; par ailleurs gaspillage, coulage à revendre. Aucun chef que j'aie vu analogue à Mouquet. Chez Gautier, leur travail semble consister surtout à pousser les ouvrières. On me met dans *(sic)* une machine où il s'agit seulement d'enfiler de minces bandes métalliques flexibles, dorées dessous, argentées dessus, en faisant attention de ne pas en mettre 2 à la fois, et « à toute allure ». Mais souvent elles sont collées. La 1re fois que j'en mets 2 (ce qui arrête la machine), le régleur vient l'arranger. La 2e fois j'avertis Martin, qui me remet à ma 1re machine pendant qu'on arrange l'autre. 640 à l'h à peu près... À 11 h, une femme vient m'emmener avec un gentil sourire dans un autre atelier ; on me met dans une grande salle claire, à côté de l'atelier, où un ouvrier montre à un autre comment vernir au pistolet pneumatique...

<J'ai oublié de noter mon impression le 1er jour, à 8 h, en arrivant au bureau d'embauche. Moi — malgré mes craintes — je suis heureuse, reconnaissante à la boîte, comme une chômeuse enfin casée. Je trouve 5 ou 6 ouvrières qui m'étonnent par leur air morne. J'interroge, on ne dit pas grand-chose ; je comprends enfin que cette boîte est un bagne (rythme forcené, doigts coupés à profusion,

débauchage sans scrupules) et que la plupart d'entre elles y ont travaillé — soit qu'elles aient été jetées sur le pavé à l'automne, soit qu'elles aient voulu s'évader — et reviennent la rage au cœur, rongeant leur frein.>

La porte ouvre 10 mn avant l'heure. Mais c'est une façon de parler. Avant, une petite porte est ouverte dans le portail. À la 1re sonnerie (il y en a 3 à 5 mn d'int[ervalle]), la petite porte se ferme et la moitié du portail s'ouvre. Les jours de pluie battante, spectacle singulier de voir le troupeau des femmes arrivées avant que ça « ouvre » rester debout sous la pluie à côté de cette petite porte ouverte en attendant la sonnerie (cause, les vols ; cf. réfectoire). Aucune protestation, aucune réaction.

Une belle fille, forte, fraîche et saine dit un jour au vestiaire, après une journée de 10 h : On en a marre de la journée. Vivement le 14 juillet qu'on danse. Moi : Vous pouvez penser à danser après 10 h de boulot ? Elle : Bien sûr ! Je danserais toute la nuit, etc. (en riant). Puis, sérieusement : ça fait 5 ans que je n'ai pas dansé. On a envie de danser, et puis on danse devant la lessive.

Deux ou trois, mélancoliques, à sourire triste, ne sont pas de la même espèce vulgaire que les autres. Une me demande comment ça va. Je lui dis que je suis dans un coin tranquille. Elle, avec un sourire doux et mélancolique : tant mieux ! Espérons que ça durera. Et de même encore une ou deux fois.

Ceux qui souffrent ne peuvent pas se plaindre, dans cette vie-là. Seraient incompris des autres, moqués peut-être de ceux qui ne souffrent pas, considérés comme des ennuyeux par ceux qui, souffrant, ont bien assez de leur propre souffrance. Partout la même dureté que de la part des chefs, à de rares exceptions près.

[*ms. 48*]

Au vernissage. Observé 5 ouvriers. Le charpentier
— mon copain camionneur. Le « type d'en bas » (éta-
mage), à moitié chef d'équipe. L'électricien, ancien
inscrit maritime (dont le passage était pour moi et
mon copain comme un souffle du large). Le mécano
(hélas, à peine aperçu).

[Remarque : séparation des sexes, mépris des
hommes pour les femmes, réserve des femmes à
l'égard des hommes (malgré les échanges de plaisanteries obscènes) bien plus prononcées chez les
ouvriers qu'ailleurs.]

[*ms. 49*]

> Ouvrières : l'ancienne découpeuse qui, il y a 7 ans (28 :
> pleine prospérité) a eu une salpingite, et n'a pu obtenir
> d'être retirée des presses qu'au bout de plusieurs années
> — le ventre dès lors complètement et définitivement
> démoli. Parle avec beaucoup d'amertume. Seulement, elle
> n'a pas eu l'idée de changer de boîte — alors qu'elle le
> pouvait facilement !

[*ms. 50*]

POUR LA 2ᵉ FOIS, À LA RECHERCHE
DU BOULOT

Débauchée le mardi 7 mai[18]. Mercredi, jeudi, vendredi passés dans la prostration sinistre que donnent les maux de tête. Vendredi matin, juste
courage de me lever à temps pour téléphoner à
Detœuf. Samedi, dimanche, repos.

Lundi 13 [mai]. — Devant chez Renault. Conversation entendue entre 3, que je prends d'abord pour
des professionnels. Un, qui écoute d'un air malin
(physionomie fine) sera pris, donc pas revu — Vieil
ouvrier, manœuvre spécialisé sur presses, figure
tannée de travailleur — mais intelligence dégradée

par l'esclavage. Communiste vieux modèle. Ce sont les patrons qui font les syndicats confédérés. Ils choisissent les chefs. Ceux-ci, quand ça ne va pas, vont dire au patron : Je ne pourrai plus les retenir si... «Il y en a un qui me l'a dit lui-même!» Et après disent aux ouvriers : «Les grèves ne réussissent pas lorsqu'il y a du chômage, vous allez souffrir», etc. — Bref, ressasse toutes les bêtises inventées par des bonzes bien planqués[19].

Le 3e, gars du bâtiment, tendances syndicalistes (a travaillé à Lyon), un chic type.

Mardi 14 [mai]. — Matin : inertie. Après-midi, Saint-Ouen (Luchaire). La place est prise...

Mercredi 15 [mai]. — Vais porte de Saint-Cloud, mais le temps de téléphoner à Detœuf, il est trop tard pour aller chez Renault ou chez Salmson. Vais voir chez Caudron. Devant la porte, une demi-dou-zaine de professionnels, tous avec références avia-tion : menuisiers d'aviation, ajusteurs... De nouveau le même refrain : «Des professionnels comme ils en demandent, ils n'en trouveront pas. On n'en fait plus...» Il s'agit encore de la même chose : les déve-loppés. Autant que je peux comprendre, il y a

2 types d'essai, la «queue d'aronde[G]» : $\smile\hspace{-0.5em}\diagup$ (à peu près), qui doit s'emboîter *exactement* dans une tôle qu'on défend de limer, et les développés. Il y a quelque chose d'artiste, semble-t-il, chez les ajus-teurs.

Celui avec lequel je me suis liée. En apparence, brute épaisse. Certificats mirifiques. Une lettre de recommandation du Conservatoire des Arts et Métiers (où il a été apprenti jusqu'à 19 ans) : «Méca-nicien qui fait honneur à son métier.» Habite Bagnolet (une bicoque à lui??), ce qui complique pour lui la recherche du boulot ; explique ainsi son refus de faire plus de 8 h, mais je crois que ce n'est

pas seulement ça. On fait 10 h chez Renault. Trop
pour lui. Avec le train, etc., «le dimanche on peut
rester couché pour se reposer» (donc les sous, ça lui
est égal). Ajoute : «5 h, c'est assez pour moi.» A été
contremaître plus d'une fois (certificats à l'appui).
Mais, me dit-il, «je suis trop révolutionnaire, je n'ai
jamais pu embêter les ouvriers». Son erreur d'interprétation à mon égard, son attitude après. En me
quittant : «Vous ne m'en voulez pas?» Doit venir me
voir chez moi. Mais pas devant Renault le lendemain matin... Le jour d'après, on frappe. Je suis
couchée, n'ouvre pas. Était-ce lui? Je n'entendrai
plus jamais parler de lui...

[*ms. 51*]

Autre jour, devant Gévelot — le type à cheveux
blancs, qui avant la guerre se destinait à la musique.
Se dit comptable (mais se trompe dans calculs élémentaires). Cherche place de manœuvre. Pitoyable
raté... On attend de 7 h 1/4 à 7 h 3/4 sous un peu
de pluie, après quoi «pas d'embauche» — Chez
Renault, embauche finie. Une heure d'attente devant
Salmson.

Autre fois, chez Gévelot. On fait entrer les femmes.
Grossièreté, dureté du type de l'embauche (chef du
personnel?) lequel engueule d'ailleurs aussi un
contremaître qui répond bien humblement (plaisir
de voir ça). Nous parcourt du regard comme des
chevaux. «Celle-là la plus costaude.» Sa manière
d'interroger la gosse de 20 ans qui 3 ans plus tôt
a quitté parce qu'enceinte... Avec moi, poli. Prend
mon adresse.

[Cette] fois ou autre, celle qui, mère de 2 enfants,
disait vouloir travailler parce qu'elle «s'ennuyait à
la maison» et dont le mari travaillait 15 h par jour
et ne voulait pas qu'elle travaille! Indignation d'une

autre, mère de 2 enfants aussi, bien malheureuse de devoir travailler (devant Salmson).

Autre fois (?), rencontre de [la] petite qui dit : « La baisse du franc, ça sera la famine, on l'a dit à la T.S.F. », etc.

Autre fois, course à Ivry. « Pas de femmes. » Maux de tête...

Autre fois, devant Langlois (petite boîte), à Ménilmontant, à 7 h (annonce) — Attends jusqu'à 8 h 1/2. Puis, à Saint-Denis, mais c'est trop tard.

Retourne à Saint-Denis. Pénible de marcher ainsi quand on ne mange pas...

De nouveau chez Luchaire à Saint-Ouen avant 7 h 1/2 (c'est le jour où, l'après-midi, je serai embauchée chez Renault).

La dernière semaine je décide de ne dépenser que 3,50 F par jour, communications comprises. La faim devient un sentiment permanent. Est-ce plus ou moins pénible que de travailler et de manger ? Question non résolue...

Si, plus pénible somme toute.

[*ms. 52*]   RENAULT

Fraiseuse.

Mercredi 5 [juin]. — Jour de l'embauche, de 1 h 1/2 à 5 h. Les visages autour de moi ; le jeune et bel ouvrier ; le gars du bâtiment ; sa femme...

Jeudi 6. — De 8 h à 12 h, regardé — de 2 h 1/2 à 10 h, travaillé — 400 les 2 premières h — En tout 2 050 — perdu 1 h 1/2 ou plus par la faute du régleur. Épuisée en sortant.

Vendredi 7. — 2 500 juste, épuisée, plus encore que la veille (surtout après 7 h 1/2 ! Philippe me regarde en rigolant...) À 7 h n'en ai fait que 1 600.

Samedi 8. — 2 400, nettoyage. Fatiguée, mais moins que la veille (2 400 en 8 h, soit 300 l'h seulement).

Mardi 11*. — 2 250 dont 900 après 7 h — pas trop forcé — à peine fatiguée en sortant. Fini à — 10.

Mercredi 12. — Panne de courant (bonheur !).

Jeudi 13. — 2 240, fini à 9 h 1/2 *(plus de pièces)* — là-dessus, 1 400 avant 7 h, 840 après (dont 330 seulement à 4 h !). Violents maux de tête. À plat en sortant. Mais plus de courbatures…

Vendredi 14. — 1 350 et 300 autres. Pas fatiguée.

Samedi 15. — 2 000, fini à 8 h 40, nettoyage : à peine le temps de finir. Pas trop fatiguée [cette 1re semaine, question de caisse pas trop angoissante grâce à la gentillesse des autres].

[*Dimanche.* — Maux de tête, nuit de dimanche à lundi pas dormi.]

Lundi 17. — 2 450 (1 950 à 8 h 35) — fatiguée en sortant, mais non épuisée.

Mardi 18. — 2 300 (2 000 à 8 h 3/4) — pas forcé — pas fatiguée en sortant — mal à la tête toute la journée.

Mercredi 19 [juin]. — 2 400 (2 000 à 8 h 35), très fatiguée. Le petit salaud de régleur me dit qu'il en faut plus de 3 000.

Jeudi 20 [juin]. — Vais à la boîte avec un sentiment excessivement pénible ; chaque pas me coûte (moralement ; au retour, c'est physiquement). Suis dans cet état de demi-égarement où je suis une victime désignée pour n'importe quel coup dur… De 2 h 1/2 à 3 h 35, 400 pièces. De 3 h 35 à 4 h 1/4, temps perdu par le monteur à casquette — (il me refait mes loups^G) — Grosses pièces — lent et *très* dur à cause de la nouvelle disposition de la manivelle de l'étau. Ai recours au chef — Discussion — Reprends — Me fraise le bout du pouce (le voilà, le

---

* À partir de cette date, et jusqu'au lundi 7 juillet inclus, toutes les indications du quantième du mois sont erronées (10 pour 11, etc.). Suivant en cela les éditions antérieures, nous avons rétabli les dates exactes.

coup dur) — Infirmerie — Finis les 500 à 6 h 1/4 —
Plus de pièces pour moi (je suis si fatiguée que j'en
suis soulagée!). Mais on m'en promet. En fin de
compte, je n'en ai qu'à 7 h 1/2 et seulement 500
(pour finir les 1 000). [Le type blond a bien peur que
je ne me plaigne au contremaître.] À 8 h, 245. Fais
les 500 gros, en souffrant beaucoup, en 1 h 1/2 —
10 mn pour le montage — C'est une autre partie de
la fraise qui fonctionne : ça va ; je fais 240 petits en
1/2 h exactement. Libre à 9 h 40. Mais gagné
16,45 F!!! (non, grosses pièces un peu plus payées).
M'en vais fatiguée...

1er repas avec les ouvrières (le casse-croûte).

Le monteur à casquette : «S'il touche à votre
machine, envoyez-le promener... Il démolit tout ce
qu'il touche...»

Il me donne ordre de transporter une caisse de
2 000 pièces. Je lui dis : «Je ne peux pas la bouger
seule.» — «Débrouillez-vous. Ça n'est pas mon boulot.»

À propos des pièces qu'on me fait attendre, la
commençante : «Le contremaître a dit que si on
attendait, on devait prendre en compensation sur le
salaire de celle qui vous fait attendre.»

[ms. 53]

L'inconvénient d'une situation d'esclave, c'est qu'on est
tenté de considérer comme réellement existants des êtres
humains qui sont de pâles ombres dans la caverne. Ex. :
mon régleur — ce jeune salaud. Réaction nécessaire là-
dessus. [Ça m'a passé, après des semaines.]

Idée de Dickmann[20]. Mais si les ouvriers se font d'autres
ressources, et par un travail *libre*, se résigneront-ils à ces
vitesses d'esclaves? (Sinon, tant mieux!)

Ceux qui me disent de ne pas me crever. C'est (je l'apprends plus tard) le contremaître d'une autre équipe, tout

au bout de l'atelier. Très gentil celui-là, d'une bonté posi-
tive (alors que celle de Leclerc, mon chef à moi, provient
plutôt du je m'en-foutisme). Depuis, aux rares occasions
que j'ai de lui parler, toujours particulièrement gentil
avec moi. Un jour, il me regarde en passant, alors que je
transvase misérablement des gros boulons dans une
caisse vide, avec les mains...

Ne jamais oublier cet homme.

La petite dans le métro «pas de courage!» — Moi non
plus...

Le contremaître et la manivelle. Il me dit : «Essayez
comme ça», alors qu'il est évident qu'elle va s'en aller.

Émotions terribles, le jour de l'embauche, et le lendemain en allant affronter l'inconnu ; dans ce métro matinal
(j'arrive à 6 h 3/4), l'appréhension est forte jusqu'au
malaise physique. Je vois qu'on me regarde ; je dois être
fort pâle. Si jamais j'ai connu la peur, c'est ce jour-là. J'ai
dans l'esprit un atelier de presses, et 10 h par jour, et des
chefs brutaux, et des doigts coupés, et la chaleur, et les
maux de tête, et... L'ancienne ouvrière sur presses avec
qui j'ai causé au bureau d'embauche n'a pas contribué à
m'encourager. En arrivant à l'atelier 21, je sens ma
volonté défaillir. Mais du moins ce ne sont pas des presses
— quelle chance!

Quand j'avais, 3 mois plus tôt, entendu raconter l'histoire de la fraise^G qui avait *traversé* la main d'une
ouvrière, je m'étais dit qu'avec une image pareille dans la
mémoire il ne me serait pas facile de travailler jamais sur
une fraiseuse. Cependant, à cet égard, je n'ai eu de peur à
surmonter à aucun moment.

[*ms. 54*]

Vendredi 21 [juin]. — Levée très **tard** — prête seulement juste à temps. Vais à la **boîte avec peine** —
mais, contrairement à ce qui **était le** cas les fois
d'avant, peine bien plus physique que morale. Je
crains pourtant de ne pouvoir en faire assez. De nouveau ce sentiment «tenons toujours le coup aujour-
d'hui...», comme à l'A[lsthom]. Il y a eu la veille
15 jours que je suis là ; et je me dis que sans doute je
ne puis pas tenir plus de 15 jours...

Une fois là, j'ai 450 pièces à finir, puis 2 000 : ça
va, rien à compter. Commence à 2 h 35 ; fais les 450
à 3 h 40. Puis continue, au rythme ininterrompu, en
fixant mon attention sur la pièce, en maintenant en
moi l'idée fixe « il faut... » — Je crois qu'il y a trop
peu d'eau ; perds beaucoup de temps à chercher le
seau (qui était à sa place !). Puis je verse trop d'eau ;
ça déborde ; faut en ôter, chercher sciure, balayer...
Le type des tours automatiques m'aide gentiment. À
7 h 20, perds beaucoup de temps (1/4 h à 20 mn) à
chercher boîte — J'en trouve enfin une, pleine de
copeaux ; je vais la vider ; le régleur me donne
l'ordre de la remettre. J'obéis. [Le lendemain, une
du perçage m'apprend qu'elle était à sa femme, et
dit : « Moi, je ne l'aurais pas remise. » Sympathique,
le perçage ; groupe à part.] Tout au fond de l'atelier
(21 B) j'en trouve une ; une ouvrière s'oppose à ce
que je la prenne ; je cède encore (à tort !) — Je
renonce. Je continue, et, quand je n'en ai plus que
500 environ, les vide partie sur la machine, partie
dans une sorte de panier pris dans la machine derrière moi, et mets les 1 500 pièces faites dans la
caisse ainsi vidée : manutention assez longue et très
pénible, sans aide. Enfin fini à 9 h 35. Vais en
vitesse en chercher 75, histoire de battre un peu
mon record. Donc : 2 525. Rentre rue Aug[uste]
C[omte][21]. Dors en métro. Acte de volonté distinct
pour chaque pas. Une fois rentrée, très gaie. Couchée, lis jusqu'à 2 h du matin. Réveil à 7 h 1/4
(dents).

Samedi 22 [juin]. — Temps magnifique. Matinée
joyeuse. Ne pense à la boîte qu'en y allant ; alors,
sentiment pénible (mais moins impression d'esclavage). L'autre n'était pas venue. Prends caisse de
2 000 (— les 75) [lourd !]. Commence à 2 h 3/4 — À
3 h 3/4, en ai fait peut-être 425 (ce qui ferait 500).
On me change de machine. Boulot facile et bien

payé (3,20 F %), mais fraise plus dangereuse. En fais 350 (soit 4,20 F). Fini vers 5 h 5 — Perds 10 mn. Reviens à ma machine; recommence à 5 h 1/4. Vitesse qui va de soi, sans obsession artificielle, sans forcer, en maintenant seulement le «rythme ininter-rompu»; ai fait 1 850 à 8 h 1/2 (soit 1 350 en 3 h, ou 450 l'h!) [1 en 8 secondes]. Repas gai (la «grosse» pourtant manque). Impression de détente: samedi soir, pas de chefs, laisser-aller... Tout le monde (sauf moi) s'attarde jusqu'à 7 h 25.

Retour — m'attarde devant la musique. Air frais, délicieux — Éveillée dans métro, encore du ressort pour marcher. Fatiguée pourtant. Mais en somme heureuse...

[*ms.* 55 blanc]

[*ms.* 56]
Lundi 24 [juin]. — Mal dormi (démangeaisons). Matin, pas d'appétit, maux de tête assez violents — Sentiments de souffrance et d'angoisse au départ.

En arrivant, catastrophe: ma coéquipière n'étant pas venue, on a volé la caisse où tombent les pièces — Je perds *1 h* à en trouver une autre (il faut une per-cée) Me mets au boulot; fraise usée. Un nouveau régleur (en gris), dans l'atelier depuis 1 semaine, me la remplace (de lui-même!). À cette occasion, il s'aperçoit qu'il y a du jeu un peu partout. Notamment la bague qui maintient la fraise «a foutu le camp depuis au moins dix ans». Il s'étonne que «les deux copains (!)» ne l'aient pas remise. Ma machine est un «vieux clou», dit-il. Il semble connaître un peu son affaire. Mais, total, je me mets au boulot à 4 h 1/2. Découragée, à plat (maux de tête) — Fais 1 850 pièces en tout! (en 5 h, soit pas 400 l'h). Le soir, je perds encore du temps à chercher une caisse puis, n'en trouvant pas, à transvaser les pièces dans panier pris

à machine d'à côté. Et combien lourde à manier, la
caisse où sont tombées près de 16 000 pièces, qu'il
faut verser dans une autre. Rentre (A[uguste] C[omte])
fatiguée, mais pas trop. Dégoûtée surtout d'avoir fait
si peu. Et mourant de soif.

Mardi 25 [juin]. — Éveillée à 7 h. Séance fatigante
et longue chez dentiste — mal aux dents toute la
matinée. Presque en retard.

Chaud. Ai peine à monter l'escalier en arrivant…
Trouve ma nouvelle coéquipière (Alsacienne) —
Encore caisse à chercher… En prends une près d'une
machine. La propriétaire arrive, furieuse — Prends
à la place celle où étaient les pièces à faire, en la
vidant (restaient 200). On n'est donc pas plus avancé !
En trouve une autre. Vais la remplir, par pelletées,
au tour — La ramène (lourd !). Puis (à 2 h 55) vais à
l'infirmerie — (copeau provoquant début d'abcès) —
Au retour, trouve mes 2 000 pièces vidées près de ma
machine (la caisse reprise par la 1re propriétaire en
mon absence). Nouvelles recherches. M'adresse au
chef en face l'ascenseur — Me dit : « Je vais vous en
faire donner une. » J'attends… M'engueule parce
que j'attends. Retourne à ma machine — Mon voisin
me donne une caisse — À ce moment survient mon
chef (Leclerc). Commence à m'engueuler. Je lui dis
qu'on a versé mes pièces en mon absence. Va s'expliquer avec mon voisin. Je ramasse les pièces. Changer la fraise. Total : me mets au boulot à 4 h 5 ! Avec
un dégoût que je refoule afin d'aller vite. Je voudrais
faire quand même 2 500. Mais j'ai peine à soutenir la
vitesse.

[*ms. 57 blanc*]

[*ms. 58*]

Les 200 restants de l'autre carton filent vite (en 20
ou 25 mn). Après, ça ralentit.

Vers 6 h 1/2, coupe mal. Le régleur en gris déplace la fraise — la manipule — la redéplace — et, je crois bien, la remet à sa place primitive*... À 7 h, j'ai dû en faire 1 300, pas plus — Après pause, encore recherche de caisse, manipulations, faute de caisse. À 9 h 35, ou 40, ai fini carton (donc 2 200) — En fais encore 50... Je l'avais fait déplacer à 9 h 1/4 par le jeune régleur (Philippe); il m'avait bien fait attendre 1/4 h — Et, déjà, je l'avais appelé trop tard. 2 250, par conséquent. Médiocre... En rentrant, dois forcer pour marcher, mais pourtant, non pas par pas.

N'ai pas maintenu le «rythme ininterrompu»... Gênée par mon doigt. Aussi trop grande confiance.

Faut absolument stabiliser la question des caisses. Et d'abord proposer à l'ouvrière du tour de nous en donner 1 fois sur 2? On ne lui en donne jamais, dit-elle. Mais à nous non plus. Quand on ne cherchait par 500, c'était différent. Maintenant que c'est par 2 000**...

Mercredi 26 [juin]. — Fatigue, le matin — courage pour pas beaucoup plus que la journée... accablement sourd — m[au]x de tête — découragement — peur, ou plutôt angoisse (devant travail, ma caisse, vitesse, etc.) — lourd temps d'orage.

Vais à l'infirmerie. «On vous l'ouvrira quand il faudra, et sans vous demander votre avis.» Travail — Souffre du bras, de l'épuisement, des maux de tête. (Un peu de fièvre? Pas le soir en tout cas.) Mais j'arrive à force de vitesse à ne pas souffrir pendant des espaces de temps successifs de 10 mn [à] 1/4 d'h. À 5 h paye. Après, j'en ai marre. Je compte mes pièces, essuie ma machine et demande à m'en aller.

---

* *En marge*: «effets de ce système à plusieurs régleurs».
** Le manuscrit porte ici une série de chiffres, d'une part l'addition des heures effectuées, d'autre part l'addition des pièces fabriquées, et l'indication finale du gain («soit 220 F»).

Vais trouver Leclerc (contremaître) dans le bureau du chef d'atelier, qui me propose l'assurance*.

[*ms. 59*]

En sortant de chez dentiste (mardi matin, je crois — ou plutôt jeudi matin), et en montant dans le W, réaction bizarre. Comment, moi, l'esclave, je peux donc monter dans cet autobus, en user pour mes 12 sous au même titre que n'importe qui? Quelle faveur extraordinaire! Si on m'en faisait brutalement redescendre en me disant que des modes de locomotion si commodes ne sont pas pour moi, que je n'ai qu'à aller à pied, je crois que ça me semblerait tout naturel. L'esclavage m'a fait perdre tout à fait le sentiment d'avoir des droits. Cela me paraît une faveur d'avoir des moments où je n'ai rien à supporter en fait de brutalité humaine. Ces moments, c'est comme les sourires du ciel, un don du hasard. Espérons que je garderai cet état d'esprit, si raisonnable.

Mes camarades n'ont pas, je crois, cet état d'esprit au même degré: ils n'ont pas pleinement compris qu'ils sont des esclaves. Les mots de juste et d'injuste ont sans doute conservé jusqu'à un certain point un sens pour eux — dans cette situation où tout est injuste.

[*ms. 60*]

Jeudi 4 juillet[22]. — Retourne pas à ma fraiseuse, grâce au ciel! (Occupée par une autre qui a l'air d'en faire, d'en faire...) Petite machine à ébavurer les trous percés dans pas de vis. 2 espèces de pièces (la 2e: des clous). 1 300 de la 1re (1,50 F %), 950 (?) de la 2e (0,60 F %). Puis 260 pièces polies au ruban à polir (1 F %).

Vendredi 5 juillet. — Le lendemain, congé: quel bonheur! Mal dormi (dents). Matin, séance chez dentiste. Maux de tête, épuisement [inquiétude aussi, ce qui n'arrange pas les choses...] Plus que 3 semaines[23]! Oui, mais 3 semaines, c'est n fois 1 jour! Or plus de

---

* Tournant la page, Simone Weil a noté ces trois lignes en haut de [*ms. 60*].

courage que pour 1 jour, 1 seul. Et encore, en ser-
rant les dents avec le courage du désespoir. La veille,
le petit Italien m'a dit : « Vous maigrissez (il me
l'avait dit 10 jours avant), vous y allez trop souvent (!) » — Tout ça, c'est mes sentiments *avant* d'aller au boulot.

À bout de forces, en voyant mes voisines (machine
à fendre les têtes...) se préparer à laver la machine,
et à leur instigation, je vais demander à Leclerc si je
pars à 7 h — Il me répond sèchement : « Vous n'allez pas venir pour faire 2 h, tout de même ! » Philippe le soir me fait attendre je ne sais combien
de temps, pour m'embêter. Mais moi, saisie par le
dégoût...

[*ms. 61*]

> Attends 1/2 h devant ce bureau, par la faute de la poin-
> teau. Vois les complications des livraisons — La camara-
> derie entre les contremaîtres...
> On dirait que, par convention, la fatigue n'existe pas...
> Comme le danger à la guerre, sans doute.

[*ms. 62*]

Semaine suivante : lundi 8 à vendredi 12 [juillet].
Lundi [8 juillet].
Mardi [9 juillet]. — Commencé à 7 h carton de
3 500 pièces (laiton ?).
Mercredi [10 juillet]. — 8 000 pièces ou à peu
près dans ma journée : fini le carton de la veille
(à 10 h 45). Fais carton de 5 000 (recommencé à
11 h 45). Termine à 6 h [dîner avec A]. Épuisée.
C'étaient des pièces faciles (je ne sais plus au juste
lesquelles ; laiton, puis acier, je crois). « Rythme
ininterrompu. »

[*ms. 63*]

INCIDENTS NOTABLES

Le régleur en gris (Michel) et son mépris pour les 2 autres, surtout le «ballot».

Le mauvais montage qui casse la fraise; incidents. Le monteur ballot avait mis un montage qui n'allait qu'à moitié. En appuyant sur la fraise, il arrive plusieurs fois que la fraise s'arrête. Une fois déjà ça m'était arrivé, et on avait dit: «Elle n'est pas assez serrée.» Je vais donc chercher le régleur, et lui demande de serrer plus. D'abord, il ne veut pas venir. Il me dit que c'est moi qui appuie trop. Enfin il vient. Dit: «Ce n'est pas là (en montrant les blocs de serrage de la fraise) mais là (en montrant la poulie de l'arbre porte-fraise et la courroie) que ça fatigue» (???). S'en va. Je continue. Ça ne va pas. Enfin une pièce se bloque dans le montage, casse 3 dents... Il va chercher Leclerc pour me faire engueuler. Leclerc m'engueule, lui, à cause du choix du montage, et dit que la fraise peut encore aller. 1/2 h après (ou 1/4) L[eclerc] revient. Je lui dis: «Des fois la fraise s'arrête». Il m'explique (sur un ton désagréable) que la machine n'est pas une forte machine, et que probablement j'appuie trop. Il me montre comment travailler — sans s'apercevoir qu'il va tout au plus au rythme de 600 à l'h, et encore! (i.e. 2,70 F) (je ne peux pas le chronométrer...). Mais même de cette manière, la fraise ralentit au moment d'appuyer. Je le lui signale. Il dit que ça ne fait rien. Un moment vient où la fraise s'arrête tout à fait, et ne repart plus — J'appelle le régleur, qui s'apprête déjà à gueuler. Ma voisine dit: «C'est trop serré*.» Une autre fois ça se produit encore; la machine, en tournant, serre automatiquement l'arbre si un certain boulon qui doit le fixer n'est, lui, pas assez serré.

On desserre en tournant en sens inverse de la fraise.

Difficulté (pour moi) de penser la machine soit devant elle, soit loin d'elle...

Quelles peuvent être les causes pour lesquelles la fraise s'arrête? (l'arbre aussi s'était-il arrêté? Oublié de remarquer) — Du jeu, ou dans la fraise, ou dans la pièce. (C'était

---

* Croquis en marge légendé «pas assez serré / trop serré».

le cas.) Une trop grande résistance, si on demande à la machine plus de travail qu'elle ne peut fournir (était-ce là ce que voulait dire le ballot?) [mais qu'est-ce qui détermine cette puissance?].

À étudier: notion de la puissance d'une machine.

Lettre de Chartier. Scie et rabot[24]. Peut-être que pour la machine il en est autrement...

[*ms. 64*]

Jeudi [11 juillet]. — Brisée, crevée par l'effort de la veille, vais très lentement.

Vendredi [12 juillet]. — Filet.

Soir: réunion R[évolution] P[rolétarienne] — Louzon[25] ne me reconnaît pas. Dit que j'ai changé de figure. «Air plus costaud» —

[*ms. 65*]

Chercher comment les machines tirent leur puissance du moteur unique. Si elles sont ordonnées par rangées en fortes et faibles?

Femme de l'Italien.

[*ms. 66*]

Mercredi 17 [juillet]. — Rentrée — temps frais — moins de souffrance (morale) que je n'aurais pu craindre — Je me retrouve facile au joug...

Pas de boulot. Vais du côté de tours automatiques[G] (Cuttat), que j'avais étudiés pendant les 4 jours de vacances.

Jusqu'à 8 h 1/2, attends l'huile.

Vis 4 × 10 acier 7 010 105 | 041 916 | fr[aise] 1. 5 000 à 4,50 F, soit 23,50 F.

? petite série donnée par Leclerc, que Michel en 3/4 h n'est pas encore arrivé à monter.

Vis C. 4 × 8 acier | 7 010 103 | 043 408 | fr[aise] 1. 5 000 à 4,50 F — m. 1 F — soit 23,50 F.

Je ne les finis pas.

Jeudi 18 [juillet]. — Fini les C. 4 × 8.

Vis laiton | 740 657 *bis* || 1 417 (!), g[ran]de scie
spéciale : 127|2.

100 (!!!) à 0,0045, soit 1,45 F.

Ajustage laiton | 6 005 346 | 027 947 — | fr[aise]
1,5 (?).

600 à 0,045, soit 2,25 F + 0,45 F = 2,70 F (fraise
à l'envers !)

Gagné ces 2 jours (18 h) 23,50 F + 23,50 F +
1,45 F + 2,70 F = 51,15 F.

Pas 3 F ! 2,85 F ! Je toucherai ça, et la semaine
d'avant le 19, et le jeudi et vendredi d'avant (en tout
7 + 7 + 9 + 10 + 9 + 10 + 9 + 18 h = 79 h).

[*ms. 67*]

INCIDENTS

Changement de régleur. Le gros incapable est parti
mardi après-midi. (Savoir ce qu'il est devenu ?) Remplacé par un qui, paraît-il, vient d'une autre partie de
l'atelier. Pas je m'en foutiste, celui-là. Nerveux, gestes
fébriles, saccadés. Ses mains tremblent. Il me fait pitié. Il
met 1 h à me faire un montage (pour 600 pièces !), et
encore met la fraise à l'envers. (Ça marche quand même :
cuivre, heureusement).

Essaye de faire montage moi-même — ignore le *côté* des
bagues. (Elles sont composées de 2 cylindres creux de diamètre différent.) Je l'observerai facilement au prochain
démontage... La vraie difficulté, c'est la faiblesse musculaire : je n'arrive pas à desserrer.

Conversation avec Michel. Compétence technique de
Leclerc ? « Pour certaines machines, pas pour d'autres. »
Pas ouvrier. Pas méchant, « sera viré » —

Il m'avait donné des pièces qui vont mal sur cette
machine.

Il vient quand Michel peine sur le montage depuis 3/4 h
— « Qui vous a donné ces pièces à faire ? » Je réponds :
« Vous ! » — Il est gentil — Me fait changer de pièces ; 3/4 h
perdus, non payés ! Michel dit qu'on aurait pu le faire... Il
les montera sur une autre machine (celle de la petite que

je chine à son sujet). À ce propos, conversation avec lui
sur Leclerc. S'y connaît-il, aux machines? — certaines,
d'autres non. Michel me raconte qu'il a été chef d'équipe
2 mois, débarqué parce que trop bon garçon! — Mais
celui-là n'est pas méchant (que je dis). — Michel croit
qu'il ne restera pas. Mais il y était quand la petite Espagnole est arrivée, il y a 1 an 1/2.

Nouveau régl[eur] (manœuvre spécialisé? à vérifier). Il
demande «à quoi ça sert», me fait chercher le dessin, ce
qui dure longtemps et n'aide guère...

[*ms. 68*]

Les vis acier C. 4 × 8, j'en fais d'abord un paquet
de 1 000 — Vais chez Gorger pour la suite : pas prêt.
C'est tout juste s'il ne m'engueule pas (alors que je
serais, moi, en droit de me plaindre). J'y retourne
l'après-midi pour les 4 000 restants, mais les prends
en 4 ou 5 fois et à chaque fois attends longtemps.
Cela me donne l'occasion d'admirer les Cuttat... Le
jeune régleur a, je crois, fini par remarquer que je
ne hais pas d'attendre ainsi.

Vendredi 19 juillet. — Vis fixation gâche, acier,
7 051 634 | 054 641 | fr[aise] 1,5.

1 000 à 5 F, soit 6 F (montage difficile à trouver,
et encore peu satisfaisant).

7 bouchons (petits) | 7 050 846 | 041 784 |
fr[aise] 1,5.

3 000 à 5 F, soit 16 F (j'essaye de faire passer
3 montages, mais...).

Vis 5 × 22 (?) | 7 051 551 | 039 660 | fr[aise] 1,2.
550 (!) à 0,0045; soit 2,25 F + 0,235 F + 1 F
= 3,50 F (à peu près).

Vis fixant couronne | 7 050 253 | 45 759 | fr[aise] 1.
500 (!) à 0,005, m. 1,75 F, soit 3,75 F.
6 F + 16 F + 3,50 F + 3,75 F = 29,25 F.

En 9 h, soit 3,25 F l'h (27 F + 2,25 F : juste!).
Mais en réalité 8 h (heure de nettoyage), ce qui fait
plus de 3,50 F! exactement 3,65 F. Mais il est vrai

que les vis d'acier, j'en avais fait une bonne partie la veille…

Samedi [20 juillet]. — Maux de tête violents — état de détresse — après-midi mieux (mais pleure chez B…[26]).

Dimanche [21 juillet]. — Art italien.

[*ms. 69 blanc*]

[*ms. 70*]

Lundi 22 [juillet]. — Fini pièces de vendredi (10 mn à 1/4 h) — Monte moi-même pour la 1re fois (sauf mise au milieu), pas arrivée tout à fait, ai dû appeler et attendre régleur [béret] — Puis change montage, pas fraise ; mais appelle régleur — lunettes pour mettre au milieu (ce qu'il ne fait pas), mais passe un temps infini à régler la profondeur de la fente. A fini à 10 h 1/2 ; j'ai fait alors un carton de 1 000 pièces (gagné 5,70 h en 3 h…) — Nouveau carton de 1 000. Les petites au «côté bombé» en cuivre rouge. Certaines tiennent pas dans le montage ; je casse 2 dents… À 12 h, ai à peine commencé nouveau carton de 2 000 (laiton). Ai gagné 1 F + 3,70 F + 1 F + 5 F + 1 F = 11,70 F — Quand j'aurai fini le carton, aurai 20,70 F. — *Faut* que je fasse encore 2 000 en plus…

Bouchon conduit circulaire — cuivre rouge, 6 002 400 07 1843 — | fr[aise] 1,5.

1 000 à 3,70 F + 1 F, soit 4,70 F.

Id., plus petit 7 050 846 | 04 1787.

1 000 à 5 F + 1 F, soit 6 F.

Après-midi :

Vis laiton | 7 050 010 | 07 9658 (fr[aise] 0,8).

2 000 à 4 F + 1 F, soit 9 F.

Bouchon (grands) — 6 002 400 | 07 1844.

1 000 à 3,70 F, soit 4,70 F.

Id. — | 07 1848

1 000 à 3,70 F, soit 4,70 F

Vis laiton <*illis.*> 7 050 010 | 07 9652 | fr[aise] 0,8.

Commencé seulement.

Gagné : 4,70 F + 6 F + 4,70 F + 4,70 F + 1 F + 9 F = 30,10 F.

Leclerc me fait appeler quand j'ai fini 07 1841 et viens de commencer 848. Commence par m'engueuler parce que je fais ces pièces sans lui en parler. Demande le numéro. Je lui apporte mon carnet ! Le regarde et devient gentil, gentil.

[*ms. 71 blanc*]

[*ms. 72*]

Mardi [23 juillet].

Fais les vis — 2 000 à 4 F.

Puis vis C. 4 × 8 acier | 7 010 103 | 043 409 | fraise 1.

5 000 à 4,50 F, m. 1 F, soit 23,50 F.

23,50 F + 8 F = 31,50 F (en 2 jours 61,60 F, soit 2 fois 30,80 F, soit 3,08 F l'h).

Gagné en 3 jours 29,25 F + 30,10 F + 31,50 F, soit 90,85 F, cela en :

28 [29] heures

28 × 3 = 84

[29] [87]

28 × 0,50 = 14

28 × 0,25 = 7

84 + 7 = 91 — Donc j'ai fait une moyenne de 3,25 F...

C. 4 × 8 commencées à 11 h — 5. Fraise mauvaise après 3/4 h (fume) — Néanmoins, ce n'est qu'après 2 h 1/2 qu'elle est changée (par Michel). [C'est de ma faute : pourquoi ne pas la changer plus vite ? Peur de me faire engueuler...] — Michel dit qu'elle a servi à l'envers (?). La 2e, quoique mise par lui, ne tient pas le coup (ce sont des scies nouvelles, trop grandes, dit ma voisine, pour des 1 [1]). Changée à 4 h. Après, je tiens jusqu'à 6 h (ai cassé 2 dents). Pénible, de travailler avec une mauvaise scie. Aussi, excuse envers moi-même pour ne pas me transformer en automate...

[*ms. 73*]
    — Engueulade pour fraise cassée (récits Esp[agnole] s[ur] émotions de débutante).

[*ms. 74*]
    Mercredi [24 juillet].
    C. 4 × 8 | 7 010 103 | 043 415 —
    La veille au soir, la scie — mise à 6 h par le monteur à béret — s'était desserrée à 7 h — 1/4. Je le lui avais dit en passant. Je la retrouve desserrée. Je l'appelle. Il se fait attendre — m'engueule. J'appuyais trop, paraît-il. Je suis à peu près sûre que non (car la scie cassée m'avait fichu la frousse). Je le lui dis. Persiste à gueuler (soit dit par métaphore, car il n'élève pas la voix) — Cet incident me fait froid au cœur pour quelque temps, car je n'aurais demandé qu'à le considérer comme un camarade... À 10 h, nouvelle scie, mise par lui aussi. Ça lui prend 20 mn environ. Tout d'un coup, le moteur du fond s'arrête. On attend jusque pas loin de 11 h. [J'avais fini les 5 000 de la veille (et trouvé une caisse pour eux) à 8 h 1/2] — J'apprends que la paye est aujourd'hui, non demain comme je croyais, ce qui me met la joie au cœur, car je n'aurai pas à me priver de manger... Aussi à midi, je ne recule devant rien (paquet de cigarettes — compote...).
    À 3 h, incident désastreux : je casse une dent de ma scie. Je sais comment ça s'est passé... Épuisée, je songe à mes fatigues de la Martinière[27]. À Adrien — À sa femme — À ce que m'a dit Jeannine, que

Michel la force à se crever — À ce que devrait
en ressentir Pierre — À la jeunesse de Trotsky[28]
(«Quelle honte»...) et, de là, à son choix entre popu-
lisme et marxisme. À ce moment précis, je mets une
pièce qui ne s'enfonce pas dans le montage (copeau,
ou bavure), je l'appuie quand même sur la fraise...
ὀτοτοῖ[29]! Je n'ose pas la changer, bien sûr — L'Espagnole me conseille d'avoir recours à Michel; je
lui parle, mais il ne viendra pas de la soirée. Je
garde la même fraise jusqu'à 7 h. Par chance elle
tient le coup — mais il faut dire que je la traite avec
ménagements! Vers 5 h, elle se desserre encore. Je
n'ose appeler personne, bien entendu! Je la serre, et
fais 200 ou 300 pièces (ou un peu plus?) pas au
milieu du tout. Puis je prends une grande résolution
et arrive à la mettre au milieu moi-même! (mais en
m'aidant d'une pièce déjà faite).

Paye: 255 F (je craignais de n'avoir pas 200...)
pour 81 h.

[*ms. 75*]
   Malheurs de la jeune Espagnole (ses pièces — sa fraise
— le nouveau régleur — Leclerc).

[*ms. 76*]
   Nuit pas dormi —
   Jeudi [25 juillet]. — Encore une 1/2 h - 3/4 h avec
la scie. Puis Michel me la change, en même temps
que celle de la machine qu'il règle. Je monte moi-
même, mais n'arrive pas à mettre au milieu. En
désespoir de cause, finis par avoir recours au régleur
à lunettes. C'est fini à 9 h — Matinée pénible — Les
jambes me font mal — J'en ai marre, marre... (Ces
pièces C. 4×8 m'exaspèrent, avec le danger permanent de casser la fraise, la nécessité de conserver une
vacance mentale intégrale...) 3 fausses alertes, et à
11 h — un mouvement, une parole avaient attiré

mon attention — catastrophe : dent cassée. Heureusement, ce que j'ai à faire après demande une fraise 1,2. Pourvu qu'ensuite...

— À midi, une pièce qui saute desserre la fraise.

À midi, je reprends conscience de la nécessité de réagir, moralement, si je ne veux pas finir avec une mauvaise conscience. Et je me reprends en main.

À 1 h 1/2 je serre la fr[aise] et la remets au milieu moi-même [ce que je n'avais pu faire la veille] grâce à la résolution, prise à déjeuner, d'y aller doucement [je me sers d'une pièce faite]. Le régl[eur] à béret regarde gentiment, et, quand c'est fait, achève de serrer. Fini à 2 h — Le même me monte les nouvelles pièces. Fait à 2 h 1/2.

2 h 1/2 — 4 h 1/2, ça ne va pas — Michel — son explication, conversation avec lui. Régl[eur] à béret arrange.

4 h 1/2 — 6 h 1/2, je fais le reste des 2 000 (j'en avais fait 200 peut-être).

Vais chercher boulot — Leclerc gentil, gentil... Suis d'autant plus embêtée pour ma fraise, d'autant que ce boulot est à faire avec la fraise 1 — des C. 4 × 10 acier. Vais à 7 h 3 mn changer à la fois 0,8, 1,5 et la 1 à dent cassée. — Ça réussit — Me voici donc avec une belle fraise neuve... Mais j'ai 5 000 de ces saletés de pièces à faire (pas tout à fait les mêmes cependant) — Gare à moi !

À midi une joie. L'avis NON, selon lequel messieurs les ouvriers, etc. qu'on se repose samedi.

Nuit : ré-attaque offensive de l'eczéma qui me laissait en paix depuis une huitaine.

Vis <*illis.*> couvercle | 7 051 021 | 015 679 acier. 1 000 à 5 F (1 ou 2 m. ?)

Gagné en ces 2 jours 45 F + 2 F + 12 F (?) = 59 F... (ou 58 F). Pas 3 F de l'h...

[*ms. 77*]

sens dans lequel il faut tourner les boulons pour les faire aller vers la poulie; aussi sens dans lequel tournent la poulie et le reste

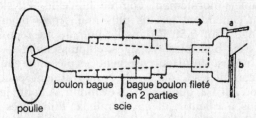

boulon bague bague boulon fileté
en 2 parties
poulie scie

La fraise se déporte dans le sens indiqué par la flèche; étant montée sur un cône, il en résulte que la rainure non seulement cesse d'être au milieu, mais encore est de moins en moins profonde, ou même cesse de se produire.

Cause: serrage insuffisant au bout — ou usure de la fraise — ou effort trop grand de l'ouvrier qui appuie.

Effort trop grand: la fraise allant plus lentement que la poulie et l'arbre, tout se passe comme si on la faisait tourner en sens contraire. (?)

En marge: Ce jour-là, je crois qu'une des causes était le serrage insuffisant du montage, que la fraise devait enfoncer tout en travaillant: d'où effort trop grand.

Autres phénomènes de déréglage:
La fraise s'arrête parce que les bagues autour sont desserrées (ou parce qu'elles n'ont pas été assez serrées, ou parce qu'on appuie trop).

La fraise s'arrête (avec l'arbre et la poulie) parce que l'arbre est trop serré au bout (*b* se serre automatiquement parce que *a* n'est pas assez serré) [toujours défaut de réglage].

[*ms. 78*]

Vendredi [26 juillet]. — Me fais monter pièces cherchées la veille par béret. Pendant ce temps, pèse — 250 en plus. Leclerc dit de les faire — com-

mence 8 h 1/4 h — En ai fait 200 à 10 h 1/2 à peu
près. Fais changer la fraise. Faut attendre... recommence à 11 h 1/4 — En ai fait moins de 3 000 dans
ma matinée (soit 14 F, ou moins — pas plus de 3 F
l'h !) — Travail *très* pénible. Mais ne me laisse pas
accabler moralement comme la veille. Physiquement cependant je suis plus mal. Après déjeuner
(mangé pour 5,50 F dans l'espoir de me réconforter) c'est bien pire. Vertiges, éblouissement — travail inconscient. Heureusement ces pièces ne sautent
pas comme les C. 4 × 8... Je crois vraiment, pendant
2 h ou 2 h 1/2, que je vais m'évanouir. À la fin, je me
résous à ralentir, et ça va mieux. Fini après 4 h
(4 h 1/4 ou 4 h 1/2). Leclerc me dit de ne marquer
nulle part les 250 de rab, qu'on ne me paierait pas
(elles manquent sûrement ailleurs, dit-il...). Me
donne du «bon boulot» (les longues vis de laiton à
4 F). Le temps de les monter, 5 h — À 5 h 1/2, arrête
pour laver la machine (on part à 6 h 1/2). Heure, en
somme, relativement agréable, sauf les premiers
moments de hâte et d'angoisse.

Conversations avec régleur à béret qui, dirait-on,
se met à s'intéresser à moi...

Vis C. 4 × 10 acier | 7 010 105 | 041 918 | fr[aise]
1 | 5 000 à 4,50 F — m. 1 F.

Arrêt des comptes lundi.

N[ombre] d'h[eures] total : 8 h + 10 + 10 + 10 +
10 + 9 + 10 = 67 h.

Gagné jusqu'ici 90,75 F + 47 F + 12 F + 23,50 F
= 173,25 F.

Tout de même 3 F de l'h...

Il s'agirait de gagner 4,50 F de l'h lundi...

Les 4 000 à 4 F feront 18 F (2 cartons). Restera
27 F... Il faudrait faire ces 4 000 en 3 h *au plus*. Et
après faire encore 5 500... guère possible !

[*ms. 79 blanc*]

[*ms. 80*]

Dimanche soir [28 juillet]. — Rentre à 11 h 40. Me couche. Ne dormant pas, m'aperçois vers minuit 1/2 que j'ai oublié mon tablier! Dès lors dors encore moins. Me lève à 5 h 1/4; à 5 h 3/4, téléphone chez moi; prends le métro jusqu'à Trocadéro et reviens (40 mn en tout, dans la foule). Aussi, fatiguée et maux de tête.

Lundi [29 juillet]. — C'est ce soir ou demain que je dois m'échapper[30]. J'ai mal à la tête. Finis les 4 000 à midi seulement... (et même j'y passe encore 1/4 h de 1 h 1/2 à 1 h 3/4).

De nouveau la machine s'est déréglée, comme jeudi. La fraise pourtant toute neuve. Lucien (r[égleur à] béret) me dit encore (plus doucement) que j'appuie trop. Mais je suis sûre qu'en fait il n'a pas assez serré. Quoi qu'il en soit, comme la fraise s'était déjà déréglée vendredi soir sans que je m'en sois aperçue, au point qu'un certain nombre de pièces n'ont même pas été touchées par la fraise, je dois perdre du temps à trier et à refaire.

Ajouté page suivante: Je perds aussi un bon quart d'heure (au moins) à accompagner l'Espagnole qui cherche un plein seau de savon lubrifiant pour sa nouvelle machine, trop lourd pour être porté par elle seule, et que le manœuvre chargé d'en donner fait poser.

Et après — quand à la vitesse — je suis malgré tout démoralisée par les reproches de Lucien. Je sais que si ça se reproduit, les choses iront mal. Et comme toujours quand je ne bande pas toutes mes forces, sans arrière-pensée, vers la cadence rapide, je ralentis. Quoi qu'il en soit, cela fait tout de même $4 \times 4 = 16$ F + 2 F (?) de montage (2 cartons).

Vis laiton | 7 050 010 | 079 655 | fr[aise] 0,8 | 4 000 à 4 F — 2 m. de 1 F.

Ensuite 400 pièces (sur 1 000, l'Espagnole fait les 600 autres) dont je n'aurai le carton que mercredi.

Vis blocage acier | 774 815 | 000 987 | 400 à 0,50 F % | m. 1,25 F | fr[aise] 1,2.

Je les fais sur la petite machine de l'Espagnole, placée ailleurs. Le régleur à lunettes fait le montage pendant que je finis mes vis de laiton. Peu avant midi, alors que je ne savais pas encore qu'il préparait cela pour moi, il m'a donné l'ordre de changer la fraise et chercher les pièces sur un ton d'autorité sans réplique auquel j'ai obéi sans rien dire, mais qui a suffi pour faire monter en moi, à la sortie, le flot de colère et d'amertume qu'au cours d'une pareille existence on a constamment au fond de soi, toujours prêt à refluer sur le cœur. Je me suis reprise cependant. C'est un incapable (manœuvre spécialisé, dit l'Espagnole?), il faut bien qu'il parle en maître.

Je les commence à 1 h 3/4. La machine m'est nouvelle. J'y passe je crois bien, près d'1 h (l'Espagnole, elle, fera les 600 en 20 mn!). Après, je vais demander le carton. Ça perd du temps. (Il n'y en a pas). Un jeune homme vient prendre les 400 pièces. Je vais dire à Leclerc qu'il n'y a pas de carton.

[*ms. 81 blanc*]

[*ms. 82*]

Quelqu'un que je ne connais pas (blouse grise) lui parle familièrement, et, autant que je comprends, d'une engueulade qu'il risque, lui, Leclerc. Il semble mécontent de me voir là (ça se comprend), et son mécontentement me fait oublier de lui demander des pièces. Après, il se balade dans l'atelier; je ne veux pas, en allant vers lui, risquer de me faire rabrouer comme l'autre fois; et je perds plus de 3/4 h (aussi à aller à la recherche du régleur sur tours qui m'a

donné les 400 pièces, pour savoir s'il y en a d'autres,
je ne le retrouve pas).

Leclerc me donne enfin des C. 4 × 16.

Vis C. 4 × 16 acier | 7 010 III | 013 259 | 5 000 à
4,50 F | m. 1 F | fraise 1.

Par compensation, j'ai enfin Michel pour me monter ma machine. Il est 3 h 1/2, je ne peux plus passer
le carton. (C'est l'arrêt des comptes, et on ne les
passe que jusqu'à 3 h.) Le retard que j'ai, donc, au
lieu de le rattraper (et c'est surtout pour ça que
j'avais tenu à venir aujourd'hui) je l'augmente. Cette
pensée me démoralise, eu égard à la vitesse. Car ce
que je fais à partir de maintenant compte dans une
quinzaine que je ne ferai pas entière ; que m'importe
donc ma moyenne horaire ? Je suis déprimée par les
maux de tête, et vais — sans m'en apercevoir — très,
très lentement. Ces pièces, je ne les aurai finies que
le lendemain à midi (et même pas tout à fait), ce qui
fait pour 15 h de travail (et même plus) :

18 F + 3,25 F + 23,50 F = 44,75 F.

Or pour faire 3 F de l'h, je devrais avoir gagné
45 F en ces 15 h.

Arrêt des comptes à 3 h.

Mardi [30 juillet]. — Fini les C. 4 × 16.

En marge : Vis M.P.R.[G], chez Gorger (trous automatiques).

Vis M.P.R. à grosse tête hexagonale ⬡ . Il faut
les placer de manière que le fraisage soit perpendi-
culaire à 2 côtés parallèles : ⬡ . Sans quoi pièce
loupée. Acier fort dur. En les plaçant, on risque de
les tourner. Dans toute l'après-midi (et le lendemain
3/4 h) je n'en fais qu'un carton de 1 400 (5 F les
1 000 + 1 F m., soit 8 F), avec une interruption
pour 1 000 grosses vis en laiton sur la machine à
côté, dont je n'ai pas le carton, mais qui sûrement

ne sont pas payées plus de 4,50 F au maximum. Soit
en 6 h 1/4 (ou plus?) gagné 8 F + 4,50 F = 12,50 F.
Ça, c'est du joli! 2 F l'heure! Heureusement que je
me porte malade le mercredi matin.

[*ms. 83*]

Quête pour une ouvrière enceinte. On donne 1 F, 1,50 F
(moi 2 F). Discussion au vestiaire (ça s'était déjà produit il
y a 1 an, pour la même). « Alors tous les ans! — C'est un
grand malheur, et puis c'est tout. Ça peut arriver à n'importe qui. — Quand on ne sait pas, on n'a qu'à ne pas... »
L'Espagnole: « Je trouve que ça n'est pas une raison pour
quêter, et toi? » Je dis « Si » avec conviction, et elle n'insiste pas.

[*ms. 84*]

Quittant le lundi soir avec l'intention de me décla-
rer malade le lendemain matin, je me garde de
manger plus qu'un sandwich acheté à 7 h, avec un
verre de cidre. Me réveille à 5 h 1/2 (exprès). Mange
un petit pain le mardi matin. *Id.* seulement à midi,
3 petits pains le soir, et vais à pied porte de Saint-
Cloud, avec un café express pour me faire dormir.
Or tout ce régime a l'effet de me mettre en état
d'euphorie!... Seulement une lenteur extrême dans
le boulot.

Mercredi matin [31 juillet]. — Finis le carton de
1 400 M.P.R., j'en fais 200 sur le nouveau carton
(5 F ou 5,80 F?) — Vais très, très lentement, mais
me sens, par un sacré esprit de contradiction, singulièrement joyeuse et en forme.

Leclerc et Gorger [chef d'équipe des tours auto],
les cartons des 1 000 pièces de laiton. Leclerc: « Si
vous voulez arrêter, arrêtez-vous. »

Gagné 27,50 F + 1 F + 1 F + 4 F (?) + 1 F +
7,50 F (?) = 37 F ou 40,60 F | théoriquement en
11 h 1/2 [34,50 F...].

Lundi-mardi [5-6 août]. — Vis C. 4 × 16 acier |

5 000 à 4,50 F + m. 1 F | fraise | 7 010 III | 013 252, fixant brides.

Vis M.P.R. acier — 4 000 à 5,80 F + m. 2 F 1,5 | 747 327 | 046 543.

Ergot d'arrêt^G acier — 2 000 à 4,50 F + 2 F (?) | 7 050 129 | 099 937 | fr[aise] 1.

23,50 F + 23,20 F + 2 F + 9 F + 2 F = 59,70 F.

37 F + 59,70 F = 96,70 F en 11 h 1/2 + 20 h 1/2 = 32 h.

32 × 3 = 96.

Donc à supposer minimum de 3 F, je suis à jour, mais juste... et il y aurait 12 F à rattraper sur l'autre quinzaine !

Épisode : Gorger...

Michel...

Malice cousue de fil blanc de Juliette.

[*ms. 85*]

    Lundi, mal en point. Rentrée infiniment plus pénible que je n'aurais cru. Les jours me paraissent une éternité. Chaleur... Maux de tête... Ces vis C. 4 × 16 me répugnent. C'est du « bon boulot » ; il faudrait le faire vite, je n'y arrive pas. À peine fini, je crois, à 3 h 1/2. Accablement, amertume du travail abrutissant, dégoût. Peur aussi, toujours, de desserrer la fraise. Ça m'arrive cependant. Attente, pour faire changer les fraises. J'arrive pour la 1re fois à changer une fraise moi-même, sans aucune aide, et Philippe dit que c'est bien au milieu. Victoire, meilleure que la vitesse. J'apprends aussi, après une nouvelle mauvaise expérience, à régler moi-même le serrage de la vis et de la manivelle du bout. Lucien oublie parfois complètement de la serrer... Les M.P.R. Michel me met en garde. Il ne les règle pas, mais le « lunettes ». Je les fais un peu plus vite que la fois d'avant, mais encore très, très lentement.

[*ms. 86*]

Mercredi [7 août]. — Arrêtoir^G acier, fr. 1,5.

C 001 268 $\left\{ \begin{array}{ll} 009\ 182 & 1\ 000 \\ 097\ 384 & — \\ 097\ 385 & — \end{array} \right\}$ à 4,50 F (2 mont.)

Bouchon conduit circulaire cuivre rouge 10 C. V., fr[aise] 1,5.

$$C\ 002\ 400 \left\{ \begin{array}{ll} 071853 & 1\ 000 \\ -\ 50 & - \\ -\ 47 & - \end{array} \right\} 3,70\ F$$

4,50 F × 3 + 3,70 F × 3 + 3 F...

13,50 F + 11,10 F + 3 F = 27,60 F. Travaillé 10 h 1/2. Manque donc *4 F.*

Jeudi [8 août]. — Boulon serrage acier 8 C. V., fr[aise] 1.

737 887 | 084 097 — 3 000 à 4,50 F — m. 1 F.

Bouchons conduit circulaire cuivre rouge — fr[aise] 1,5.

6 002 400 | 021 129 | 1 000 à 3 F 70 + 1 F
7 050 846 | 058 526 | — à 5 F + 1 F
6 007 902 | 036 107 | — à 3 F 80 + 1 F
13,50 F + 3,70 F + 5 F + 3,80 F + 4 F = 30 F.
Manque 1,50 F.

Donc manque 5,50 F en tout. Peut-être compensé par la semaine d'avant.

En marge : Épisode des « arrêtoirs ». Michel, jeudi matin.

Lourdeur, mercredi et jeudi. Délices de la fraîcheur jeudi soir. Bonne...

[*ms.* 88]

Les arrêtoirs avaient été commencés la veille à 5 h. Ce mardi où j'ai cru m'évanouir, tant il faisait lourd, tant je me sentais tout le corps en feu, tant j'avais mal à la tête... Juliette me dit : « Fraise 1,5. » Je démonte ma fraise de 1, je vais changer les 2 et j'en tends une à Philippe en disant simplement : « C'est celle de 1. »

Roger (rempl[ace] Leclerc) : régleur des perceuses.

Philippe : brute, régl[eur] de tours.

Gros yeux... : grand blond, autre régl[eur] des tours.

Lunettes...

Ouvriers: Arménien — fraiseur manœuvre à côté de 1re machine, ouvrier gentil et doux qui blague sur «les femmes qui iront à la guerre» — Italien — celui qui le remplace (sympath[ique]).

Ouvrières: Bertrand — autre voisine (Juliette) — commençante — celle qui flirte avec Michel — La grande brune à 2 gosses — vieille des tours — femme d'Italien — perçage...

[ms. 89]

Chez Renault

Lange: chef d'atelier — ancien régleur — maniaque pour l'ordre et la propreté, à part ça... Sourcils froncés, etc.; attitude respecteuse des chefs d'équipe. Avec moi, assez gentil.

Chefs d'équipe:

Fortin: quel chic type...

Gorger: tours auto[matiques], rigolo, sympathique.

Leclerc.

Chef en face ascenseur — ton de supériorité intolérable.

Michel.

Lucien.

[ms. 90 blanc]

[ms. 91]

Leclerc, mon chef d'équipe — Lange, mon chef d'atelier.

Gorger, chef d'équipe des tours automatiques —

Fortin, le chef d'équipe...

Michel. Nota. Poste restante. Sèvres (S.-et-O.)

Mme (?) Henodet, 13 rue Sférenot (?)** Billancourt. (celle avec qui était toujours Michel).

Mme Charlotte Roth — 7 bis rue d'Issy — Billancourt — Chez ses parents: Bertran — Place Ste Claire — Reims —

* En face de chaque nom, de grands blancs indiquent que S. W. avait eu l'intention de décrire plus longuement chacun.
** En réalité, rue Solferino.

[*ms. 92*]

Gagné à cette expérience? Le sentiment que je ne possède aucun droit, quel qu'il soit, à quoi que ce soit (attention de ne pas le perdre) — La capacité de me suffire moralement à moi-même, de vivre dans cet état d'humiliation latente perpétuelle sans me sentir humiliée à mes propres yeux; de goûter intensément chaque instant de liberté ou de camaraderie, comme s'il devait être éternel — Un contact direct avec la vie...

J'ai failli être brisée. Je l'ai presque été — mon courage, le sentiment de ma dignité ont été à peu près brisés pendant une période dont le souvenir m'humilierait, si ce n'était que je n'en ai à proprement parler pas conservé le souvenir. Je me levais avec angoisse, j'allais à l'usine avec crainte : je travaillais comme une esclave; la pause de midi était un déchirement; rentrée à 5 h 3/4, préoccupée aussitôt de dormir assez (ce que je ne faisais pas) et de me réveiller assez tôt. Le temps était un poids intolérable. La crainte — la peur — de ce qui allait suivre ne cessait d'étreindre le cœur que le samedi après-midi et le dimanche matin. Et l'objet de la crainte, c'étaient les *ordres*.

Le sentiment de la dignité personnelle tel qu'il a été fabriqué par la société est *brisé*. Il faut s'en forger un autre (bien que l'épuisement éteigne la conscience de sa propre faculté de penser!). M'efforcer de conserver cet autre.

On se rend compte enfin de sa propre importance.

La classe de ceux qui ne *comptent pas* — dans aucune situation — aux yeux de personne... et qui ne compteront pas, jamais, quoi qu'il arrive (en dépit du dernier vers de la 1ʳᵉ strophe de l'*Internationale*).

[*ms. 93 sqq* : L'effet de contraste pages paires/pages impaires cesse.]

[*ms. 93*]

Question de Detœuf (solidarité ouvrière).

Problème : conditions objectives telles que 1°) Les hommes soient des chics types — et 2°) produisent.

Le fait capital n'est pas la souffrance, mais l'humiliation.

Là-dessus, peut-être, que Hitler base sa force (au lieu que le stupide « matérialisme »...).

[Si le syndicalisme donnait un sentiment de responsabilité dans la vie quotidienne...]

On a toujours besoin pour soi-même de signes *extérieurs* de sa propre valeur.

Ne jamais oublier cette observation : j'ai toujours trouvé, chez ces êtres frustes, la générosité du cœur et l'aptitude aux idées générales en fonction directe l'une de l'autre.

En marge : Cours techniques en vue de la participation...

[*ms. 94 à 101 blancs*]

[*ms. 102*]

Rosières — Bernard [31] —

1 fois sur 2 un bon ouvrier fait un mauvais chef d'équipe [lui raconter l'histoire de Morillon].

Talent de l'organisation : se demander d'*où vient*... (quelque chose qui ne colle pas).

Lui et ingénieur en chef ont pratiquement le même domaine.

14-18, adaptation de l'outillage à la production de guerre [32]. Méthode cartésienne (division des difficultés).

Journée occupée par des détails *à propos desquels* on soulève les problèmes essentiels d'organisation.

Règle les détails : 1°) ou qui sont hors du domaine de la *responsabilité* de celui qui s'adresse à lui.

2°) ou qui sont trop difficiles

à éclaircir

<Cf. Detœuf — un subordonné vient lui exposer une difficulté, et ce qu'il fait — 9 fois sur 10, il approuve. La 10e, fait une suggestion brillante. L'autre est content dans tous les cas... Cf. Tolstoï.>

Les diagrammes, etc. Un *chef* doit imaginer tout ça sans aucun effort ; ça va de soi.

Trouve plutôt des idées en regardant les statistiques qu'en regardant les choses [remarquable...].

<Fait aussi travail d'ingénieur ; recherches de nouveaux modèles>

Formation d'esprit : analyses chimiques.

Travail principal : concordance des opérations, rythme...

[*ms. 103 blanc*]

[*ms. 104*]
Usines de Rosières
9/10 de manœuvres
Fonte de la fonte dans des chaudières.

Coulage de la fonte dans des moules en sable dur.

Presses à main — hydrauliques pour presser le sable. 4 machines (inventées en 1927 par un ingénieur sorti des Arts et Métiers).

Le sable est automatiquement passé, etc. — puis passe sous rouleaux — puis convoyeur sur lequel on coule la fonte.

La 1re a coûté 400 000 F.

Atelier de perçage, polissage, ébarbage à la meule, 1 femme sur une presse.

Quelques femmes debout, dont l'une à une machine (?) où il faut soulever des poids fort lourds.

Atelier de montage.

Chaque ouvrier entre 2 étagères où sont toutes les pièces dans *l'ordre*. Hommes et femmes, certaines pièces assez lourdes...

Atelier d'émaillage.

de mécanique (quelques tourneurs, fraiseurs, ajusteurs) (il devait y en avoir un autre qu'on n'a pas vu?).

M. B[ernard] : directeur technique, d'abord simple chimiste (sans diplôme? est-ce possible? demander encore des détails).

Accidents : sur 1 journée de trav[ail] de l'usine, en moy[enne] 1 h de perdue...

Diminution verticale, ces derniers temps.

Fondeurs — lunettes en verre triplex. Souvent ne les mettent pas. Pourquoi? B[ernard] dit que ce n'est pas à cause de la cadence, mais à cause de l'in-commodité (?).

Émailleurs — cages de verre où aspiration, pour éviter intoxication au plomb. Certains mettent la tête dans la cage.

Renvois pour infractions aux règlements de sécurité.

Les Polonais ont besoin de *recevoir des ordres*.

Commission de sécurité avec ingénieurs, dessinateurs, chefs du personnel, ouvriers nommés par B[ernard] (les + intelligents et les «mauvaises têtes» —).

[*ms. 105*]

A à résoudre tous les problèmes insolubles — surtout détails — beaucoup d'imprévu... On vient le trouver... réunit les ingénieurs une fois par semaine.

Moyenne des salaires :

hommes : trentaine de fr. (32...)

femmes : 20 F, 21 F...

M[agdelénat][33] jeune.

27 ans — sorti de Centrale depuis 3 ans — a
grandi dans l'usine…, fils aîné.

Math. sup.: gymnastique de l'esprit — irrempla-
çable à son avis —

Son attitude avec l'automobiliste en panne — réaction de sa mère et de l'horrible bourgeoise [«son
moteur» ne marche pas avec du vin» — «ne parlez
pas au conducteur» (!!!)].

Mme M[agdelénat]

L'horrible bourgeoise…

Faut-il être *dur* pour conserver la clarté et la précision d'esprit, la décision?

Les math. supérieures ne seraient-elles pas elles
aussi (cf. Chartier) un moyen de «former l'attention
en tuant la réflexion»?

Quel rôle, chez ces gens-là, joue la question
d'argent?

[*ms. 106 et 107*]

École d'apprentissage des établissements cons-
tructeurs d'artillerie (1927)[34].

15 à 22 000 ouvriers et ouvrières — plusieurs milliers de mécanos professionnels — Directeurs, sous-
directeurs, chefs de service: officiers. Chefs de
bureaux ou ateliers, officiers ou civils (parfois ingénieurs) — Au-dessous: civils.

Pas d'autonomie financière. Crédit: plus cent <*illis.*> millions. On cherche *d'abord* la meilleure qualité.

Certaines machines, outils, instruments de mesure
sont *spéciaux*.

Personnel exercé.

Personnel supérieur ayant reçu une éducation
spéciale (connaître l'emploi du matériel).

Initiative de la rationalisation (189…), vitesse de
coupe économique, etc.

Personnel en surnombre.

Ouvriers qualifiés — autrefois, la technique était
simple.

Crise de l'apprentissage : Loi [Le] Chapelier.

À côté des manœuvres spécialisés, il faut des ouvriers d'élite pour fabrication et réglage des machines, confection des outils, des instruments de mesure et de vérification, la préparation et le contrôle du travail des manœuvres.

1899 instruction théorique, dessin, technologie du fer, notions indispensables de géométrie et de mécanique.

pratique : emploi et confection des outils d'ajustage et de tour. Fonctionnement, montage, démontage des machines, sous la direction d'ouvriers.

Âge : 15 ans. 10 h de travail quotidien.

1904 : 2 ans.

1912 : 3 ans pour les plus jeunes.

1 an de *purs exercices*.

Période d'instruction commune.

Après guerre.

Préparation des futurs agents de maîtrise et dessinateurs.

1925 : 3 ans et demi.

La plupart des Fr[ançais] classent tout de suite en professions.

Langue française — grammaire, orthographe... (pas littérature).

Mathématiques — « on n'insiste pas sur les démonstrations » — applications pratiques proches des problèmes concrets — notions d'algèbre (pas partout) géométrie, trigonométrie, mécanique — en vue de dessins et de la technologie —

Dessin — Lecture — croquis simples — petits projets simples de pièces de machines —

Technologie (le principal) — propriété des matériaux, etc.
Parfois : conférence sur l'organisation du travail.
1re année.
Professeurs — en général membres du personnel —
  indemnité faible... Parfois professeurs locaux —
Cours *spéciaux*.
Travail pratique pour toutes professions : lime —
  forgeage — trempe — affûtage et
  entretien des outils — emploi, montage, démontage des principaux
  types de machines-outils — utilisation des différentes vitesses.
Au début : mêmes travaux pour tous (électricien, monteur, d'abord ajusteur) — 3 mois ou
  1 an —
Moniteurs (ouvriers d'élite). Autres que tourneurs,
  ajusteurs, électriciens, dans ate-
  liers.
6 derniers mois, dans les ateliers.

Classement		
Français	5	
Arithm., géom., trigon.	5	
Mécan., techn.	5	Notes des
Dessin	5	30 derniers
Trav. prat.	10	mois
Chef-d'œuvre	10	

2 30 000 F* par an (pour 15 dans chaque classe) —
  Un ou deux seulement deviendront ouvriers d'élite
ou agents de maîtrise.

En marge et en travers de la page : Fayol. Administration industrielle et générale. Bulletin de la Société de l'Industrie Miné-
rale *(sic)*, 1916 [35].

---

  * Il faut lire vraisemblablement 2 300 000 F qui correspon-
drait au montant annuel des bourses allouées aux élèves.

[*ms. 108*]
Usine Merlin (Vierzon) [36]
  2 bâtiments

Vierzon	bureaux
	métallurgie
	chaudronnerie
2 km	menuiserie
	montage
	chaudronnerie
	id.
	scierie

Ouvriers sur les tours. Là depuis 15, 20, 30 ans...
Outilleurs — d'autres : série — Tout aux pièces —
5 F l'heure environ.

  Hommes :

L'employé qui m'a conduite, représentant — et un
               peu Maître Jacques...

Contremaître menuiserie

Contremaître montage (technicien, algèbre jusqu'aux
               dérivées exclusivement — ce qu'il
               dit des professionnels qui re-
               tombent aux manœuvres spé-
               cialisés. 50 % à peu près, dit-il,
               d'accord avec le contremaître
               menuisier, s'accommodant d'un
               travail machinal).

Contremaître chaudronnerie (chaudière) — (chic
               type !)

Le tourneur-outilleur qui se plaignait des dessina-
               teurs.

  Modifications très fréquentes. Notamment chaudronnerie (mais les ouvriers ne s'en aperçoivent
pas : le chef **seul**...)

[*ms. 109-110 blancs*]

[ms. 111]

Au «Faisan Doré», à Bourges. Dîner. Les deux ouvriers de l'Aéroport [jeunes manœuvres, sûrement — d'ailleurs peu de travail qualifié, je crois, dans la boîte —] dont l'un raconte en jubilant comment, avec un groupe de copains, dans un bar, ils ont brimé la serveuse. «Elle ne disait pas un mot.» «Le service a duré une heure.» L'autre, un peu gêné, rit quand même.

[ms. 112]

Δετ. [=Detœuf]

Solidarité ouvrière? pas de solidarité anonyme — (ex. Louisette...)	contrôle ouvrier sur la comptabilité?
Leur donner le sentiment qu'ils ont quelque chose à donner —	Journal avec comptes? innovations techniques et d'organisation?
Délégués ouvriers: sécurité contre menace de renvois. attributions?	Conférences?

sécurité
  organisation du chômage partiel
  revendications
	Primes contre gaspillage?

Éloges — ces soucis supplémentaires, comment?...		innovations techniques
2 boîtes de suggestions	1 pour le *bien de la maison*	
		gaspillage
Vulgarisation — préparer...	1 pour le *bien des ouvriers*	
	Raison...	
Raconter l'incident bureaucratique		

«Piège à capitalistes»: renouvellement de l'outillage: l'un renouvelle un outillage amorti; les **autres** *doivent* en faire autant, quoique non amorti (parce qu'on calcule le prix de revient particulier, non général). La fois suivante, le premier pâtit à son tour...

Naïveté d'un homme qui n'a jamais souffert...

[*ms. 113-114 blancs*]

[*ms. 115*]

Rythme ininterrompu. Le travail à la main le comporte-t-il jamais?

La machine dispense la pensée d'intervenir *si peu que ce soit*, même par la simple conscience des opérations accomplies; le rythme le lui interdit.

(Guihéneuf et ses manettes: [*texte interrompu*]

[*ms. 116*]

LE MYSTÈRE DE L'USINE [37]

I. *Le mystère de la machine*

Guihéneuf[38]: faute d'avoir fait des mathématiques, la machine est un mystère pour l'ouvrier. Il n'y voit pas un équilibre de forces. Aussi manque-t-il de sécurité à son égard. Ex.: le tourneur qui, par tâtonnement, a trouvé un outil permettant de cylindrer à la fois l'acier et le nickel, au lieu de changer d'outil pour passer d'un métal à l'autre. Pour Guihéneuf, c'est une coupe, simplement; il y va carrément. L'autre, avec un respect superstitieux. De même une machine qui ne va pas. L'ouvrier verra qu'il faut y mettre telle ou telle chose... mais souvent y fait une réparation qui, tout en lui permettant de marcher, la voue à une usure plus rapide, ou à un nouvel accroc. L'ingénieur, jamais. Même s'il ne se sert jamais du calcul différentiel, les formules différentielles appliquées à l'étude de la résistance des matériaux lui permettent de se faire une idée précise d'une machine en tant que jeu déterminé de forces.

La presse qui ne marchait pas et Jacquot. Il est clair que, pour Jacquot, cette presse était un mystère, et de même la cause qui l'empêchait de marcher. Non pas simplement en tant que facteur inconnu, mais en soi, en quelque sorte. Ça ne marche pas… Comme un refus de la machine.

Ce que je ne comprends pas dans les presses : Jacquot et la presse qui frappait 10 coups de suite.

[*ms. 117*]

II. *Le mystère de la fabrication*

Bien entendu, l'ouvrier ignore l'usage de chaque pièce, 1) la manière dont elle se combine avec les autres, 2) la succession des opérations accomplies sur elle, 3) l'usage ultime de l'ensemble.

Mais il y a plus : le rapport des causes et des effets dans le travail même n'est pas saisi.

Rien n'est *moins* instructif qu'une machine…

III. *Le mystère du « tour de main »*

Circuits d'où j'ai dû ôter les cartons. Au début je ne savais pas les séparer à coups de maillet. J'ai fait alors des raisonnements sur le principe du levier qui ne m'ont guère servi… Après quoi, j'ai su très bien, sans jamais m'être rendu compte ni comment j'ai appris, ni comment je procède.

Principe essentiel de l'habileté manuelle dans le travail à la machine (et ailleurs ?). Mal exprimé*.

---

* « Mal exprimé » : noté en marge.

Que chaque main ne fasse qu'*une* opération simple.
Ex. travail sur bandes métalliques : une main
pousse, une autre appuie à la butée — Plaques de
tôle : ne pas tenir avec la main ; laisser reposer sur
la main, appuyer vers la butée avec le pouce —
Ruban à polir : appuyer avec une main, tirer avec
une autre, laisser le ruban tourner la pièce, etc.

[*ms. 118*]

Grivaud

X* — Vient du Génie maritime.

«Un directeur c'est une machine à prendre des
responsabilités», «pas de métier plus stupide que
celui de directeur». «Un bon directeur doit avant
tout ne pas être un bon technicien. En savoir assez
seulement pour qu'on ne lui fasse pas avaler de
bourdes.»

[*ms. 119*]

Detœuf

X — Ponts et chaussées.

D'abord directeur et administrateur délégué. À
présent, a formé un directeur pour s'épargner du
travail.

Est arrivé à la tête de l'entreprise ignorant *tout* de
la technique de la fabrication. S'est senti perdu pendant 1 an.

[*ms. 120*]

Transformations souhaitables

Des machines-outils diverses se côtoyant dans un
même atelier. Le montage à côté. La *disposition* de

---

* École polytechnique.

l'usine visant à donner à chaque travailleur une vue
d'ensemble — (cela suppose évidemment la suppression du système des régleurs)[39] —
Spécialisations dégradantes : de l'ouvrier.

de la machine.

des parties d'usines.

[des ingénieurs ?]

[*ms. 121 blanc*]

[*ms. 122*]

Organisation de l'usine

Manque de tabourets, de caisses, de pots d'huile.
Chronométrage fantaisiste. Et ce sont les tâches
misérablement payées pour lesquelles on se fatigue
le plus, parce qu'on tend toutes ses forces, jusqu'à
l'extrême limite, pour ne pas couler le bon. (Cf.
conv[ersation] avec Mimi, mardi 7e semaine) — On
s'épuise, on se crève pour 2 F l'heure. Et non parce
qu'on fait une tâche qui exige qu'on s'y crève ; non,
seulement à cause du caprice et de la négligence du
chrono. On se crève sans qu'aucun résultat, soit
subjectif (salaire), soit objectif (œuvre accomplie),
corresponde à la peine. Là, on se sent vraiment
esclave, humilié jusqu'au plus profond de soi.

Promeyrat, lui, estime le chronométreur (Souchal) ; l'excuse en disant que son métier est impossible, pris comme il est entre la direction et les
ouvrières. D'abord, dit-il, quand Souchal est derrière les ouvrières, elles en mettent un coup. Il y a
aussi la question des temps faux : un bon non coulé
ne peut jamais être rectifié par la suite.

Pour chaque tâche, il y a une quantité limitée — et
faible — des fautes possibles, susceptibles les unes
de casser l'outil, les autres de louper la pièce. En
ce qui concerne l'outil, il n'y a même que quelques

fautes possibles par catégorie de tâches. Il serait facile aux régleurs de signaler ces possibilités aux ouvrières, pour qu'elles aient quelque sécurité.

En marge, page suivante: Rôle du chef d'atelier.

À remarquer, si les presses sont *spécialisées*? Tenter une nomenclature — Presse à planer — Emboutisseuse de Biol. —

[*ms. 124*]

   Chefs et bureaucrates:

   Mouquet (chef d'atelier).

   Chrono (Souchal: petit brun). | cagibi de verre —

   Mme Blay (?)

   M. Charles.

   … chef d'équipe des presses.

   Catsous —   —   — perceuses.

   Le plus intéressant est évidemment Mouquet —

Chrono: type odieux — grossier, paraît-il avec les ouvrières — «fait tendre toujours vers le plus bas» — chronomètre à peu près au hasard — je ne lui ai jamais parlé — Promeyrat n'en pense aucun mal.

   Mouquet et les pièces sur lesquelles j'ai passé au début 5 jours à retirer les cartons.

   Mouquet — tête sculpturale, tourmentée — quelque chose de monastique — toujours tendu — «j'y penserai cette nuit» — L'ai vu une seule fois allègre.

   Régleurs:

   Hillion (chef) — Léon — Catsous — Jacquot (redevenu ouvrier) — Robert — Biol.

[*ms. 125 blanc*]

[*ms. 126*]

   Ouvrières:

   Mme Forestier — Mimi — Sœur de Mimi — Admiratrice de Tolstoï — Eugénie — Louisette, sa

copine (jeune veuve avec 2 gosses) — Nénette —
rouquine (Joséphine) — Chat — blonde aux 2 gosses
— séparée de son mari — mère du gosse brûlé —
celle qui m'a donné un petit pain — celle qui est
atteinte de bronchite chronique* — celle qui a perdu
un gosse, et est heureuse de n'en point avoir, et a
perdu « heureusement » son 1er mari, tuberculeux
depuis 8 ans (c'est Eugénie!) — Italienne (la plus
sym[pathique] de beaucoup) — Alice (la plus
ant[ipathique] de beaucoup) — Dubois (Oh, ma
mère! si tu me voyais!) — celle qui est malade et vit
seule (qui m'a donné l'adresse de Puteaux) — décolleteuse qui chante — décolleteuse aux 2 gosses et au
mari malade.

Mimi — 26 ans — mariée depuis 8 ans à un gars
du bâtiment (connu à Angers), qui a fait 2 ans chez
Citroën et est à présent chômeur, quoique bon
ouvrier. Travaillait à Angers dans un tissage (11 F
par jour!). Chez A[lsthom] depuis 6 ans — A pris
6 mois à acquérir un rythme assez rapide pour
« gagner sa vie » — au cours desquels elle a pleuré
bien souvent, croyant qu'elle n'y arriverait jamais —
A travaillé encore 1 an 1/2, quoique vite et bien,
dans un état de nervosité perpétuelle (peur de mal
faire). Au bout de 2 ans seulement est devenue assez
sûre d'elle pour « ne pas s'en faire ».

Une de ses premières réflexions (je lui disais être
exaspérée par l'ignorance de ce que je fais): « On
nous prend pour des machines... d'autres sont là
pour penser pour nous... » (exactement le mot de
Taylor[40], mais avec amertume).

Pas d'amour-propre professionnel. Cf. sa réponse
le jeudi de la 6e semaine.

Incomparablement moins vulgaire que la moyenne.

« *Nénette* » (Mme Auberty). 35 ans environ (?) — Fils

* S. W. a ajouté, puis barré, cette mention : « et qui vit seule ».

de 13 ans, fille de 6 ans 1/2 — Veuve — Plaisanteries
et confidences à faire rougir un corps de garde,
forment presque toute sa conversation — Vivacité et
vitalité extraordinaires — Bonne ouvrière : se fait
presque toujours plus de 4 F. Dans la boîte depuis
2 ans —

Mais — respect immense pour l'instruction (parle
de son fils «toujours en train de lire»).

Sa gaieté assez vulgaire disparaît la semaine
où elle est presque tout le temps à l'arrêt. «Il
faut compter sou par sou.»

Dit de son fils : «L'idée de l'envoyer à l'atelier,
je ne sais pas ce que ça me fait» (pourtant un
observateur superficiel pourrait croire qu'elle
est heureuse à l'atelier).

Joséphine[*]

[*ms. 127 blanc*]

[*ms. 128*]

Ouvriers :

Le magasinier (Promeyrat)

Histoire : né à la campagne — famille de 12 enfants — gardait les vaches à 9 ans — a attrapé son
certificat d'études à 12 ans — n'a jamais travaillé en
usine avant la guerre : travaillait dans des garages —
n'a jamais fait d'apprentissage, ni eu d'autre culture
technique ou générale que celle qu'il s'est donnée
dans les cours du soir. A fait la guerre (déjà marié)
dans les chasseurs alpins, comme chef de section (?).
A perdu à ce moment les quelques sous qu'il avait
ramassés, et a dû en conséquence travailler en usine
en rentrant. J'ignore ce qu'il a fait les 4 premières
années. Mais, après, il a été 6 ans régleur aux presses,
dans une autre boîte — Et les 6 dernières années,

---

[*] En haut de la page, S. W. a noté : «Eugénie (Mme)».

magasinier du magasin des outils à l'Alst[hom] —
Partout, dit-il, il a été bien tranquille. Néanmoins, il
ne me souhaite pas de rester dans les machines aussi
longtemps que lui.

Travail :

Donne les outils marqués sur la commande (ça,
n'importe qui pourrait le faire).

Modifie parfois la commande, en indiquant d'autres
outils permettant de remplacer, par exemple, 3 opérations par 2, d'où économie pour la maison. Ça lui
est arrivé à plusieurs reprises — (Il faut être rude-
ment sûr de soi !) — Aussi a-t-il la sécurité que comporte la conscience d'être un homme précieux, et
que personne n'oserait embêter.

Culture :

Technique : connaît le tour — la fraiseuse — l'ajustage. Explique merveilleusement bien comment il
faut s'y prendre (à la différence des régleurs).

Générale ? S'exprime fort bien. Mais quoi d'autre ?

[*ms. 129*]

Violoniste — grand blond — gars du four — lecteur de l'*Auto* — gentil type du perçage — petit gars
qui m'a mise au four — jeune Italien — mon
« fiancé » — type en gris de la cisaille — jeune
cisailleur — Bretonnet — nouveau manœuvre —
gars du transport aérien — équipe de 2 à la réparation des machines (...) [machine à Biol — machine
à Hillion].

[*ms. 130*]

Ce qui compte dans une vie humaine, ce ne sont
pas les événements qui y dominent le cours des
années — ou même des mois — ou même des jours.
C'est la manière dont s'enchaîne une minute à la suivante, et ce qu'il en coûte à chacun dans son corps,
dans son cœur, dans son âme — et par-dessus tout

dans l'exercice de sa faculté d'attention — pour effectuer minute par minute cet enchaînement.

Si j'écrivais un roman, je ferais quelque chose d'entièrement nouveau.

Conrad : union entre le vrai marin (chef, évidemment...) et son bateau, telle que chaque ordre doit venir par inspiration, sans hésitation ni incertitude. Cela suppose *un régime de l'attention* très différent et de la réflexion et du travail asservi[41].

Questions :

1° Y a-t-il parfois une pareille union entre un ouvrier et sa machine? (Difficile à savoir.)

2° Quelles sont les conditions d'une telle union :

1) Dans la structure de la machine.

2) Dans la culture technique de l'ouvrier.

3) Dans la nature des travaux.

Cette union est évidemment la condition d'un bonheur plein. Elle seule fait du travail un équivalent de l'art.

Dans TOUTE opération mathématique, il y a deux choses à distinguer :

1° Des *signes* étant donnés, avec des lois conventionnelles, que peut-on savoir de leurs rapports mutuels? Il faudrait arriver à une conception assez claire des combinaisons de signes pour former une théorie universelle de *toutes* les combinaisons de signes prises *comme telles* (théorie des groupes?).

2° Rapport entre les combinaisons de signes et les problèmes réels que pose la nature (ce rapport consistant *toujours* en une *analogie*).

Aussi *série des signes* dans l'effort perpétuel de ceux qui les créent pour en rendre les combinaisons de plus en plus analogues aux conditions *réelles* du travail humain.

En ce qui concerne les combinaisons de signes

prises comme telles, il faudrait un catalogue complet des difficultés — en tenant compte de celles qui concernent le temps et l'espace.

Quant à l'application, une étude clairvoyante laisserait sans doute apercevoir qu'elle repose non point sur une propriété de représenter les choses qui serait contenue dans les signes (qualité occulte), mais sur une *analogie des opérations*.

Il faudrait une liste des applications de la mathématique.

Il n'existe pas de conception générale de la science[42]...

Mouvement ascendant et descendant perpétuel des choses aux symboles [aux symboles de plus en plus abstraits] et des symboles aux choses. Ex.: géométrie et théorie des groupes (invariants...) [continu — discontinu...].

Faire une liste des difficultés que comportent les travaux? — difficile.

Et une série de travaux? la mécanique ayant *le plus de rapports* avec la mathématique.

[*ms. 131*]
Fehling[43]
Son caractère
Ce qu'il a dit:
Sur mon métier
Sur l'organisation des entreprises
Sur la mathématique

[*ms. 132*]
Questions à me poser:
Part du «tour de main» dans le travail à la machine. Caractère plus ou moins conscient de ce tour de main.

<Cf. magasinier, et, au contraire, régleurs, notamment cette brute épaisse de Léon.>

Idée universelle du travail mécanique : combinaison de mouvements, ex. : fraisage, faire apparaître la pure idée dans ces exemples bien ordonnés...
<Chartier n'a qu'une vue superficielle et primaire du machinisme [44].>
Analogie entre travail et géométrie...
La physique serait à diviser en 2 parties :
1° les phénomènes naturels qui sont des objets de contemplation (astronomie) ;
2° les phénomènes naturels qui sont matière et obstacle du travail.
Il faudrait ne pas séparer géométrie, physique et mécanique [pratique]...
Nouvelle méthode de raisonner qui soit absolument *pure* — et à la fois intuitive et concrète.
Descartes est encore trop peu dégagé du *syllogisme*.
Re-méditer sur la «connaissance du 3e genre» — à lier au théorème «plus le corps est apte... plus l'âme aime Dieu».

Savoir s'il y a dans l'entreprise des problèmes — des difficultés — des complications ou dépenses évitables — dont *personne* ne s'occupe, parce que personne n'en a la responsabilité. Mais comment savoir ? Interroger Detœuf ? Difficile, puisque par définition il ignorerait ces choses.

Le travail peut être pénible (même très pénible) de deux manières. La peine peut être ressentie comme celle d'une lutte victorieuse sur la matière et sur soi (four), ou comme celle d'une servitude dégradante (les 1 000 pièces de cuivre à 0,45 % de la 6e et 7e semaine, etc.). [Il y a des intermédiaires, il me

semble.] À quoi tient la différence? Le salaire y est,
je crois, pour quelque chose. Mais le facteur essentiel,
c'est certainement la *nature de la peine*. Ce serait à
étudier de près, afin de discriminer nettement et, si
possible, classer.

Une *critique* de la mathématique serait relativement facile. Il faudrait la faire sous un angle tout à
fait matérialiste : les *instruments* (signes) ont trahi
les grands esprits que furent Descartes, Lagrange,
Galois, et tant d'autres. Descartes, dans les *Regulae*,
a aperçu que la question des signes était l'essentielle,
et non pas seulement leur exactitude et leur précision, mais des qualités en apparence secondaires
telles que la maniabilité, la facilité, etc., qui semblent
ne comporter que des différences de degré ; mais en
réalité il en est tout autrement, et là plus qu'ailleurs
«la quantité se change en qualité». Mais Descartes
s'est arrêté à mi-chemin, et sa *Géométrie* est presque
d'un mathématicien vulgaire[45] (quoique de 1er ordre).
Une critique minutieuse des signes serait facile et
utile. Mais un aperçu positif, là est la grande affaire.
    <Signes et bureaucratie.>
    Chercher les conditions *matérielles* de la pensée
claire[46].
    Combien il serait facile (et difficile !) de trouver de
la joie dans *tous* les contacts avec le monde...

En quoi consiste la difficulté de l'exercice de l'entendement ? En ce qu'on ne peut véritablement réfléchir que sur le particulier, alors que l'objet de la
réflexion est par essence l'universel. On ignore comment les Grecs ont résolu cette difficulté. Les
modernes l'ont résolue par des signes *représentant
ce qui est commun à plusieurs choses* ; or cette solution n'est pas bonne. La mienne est[47]...
    [Descartes aurait vu le décalage formidable entre

les *Regulae* et la *Géométrie* sans la faute impardon-
nable d'avoir rédigé celle-ci en mathématicien vulgaire.]

Des 2 manières de comprendre une démonstra-
tion.

[*ms. 133*]

Dans toutes les autres formes d'esclavage, l'esclavage est dans les circonstances. Là seulement il est
transporté dans le travail lui-même.

Effets de l'esclavage sur l'âme.

Liste des travaux industriels

Mines	Fabrication de	Textile
Hauts-fourneaux	matières 1ères métal.	
Fonderies	Produits chimiques	
Mécanique		

[*ms. 134*]

Visite à Guihéneuf[48]

Biographie : menuisier, 3 ans à l'école professionnelle, où a subi l'influence d'un professeur socialiste.
A subi l'influence de la tradition du compagnonnage,
par de vieux ouvriers. A fait son « tour de France » en
allant dans chaque ville au siège de son syndicat (a
tout de suite été syndicaliste, non socialiste), a suivi
des cours du soir, s'est instruit de tout ce qui concer-
nait la fabrication du bois. Mobilisé milieu 17, a été
mis dans l'aviation et envoyé dans une école. À l'ar-
mistice, toujours mobilisé, envoyé à Paris, dans un
ministère. Libéré en 20, a travaillé dans des usines
d'aviation (?). Part pour la Russie (23), y a travaillé
comme ouvrier dans des usines d'avions. Envoyé en
Sibérie comme inspecteur d'une grosse entreprise
de bois, passe ensuite directeur d'une usine, y *double*

la production, sans changer l'outillage. Puis passe directeur du trust (toujours membre du Parti, où entré en France en 21, à la suite de Monatte). Dégoûté du régime, à la réflexion, demande à étudier. Reçoit bourse. Avale en quelques mois toute la mathématique du 2e degré, passe l'examen d'entrée. Étudie 3 ans. Ingénieur 6 mois dans une usine d'avions (moteurs). Revient en France en janvier 34. Sans travail, cherche en vain une place d'ingénieur, de correcteur, etc. Finit par entrer comme tourneur (n'ayant *jamais* travaillé sur un tour) dans une petite boîte dont il connaît le contremaître (homme vaniteux et brutal), travaille aux pièces. Tour non automatique (du même genre qu'à l'outillage). Au bout de 2 jours, réalise les normes. Il y a presque un an qu'il y est, n'a jamais eu de coup dur. Mais fatigué et abruti.

Renseignements :

Sur la Russie	*Sur le travail d'ouvrier*	*Sur la technique*
—	—	—
Spécialistes du Gosplan acquièrent du doigté, de l'intuition..., seraient difficilement remplaçables — seront irremplaçables dans 10 ans.	On ne peut pas penser à autre chose —, on ne pense à *rien*.	Rôle des math. Avantage à en avoir appris. Techniciens très supérieurs qui *lisent* la math. comme un langage à travers lequel ils aperçoivent directement les réalités. Ex. : ils comprennent mieux un ouvrage technique dans une langue étrangère qu'ils ignorent que s'ils connaissaient la langue sans comprendre les formules (? ? ?).

[*ms. 135*]

Visite un sous-ingénieur dessinateur de Bourges — apprenti à l'école de la Pyro[technie] — ajusteur — cours par correspondance d'Eyrolles.

Sentiments d'infériorité par rapport aux officiers sortis de l'X (leur rapidité d'esprit).

[*ms. 136*]*

Puissance que peut fournir une machine mue par une courroie de transmission (calculée à l'avance d'après la robustesse de la machine), dépend de :

N[ombre] de tours par sec[onde] de l'arbre principal qui lui fournit son mouvement $\left(\dfrac{n}{60}\right)$	Vitesse linéaire de la courroie.
Rayon de la poulie montée sur cet arbre à laquelle elle est reliée — $d/2$.	

Coefficient de frottement (tg) [qui augmente quand le glissement varie en augmentant ?]	Effort tangentiel.
Pression (fonction de la tension du brin conduit t).	
Arc enveloppé sur l'une et l'autre poulie (α)	

$\dfrac{n}{60} \cdot \pi \, d. \, t \, (e^{\tau\alpha} - 1)$, e étant la **base des logarithmes** népériens.

Différence entre filetage^G, cylindrage^G, détalonnage^G.

Le *Racine* de Tal[agrand][49] — Une idée : la mort partout présente dans ses tragédies, des héros qui

* Le texte de cette page a été noté transversalement.

tous, dès le début, courent à la mort. La mort est
en eux (Iphigénie...). Au contraire dans Homère,
Sophocle : le drame est que ce sont des pauvres
gens (δειλοῖσι βροτοῖσι) qui voudraient vivre, qui
sont eux, écrasés par un destin extérieur, mais qui
les broie jusqu'au fond d'eux-mêmes (Ajax, Œdipe,
Électre) — Humanité commune — La tragédie de
Racine est bien une tragédie de cour — Le pouvoir
seul peut créer un tel désert dans les âmes — Poète
inhumain — Car si telle était la «condition
humaine», comme le dit T[alagrand], tout le monde
serait déjà mort...

C'est toujours l'orgueil, qui est humilié dans
Racine. (Avec quelle insolence et quelle cruauté...
Tu pleures, malheureuse... Et d'un cruel refus...).
C'est la fierté dans Homère, Sophocle.

Comparer :

> *Andromaque, sans vous,*
> *N'aurait jamais d'un maître embrassé les genoux*

(ça, c'est l'esclavage du *courtisan*, la servitude non
physique ; il est clair que l'Andromaque de Racine
ne porte pas d'eau, ne tisse pas la laine. C'est d'une
manière bien différente qu'on est humilié par un
contremaître...)

et : ... πρὸς ἄλλης ἱστὸν ὑφαίνοις,

καί κεν ὕδωρ φορέοις Μεσσηίδος ἢ Ὑπερείης,

πόλλ' ἀεκαζομένη, κρατερὴ δ'ἐπικείσετ' ἀνάγκη [50].

Le pouvoir — Ses espèces, ses degrés, la profonde
transformation qu'il opère dans les âmes. Capitaine
et matelot (Peisson [51]). Chef d'atelier (Mouquet) et
ouvrier...

Autre chose : dans Homère, Achille sait courir,
etc. Hector, dompteur de chevaux. Ulysse. Dans
Sophocle : Philoctète, etc. Aux héros de Racine, il ne

reste que le pouvoir *pur*, sans aucun savoir-faire — (Hippolyte, personnage sacrifié, car lui justement ne court pas à la mort.) Pas étonnant que Racine ait eu la vie privée la plus paisible. Ses tragédies sont en somme froides, elles n'ont rien de douloureux. Seul est douloureux le sort de l'homme de cœur qui veut vivre et ne peut y arriver (Ajax). (Les personnages de Racine sont précisément des abstractions en ce sens qu'ils sont déjà morts.) [Qui donc disait : Quand Racine écrit le mot : mort, il ne pense pas à la mort ? Rien de plus vrai. Cf. sa peur extrême de mourir. Au lieu que pour ses héros, comme Tal[agrand] l'a bien vu, la mort est une détente. Il faut n'avoir que 25 ans pour croire que ça, c'est un poète humain...]

[*ms. 137*]

Demander à Detœuf.

Qui détermine l'outillage ? L'achat des machines (toujours D[etœuf] lui-même), etc ? et selon quelles règles ? (à redemander —)

Au tourneur.

A-t-il des calculs à faire ?

Guihéneuf. « C'est l'expérience... » Mais cependant D[etœuf] ?

IX — 363 — ΜΕΛΕΑΓΡΟΥ

Χείματος ἠνεμόεντος ἀπ' αἰθέρος οἰχομένοιο,
πορφυρέη μείδησε φερανθέος αἴαρος ὥρη...
... πῶς οὐ χρὴ καὶ ἀοιδὸν ἐν εἴαρι καλὸν ἀεῖσαι[52] ;

Visite aux Arts et Métiers :
Engrenages, transformations de mouvements...
Recommencer. Quitter Renault pas trop tard...

Fraiseuse :
Rythme ininterrompu (avoir toujours fait 2 000 et quelques centaines à 7 h).

Serrer l'étau.

Mettre à part les loupés.

Faire tomber les pièces dans la caisse (coup sec, mais pas trop fort); bien ramasser les pièces tombées dans la sciure.

Ôter la sciure tous les jours.

Compter.

M'arrêter à 6 h 1/2*.

Maître et serviteur. Aujourd'hui, serviteurs *absolument* serviteurs, sans le retournement hégélien[53].

C'est à cause de la maîtrise des forces de la nature...

[*ms. 138*]

Apprendre à faire plus vite le découpage des bandes métalliques (m[ou]v[emen]t plus continu)**.

Faire plus vite planage (placer plus vite...).

Se rendre compte clairement avant chaque travail (ou, pour les travaux tout à fait nouveaux, au bout de quelque temps) des difficultés possibles, notamment comment la machine peut se dérégler, de la liste complète des fautes à éviter. De temps à autre, se la répéter mentalement. Ne pas se laisser ralentir par le souci de difficultés imaginaires.

Prendre le rythme défini surtout par un *mouvement continu* de la pièce finie à la pièce nouvelle, de la pièce placée au coup de pédale.

M'efforcer systématiquement d'attraper le tour de main pour placer et retirer la pièce — notamment: *tour de main pour placer à la butée (très important).* [Supporter de la main et pousser d'un

---

* Réflexions notées en travers de la page.
** *En marge*: «Dettes à mes parents», et suite de chiffres généralement peu élevés. (Ex.: «5 F. carnet de tickets, 16 F. 4 pots de miel», etc.)

doigt sur la butée ; ne *jamais* saisir la pièce avec la main.]

Ne pas oublier que le *sommeil* est ce qu'il y a de plus nécessaire au travail.

Éviter de marquer pour moins de 1 F 80 et pour plus de 3 F 75.

Toujours avoir : lunettes - clefs - pince - craie - crayon - carnet - gomme - gamelle - argent - montre. Éteindre réchaud.

Bêtises commises à éviter dorénavant (relire cette liste 2 fois par jour) :

1. BOURRER LA MACHINE [cartons] — *peut causer accidents graves.*

2. NE PAS REGARDER DE TRÈS PRÈS UNE PIÈCE TOUTES LES... (500 loupées).

3. NE PAS CONSERVER MODÈLES.

4. METTRE PIÈCES À L'ENVERS (rivetage ; commis 2 fois ; failli le faire plusieurs autres fois).

5. *Pédaler avec tout le corps.*

6. *Garder le pied appuyé sur la pédale.*

7. LAISSER UNE PIÈCE DANS L'OUTIL (on risque d'abîmer l'outil — fait encore au planage).

8. MAL PLACER LA PIÈCE (pas à la butée).

9. *Ne pas mettre d'huile quand il faut.*

10. METTRE DEUX PIÈCES DE SUITE.

11. *Ne pas observer la position des mains du régleur.*

12. *Ne pas remarquer quand il arrive quelque chose à la machine* (colliers avec Biol).

13. PLACER BANDE MÉTALLIQUE AU-DELÀ DE LA BUTÉE (cassé outil jeudi 6 mars).

14. *Pédaler avant que la pièce soit placée.*

15. *Retourner une bande métallique commencée.*
16. Laisser des pièces non usinées[*].
     [*Fin du cahier contenant le* Journal d'usine]

[*Dans la première édition de* La Condition ouvrière, *les pages qui suivent figurent sous l'intitulé « Fragments ».*

Dans les Œuvres complètes, *les éditeurs considèrent que, parvenue à la fin du cahier sur lequel elle a tenu le* Journal *d'usine, « Simone Weil poursuit ses réflexions sur feuilles volantes »* (OC, II, 2, p. 277).

Nous pensons que ces notes ont été prises au cours de l'expérience d'usine, pendant la période de travail chez Alsthom. La liste des « bêtises commises à éviter dorénavant » — *sur la dernière page du cahier [ms. 138]* — *fait également partie de ces notes écrites au cours de la même période.*]

Organisation bureaucratique de l'usine : — les bureaux, organes de coordination, sont l'âme de l'usine. Les procédés de fabrication (y compris les secrets) y résident. C'est pourquoi on y diminue moins le personnel que dans les ateliers, où, sauf chefs d'ateliers, contremaîtres, magasiniers, etc., tout est interchangeable. Les manœuvres principalement, bien entendu ; mais même les ouvriers qualifiés. Un tourneur de chez Alsthom pourrait être remplacé par un de chez Citroën que personne ne s'en apercevrait. (Si un ouvrier qualifié est attaché à l'entreprise, c'est uniquement par l'intermédiaire de la machine, surtout dans le cas du fraiseur.)

---

[*] La page suivante, non retenue par nous, comporte les horaires de la bibliothèque des Arts et Métiers et diverses adresses.

Chez les ouvrières (manœuvres), aucun attachement à l'entreprise.

Régleurs : ce sont des camarades, avec une nuance de fraternité protectrice. (Une vieille ouvrière trouve tout naturel qu'un régleur de 25 ans ait à la guider... La participation des femmes à la production industrielle a sûrement facilité la différenciation des catégories.) Mais leur caractère change sans doute avec celui de la production. Ici, il y a tout le temps des machines à monter (surtout en ce moment, période de toutes petites commandes que l'entreprise refuserait sans doute en période plus prospère). Là où il y a peu de machines à monter et beaucoup de surveillance, ils tiennent peut-être plus du chef.

Concurrence entre les ouvrières.

Quand on a l'occasion d'échanger un regard avec un ouvrier — qu'on le rencontre au passage, qu'on lui demande quelque chose, qu'on le regarde à sa machine — sa première réaction est toujours de sourire. Tout à fait charmant. Ce n'est ainsi que dans une usine.

Le directeur est comme le roi de France. Il délègue les parties peu aimables de l'autorité à ses subordonnés, et en garde pour lui le côté gracieux.

Sentiment d'être livré à une grande machine qu'on ignore. On ne sait pas à quoi répond le travail que l'on fait. On ne sait pas ce qu'on fera demain. Ni si les salaires seront diminués. Ni si on débauchera.

Caractère *peu adaptable* de toute grande usine. Formidable quantité d'outils ; spécialisation des machines. Tout se passe comme s'il y avait trop peu de machines, alors qu'il y en a trop.

Le caractère de la technique et de l'organisation des grandes usines modernes n'est pas lié seulement à la *production en série*, mais aussi à la *précision des formes*. Quel ouvrier ferait des pièces aussi justes que fait un outil ? Or, un outil *spécialisé* est très coûteux sans une production massive.

Partie d'artisanat dans le travail de l'ouvrier. À étudier.

Le chef d'atelier n'aime pas que les ouvrières momentanément sans travail soient réunies à beaucoup pour causer. Sans doute craint-il qu'il ne s'engendre ainsi un mauvais esprit... Les ouvrières ne songent pas à s'étonner de choses de ce genre, et ne se demandent pas le pourquoi. Leur commentaire : « Les chefs, c'est fait pour commander. »

Ex[emple :] un monteur de presse doit savoir serrer la vis de manière que l'outil obtienne juste la transformation désirée, mais pas plus (exemple mes 100 pièces loupées). Il le fait au jugé, en essayant. Mais il faut, bien entendu, qu'il sente la chose au bout des doigts.

En somme, que doit savoir un régleur de presses ?

On lui indique l'outil sur la feuille. [Néanmoins, en certains cas, il faut vérifier l'efficacité de l'outil en fonction du dessin : angles, etc.] Le magasinier le lui remet (ou, au besoin, un autre plus apte).

Il doit : 1º Savoir à quelles machines l'outil peut s'adapter — Un outil peut convenir à plusieurs machines, mais non pas à toutes. Cela dépend 1) de la structure (mais je crois que pour la structure la plupart sont équivalentes), 2) de la force. La force nécessaire n'est pas, je crois, indiquée sur le papier (à vérifier). Comme on fait toujours à peu près les mêmes opérations, l'expérience décide. *Ce point est à étudier de plus près*. 2º Savoir adapter l'outil à la machine au moyen d'un montage approprié (comment ? *à étudier*). 3º Monter le support de manière qu'il soit sous l'outil (il faut du coup d'œil), et, le cas échéant, de manière qu'il permette de prendre une position commode au cours du travail. 4º Serrer la vis. Je crois que c'est tout...

Remarquer qu'un régleur de presses serait perdu devant un tour ou une fraiseuse — et réciproquement. Du point de vue de la sécurité dans l'entreprise, c'est, d'un certain côté, un avantage : on ne les remplacera pas par des gens venus d'ailleurs — D'un autre côté, c'est un inconvénient : s'il y en a trop aux presses, on n'en prendra pas un pour le loger ailleurs. L'inconvénient l'emporte. Car on peut toujours les remplacer par des manœuvres spécialisés.

Questions à étudier : les *outils* : leur forme et leur efficacité.

L'étudier d'abord sur les machines où je travaille.

À étudier les rôles de :

    manœuvre sur machine (moi...)
    manœuvre spécialisé
    ouvrier qualifié de la fabrication (y en a-t-il ?)
    ouvrier qualifié de l'outillage
    régleur
    magasinier
    chef d'équipe
    chef d'atelier
    dessinateur
    ingénieur
    sous-directeur
    directeur.

Transposition et correspondance : la forme d'un outil et son action.

Peut-on *lire* l'action de l'outil en le voyant ?

M'y exercer.

Interroger le magasinier.

Il n'y a d'ailleurs pas que les presses...

À noter : jusqu'ici je n'ai vu que deux types heureux de leur travail :

    l'ouvrier qui est au four et chante tout le temps (m'informer un peu à son sujet).
    le magasinier.

Savoir d'où sort le chef d'équipe ?

L'observer plus constamment pour savoir *ce qu'il fait* (y penser une journée). Surtout des paperasses, il me semble. Il ne surveille à peu près pas le travail (observations aux ouvriers au cours de leur travail, très rares). Il est fort rare qu'on le voie après une machine.

Savoir d'où sort le chef d'atelier? Ce qu'il fait?

Travail beaucoup plus concret, il me semble — observer combien de temps il passe dans son bureau.

Remarques sur le genre d'attention que réclame le travail manuel (mais en tenant compte 1° du caractère spécial du travail que je fais, 2° de mon tempérament).

<Quand tu seras à l'arrêt, débrouille-toi pour sortir de temps à autre...>

<Il te faut une discipline de l'attention toute nouvelle pour toi: savoir passer de l'attention attachée à l'attention libre de la réflexion, et inversement. Sans quoi ou tu t'abrutiras, ou tu bousilleras le travail — c'est une discipline.>

«Manœuvres spécialisés»: tous des hommes (cependant le magasinier m'a dit qu'il y avait des découpeuses spécialisées — mais je n'ai jamais vu une femme toucher à une machine autrement que pour la conduire). Montent leurs propres machines (conseillés au besoin par le régleur). Doivent savoir lire les dessins, etc. Comment ont-ils appris à monter une machine? *À élucider*.

«Manœuvres sur machine.» Femmes. Leur seul contact avec les machines consiste, semble-t-il, à savoir les pièges de chacune, i.e. les dangers de pièces loupées que chacune comporte. Elles arrivent à percevoir que quelque chose ne va pas à telle ou telle machine dont elles sont familières. Cela pour celles qui ont des années d'usine.

Drame à l'usine aujourd'hui (jeudi)[54]. On a renvoyé une ouvrière qui avait loupé 400 pièces. Tuberculeuse, avec un mari chômeur la moitié du temps, et des gosses (d'un autre, je crois), élevés par la famille du père. Sentiment des autres ouvrières : mélange de pitié et du « c'est bien fait pour elle ! » des petites filles en classe. Elle était, paraît-il, mauvaise camarade et mauvaise ouvrière. Commentaires : elle avait allégué l'obscurité (après 6 h 1/2, on éteint toutes les lampes). « Et moi, j'ai bien fait telles et telles choses sans lumière. » « Elle n'aurait pas dû "répondre" au chef (elle avait refusé de faire le travail) ; elle aurait dû aller dire au sous-directeur : "J'ai eu tort, mais, etc." » « Quand on doit gagner sa vie, il faut faire ce qu'il faut. » « Quand on a sa vie à gagner, il faut être plus consciencieux. » (!)

Quelques ouvrières :

La vieille qui est allée en Russie en 1905 — qui ne « s'ennuyait jamais quand elle vivait seule, parce qu'elle lisait le soir » — qui a une *Schwärmerei*[55] pour Tolstoï (« *Résurrection* : "sublime" » — « cet homme comprenait l'amour »).

Celle qui a un port de reine et dont le mari travaille chez Citroën.

Celle de trente-six ans qui vit chez ses parents.

L'Alsacienne.

Quelques ouvriers :

Le magasinier.

L'ancien ajusteur et professeur de violon.

Le blond à l'air conquérant, manœuvre spécialisé.

Jacquot.

Le régleur en chef.

Le gros gars du Nord, régleur.

Le charmant type à lunettes (régleur ou chef d'équipe ?).

Celui au four, qui chante tout le temps.

L'ignorance totale de ce à quoi on travaille est excessivement démoralisante. On n'a pas le sentiment qu'un *produit* résulte des efforts qu'on fournit. On ne se sent nullement au nombre des producteurs. On n'a pas le sentiment, non plus, du rapport entre le travail et le salaire. L'activité semble arbitrairement imposée et arbitrairement rétribuée. On a l'impression d'être un peu comme des gosses à qui la mère, pour les faire tenir tranquilles, donne des perles à enfiler en leur promettant des bonbons.

Savoir si un ouvrier qualifié ?...

Question à poser au magasinier: est-ce qu'on invente parfois des outils ?

Question: quelles répercussions ont eues sur le développement de l'industrie le *Traité de mécanique de* d'Alembert et la *Mécanique analytique* de Lagrange ?

Principe des machines-outils[56]. Les outils sont des transformations de mouvements. Inutile donc que le mouvement à transformer soit imprimé par la main.

Question: peut-on créer des *machines automatiques souples* ?[57] Pourquoi pas ?

Idéal: 1° qu'il n'y ait *autorité* que de l'*homme sur la chose* et non de l'*homme sur l'homme*;

2° que tout ce qui, dans le travail, ne constitue pas la traduction d'une pensée en acte soit confié à la chose.

(Que le *parcellaire* soit le fait de la machine...) avec une idée universelle des transformations des mouvements...

Que toutes les notions physiques expriment *directement* des réalités techniques (mais *sous forme de rapport*).

Ex. puissance.

Un appel aux ouvriers
de Rosières

[*Simone Weil est nommée au lycée de jeunes filles de Bourges pour l'année 1935-1936. L'une de ses élèves est la fille d'Étienne Magdelénat, administrateur des usines Rosières, situées à Lunery. Peut-être par l'entremise de la directrice du lycée, Simone Weil est autorisée à visiter l'usine, le jeudi 5 décembre. Après la visite, elle s'entretient avec Victor Bernard, ingénieur et directeur technique. Elle lui demande si elle pourrait publier un article dans* Entre nous, *un « journal d'usine » (sous-titré* Chronique de Rosières*) fondé par l'ingénieur en 1935. Avant les vacances de Noël, elle propose le texte qui suit.*]

[Décembre 1935]

Chers amis inconnus qui peinez dans les ateliers de R[osières], je viens faire appel à vous. Je viens vous demander votre collaboration à *Entre nous*.

On n'a pas besoin de boulot supplémentaire, penserez-vous. On en a assez comme ça.

Vous avez bien raison. Et pourtant je viens vous demander de bien vouloir prendre une plume et du papier, et parler un peu de votre travail.

Ne vous récriez pas. Je sais bien: quand on a fait ses huit heures, on en a marre, on en a jusque-là, pour employer des expressions qui ont le mérite de bien dire ce qu'elles veulent dire. On ne demande qu'une chose, c'est de ne plus penser à l'usine jusqu'au lendemain matin. C'est un état d'esprit tout à fait naturel, auquel il est bon de se laisser aller. Quand on est dans cet état d'esprit, on n'a rien de mieux à faire qu'à se détendre : causer avec des copains, lire des choses distrayantes, prendre l'apéro, faire une partie de cartes, jouer avec ses gosses.

Mais est-ce qu'il n'y a pas aussi certains jours où cela vous pèse de ne jamais pouvoir vous exprimer, de toujours devoir garder pour vous ce que vous avez sur le cœur ? C'est à ceux qui connaissent cette souffrance-là que je m'adresse. Peut-être que quelques-uns d'entre vous ne l'ont jamais éprouvée. Mais quand on l'éprouve, c'est une vraie souffrance.

À l'usine, vous êtes là seulement pour exécuter des consignes, livrer des pièces conformes aux ordres reçus, et recevoir, les jours de paye, la quantité d'argent déterminée par le nombre de pièces et les tarifs. À part ça, vous êtes des hommes — vous peinez, vous souffrez, vous avez des moments de joie aussi, peut-être des heures agréables ; parfois vous pouvez vous laisser un peu aller, parfois vous êtes contraints à de terribles efforts sur vous-mêmes ; certaines choses vous intéressent, d'autres vous ennuient. Mais tout ça, personne autour de vous ne peut s'en occuper. Vous-mêmes, vous êtes forcés de ne pas vous en occuper. On ne vous demande que des pièces, on ne vous donne que des sous.

Cette situation pèse parfois sur le cœur, n'est-il pas vrai ? Elle donne parfois le sentiment d'être une simple machine à produire.

Ce sont là les conditions du travail industriel. Ce n'est la faute de personne. Peut-être bien que quelques-uns, parmi vous, s'en accommodent sans peine. C'est une question de tempérament. Mais il y a des caractères qui sont sensibles à ces choses-là.

Pour les hommes de ce caractère, cet état de choses est quand même trop dur.

Je voudrais faire servir *Entre nous* à y remédier un peu, si vous voulez bien m'y aider.

Voici ce que je vous demande. Si un soir, ou bien un dimanche, ça vous fait tout à coup mal de devoir toujours renfermer en vous-mêmes ce que vous avez sur le cœur, prenez du papier et une plume. Ne cherchez pas des phrases bien tournées. Employez les premiers mots qui vous viendront à l'esprit. Et dites ce que c'est pour vous que votre travail.

Dites si le travail vous fait souffrir. Racontez ces souffrances, aussi bien les souffrances morales que les souffrances physiques. Dites s'il y a des moments où vous n'en pouvez plus; si parfois la monotonie du travail vous écœure; si vous souffrez d'être toujours préoccupés par la nécessité d'aller vite; si vous souffrez d'être toujours sous les ordres des chefs.

Dites aussi si vous éprouvez parfois la joie du travail, la fierté de l'effort accompli. S'il vous arrive de vous intéresser à votre tâche. Si certains jours vous avez plaisir à sentir que ça va vite, et que par suite vous gagnez bien. Si quelquefois vous pouvez passer des heures à travailler machinalement, presque sans vous en apercevoir, en pensant à autre chose, en vous perdant dans des rêveries agréables. Si vous êtes parfois contents de n'avoir qu'à exécuter les tâches qu'on vous donne sans avoir besoin de vous casser la tête.

Dites, d'une manière générale, si vous trouvez le temps long à l'usine, ou si vous le trouvez court. Peut-être bien que ça dépend des jours. Cherchez alors à vous rendre compte de quoi ça dépend au juste.

Dites si vous êtes pleins d'entrain quand vous allez au travail, ou si tous les matins vous pensez:

« Vivement la sortie ! » Dites si vous sortez gaiement le soir, ou bien épuisés, vidés, assommés par la journée de travail.

Dites enfin si, à l'usine, vous vous sentez soutenus par le sentiment réconfortant de vous trouver au milieu de copains, ou si au contraire vous vous sentez seuls.

Surtout dites tout ce qui vous viendra à l'esprit, tout ce qui vous pèse sur le cœur.

Et quand vous aurez fini d'écrire, il sera tout à fait inutile de signer. Vous tâcherez même de vous arranger pour qu'on ne puisse pas deviner qui vous êtes.

Même, comme cette précaution risque de ne pas suffire, vous en prendrez une autre, si vous le voulez bien. Au lieu d'envoyer ce que vous aurez écrit à *Entre nous*, vous me l'enverrez à moi. Je recopierai vos articles pour *Entre nous*, mais en les arrangeant de manière que personne ne puisse s'y reconnaître. Je couperai un même article en plusieurs morceaux, je mettrai parfois ensemble des morceaux d'articles différents. Les phrases imprudentes, je m'arrangerai pour qu'on ne puisse même pas savoir de quel atelier elles viennent. S'il y a des phrases qu'il me semble dangereux pour vous de publier même avec ces précautions, je les supprimerai. Soyez sûrs que je ferai bien attention. Je sais ce que c'est que la situation d'un ouvrier dans une usine. Je ne voudrais pour rien au monde que par ma faute il arrive un coup dur à l'un de vous.

De cette manière vous pourrez vous exprimer librement, sans aucune préoccupation de prudence. Vous ne me connaissez pas. Mais vous sentez bien, n'est-ce pas, que je désire seulement vous servir, que pour rien au monde je ne voudrais vous nuire ? Je n'ai aucune responsabilité dans la fabrication des cuisinières. Ce qui m'intéresse, c'est seulement le bien-être physique et moral de ceux qui les fabriquent.

Exprimez-vous bien sincèrement. N'atténuez rien, n'exagérez rien, ni en bien ni en mal. Je pense que cela vous soulagera un peu de dire la vérité sans réserves[1].

Vos camarades vous liront. S'il sentent comme vous, ils seront bien contents de voir imprimées des choses qui peut-être remuaient au fond de leur cœur sans pouvoir se traduire par des mots; ou peut-être des choses qu'ils auraient su exprimer, mais taisaient par force. S'ils sentent autrement, ils prendront la plume à leur tour pour s'expliquer. De toutes manières vous vous comprendrez mieux les uns les autres. La camaraderie ne pourra qu'y gagner, et ce sera déjà un grand bien.

Vos chefs aussi vous liront. Ce qu'ils liront ne leur fera peut-être pas toujours plaisir. Ça n'a pas d'importance. Ça ne leur fera pas de mal d'entendre des vérités désagréables.

Ils vous comprendront bien mieux après vous avoir lus. Bien souvent des chefs qui au fond sont des hommes bons se montrent durs, simplement parce qu'ils ne comprennent pas. La nature humaine est faite comme ça. Les hommes ne savent jamais se mettre à la place les uns des autres.

Peut-être qu'ils trouveront moyen de remédier au moins en partie à certaines des souffrances que vous aurez signalées. Ils montrent beaucoup d'ingéniosité dans la fabrication des cuisinières, vos chefs. Qui sait s'ils ne pourraient pas faire aussi preuve d'ingéniosité dans l'organisation de conditions de travail plus humaines? La bonne volonté ne leur manque sûrement pas. La meilleure preuve, c'est que ces lignes paraissent dans *Entre nous*.

Malheureusement leur bonne volonté ne suffit pas. Les difficultés sont immenses. Tout d'abord l'impitoyable loi du rendement pèse sur vos chefs comme sur vous; elle pèse d'un poids inhumain sur toute la vie industrielle. On ne peut pas passer outre. Il faut s'y plier, aussi longtemps qu'elle existe. Tout ce qu'on peut faire provisoirement, c'est d'essayer de tourner les obstacles à force d'ingéniosité; c'est chercher l'organisation la plus humaine compatible avec un rendement donné.

Seulement voici ce qui complique tout. Vous êtes ceux qui supportez le poids du régime industriel; et ce n'est pas vous qui pouvez résoudre ou même poser les problèmes d'organisation. Ce sont vos chefs qui ont la responsabilité de l'organisation. Or vos chefs, comme tous les hommes, jugent les choses de leur point de vue et non du vôtre. Ils ne se rendent pas bien compte de la manière dont vous vivez. Ils ignorent ce que vous pensez. Même ceux qui ont été ouvriers ont oublié bien des choses.

Ce que je vous propose vous permettrait peut-être de leur faire comprendre ce qu'ils ne comprennent pas, et cela sans danger et sans humiliation pour vous. De leur côté, peut-être qu'en réponse ils se serviront à leur tour d'*Entre nous*. Peut-être vous feront-ils part des obstacles que leur imposent les nécessités de l'organisation industrielle.

La grande industrie est ce qu'elle est. Le moins qu'on puisse en dire, c'est qu'elle impose de dures conditions d'existence. Mais il ne dépend ni de vous ni des patrons de la transformer dans un avenir prochain.

Dans une pareille situation, voici, il me semble, quel serait l'idéal. Il faudrait que les chefs comprennent quel est au juste le sort des hommes qu'ils utilisent comme main-d'œuvre. Et il faudrait que leur préoccupation dominante soit non d'augmenter toujours le rendement au maximum, mais d'organiser les conditions de travail les plus humaines compatibles avec le rendement indispensable à l'existence de l'usine.

Il faudrait d'autre part que les ouvriers connaissent et comprennent les nécessités auxquelles la vie de l'usine est soumise. Ils pourraient ainsi contrôler et apprécier la bonne volonté des chefs. Ils perdraient le sentiment d'être soumis à des ordres arbitraires, et les souffrances inévitables deviendraient peut-être moins amères à supporter.

Bien sûr, cet idéal n'est pas réalisable. Les préoccupations quotidiennes pèsent beaucoup trop sur les uns et sur les autres. D'ailleurs la relation de chef à subordonné n'est pas de celles qui facilitent la compréhension mutuelle. On ne comprend jamais tout à fait ceux à qui on donne des ordres. On ne comprend jamais tout à fait non plus ceux de qui on reçoit des ordres.

Mais cet idéal, on peut peut-être un peu s'en approcher. Il dépend maintenant de vous d'essayer. Même si vos petits articles n'ont pas pour résultat de sérieuses améliorations pratiques, vous aurez toujours la satisfaction d'avoir une fois exprimé votre point de vue à vous.

Ainsi c'est entendu, n'est-ce pas ? Je compte bien recevoir bientôt beaucoup d'articles.

Je ne veux pas terminer sans remercier de tout cœur M. Bernard pour avoir bien voulu publier cet appel.

Lettres à Victor Bernard

[*Victor Bernard a refusé la publication de l'*«*Appel aux ouvriers de Rosières*» *dans* Entre nous, *sous prétexte que cet article pouvait exciter l'esprit de classe. La lettre du 13 janvier 1936, dans laquelle Simone Weil réagit à ce refus, inaugure une correspondance qui exprime bien ce qu'attendait la philosophe — malgré les difficultés de* «*communication*» — *de sa* «*collaboration d'en bas*» *avec des dirigeants et des techniciens ouverts à une réflexion sur un nouveau régime du travail.*

Voir la notice sur Victor Bernard.]

Bourges, 13 janvier 1936

Monsieur,

Je ne peux pas dire que votre réponse m'ait étonnée. J'en espérais une autre, mais sans trop y compter.

Je n'essaierai pas de défendre le texte que vous avez refusé. Si vous étiez catholique, je ne résisterais pas à la tentation de vous montrer que l'esprit qui inspirait mon article, et qui vous a choqué, n'est pas autre chose que l'esprit chrétien pur et simple[1]; je crois que cela ne me serait pas difficile. Mais je n'ai pas lieu d'user de tels arguments avec vous. D'ailleurs je ne veux pas discuter. Vous êtes le chef, et n'avez pas à rendre compte de vos décisions.

Je veux seulement vous dire que la « tendance » qui vous a semblé inadmissible avait été développée par moi à dessein et de propos délibéré. Vous m'avez dit — je répète vos propres termes — qu'il est très difficile d'élever les ouvriers. Le premier des principes pédagogiques, c'est que pour élever quelqu'un, enfant ou adulte, il faut d'abord l'élever à ses propres yeux. C'est cent fois plus vrai encore quand le principal obstacle au développement réside dans des conditions de vie humiliantes.

Ce fait constitue pour moi le point de départ de toute tentative efficace d'action auprès des masses populaires, et surtout des ouvriers d'usine. Et, je le comprends bien, c'est précisément ce point de départ que vous n'admettez pas. Dans l'espoir de vous le faire admettre, et parce que le sort de huit cents ouvriers est entre vos mains, je m'étais fait violence pour vous dire sans réserves ce que mon expérience m'avait laissé sur le cœur. J'ai dû faire un pénible effort sur moi-même pour vous dire de ces choses qu'il est à peine supportable de confier à ses égaux, dont il est intolérable de parler devant un chef[2]. Il m'avait semblé vous avoir touché. Mais j'avais sans doute tort d'espérer qu'une heure d'entretien puisse l'emporter sur la pression des occupations quotidiennes. Commander ne rend pas facile de se mettre à la place de ceux qui obéissent[3].

À mes yeux, la raison d'être essentielle de ma collaboration à votre journal résidait dans le fait que mon expérience de l'an passé me permet peut-être d'écrire de manière à alléger un peu le poids des humiliations que la vie impose jour par jour aux ouvriers de Rosières, comme à tous les ouvriers des usines modernes[4]. Ce n'est pas là le seul but, mais c'est, j'en suis convaincue, la condition essentielle pour élargir leur horizon. Rien ne paralyse plus la pensée que le sentiment d'infériorité nécessaire-

ment imposé par les atteintes quotidiennes de la
pauvreté, de la subordination, de la dépendance. La
première chose à faire pour eux, c'est de les aider à
retrouver ou à conserver, selon le cas, le sentiment
de leur dignité. Je ne sais que trop combien il est
difficile, dans une pareille situation, de conserver ce
sentiment, et combien tout appui moral peut être
alors précieux. J'espérais de tout mon cœur pouvoir, par ma collaboration à votre journal, apporter
un petit peu un tel appui aux ouvriers de Rosières.

Je ne crois pas que vous vous fassiez une idée
exacte de ce qu'est au juste l'esprit de classe[5]. À
mon avis, il ne peut guère être excité par de simples
paroles prononcées ou écrites. Il est déterminé par
les conditions de vie effectives. Les humiliations, les
souffrances imposées, la subordination le suscitent ;
la pression inexorable et quotidienne de la nécessité
ne cesse pas de le réprimer, et souvent au point de
le tourner en servilité chez les caractères les plus
faibles. En dehors de moments exceptionnels qu'on
ne peut, je crois, ni amener ni éviter, ni même prévoir, la pression de la nécessité est toujours largement assez puissante pour maintenir l'ordre ; car le
rapport des forces n'est que trop clair. Mais si l'on
pense à la santé morale des ouvriers, le refoulement
perpétuel d'un esprit de classe qui couve toujours
sourdement à un degré quelconque va presque
partout beaucoup plus loin qu'il ne serait souhaitable. Donner parfois expression à cet esprit — sans
démagogie, bien entendu — ce ne serait pas l'exciter, mais au contraire en adoucir l'amertume. Pour
les malheureux, leur infériorité sociale est infiniment
plus lourde à porter du fait qu'ils la trouvent présentée partout comme quelque chose qui va de soi.

Surtout je ne vois pas comment des articles comme
le mien pourraient avoir mauvais effet étant publiés
dans votre journal. Dans tout autre journal, ils pour-

raient à la rigueur sembler tendre à dresser les pauvres contre les riches, les subordonnés contre les chefs ; mais paraissant dans un journal contrôlé par vous[6], un tel article peut seulement donner aux ouvriers le sentiment qu'on fait un pas vers eux, qu'on fait effort pour les comprendre. Je pense qu'ils vous en sauraient gré. Je suis convaincue que si les ouvriers de Rosières pouvaient trouver dans votre journal des articles vraiment faits pour eux, où soient soigneusement ménagées toutes leurs susceptibilités — car la susceptibilité des malheureux est vive, quoique muette — où soit développé tout ce qui peut les élever à leurs propres yeux, il n'en résulterait que du bien à tous les points de vue.

Ce qui peut au contraire aviver l'esprit de classe, ce sont les phrases malheureuses qui, par l'effet d'une cruauté inconsciente, mettent indirectement l'accent sur l'infériorité sociale des lecteurs. Ces phrases malheureuses sont nombreuses dans la collection de votre journal. Je vous les signalerai à la prochaine occasion, si vous le désirez. Peut-être est-il impossible d'avoir du tact vis-à-vis de ces gens-là quand on se trouve depuis trop longtemps dans une situation trop différente de la leur.

Par ailleurs, il se peut que les raisons que vous me donnez pour écarter mes deux suggestions soient tout à fait justes. La question est d'ailleurs relativement secondaire.

Je vous remercie de m'avoir envoyé les derniers numéros du journal.

Je m'abstiendrai de venir vous voir à Rosières, pour la raison que je vous ai donnée, si vous restez disposé à m'y prendre comme ouvrière. Mais j'ai lieu de croire que vos dispositions à mon égard sont changées. Un tel projet, pour réussir, exige un degré fort élevé de confiance et de compréhension mutuelle.

Si vous n'êtes plus disposé à m'embaucher, ou si

M. Magdelénat[7] s'y oppose, je viendrai certainement à Rosières, comme vous voulez bien m'y autoriser, dès que j'en trouverai le temps. Je vous préviendrai à l'avance.

Veuillez recevoir, Monsieur, l'assurance de mes sentiments distingués.

S. WEIL

*

Bourges, 31 janvier 1936

Monsieur,

Votre lettre supprime toutes les raisons qui me détournaient d'aller à Rosières. J'irai donc vous voir, sauf avis contraire de votre part, le vendredi 14 février après déjeuner.

Vous jugez la manière dont je me représente les conditions morales de vie des ouvriers trop poussée au noir. Que vous répondre, sinon vous répéter — si pénible que soit un pareil aveu — que j'ai eu, moi, tout le mal du monde à conserver le sentiment de ma dignité ? À parler plus franc, je l'ai à peu près perdu sous le premier choc d'un si brutal changement de vie, et il m'a fallu précisément le retrouver. Un jour je me suis rendu compte que quelques semaines de cette existence avaient presque suffi à me transformer en bête de somme docile, et que le dimanche seulement je reprenais un peu conscience de moi-même. Je me suis alors demandé avec effroi ce que je deviendrais si jamais les hasards de la vie me mettaient dans le cas de travailler de la sorte sans repos hebdomadaire. Je me suis juré de ne pas sortir de cette condition d'ouvrière avant d'avoir appris à la supporter de manière à y conserver intact le sentiment de ma dignité d'être humain. Je me suis tenu parole. Mais j'ai éprouvé jusqu'au dernier jour que ce sentiment était toujours à reconquérir, parce que toujours les conditions d'existence l'effaçaient et tendaient à me ravaler à la bête de somme.

Il me serait facile et agréable de me mentir un peu à moi-même, d'oublier tout cela. Il m'aurait été facile de ne pas l'éprouver, si seulement j'avais fait cette expérience comme une sorte de jeu, à la manière d'un explorateur qui va vivre au milieu de peuplades lointaines, mais sans jamais oublier qu'il leur est étranger. Bien au contraire j'écartais systématiquement tout ce qui pouvait me rappeler que cette expérience était une simple expérience.

Vous pouvez mettre en question la légitimité d'une généralisation. Je l'ai fait moi-même. Je me suis dit que peut-être ce n'étaient pas les conditions de vie qui étaient trop dures, mais la force de caractère qui me manquait. Pourtant elle ne me manquait pas tout à fait, puisque j'ai su tenir jusqu'à la date que je m'étais d'avance assignée.

J'étais, il est vrai, très inférieure en résistance physique à la plupart de mes camarades — heureusement pour eux. Et la vie d'usine est tout autrement opprimante quand elle pèse sur le corps vingt-quatre heures sur vingt-quatre, ce qui était assez souvent mon cas, que quand elle pèse seulement huit heures, ce qui est le cas des plus costauds. Mais d'autres circonstances compensaient dans une large mesure cette inégalité.

Au reste plus d'une confidence ou demi-confidence d'ouvrier est venue confirmer mes impressions.

Reste la question de la différence entre Rosières et les usines que j'ai connues. En quoi peut consister cette différence ? Je mets à part la proximité de la campagne. Dans les dimensions ? Mais ma première usine était une usine de 300 ouvriers, et où le directeur avait l'impression de bien connaître son personnel. Dans les œuvres sociales ? Quelle qu'en puisse être l'utilité matérielle, moralement elles ne font, je le crains, qu'accroître la dépendance. Dans les fréquents contacts entre supérieurs et inférieurs ? Je me représente mal qu'ils puissent constituer un réconfort moral pour les inférieurs. Y a-t-il encore autre chose ? Je ne demande qu'à me rendre compte.

Ce que vous m'avez raconté du silence observé par tous ceux qui assistaient à la dernière assemblée générale de la coopérative ne confirme que trop, il me semble, mes suppositions[8]. Vous n'y êtes pas allé, de peur de leur ôter le courage de parler — et néanmoins personne n'a rien osé dire. Les résultats constants des élections municipales me paraissent eux aussi significatifs. Et enfin je ne puis oublier les regards des mouleurs, quand je passais parmi eux aux côtés du fils du patron.

Votre argument le plus puissant pour moi, quoi-qu'il soit absolument sans rapport avec la question, c'est l'impossibilité où vous seriez de me croire sans perdre du même coup presque tout stimulant pour le travail. Effectivement, je ne me verrais guère, moi, à la tête d'une usine, à supposer même que je possède les capacités nécessaires. Cette considération ne change rien à ma manière de voir, mais m'ôte dans une large mesure le désir de vous la faire partager. Ce n'est pas de gaieté de cœur, croyez-le bien, que je me détermine à dire des choses démoralisantes. Mais devrais-je, sur une pareille question, vous cacher ce que je pense être la vérité ?

Il faut me pardonner si je prononce le mot de chef avec un peu trop d'amertume. Il est bien difficile qu'il en soit autrement quand on a subi une subor-dination totale, et qu'on n'oublie pas. Il est tout à fait exact que vous aviez pris soin de me donner toutes vos raisons concernant mon article, et que je n'avais pas le droit de m'exprimer comme je l'ai fait à ce sujet.

Vous exagérez un peu en supposant que je mets à votre compte un passif écrasant et un actif nul. Ce que je mets au passif, je le mets au passif de la fonction plutôt que de l'homme. Et à l'actif je sais tout au moins qu'il y a à mettre des intentions. J'admets volontiers qu'il y a aussi des réalisations ; je suis seulement convaincue qu'il y en a beaucoup moins et d'une portée beaucoup moindre qu'on ne se trouve amené à croire quand on voit les choses d'en haut. On est très mal placé en haut pour se rendre compte et en bas pour agir. Je pense que c'est là, d'une manière générale, une des causes essentielles des malheurs humains. C'est pourquoi j'ai tenu à aller moi-même tout en bas, et y retournerai peut-être[9]. C'est pourquoi aussi je voudrais tant pouvoir, dans quelque entreprise, collaborer d'en bas avec celui qui la dirige. Mais c'est sans doute une chimère.

Je pense que je ne conserverai de nos relations aucune amertume personnelle, au contraire. Pour moi qui ai choisi délibérément et presque sans espérance de me placer au point de vue de ceux d'en bas, il est réconfortant de pouvoir m'entretenir à cœur ouvert avec un homme tel que vous. Cela aide à ne pas désespérer des hommes, à défaut des institutions. L'amertume que j'éprouve concerne uniquement mes camarades inconnus des ateliers de Rosières, pour qui je dois renoncer à tenter quoi que ce soit. Mais je n'ai à m'en prendre qu'à moi-même de m'être laissée aller à des espérances déraisonnables.

Quant à vous, je ne peux que vous remercier de bien vouloir vous prêter à des entretiens dont j'ignore si vous pouvez tirer quelque profit, mais qui sont précieux pour moi.

Veuillez agréer l'assurance de mes sentiments distingués.

S. WEIL

*

Bourges, le 3 mars 1936

Monsieur,

Je crois qu'il y a avantage entre nous à faire alterner les échanges de vues écrits et oraux; d'autant
plus que j'ai l'impression de n'avoir pas su me faire
bien comprendre, lors de notre dernière entrevue[10].

Je n'ai pu vous citer aucun cas concret de mauvais accueil de la part d'un chef à une plainte légitime d'ouvrier. Comment aurais-je pu risquer d'en
faire l'expérience? Si j'avais rencontré un pareil
accueil, le subir en silence — comme j'aurais probablement fait — aurait été une humiliation bien
autrement douloureuse que la chose même dont
j'aurais pu avoir à me plaindre. Répliquer sous
l'empire de la colère aurait probablement signifié
devoir aussitôt chercher une nouvelle place. Bien
sûr, on ne sait pas d'avance qu'on sera mal accueilli,
mais on sait que c'est possible, et cette possibilité
suffit. C'est possible parce qu'un chef, comme tout
homme, a ses moments d'humeur. Et puis on a le
sentiment qu'il n'est pas normal, dans une usine, de
prétendre à une considération quelconque. Je vous
ai raconté comment un chef, en me contraignant à
risquer, deux heures durant, de me faire assommer
par un balancier[11], m'a fait sentir pour la première
fois pour combien au juste je comptais: à savoir
zéro. Par la suite, toutes sortes de petites choses
m'ont rafraîchi la mémoire à ce sujet. Exemple:
dans une autre usine, on ne pouvait entrer qu'au
signal d'une sonnerie, dix minutes avant l'heure[12];
mais avant la sonnerie, une petite porte pratiquée
dans le grand portail était ouverte. Les chefs arrivés
en avance passaient par là; les ouvrières — moi-
même plus d'une fois parmi elles — attendaient

bien patiemment dehors, devant cette porte ouverte, même sous une pluie battante. *Et cetera...*

Sans doute on peut prendre le parti de se défendre fermement, au risque de changer de place ; mais celui qui prend ce parti, il y a bien des chances pour qu'il ne le tienne pas longtemps, et dès lors mieux vaut commencer par ne pas le prendre. Actuellement, dans l'industrie, pour qui n'a pas de certificats de chef ou de bon professionnel, chercher une place — errer de boîte en boîte en se livrant à des calculs avant d'oser acheter un billet de métro, stationner indéfiniment devant les bureaux d'embauche, être repoussé et revenir jour après jour — c'est une expérience où on laisse une bonne partie de sa fierté. Du moins je l'ai observé autour de moi et d'abord sur moi-même. Je reconnais qu'on peut en conclure purement et simplement que je n'ai rien dans le ventre ; je me le suis dit à moi-même plus d'une fois.

En tout cas ces souvenirs me font trouver tout à fait normale la réponse de votre ouvrier communiste. Je dois vous l'avouer, ce que vous m'avez dit à ce sujet m'est resté sur le cœur. Que vous ayez, vous, autrefois, fait preuve de plus de courage envers des chefs, cela ne vous donne pas le droit de le juger. Non seulement les difficultés économiques n'étaient pas comparables, mais encore votre situation morale était tout autre, si du moins, comme j'ai cru le comprendre, vous occupiez à ces moments des postes plus ou moins responsables. Pour moi, à risques égaux ou même plus grands, je résisterai, je pense, le cas échéant, à mes chefs universitaires (s'il survient quelque gouvernement autoritaire) avec une tout autre fermeté que je ne ferais dans une usine devant le contremaître ou le directeur. Pourquoi ? Sans doute pour une raison analogue à celle qui rendait le courage plus facile pendant la guerre à un gradé qu'à un soldat — fait bien connu des anciens combattants, et que j'ai entendu signaler plus d'une fois. Dans l'Université, j'ai des droits, une dignité et une responsabilité à défendre. Qu'ai-je à défendre comme ouvrière d'usine, alors que je dois chaque jour renoncer à toute espèce de droits à l'instant même où je pointe à la pendule ? Je n'ai à y défendre que ma vie. S'il fallait à la fois subir la subordination de l'esclave et courir les dangers de l'homme libre, ce serait trop. Forcer un homme qui se trouve dans une telle situation à choisir entre se mettre en danger et se défiler, comme vous dites, c'est lui infliger une humiliation qu'il serait plus humain de lui épargner[13].

Ce que vous m'aviez raconté au sujet de la réunion de la coopérative, quand vous me disiez — avec une nuance de dédain, me semblait-il — que personne n'avait osé y parler, m'avait inspiré des réflexions analogues. N'y a-t-il pas là une situation pitoyable ? On se trouve, sans aucun recours, sous le coup d'une force complètement hors de proportion avec celle qu'on possède, force sur laquelle on ne peut rien, par laquelle on risque constamment d'être écrasé — et quand, l'amertume au cœur, on se résigne à se soumettre et à plier, on se fait mépriser pour manque de courage par ceux mêmes qui manient cette force[14].

Je ne puis parler de ces choses sans amertume, mais croyez bien qu'elle n'est pas dirigée contre vous ; il y a là une situation de fait dans laquelle, somme toute, il ne serait sans doute pas juste de vous assigner une plus grande part de responsabilité qu'à moi-même ou à n'importe qui.

Pour revenir à la question des rapports avec les chefs, j'avais, pour moi, une règle de conduite bien ferme. Je ne conçois les rapports humains que sur le plan de l'égalité ; dès lors que quelqu'un s'est mis à me traiter en inférieure, il n'y a plus à mes yeux de rapports humains possibles entre lui et moi, et je le traite à mon tour en supérieur, c'est-à-dire que je subis son pouvoir comme je subirais le froid ou la pluie. Un aussi mauvais caractère est peut-être exceptionnel ; cependant soit fierté, soit timidité, soit mélange des deux, j'ai toujours vu que le silence est à l'usine un phénomène général. J'en sais des exemples bien frappants.

Si je vous ai proposé d'établir une boîte à suggestions concernant non plus la production, mais le bien-être des ouvriers, c'est que cette idée m'était venue à l'usine. Un pareil procédé éviterait tout risque d'humiliation — vous me direz que vous recevez toujours bien les ouvriers, mais savez-vous vous-même si vous n'avez pas vous aussi des moments d'humeur ou des ironies déplacées ? — il constituerait une invitation formelle de la part de la direction, et puis, rien qu'à voir la boîte dans l'atelier, on aurait un peu moins l'impression de compter pour rien.

J'ai tiré en somme deux leçons de mon expérience. La première, la plus amère et la plus imprévue, c'est que l'oppression, à partir d'un certain degré d'intensité, engendre non une tendance à la révolte, mais une tendance presque irrésistible à la plus complète soumission. Je l'ai constaté sur moi-même, moi qui pourtant, vous l'avez deviné, n'ai pas un caractère docile ; c'est d'autant plus concluant. La seconde, c'est que l'humanité se divise en deux catégories, les gens qui comptent pour quelque chose et les gens qui comptent pour rien. Quand on est dans la seconde, on en arrive à trouver naturel de compter pour rien — ce qui ne veut certes pas dire qu'on ne souffre pas. Moi, je le trouvais naturel. Tout comme, malgré moi, j'en arrive à trouver à présent presque naturel de compter pour quelque chose. (Je dis malgré moi, car je m'efforce de réagir ; tant j'ai honte de compter pour quelque chose, dans une organisation sociale qui foule aux pieds l'humanité.) La question, pour l'instant, est de savoir si, dans les conditions actuelles, on peut arriver dans le cadre d'une usine à ce que les ouvriers comptent et aient conscience de compter pour quelque chose[15]. Il ne suffit pas à cet effet qu'un chef s'efforce d'être bon pour eux ; il faut bien autre chose.

À mon sens, il faudrait d'abord à cet effet qu'il soit bien entendu entre le chef et les ouvriers que cet état de choses, dans lequel eux et tant d'autres comptent pour rien, ne peut être considéré comme normal ; que les choses ne sont pas acceptables telles qu'elles sont. Certes, au fond, chacun le sait bien, mais de part et d'autre personne n'ose y faire la moindre allusion — et, soit dit tout à fait en passant, quand un article y fait allusion, il n'est pas inséré dans le journal… Il faudrait qu'il soit bien entendu aussi que cet état de choses est dû à des nécessités objectives, et essayer de les tirer un peu au clair. L'enquête que j'imaginais devait avoir pour complément dans mon esprit (je ne sais si je l'ai marqué dans le papier que vous avez entre les mains) des exposés de vous concernant les obstacles aux améliorations demandées (organisation, rendement, etc.). Dans certains cas, des exposés d'ordre plus général seraient à y joindre. La règle de ces échanges de vues devrait être une égalité totale entre les interlocuteurs, une franchise et une clarté complètes de part et d'autre. Si on pouvait en arriver là, ce serait déjà à mes yeux un résultat. Il me semble que n'importe quelle souffrance est moins accablante, risque moins de dégrader, quand on conçoit le mécanisme des nécessités qui la causent ; et que c'est une consolation de la sentir comprise et dans une certaine mesure partagée par ceux qui ne la subissent pas. De plus, on peut peut-être obtenir des améliorations.

Je suis convaincue aussi que de ce côté seulement on peut trouver un stimulant intellectuel pour les ouvriers. Il faut toucher pour intéresser. À quel sentiment faire appel pour toucher des hommes dont la sensibilité est quotidiennement heurtée et comprimée par l'asservissement social ? Il faut, je crois, passer par le sentiment même qu'ils ont de cet asservissement. Je peux me tromper, à vrai dire. Mais ce qui me confirme dans cette opinion, c'est qu'on ne trouve en général que deux espèces d'ouvriers qui s'instruisent tout seuls : ou des hommes désireux de monter en grade, ou des révoltés[16]. J'espère que cette remarque ne vous fera pas peur.

Si, par exemple, au cours de ces échanges de vues, l'ignorance des ouvriers arrivait à être reconnue d'un commun accord comme constituant l'un des obstacles à une organisation plus humaine, ne serait-ce pas là la seule introduction possible à une série d'articles de véritable vulgarisation ? La recherche d'une véritable méthode de vulgarisation — chose complètement inconnue jusqu'à nos jours — est une de mes préoccupations dominantes, et à cet égard la tentative que je vous propose me serait peut-être infiniment précieuse[17].

Bien sûr, tout cela comporte un risque. Retz disait que le Parlement de Paris avait provoqué la Fronde en levant le voile qui doit recouvrir les rapports entre les droits des rois et ceux des peuples, « droits qui ne s'accordent jamais si bien que dans le silence ». Cette formule peut s'étendre à toute espèce de domination. Si vous ne réussissiez qu'à demi dans une telle tentative, il en résulterait que les ouvriers continueraient à compter pour rien, tout en cessant de le trouver naturel ; ce qui serait un mal pour tout le monde. Courir ce risque, ce serait sans aucun doute pour vous assumer une grosse responsabilité. Mais vous refuser à le courir, ce serait aussi assumer une grosse responsabilité. Tel est l'inconvénient de la puissance.

À mon avis d'ailleurs vous vous exagérez ce risque. Vous semblez craindre de modifier le rapport de forces qui soumet les ouvriers à votre domination. Mais cela me paraît impossible. Deux choses seulement peuvent le modifier: ou le retour d'une prospérité économique assez grande pour que la main-d'œuvre manque, ou un mouvement révolutionnaire. Les deux sont tout à fait improbables dans un avenir prochain. Et, s'il se produisait un mouvement révolutionnaire, ce serait un souffle surgi soudain des grands centres et qui balayerait tout; ce que vous pouvez faire ou ne pas faire à Rosières n'a aucune prise sur les phénomènes de cette envergure. Mais dans la mesure où on peut prédire en cette matière, il ne se produira rien de pareil, à moins peut-être d'une guerre malheureuse. Pour moi, je connais quelque peu de l'intérieur, d'une part le mouvement ouvrier français, d'autre part les masses ouvrières de la région parisienne; et j'ai acquis la conviction, fort triste pour moi, que non seulement la capacité révolutionnaire, mais plus généralement la capacité d'action de la classe ouvrière française est à peu près nulle. Je crois que les bourgeois seuls peuvent se faire illusion à ce sujet. Nous en reparlerons, si vous voulez.

La tentative que je vous propose se ferait étape par étape; vous seriez maître, à n'importe quel moment, de tout retirer et de serrer la vis. Les ouvriers n'auraient qu'à se soumettre, avec seulement plus d'amertume au cœur[18]. Que voulez-vous qu'ils fassent d'autre? Mais je reconnais que ce risque est encore suffisamment sérieux.

À vous de savoir si le risque vaut la peine d'être couru. Moi-même il me paraîtrait ridicule de se lancer à l'aveugle. Il faudrait au préalable tâter le terrain par une série de coups de sonde. Dans mon esprit, l'article que vous avez refusé devait constituer l'un de ces coups de sonde. Il serait trop long de vous exposer par écrit comment.

À propos du journal, j'ai le sentiment de vous avoir très mal expliqué ce qu'il y a de mauvais dans les passages que je vous ai reprochés (récits de repas confortables, etc.).

Je vais me servir d'une comparaison. Les murs d'une chambre, même pauvre et nue, n'ont rien de pénible à regarder ; mais si la chambre est une cellule de prison, chaque regard sur le mur est une souffrance. Il en est exactement de même pour la pauvreté, quand elle est liée à une subordination et à une dépendance complètes. Comme l'esclavage et la liberté sont de simples idées, et que ce sont les choses qui font souffrir, chaque détail de la vie quotidienne où se reflète la pauvreté à laquelle on est condamné fait mal ; non pas à cause de la pauvreté, mais à cause de l'esclavage. À peu près, j'imagine, comme le bruit des chaînes pour les forçats d'autrefois. C'est ainsi aussi que font mal toutes les images du bien-être dont on est privé, quand elles se présentent de manière à rappeler qu'on en est privé ; parce que ce bien-être implique aussi la liberté. L'idée d'un bon repas dans un cadre agréable était pour moi, l'an dernier, quelque chose de poignant comme l'idée des mers et des plaines pour un prisonnier, et pour les mêmes raisons. J'avais des aspirations au luxe que je n'ai éprouvées ni avant ni depuis. Vous pouvez supposer que c'est parce que maintenant je les satisfais dans une certaine mesure. Mais non ; entre nous soit dit, je n'ai pas beaucoup changé ma manière de vivre depuis l'an dernier. Il m'a paru tout à fait inutile de perdre des habitudes que je me trouverai presque sûrement un jour ou l'autre dans le cas de devoir reprendre, soit volontairement, soit par contrainte, et que je puis conserver sans grand effort. L'an dernier, la privation la

plus insignifiante par elle-même me rappelait toujours un peu que je ne comptais pas, que je n'avais
droit de cité nulle part, que j'étais au monde pour
me soumettre et obéir. Voilà pourquoi il n'est pas
vrai que le rapport entre votre niveau de vie et celui
des ouvriers soit analogue au rapport entre le vôtre
et celui d'un millionnaire; dans un cas il y a différence de degré, dans l'autre de nature. Et voilà
pourquoi, quand vous avez l'occasion de faire un
«gueuleton», il faut en jouir et vous taire.

Il est vrai que, quand on est pauvre et dépendant,
on a toujours comme ressource, si l'on a l'âme forte,
le courage et l'indifférence aux souffrances et aux
privations. C'était la ressource des esclaves stoïciens.
Mais cette ressource est interdite aux esclaves de l'industrie moderne. Car ils vivent d'un travail pour
lequel, étant donné la succession machinale des mouvements et la rapidité de la cadence, il ne peut y avoir
d'autre stimulant que la peur et l'appât des sous.
Supprimer en soi ces deux sentiments à force de stoï-
cisme, c'est se mettre hors d'état de travailler à la
cadence exigée. Le plus simple alors, pour souffrir le
moins possible, est de rabaisser toute son âme au
niveau de ces deux sentiments; mais c'est se dégrader. Si l'on veut conserver sa dignité à ses propres
yeux, on doit se condamner à des luttes quotidiennes
avec soi-même, à un déchirement perpétuel, à un
perpétuel sentiment d'humiliation, à des souffrances
morales épuisantes; car sans cesse on doit s'abaisser
pour satisfaire aux exigences de la production industrielle, se relever pour ne pas perdre sa propre
estime, et ainsi de suite. Voilà ce qu'il y a d'horrible
dans la forme moderne de l'oppression sociale; et la
bonté ou la brutalité d'un chef ne peut pas y changer
grand-chose. Vous apercevez clairement, je pense,
que ce que je viens de dire est applicable à *tout* être
humain, quel qu'il soit, placé dans cette situation.

Que faire, direz-vous encore? Encore une fois, je crois que faire sentir à ces hommes qu'on les comprend serait déjà pour les meilleurs d'entre eux un réconfort. La question est de savoir si en fait, parmi les ouvriers travaillant actuellement à Rosières, il y en a qui aient assez d'élévation de cœur et d'esprit pour qu'on puisse les toucher de la manière que j'imagine. Au cours de vos rapports de chef à subordonnés avec eux, vous n'avez aucun moyen de vous en rendre compte. Je crois que moi je le pourrais, par les coups de sonde dont je vous parlais. Mais à cet effet, il faudrait que le journal ne me soit pas fermé...

Je vous ai dit, je crois, tout ce que j'ai à vous dire. À vous de réfléchir. Le pouvoir et la décision sont entièrement entre vos mains. Je ne puis que me mettre à votre disposition, le cas échéant; et remarquez que je m'y mets tout entière, puisque je suis prête à me soumettre de nouveau corps et âme, pour un espace de temps indéterminé, au monstrueux engrenage de la production industrielle. Je mettrais en somme autant que vous en jeu dans l'affaire; ce doit être pour vous une garantie de sérieux.

Je n'ai qu'une chose à ajouter. Croyez bien que, si vous refusez catégoriquement de vous engager dans la voie que je vous suggère, je le comprendrai très bien, et n'en resterai pas moins complètement convaincue de votre bonne volonté. Et je vous saurai toujours un gré infini d'avoir bien voulu vous entretenir avec moi à cœur ouvert comme vous avez fait.

Je n'ose vous parler de nouvelle entrevue, car je crains d'abuser; pourtant j'aurais encore, pour ma propre instruction, des questions à vous poser (notamment sur vos premières études de chimie, et sur votre travail d'adaptation de l'outillage industriel pendant la guerre). Au reste, j'hésite de nouveau, pour les mêmes raisons qu'auparavant, à vous voir à l'usine. Je vous laisse le soin de régler la question.

Croyez à mes sentiments les meilleurs.

S. WEIL

P.-S. — Je n'ai plus aucun droit à vous demander de me faire le service d'*Entre nous*, mais ça me ferait quand même bien plaisir.

*

Bourges, 16 mars 1936

Monsieur,

Il faut que je m'excuse de vous accabler ainsi de mes lettres : vous devez me trouver, je le crains, de plus en plus empoisonnante... Mais votre usine m'obsède, et je voudrais en finir avec cette préoccupation.

Je me dis que peut-être bien ma position, entre vous et les organisations ouvrières, ne vous paraît pas nette ; que si, au cours de nos entretiens, vous avez confiance en moi (je le sens bien), vous me soupçonnez peut-être plus ou moins, après coup, de toutes sortes d'arrière-pensées. S'il en était ainsi, vous auriez tort de ne pas me le dire brutalement, et de ne pas me questionner. Il n'y a pas de véritable confiance, de véritable cordialité possible sans une franchise un peu brutale. De toutes manières, je vous dois compte de ma position en matière sociale et politique.

Je souhaite de tout mon cœur une transformation aussi radicale que possible du régime actuel dans le sens d'une plus grande égalité dans le rapport des forces. Je ne crois pas du tout que ce qu'on nomme de nos jours révolution puisse y mener. Après comme avant une révolution soi-disant ouvrière, les ouvriers de Rosières continueront à obéir passivement, aussi longtemps que la production sera fondée sur l'obéissance passive. Que le directeur de Rosières soit sous les ordres d'un administrateur délégué représentant quelques capitalistes, ou sous les ordres d'un «trust d'État» soi-disant socialiste, la seule différence sera que dans le premier cas l'usine d'une part, la police, l'armée, les prisons, etc., de l'autre sont entre des mains différentes, et dans le second cas entre les mêmes mains. L'inégalité dans le rapport des forces n'est donc pas diminuée, mais accentuée.

Cette considération ne me porte pourtant pas à être *contre* les partis dits révolutionnaires. Car aujourd'hui tous les groupements politiques qui comptent tendent également et à l'accentuation de l'oppression, et à la mainmise de l'État sur tous les instruments de puissance ; les uns appellent ça révolution ouvrière, d'autres fascisme, d'autres organisation de la défense nationale. Quelle que soit l'étiquette, deux facteurs priment tout : d'une part la subordination et la dépendance impliquées par les formes modernes de la technique et de l'organisation économique, d'autre part la guerre. Tous ceux qui veulent une «rationalisation» croissante d'une part, la préparation à la guerre d'autre part se valent à mes yeux, et c'est le cas pour tous.

En ce qui concerne les usines, la question que je me pose, tout à fait indépendante du régime politique, est celle d'un passage progressif de la subordination totale à un certain mélange de subordination et de collaboration, l'idéal étant la coopération pure.

En me renvoyant mon article, vous me reprochiez d'exciter un certain esprit de classe, par opposition à l'esprit de collaboration que vous voulez voir régner dans la communauté de Rosières. Par esprit de classe, vous entendez, je suppose, esprit de révolte. Or je ne désire exciter rien de pareil. Entendons-nous bien :

quand les victimes de l'oppression sociale se révoltent en fait, toutes mes sympathies vont vers eux,
quoique non mêlées d'espérance ; quand un mouvement de révolte aboutit à un succès partiel, je me
réjouis. Mais je ne désire pourtant absolument pas
susciter l'esprit de révolte, et cela moins dans l'intérêt de l'ordre que dans l'intérêt moral des opprimés.
Je sais trop bien que lorsqu'on est sous les chaînes
d'une nécessité trop dure, si on se révolte un
moment, on tombe sur les genoux le moment
d'après. L'acceptation des souffrances physiques et
morales inévitables, dans la mesure précise où elles
sont inévitables, c'est le seul moyen de conserver sa
dignité. Mais acceptation et soumission sont deux
choses bien différentes.

L'esprit que je désire susciter, c'est précisément
cet esprit de collaboration que vous m'opposiez.
Mais un esprit de collaboration suppose une collaboration effective. Je n'aperçois à présent rien de
tel à Rosières, mais au contraire une subordination
totale. C'est pourquoi j'avais rédigé cet article — qui
devait, dans ma pensée, être le début d'une série —
d'une manière qui pouvait vous donner l'impression d'un encouragement déguisé à la révolte ; car
pour faire passer des hommes d'une subordination
totale à un degré quelconque de collaboration, il faut
bien, il me semble, commencer par leur faire relever
la tête.

Je me demande si vous vous rendez compte de la
puissance que vous exercez. C'est une puissance de
dieu plutôt que d'homme. Avez-vous jamais pensé à
ce que cela signifie, pour un de vos ouvriers, d'être
renvoyé par vous ? Le plus souvent, je suppose, il
faut qu'il quitte la commune pour chercher du travail. Il passe donc dans des communes où il n'a
aucun droit à aucun secours. Si une malchance
— trop probable dans les circonstances actuelles —

prolonge vainement sa course errante de bureau d'embauche en bureau d'embauche, il descend, degré par degré, abandonné de Dieu et des hommes, absolument privé de toute espèce de recours, une pente qui, si quelque entreprise ne lui fait pas enfin l'aumône d'une place, le mènera en fin de compte non seulement à la mort lente, mais tout d'abord à une déchéance sans fond; et cela sans qu'aucune fierté, aucun courage, aucune intelligence puisse l'en défendre. Vous savez bien, n'est-ce pas, que je n'exagère pas? Tel est le prix dont on risque d'être contraint de payer, pour peu que la malchance s'en mêle, le malheur d'avoir été jugé par vous, pour une raison ou pour une autre, indésirable à Rosières.

Quant à ceux qui demeurent à Rosières, ce sont presque tous des manœuvres; à l'usine, ils n'ont donc pas à collaborer, mais seulement à obéir, obéir encore et toujours, depuis le moment où ils pointent pour entrer jusqu'au moment où ils pointent pour sortir. Hors de l'usine, ils se trouvent au milieu de choses qui toutes sont faites pour eux, mais qui toutes sont faites par vous. Même leur propre coopérative, en fait ils ne la contrôlent pas.

Loin de moi l'idée de vous reprocher cette puissance. Elle a été mise entre vos mains. Vous l'exercez, j'en suis persuadée, avec la plus grande générosité possible — du moins étant donné d'une part l'obsession du rendement, d'autre part le degré inévitable d'incompréhension. Il n'en reste pas moins vrai qu'il n'y a, toujours et partout, que subordination.

Tout ce que vous faites pour les ouvriers, vous le faites gratuitement, généreusement, et ils sont perpétuellement vos obligés. Eux ne font rien qui ne soit fait ou par contrainte ou par l'appât du gain. Tous leurs gestes sont dictés; le seul domaine où ils puissent mettre du leur, c'est la quantité, et à leurs efforts dans ce domaine correspond seulement une quantité supplémentaire de sous. Jamais ils n'ont droit à une récompense morale de la part d'autrui ou d'eux-mêmes : remerciement, éloge, ou simplement satisfaction de soi. C'est là un des pires facteurs de dépression morale dans l'industrie moderne ; je l'éprouvais tous les jours, et beaucoup, j'en suis sûre, sont comme moi. (J'ajouterai d'ailleurs ce point à mon petit questionnaire, si vous l'utilisez.)

Vous pouvez vous demander quelles formes concrètes de collaboration j'imagine. Je n'ai encore que quelques ébauches d'idées à ce sujet ; mais j'ai quelque confiance qu'on pourrait concevoir quelque chose de plus complet en étudiant concrètement la question.

Je n'ai plus qu'à vous laisser à vos propres réflexions. Vous avez un temps pour ainsi dire illimité pour décider — si toutefois quelque guerre ou quelque dictature « totalitaire » ne vient pas un de ces jours ôter à tous presque tout pouvoir de décision en tout domaine...

Je ne suis pas sans remords à votre sujet. Au cas, après tout probable, où nos échanges de vues resteraient sans effet, je n'aurais rien fait d'autre que vous communiquer des préoccupations douloureuses. Cette pensée me fait de la peine. Vous êtes relativement heureux, et le bonheur est pour moi quelque chose de précieux et digne de respect. Je ne désire pas communiquer inutilement autour de moi l'amertume ineffaçable que mon expérience m'a laissée.

Veuillez croire à mes sentiments les meilleurs.

S. WEIL

P.-S. — Il y a un point que je m'en veux d'avoir oublié à notre dernière entrevue ; je le note seulement pour me garantir, le cas échéant, d'un nouvel oubli. J'ai cru comprendre, d'après une histoire racontée par vous, qu'à l'usine il est interdit de causer sous peine d'amende. En est-il bien ainsi ? Si c'est le cas, j'aurais bien des choses à vous dire sur la dure contrainte que constitue pour un ouvrier un tel règlement, et, plus généralement, sur le principe que, dans une journée de travail, il ne faut pas gaspiller une minute.

*

Mardi 30 mars

Monsieur,

Merci de votre invitation. Malheureusement il faut reculer l'entrevue de 3 semaines. Cette semaine, impossible d'aller vous voir ; je suis, physiquement, complètement à plat, et j'ai à peine la force de faire la classe. Ensuite, 15 jours de vacances, que je ne passerai pas à Bourges. À la rentrée, j'espère être relativement en forme. Voulez-vous convenir, pour fixer les idées, et sauf avis contraire de part et d'autre, que j'irai vous voir le lundi 20 avril ?

En somme, il me semble que le seul obstacle sérieux à ce que vous me preniez comme ouvrière, c'est un certain manque de confiance. Les obstacles matériels dont vous m'avez parlé sont des difficultés surmontables. Voici ce que je veux dire. Vous pensez bien que je ne considère pas les ouvriers de Rosières comme un terrain d'expérience ; je serais tout aussi malheureuse que vous qu'une tentative pour alléger leur sort aboutisse à l'aggraver. Si donc, en travaillant à Rosières, j'y sentais, pour employer vos termes, une certaine sérénité que l'exécution de mes projets serait susceptible de troubler, j'y renoncerais la première. Là-dessus nous sommes d'accord. Le point délicat, c'est l'appréciation de la situation morale des ouvriers. Sur ce point, vous ne vous fieriez pas à moi. C'est très légitime et je le comprends.

Je me rends compte d'ailleurs que je suis moi-même cause dans une certaine mesure de ce manque de confiance, du fait que je vous ai écrit avec une extrême maladresse, en exprimant toutes les idées sous leur forme la plus brutale. Mais c'était consciemment. Je suis incapable d'user d'adresse, pour quelque intérêt que ce soit, envers les gens auxquels je tiens.

Si vous passez à Paris, ne manquez pas de voir le nouveau film de Charlot[19]. Voilà enfin quelqu'un qui a exprimé une partie de ce que j'ai ressenti.

Ne croyez pas que les préoccupations sociales me fassent perdre toute joie de vivre. À cette époque de l'année surtout, je n'oublie jamais que « Christ est ressuscité ». (Je parle par métaphore, bien entendu.) J'espère qu'il en sera de même pour tous les habitants de Rosières.

Bien cordialement.

S. WEIL

Comme on ne doit pas se voir d'ici quelque temps, je veux vous dire d'un mot que les anecdotes et réflexions sur la vie d'usine contenues dans mes lettres vous ont donné de moi, à en juger par la réponse, une opinion plus mauvaise que je ne mérite. Il m'est apparemment impossible de me faire comprendre. Peut-être le film de Charlot y réussirait-il mieux que ce que je puis vous dire.

Si moi, qui suis vaguement censée avoir appris à m'exprimer je n'arrive pas à me faire comprendre de vous, malgré votre bonne volonté, on se demande quels procédés pourraient amener de la compréhension entre la moyenne des ouvriers et des patrons.

Un mot encore, concernant l'approbation que vous accordez à la division du travail qui assigne à l'un le soin de pousser la varlope, à l'autre celui de penser l'assemblage. C'est là, je pense, la question fondamentale, et le *seul* point qui nous sépare essentiellement. J'ai remarqué, parmi les êtres frustes parmi lesquels j'ai vécu, que toujours (je n'ai trouvé aucune exception, je crois), l'élévation de la pensée (la faculté de comprendre et de former les idées générales) allait de pair avec la générosité du cœur. Autrement dit, ce qui abaisse l'intelligence dégrade tout l'homme.

Autre remarque, que je mets par écrit pour que vous puissiez la méditer. En tant qu'ouvrière, j'étais dans une situation doublement inférieure, exposée à sentir ma dignité blessée non seulement par les chefs, mais aussi par les ouvriers, du fait que je suis une femme. (Notez bien que je n'avais aucune sotte susceptibilité à l'égard du genre de plaisanteries traditionnel à l'usine.) J'ai constaté, non pas tant à l'usine qu'au cours de mes courses errantes de chômeuse, pendant lesquelles je me faisais une loi de ne jamais repousser une occasion d'entrer en conversation, qu'à peu près constamment les ouvriers capables de parler à une femme sans la blesser sont des professionnels, et ceux qui ont tendance à la traiter comme un jouet des manœuvres spécialisés. À vous de tirer les conclusions.

À mon avis le travail doit tendre, *dans toute la mesure des possibilités matérielles*, à constituer une éducation. Et que penser d'une classe où l'on établirait des exercices de nature radicalement différente pour les mauvais élèves et pour les bons ?

Il y a des inégalités naturelles. À mon avis, l'organisation sociale — en se plaçant du point de vue moral — est bonne pour autant qu'elle tend à les atténuer (en élevant, non en abaissant, bien entendu), mauvaise pour autant qu'elle tend à les aggraver, odieuse quand elle crée des cloisons étanches.

*

[Avril 1936[20]]

Monsieur,

J'ai encore réfléchi à ce que vous m'avez dit.
Voici mes conclusions. Vous allez croire que j'ai un
caractère bien irrésolu, mais j'ai simplement l'esprit
lent. Je m'excuse de n'être pas arrivée immédiatement à une décision définitive, comme j'aurais dû.

Voici. Étant donné les possibilités immédiates et
fort étendues de connaître votre usine que vous voulez bien m'accorder, il ne serait pas raisonnable de
ma part de les sacrifier à un projet peut-être irréalisable. Car je ne pourrais travailler chez vous dans
des conditions acceptables que s'il y avait une place
libre et aucune demande à Rosières, chose peu
vraisemblable dans un avenir prochain. Autrement,
même si vous m'inscriviez sur une liste et me faisiez
passer à mon tour, les ouvriers trouveraient anor-
mal qu'on m'embauche alors que des femmes de
Rosières demanderaient à l'être ; ils devineraient
que vous me connaissez ; je ne pourrais fournir
aucune explication claire ; et des rapports de camaraderie confiante deviendraient extrêmement difficiles à établir. Ainsi, sans écarter complètement
mon projet primitif, qui se trouve pourtant renvoyé
à un avenir indéterminé, j'accepte votre proposition
de consacrer une journée à l'usine. Je vous propo-
serai une date ultérieurement.

Quant à M. Magdelénat, je vous laisse le soin de
décider s'il vaut mieux lui demander immédiatement d'accorder ou refuser une autorisation de
principe, tout en lui faisant remarquer que mon
projet est soumis à des conditions qui rendent l'exécution peu probable, en tout cas prochainement ; ou
s'il vaut mieux ne rien dire jusqu'au jour où une
possibilité concrète de travailler chez vous se pré-
senterait pour moi. L'avantage qu'il y aurait pour
moi à savoir tout de suite à quoi m'en tenir serait

que, s'il dit non, je ne serai retenue dans mes investigations à Rosières par aucune arrière-pensée; dans le cas contraire, je tâcherai à tout hasard de ne pas trop me faire remarquer au cours de mes visites à l'usine. D'un autre côté, un projet si vague ne vaut peut-être pas la peine qu'on en parle. À vous de faire ce qu'il vous plaira. Encore une fois, je m'excuse d'avoir varié comme j'ai fait.

Permettez-moi de vous rappeler que je vous demande en tout cas de ne pas parler à M. Magdelénat de mon expérience dans les usines parisiennes, ni d'ailleurs à personne.

J'ai pensé à ce que vous m'avez dit sur la manière dont s'opère le choix des ouvriers à renvoyer, en cas de réduction du personnel. Je sais bien que votre méthode est la seule défendable au point de vue de l'entreprise. Mais placez-vous un moment à l'autre point de vue — celui d'en bas. Quelle puissance donne à vos chefs de service cette responsabilité de désigner, parmi les ouvriers polonais, ceux qui sont à renvoyer comme étant les moins utiles! Je ne les connais pas, j'ignore comment ils usent d'une telle puissance. Mais je peux me représenter la situation de ces ouvriers polonais, qui, je pense, se doutent qu'un jour ou l'autre vous pourrez être de nouveau contraint de renvoyer quelques-uns d'entre eux, devant le chef de service qui serait chargé ce jour-là de vous désigner tel ou tel comme étant moins utile que ses camarades. Combien ils doivent trembler devant lui et redouter de lui déplaire! Me jugerez-vous encore ultra-sensible si je vous dis que j'imagine cela très bien et que cela me fait mal? Supposez-vous placé dans une telle situation, avec femme et enfants à votre charge, et demandez-vous dans quelle mesure il vous serait possible de conserver votre dignité.

N'y aurait-il pas moyen d'établir — en le faisant

savoir, bien entendu — n'importe quel autre critérium non soumis à l'arbitraire : charges de famille,
ancienneté, tirage au sort, ou combinaison des trois ?
Cela comporterait peut-être de graves inconvénients,
je n'en sais rien ; mais je vous supplie de considérer
quels avantages moraux en résulteraient pour ces
malheureux, placés dans une si douloureuse insé-
curité par la faute du gouvernement français.

Voyez-vous, ce n'est pas la subordination en elle-
même qui me choque, mais certaines formes de
subordination comportant des conséquences moralement intolérables. Par exemple, quand les circonstances sont telles que la subordination implique non
seulement la nécessité d'obéir, mais aussi le souci
constant de ne pas déplaire, cela me paraît dur à
supporter. — D'un autre côté, je ne puis accepter les
formes de subordination où l'intelligence, l'ingéniosité, la volonté, la conscience professionnelle n'ont à
intervenir que dans l'élaboration des ordres par le
chef, et où l'exécution exige seulement une soumission passive dans laquelle ni l'esprit ni le cœur n'ont
part ; de sorte que le subordonné joue presque le rôle
d'une chose maniée par l'intelligence d'autrui. Telle
était ma situation comme ouvrière.

Au contraire quand les ordres confèrent une responsabilité à celui qui les exécute, exigent de sa part
les vertus de courage, de volonté, de conscience et
d'intelligence qui définissent la valeur humaine,
impliquent une certaine confiance mutuelle entre le
chef et le subordonné, et ne comportent que dans
une faible mesure un pouvoir arbitraire entre les
mains du chef, la subordination est une chose belle
et honorable.

Soit dit en passant, j'aurais été reconnaissante à
un chef qui aurait bien voulu m'assigner un jour
quelque tâche, même pénible, malpropre, dangereuse et mal rétribuée, mais qui aurait impliqué de

sa part une certaine confiance en moi ; et j'aurais obéi, ce jour-là, de tout mon cœur. Et je suis sûre que beaucoup d'ouvriers sont comme moi. Il y a là une ressource morale qu'on n'utilise pas.

Mais assez là-dessus. Je vous écrirai le plus tôt que je pourrai quelle journée je compte passer à Rosières. Il m'est impossible de vous dire combien je vous sais gré des facilités que vous me procurez pour comprendre ce que c'est qu'une usine.

Bien cordialement.

S. WEIL

P.-S. — Pourriez-vous me faire envoyer les numéros de votre journal parus depuis le n° 30 ? Ma collection s'arrête là. Mais je serais malheureuse si quelqu'un subissait une engueulade à cause de moi...

*

[Avril 1936]

Monsieur,

J'aurais voulu vous répondre plus tôt. Je n'ai pas eu jusqu'ici la possibilité de fixer une date. Vous convient-il que j'aille vous voir jeudi 30 avril, à l'heure habituelle ? Si oui, inutile de répondre. La proposition que vous me faites, de passer une journée entière à Rosières pour tout voir de plus près, est celle qui pouvait me faire le plus de plaisir ; seulement je pense qu'une entrevue préalable est nécessaire pour fixer le programme. Je vous remercie infiniment de me fournir ainsi le moyen de mieux me rendre compte. Je ne demande certes qu'à mettre en tout domaine mes idées à l'épreuve du contact avec les faits ; et croyez bien que la probité intellectuelle est toujours à mes yeux le premier des devoirs.

Je voudrais, pour abréger les explications orales, vous savoir persuadé que vous avez mal interprété

certaines de mes réactions. L'hostilité systématique
envers les supérieurs, l'envie à l'égard des plus
favorisés, la haine de la discipline, le mécontentement perpétuel, tous ces sentiments mesquins sont
absolument étrangers à mon caractère. J'ai au plus
haut point le respect de la discipline dans le travail,
et je méprise quiconque ne sait pas obéir. Je sais
très bien aussi que toute organisation implique des
ordres donnés et reçus. Mais il y a ordres et ordres.
Moi, j'ai subi comme ouvrière une subordination
qui m'a été intolérable, encore que j'aie toujours (ou
presque) strictement obéi, et que je sois parvenue
péniblement à une espèce de résignation. Je n'ai
pas à me justifier (pour employer votre expression)
d'avoir éprouvé dans cette situation une souffrance
intolérable, j'ai seulement à essayer d'en déterminer
exactement les causes ; tout ce qu'on pourrait avoir
à me reprocher à ce sujet serait de me tromper dans
cette détermination, ce qui est peut-être le cas.
D'autre part, jamais, en aucun cas, je ne consentirai
à juger convenable pour un de mes semblables, quel
qu'il soit, ce que je juge moralement intolérable
pour moi-même ; si différents que soient les hommes,
mon sentiment de la dignité humaine reste identi-
quement le même, qu'il s'agisse de moi ou de n'importe quel homme, même si entre lui et moi on peut
établir à d'autres égards des rapports de supériorité
ou d'infériorité. Sur ce point, jamais rien au monde
ne me fera varier, du moins je l'espère. Pour tout le
reste, je ne demande qu'à me débarrasser de toutes
les idées préconçues susceptibles de fausser mon
jugement.

   Une de vos phrases m'a fait longtemps rêver ; c'est
celle où vous parlez de contacts plus intimes entre
l'usine et moi qui pourraient peut-être être organisés
un jour. Avez-vous quelque chose de concret dans
l'esprit, en vous exprimant de la sorte ? Si oui, j'es-

père que vous m'en ferez part. Je me demande si vous désirez seulement, par pure générosité à mon égard, me donner des moyens de m'instruire, de compléter, préciser et rectifier mes vues trop sommaires et sans doute partiellement fausses sur l'organisation industrielle ; ou bien si vous pensez que je pourrais être éventuellement capable de me rendre utile, autrement que de la manière que je vous avais suggérée. Pour moi, je n'ai jusqu'à ce jour aucune raison d'avoir confiance dans mes propres capacités ; mais si vous aviez dans l'esprit une manière quelconque de les mettre à l'épreuve, dans l'intérêt de la population ouvrière, sur la base des quelques idées sur lesquelles, en dépit des divergences, nous serions au préalable arrivés à nous mettre d'accord, cela mériterait réflexion de ma part.

Nous parlerons de tout cela et de bien d'autres choses jeudi, si vous le voulez bien. Si vendredi vous convient mieux, vous n'avez qu'à m'en avertir et je m'y conformerai.

Bien cordialement.

S. WEIL

*

[Début mai 1936]

Monsieur,

Il ne m'est pas encore possible de vous fixer une date. Mais, en attendant, j'ai été si touchée de la générosité dont vous faites preuve à mon égard en me recevant, en répondant à mes questions, en m'ouvrant votre usine comme vous faites, que j'ai résolu de vous faire de la copie, de manière à vous faire regagner au moins une partie du temps que je vous coûte.

Cependant je me demandais avec inquiétude comment j'arriverais à prendre sur moi d'écrire en me soumettant à des limites imposées, car il s'agit évidemment de vous faire de la prose bien sage, autant que j'en suis capable... Heureusement il m'est revenu à la mémoire un vieux projet qui me tient vivement à cœur, celui de rendre les chefs-d'œuvre de la poésie grecque (que j'aime passionnément) accessibles aux masses populaires. J'ai senti, l'an dernier, que la grande poésie grecque serait cent fois plus proche du peuple, s'il pouvait la connaître, que la littérature française classique et moderne.

J'ai commencé par *Antigone*[21]. Si j'ai réussi dans mon dessein, cela doit pouvoir intéresser et toucher tout le monde — depuis le directeur jusqu'au dernier manœuvre ; et celui-ci doit pouvoir pénétrer là-dedans presque de plain-pied, et cependant sans avoir jamais l'impression d'aucune condescendance, d'aucun effort accompli pour se mettre à sa portée. C'est ainsi que je comprends la vulgarisation. Mais j'ignore si j'ai réussi.

Antigone n'a rien d'une histoire morale pour enfants sages ; j'espère cependant que vous n'irez pas jusqu'à trouver Sophocle subversif...

Si cet article plaît — et s'il ne plaît pas, c'est que je ne sais pas écrire — je pourrai vous en faire encore toute une série, d'après d'autres tragédies de Sophocle, et d'après l'*Iliade*[22]. Homère et Sophocle fourmillent de choses poignantes, profondément humaines, qu'il s'agit seulement d'exprimer et de représenter de manière à les rendre accessibles à tous.

Je pense avec une certaine satisfaction que si je fais ces articles, et si on les lit, les manœuvres les plus illettrés de Rosières en sauront plus sur la littérature grecque que 99 % des bacheliers — et encore !...

Au reste, c'est aux approches de l'été seulement que j'aurai assez de loisir pour ce travail.

À bientôt, j'espère, et bien cordialement.

S. WEIL

J'espère que vous pourrez vous arranger pour passer ce papier en une seule fois.

*

FRAGMENT DE LETTRE

[Mai 1936[23]]

Monsieur,

Il ne m'est pas encore possible malheureusement de fixer une date[24]. En principe, je pense venir dans 15 jours. J'écrirai pour confirmer.

Vous pouvez mettre, comme pseudonyme au papier sur *Antigone*, « Cléanthe » (c'est le nom d'un Grec qui combinait l'étude de la philosophie stoïcienne avec le métier de porteur d'eau). Je signerais, sans la question de l'embauchage éventuel.

Si vous pensez que cela m'a coûté de présenter *Antigone* comme j'ai fait, vous avez tort de m'en remercier : on ne remercie pas les gens des contraintes qu'on leur impose. Mais en fait ce n'est pas le cas, ou à peu près pas. Je trouve plus beau d'exposer le drame dans sa nudité. Peut-être m'arrivera-t-il pour d'autres textes d'esquisser en quelques mots des applications possibles à la vie contemporaine ; j'espère toutefois qu'elles ne vous paraîtront pas inacceptables.

Ce qui, en revanche, m'a été pénible, c'est le fait même d'écrire en ayant présente à l'esprit la question : est-ce que ceci peut passer ? Cela ne m'était jamais arrivé, et il y a bien peu de considérations capables de m'amener à m'y résoudre. La plume se refuse à ce genre de contrainte, quand on a appris à la manier comme il convient. Mais je continuerai néanmoins, bien entendu.

J'ai une grande ambition, mais à laquelle j'ose à peine penser, tant elle est difficile à réaliser : ce serait, après cette série de papiers, d'en faire une autre — mais compréhensible et intéressante pour n'importe quel manœuvre — sur la création de la science moderne par les Grecs ; histoire merveilleuse, et généralement ignorée même des gens cultivés.

Vous ne m'avez pas comprise en ce qui concerne les licenciements. Ce n'est pas l'arbitraire même que je voudrais voir limiter. Lorsqu'il s'agit d'une mesure aussi cruelle (ce n'est pas à vous que ce reproche s'adresse) le choix en lui-même me paraît dans une certaine mesure indifférent. Ce que je trouve incompatible avec la dignité humaine, c'est la crainte de déplaire engendrée chez les subordonnés par la croyance en un choix susceptible d'être arbitraire. La règle la plus absurde en elle-même, mais fixe, serait un progrès à cet égard, ou encore, l'organisation d'un procédé de contrôle quelconque permettant aux ouvriers de se rendre compte que le choix n'est pas arbitraire. Bien sûr, vous êtes seul juge des possibilités. En tout cas, comment ne considérerais-je pas les hommes placés dans cette situation morale comme des opprimés ? Ce qui n'implique pas nécessairement que vous soyez un oppresseur.

*

[Fin mai - début juin 1936]

Monsieur,

J'ai attendu de jour en jour, pour vous écrire, de pouvoir vous fixer une date. Je n'ai pas eu jusqu'ici la possibilité de le faire parce que je n'ai pas été bien du tout tous ces temps-ci. Or, passer une journée à visiter une usine, c'est fatigant ; et ce ne peut être profitable que si on est capable de conserver jusqu'au soir sa lucidité et sa présence d'esprit.

Je viendrai, sauf avis contraire, le vendredi 12 juin, à 7 h 40 comme convenu.

Je vous apporterai un nouveau papier sur une autre tragédie de Sophocle[25]. Mais je ne vous le laisserai que si vous pouvez trouver des dispositions typographiques satisfaisantes. Car pour *Antigone*, j'ai quelques reproches assez sérieux à vous faire concernant la disposition typographique.

Toute réflexion faite, je ne visiterai pas de logement ouvrier. Je ne peux pas croire qu'une visite de ce genre ne risque pas de blesser ; et il faudrait des considérations bien puissantes pour m'amener à risquer de blesser des gens qui, lorsqu'on les blesse, doivent se taire et même sourire.

D'ailleurs, quand je dis qu'il y a risque de blesser, au fond je suis convaincue que les ouvriers sont effectivement blessés par des choses de ce genre, pour peu qu'ils aient pu garder quelque fierté. Supposez qu'un visiteur particulièrement curieux désire connaître les conditions de vie non seulement des ouvriers, mais aussi du directeur, et que M. Magdelénat, à cet effet, lui fasse visiter votre maison. J'ai peine à croire que vous trouveriez cela tout naturel. Je ne vois aucune différence entre les deux cas.

J'ai vu avec plaisir qu'il semble y avoir eu collaboration ouvrière dans votre journal, à propos de la question des croissants. L'article de l'ouvrière qui en demande la suppression m'a particulièrement frappée. Vous me donnerez, j'espère, quelques renseignements sur elle.

Bien cordialement.

S. WEIL

P.-S. — J'ai été très intéressée aussi par la réponse de celle qui demande des articles sur l'organisation de l'usine.

*

Mercredi [10 juin 1936[26]]

Monsieur,

Je me trouve dans la nécessité d'aller à Paris, demain et après-demain, pour y voir des amis de passage. Il faut donc encore remettre cette visite.

Au reste, cela vaut mieux ainsi : en ce moment, je serais incapable de me trouver parmi vos ouvriers sans aller à eux pour les féliciter chaleureusement.

Vous ne doutez pas, je pense, des sentiments de joie et de délivrance indicible que m'a apportés ce beau mouvement gréviste. Les suites seront ce qu'elles pourront être. Mais elles ne peuvent effacer la valeur de ces belles journées joyeuses et fraternelles, ni le soulagement qu'ont éprouvé les ouvriers à voir ceux qui les dominent plier une fois devant eux.

Je vous écris ainsi pour ne pas laisser d'équivoque entre nous. Si j'apportais à vos ouvriers mes félicitations pour leur victoire, vous trouveriez sans doute que j'abuse de votre hospitalité. Il vaut mieux attendre que les choses se tassent. Si toutefois, après ces quelques lignes, vous consentez encore à me recevoir…

Bien cordialement.

S. WEIL

*

RÉPONSE DE VICTOR BERNARD[27]

13.6.36

Mademoiselle,

Si, par hypothèse, les événements qui vous réjouissent avaient évolué à l'inverse, je ne crois pas, mes réactions n'étant pas à sens unique, que j'eusse éprouvé des «sentiments de joie et de délivrance indicibles» à voir les ouvriers plier devant les patrons.

Au moins, je suis tout à fait sûr qu'il m'aurait été impossible de vous en adresser le témoignage.

Je vous prie Mademoiselle d'agréer mes regrets de ne pouvoir, sans mensonge, vous exprimer que des sentiments de courtoisie.

*

[Mi-juin 1936]

Monsieur,

Vous m'écrivez exactement comme si j'avais manqué d'élégance morale au point de triompher de vaincus et d'opprimés. Bien sûr, si vous étiez en prison, ou sur le pavé, ou exilé, ou quoi que ce soit de ce genre, je m'abstiendrais d'exprimer de la joie à ce sujet ou même d'en éprouver. Mais, jusqu'à nouvel ordre, vous êtes directeur à Rosières, n'est-ce pas? Les ouvriers continuent à travailler sous vos ordres? Même avec les nouveaux salaires, vous continuez à gagner un peu plus qu'un mouleur, j'imagine? En dernière analyse, rien d'essentiel n'a changé. Quant à l'avenir, personne ne sait ce qu'il apportera, ni si la victoire ouvrière actuelle aura constitué en fin de compte une étape vers un régime totalitaire communiste, ou vers un régime totalitaire fasciste, ou (ce que j'espère, hélas, sans y croire) vers un régime non totalitaire.

Croyez-moi — et surtout, n'imaginez pas que je parle ironiquement — si ce mouvement gréviste a provoqué en moi une joie pure[28] (joie assez vite remplacée, d'ailleurs, par l'angoisse qui ne me quitte pas depuis l'époque déjà lointaine où j'ai compris vers quelles catastrophes nous allons) c'est non seulement dans l'intérêt des ouvriers, mais aussi dans l'intérêt des patrons. Je ne pense pas en ce moment à l'intérêt matériel — peut-être les conséquences de cette grève seront-elles en fin de compte néfastes pour l'intérêt matériel des uns et des autres, on ne sait pas — mais à l'intérêt moral, au salut de l'âme. Je pense qu'il est bon pour les opprimés d'avoir pu pendant quelques jours affirmer leur existence, relever la tête, imposer leur volonté, obtenir des avantages dus à autre chose qu'à une générosité condescendante. Et je pense qu'il est également bon pour les chefs — pour le salut de leur âme — d'avoir dû à leur tour, une fois dans leur vie, plier devant la force et subir une humiliation. J'en suis heureuse pour eux.

Qu'est-ce que j'aurais dû faire ? Ne pas éprouver cette joie ? Mais je la juge légitime. Je n'ai eu à aucun moment d'illusions sur les conséquences possibles du mouvement, je n'ai rien fait pour le susciter ni le prolonger ; du moins pouvais-je partager la joie pure et profonde qui animait mes camarades d'esclavage. Ne pas vous exprimer cette joie ? Mais comprenez donc notre situation respective. Des relations cordiales entre vous et moi impliqueraient de ma part la pire hypocrisie si je vous laissais croire un instant qu'elles comportent la moindre nuance de bienveillance à l'égard de la force oppressive que vous représentez et que vous maniez dans votre sphère, comme subordonné immédiat du patron. Il serait facile et avantageux pour moi de vous laisser dans l'erreur à ce sujet. En m'exprimant avec une franchise brutale qui ne peut avoir, pratiquement, que de mauvaises conséquences, je vous donne un témoignage d'estime.

Bref, il dépend de vous de renouer ou non les relations qui existaient entre nous avant les événements actuels. Dans l'un et l'autre cas, je n'oublierai pas que je vous dois, sur le plan intellectuel, une vue

un peu plus claire concernant certains des problèmes qui me préoccupent.

S. WEIL

P.-S. — J'ai encore un service à vous demander,
que, j'espère, vous voudrez bien me rendre dans
tous les cas. Je vais probablement me décider, en fin
de compte, à écrire quelque chose concernant le
travail industriel. Voudriez-vous avoir l'obligeance
de me renvoyer toutes les lettres où je vous ai parlé
de la condition ouvrière ? J'y ai noté des faits, des
impressions et des idées dont certains ne me revien-
draient peut-être pas à l'esprit. Merci d'avance.

J'espère, d'autre part, qu'aucun changement dans
vos sentiments à mon égard ne vous fera oublier
que vous m'avez promis un secret absolu concernant mon expérience dans les usines.

Lettre à Boris Souvarine
à propos de Jacques Lafitte

[C'est sur les conseils de Boris Souvarine que Simone Weil a lu les Réflexions sur la science des machines, *de Jacques Lafitte. Elle livre ici des éléments de discussion qu'elle reprendra dans les lettres à Lafitte lui-même (voir infra) et porte sur l'auteur quelques jugements rapides et assez injustes*

Première publication de cette lettre dans CSW, *XV-1, mars 1992, p. 10-12, avec une présentation de Charles Jacquier. Reprise dans* Simone Weil, l'expérience de la vie et le travail de la pensée, *sous la direction de Charles Jacquier, Arles, éd. Sulliver, 1998, p. 34-36.]*

[Bourges, janvier 1936]

Cher Boris,

En retrouvant parmi mes bouquins celui sur la science des machines, de Lafitte[1], que j'avais fait venir à Noël sur votre indication, je me souviens que vous m'aviez demandé ce que j'en pensais. Je saisis cette occasion de prendre de vos nouvelles.

Les vues sociales de l'auteur me font l'impression de coïncider avec les miennes[2], autant que le vague du langage peut permettre d'en juger — vague surprenant et choquant de la part d'un ingénieur. Mais on ne voit pas du tout le rapport entre les vues

sociales et les vues mécanologiques[3], et ce serait
pourtant le point vraiment intéressant.

Quant à celles-ci, je ne suis pas fort qualifiée pour
juger de leur valeur. Je ne sais pas grand-chose sur
les machines. C'est un des nombreux objets d'étude
que je désirais regarder de près cette année. Je n'ai
lu aucun des ouvrages indiqués sur la bibliographie
si sommaire du début. En tout cas l'idée qu'il met au
premier plan : analogie entre l'étude des machines et
celle des organismes vivants, me paraît tout à fait
dépourvue d'intérêt. Les machines ont beau procéder les unes des autres, elles ne se reproduisent pas
(on n'est pas Erewhon[4]), ne forment pas des espèces,
ne se suffisent pas ; elles établissent des rapports entre
certaines forces de la nature et certaines formes
d'activité humaine d'une part, et certains résultats
d'autre part, cela au moyen d'organes de transformation. Il faudrait tenir compte de tous ces facteurs.
L'étroitesse du point de vue de Lafitte l'amène à ne
faire entrer en ligne de compte que le degré de complexité, en négligeant par exemple la souplesse[5], qui
me paraît très importante à considérer. (Il a raison
pourtant de séparer la mécanologie de la physico-
chimie.)

Dans n'importe quel domaine, on peut toujours
trouver toutes sortes de classifications. L'intérêt de
chacune d'elle dépend toujours de la réponse à la
question : par rapport à quoi veut-on classer ? Une
étude générale des machines comme élément de la
vie humaine implique une vue concernant le rapport des machines avec l'humanité. Il n'y a dans ce
livre aucune vue de cet ordre.

Quant à la série : machines passives — machines
actives — machines réflexes[6], elle est intéressante,
surtout en ce qui concerne le dernier terme. Cependant l'idée que nous sommes au début d'une nouvelle ère du machinisme qui serait celle des machines

automatiques court les rues, dans les milieux de
techniciens. La distinction entre les machines bizar-
rement nommées réflexes et les machines simplement automatiques me semble intéressante. Mais,
en général, dans ce bouquin, les définitions, les
exemples et le style manquent terriblement de précision.

J'ai l'impression que l'auteur doit avoir des fonctions très subalternes — il y a des différences essentielles entre telle et telle fonction d'ingénieur — et
manquer de vraie culture scientifique. On n'aura
quelque chose de sérieux sur une pareille question
que quand l'élite des ingénieurs s'y intéressera. Mais
puisqu'elle ne semble pas en voir l'intérêt, il faudrait
tâcher de le lui montrer. C'est ce que j'aimerais pouvoir faire.

J'ai rencontré ici un ingénieur, polytechnicien,
dont les idées sur les rapports de la science et de la
technique et sur la pédagogie et la vulgarisation
scientifiques coïncident avec les miennes dans une
mesure étonnante. Il est jeune (33 ans), a beaucoup
de loisirs, et possède tout ce qui me manque : un
merveilleux équilibre physique, beaucoup de rapidité et de brillant dans l'intelligence (à ce qu'il m'a
semblé) et de la pratique. Mais il est paresseux et
toutes sortes de plaisirs occupent tous ses loisirs. Je
crains qu'il n'y ait rien à en espérer. En tout cas
cette rencontre a été pour moi une précieuse confirmation.

À propos de rencontre, j'ai rencontré ici par un
heureux hasard un ménage de paysans étonnamment
différents des paysans ordinaires, et par ailleurs fort
sympathiques[7]. Il se trouve que par eux (il serait trop
long d'expliquer comment) je pourrais peut-être
pénétrer dans la vie des champs, car je ne puis pas
me mêler aux paysans par la même méthode que je
me suis mêlée aux ouvriers. Je pense que quand on a

été ouvrière, il faut au moins devenir aussi paysanne, pour que l'expérience ait un sens ; il n'y a pas que les villes au monde. Mais je ne sais pas quand je serai de nouveau en état de travailler dur. L'air de la campagne doit pouvoir y aider.

Je n'ai pas été à Paris depuis deux mois. J'espère y venir bientôt. On se verra un peu, si vous le désirez. Seulement il pourrait bien arriver que ce voyage si court suffise à me mettre suffisamment à plat pour me rendre dans une large mesure impropre aux plaisirs de la conversation.

Au reste, mes préoccupations actuelles, dans la mesure où je puis en avoir, sont d'ordre principalement scientifique et technique, ce qui ne rend pas les échanges faciles.

J'espère que si vous me répondez, ce ne sera pas sans me dire en quelques mots l'essentiel de ce qui vous concerne. Rien ne m'exaspère comme de recevoir de vous des lettres qui me laissent à votre sujet autant d'incertitudes que le silence. J'aime encore mieux le silence.

Affectueusement.

S. W.

Deux lettres à Jacques Lafitte

[*La première édition de* La Condition ouvrière *contenait un «Fragment de lettre à X» que l'éditeur supposait avoir été écrite en 1933 ou en 1934 (CO1, p. 33-34; CO, p. 43-44). Jacques Guillerme, qui a publié deux lettres à Jacques Lafitte dans* Dialogue[1], *a reconnu dans ce fragment un brouillon ou une variante de la deuxième lettre. Les deux lettres ont été reproduites ensuite dans* CSW, III-3, septembre 1980, p. 162-166. *Grâce à Madame Hélène Vérin, à qui nous adressons nos remerciements cordiaux, nous avons pu nous reporter à la photocopie du manuscrit des lettres, ce qui a permis d'effectuer des corrections mineures sur le texte imprimé antérieurement.*]

[Fin mars ou début avril 1936]

Monsieur,

Conformément à ce que vous m'avez dit à la conférence organisée par «Esprit»[2], je vais m'efforcer de formuler clairement la question à laquelle vous n'aviez pas répondu; j'ose espérer une réponse aussi détaillée, aussi précise qu'il vous sera possible.

Laissez-moi vous dire d'abord que j'ai cru apercevoir chez vous — d'après votre livre, votre conférence, vos réponses aux questions — quelques-unes

des préoccupations, des vues théoriques, des aspirations qui me tourmentent depuis des années, sans
que j'aie eu jusqu'ici le bonheur d'en trouver autour
de moi un écho quelconque. Comme vous avez une
compétence technique qui me manque, je crois pouvoir espérer de vous quelque chose de précieux.

Comme cette sympathie même me crée envers vous
un devoir de franchise, je dois vous dire aussi que je
n'ai trouvé dans votre livre que des indications, auxquelles il manque souvent à mon avis la précision
qu'on désire trouver en pareille matière. Cela tient
certainement à la difficulté du sujet ; et aussi, je suppose à ce que votre livre doit sans doute être considéré
comme une introduction à un ouvrage plus complet.

Voici sur quels points il me semble apercevoir
une correspondance entre les idées exprimées par
vous et mes préoccupations propres. Au lieu d'opposer stérilement le machinisme à l'artisanat, il faut
chercher une forme supérieure de travail mécanique où le pouvoir créateur du travailleur ait un
champ plus vaste que dans le travail artisanal. Il ne
faut pas tendre à réduire indéfiniment la part du
travail dans la vie humaine au profit d'un loisir
qui ne satisferait aucune des hautes aspirations de
l'homme (comme le pensent ceux qui ont pour idéal
deux heures de travail abrutissant, et vingt-deux
heures vides d'obligations[3]), mais faire du travail un
moyen pour chaque homme de dominer la matière
et de fraterniser avec ses semblables sur un pied
d'égalité. L'organisation du travail doit réaliser la
combinaison de l'ordre et de la liberté. Les machines
doivent, au lieu de séparer l'homme de la nature, lui
fournir un moyen d'entrer en contact avec elle et
d'accéder quotidiennement au sentiment du beau
dans toute sa plénitude. Je vous ai à peu près compris, n'est-ce pas ?

J'oubliais aussi, comme point commun, votre

méthode d'analyse sociale consistant à ne déterminer que des rapports, en évitant pour commencer
de faire entrer en ligne de compte les individus.

Je passe à ma question. On peut définir, d'après
votre conception des suites[4] et des séries, ce qu'il
y a de dégradant pour l'ouvrier dans la forme
moderne du machinisme : c'est que les suites, une fois
conçues par un intellectuel (un ingénieur), sont cris-
tallisées dans des objets inertes, de sorte qu'à partir
de ce moment les hommes n'ont plus qu'à exécuter
indéfiniment des séries. C'est évident pour le travail
à la chaîne, où le convoyeur sert de support à la
suite. Mais il en est exactement de même pour un
atelier de fabrication quelconque d'une grande
usine de mécanique, où la suite est cristallisée dans
la feuille d'opérations qui suit les pièces de machine
en machine. À vrai dire, dans le travail en série, il y
a des suites (ex. : placer la pièce — serrer un étau
— mouvoir un levier — retirer la pièce...), mais la
monotonie et plus encore la cadence effroyablement
rapide du travail font que cette suite, toujours extrêmement simple, devient rapidement inconsciente,
cristallisée à son tour dans un automatisme physio-
logique.

Un travail mécanique qui respecterait la dignité
humaine retournerait ce rapport. Les séries seraient
confiées à la machine, les suites le monopole de
l'homme.

Supposons, par exemple, un atelier de tours automatiques. Mettons-y quelques fraiseuses. Chargeons
les régleurs, non seulement du réglage des tours,
mais de la confection des cames. Le travail de ces
régleurs réalise dans une large mesure la forme
idéale du rapport entre l'homme et la machine telle
que je la conçois. Encore faudrait-il, pour qu'un tel
atelier me satisfasse, qu'il n'y ait pas de manœuvres :
le travail de manœuvre serait assumé dans toute la

mesure du possible par les machines elles-mêmes, pour le reste par les régleurs.

Le travail ne comporterait à peu près que des suites, et pourtant il y aurait production en série.

Le principal obstacle à la généralisation des dispositifs automatiques dans le machinisme, c'est le manque de souplesse des machines automatiques, qui aggrave considérablement les prix de revient, et conduirait par ailleurs à un accroissement peu désirable de la centralisation économique, pour limiter cette augmentation des prix.

Il faudrait donc des machines *automatiques* et *souples*. L'espèce de machines que vous nommez «réflexes» nous permet d'entrevoir une telle possibilité, il me semble[5].

J'imagine une économie décentralisée où nos bagnes industriels seraient remplacés par des ateliers disséminés un peu partout. Dans ces ateliers se trouveraient des machines automatiques extrêmement souples, qui permettraient de satisfaire dans une large mesure les besoins industriels de la région. Les ouvriers, tous très hautement qualifiés, passeraient le meilleur de leur temps au réglage. La distance entre ouvrier et ingénieur tendrait à s'effacer de manière que les deux fonctions puissent peut-être être assumées par un seul homme. Ce tableau, il est vrai, est encore bien vague.

Voilà jusqu'où je suis arrivée au cours de mes réflexions personnelles. J'ai cru comprendre que vos réflexions s'orientaient dans le même sens. Je voudrais savoir si vous êtes parvenu plus loin, à des notions plus précises. Dans l'affirmative, je vous serais plus reconnaissante que vous ne pouvez croire de m'exposer en détails vos vues sur la question.

Je cherche depuis longtemps le moyen de poser la question à l'élite des ingénieurs, et de les y intéresser.

Je me rends compte qu'il faudrait aussi examiner du même point de vue le travail administratif.
Actuellement je n'ai pas d'idées sur cette question.

J'espère ne pas m'être trompée sur l'orientation
de votre pensée. On se sent tellement seul dans ce
genre de recherches qu'il est bien précieux de rencontrer des compagnons.

Croyez à toute ma sympathie.

S. WEIL

7 place Gordaine, Bourges (Cher)

*

Mardi 14 avril [1936]

Monsieur,

Il m'a été impossible de vous répondre plus tôt,
parce que je m'étais absentée. J'ai été heureuse de
votre proposition de rencontre à Moulins[6]. Je crois
que nous aurons plus d'avantages à parler qu'à
écrire. C'est pourquoi je réserve à cette prochaine
rencontre ce qui m'est venu à l'esprit à la lecture de
vos lettres qui m'ont fait réfléchir. Je me permets
seulement de vous faire remarquer que sur le point
précis sur lequel portait ma question, vous ne
m'avez pas fourni d'indications encore. Ce n'est pas
un reproche, cela va de soi. Je vous rappelle seulement cette question — qui est simplement un des
sujets que nous aurons à aborder — parce que le
temps que nous pourrons passer ensemble nous
paraîtra certainement extraordinairement court, eu
égard à tout ce qu'on aura à se dire.

Mes possibilités ne correspondent pas exactement
à votre proposition. Un train m'amènera à Moulins,
lundi prochain à 15 h 10; un autre m'en ramènera
à 21 h 16. Or d'après votre lettre vous devez précisément vous trouver occupé le lundi dans l'après-
midi. Mais si, dans l'intervalle que je vous indique,

vous pouvez disposer de quelques heures, je viendrai. Vous n'aurez qu'à me donner un rendez-vous
précis en tenant compte que je ne connais pas la
ville.

Je n'ai pas fait encore assez de mauvaises expériences pour désespérer comme vous du corps des
ingénieurs en bloc. Ce que vous dites à leur sujet est
juste, mais j'aime à croire qu'il peut y avoir parmi
eux quelques hommes supérieurs qui font exception. Le propre d'un homme supérieur est de dépasser la culture qu'il a reçue.

Étant donné les tendances «sociales» du catholi-
cisme contemporain, l'existence d'une organisation
d'ingénieurs catholiques dans le cadre de l'«action
catholique spécialisée» — donc sur la base des dernières encycliques — me paraît être quelque chose
d'intéressant. Qui sait si quelques-uns d'entre eux
ne se sont pas mis à réfléchir sérieusement à partir
de certaines formules fort énergiques de l'encyclique *Quadragesimo anno*[7]? J'irai y voir à la première occasion.

En revanche vous me paraissez bien optimiste
quand vous parlez d'écrire pour le public. Nous ne
sommes plus au XVIIe ni au XVIIIe siècle. Il n'y a plus
de public éclairé, il n'y a — à part un petit nombre
d'hommes exceptionnels — que des spécialistes à
culture étroitement limitée, et des gens sans culture.
Il est facile, en s'y prenant bien, de passionner le
public pour une thèse, mais à condition de faire
appel à tout autre chose qu'à la réflexion. La terrible formule de Stendhal : «Tout bon raisonnement
offense[8]» n'a jamais été plus largement applicable
que de nos jours. Dans les conditions de vie accablantes qui pèsent sur tous, les gens ne demandent
pas la lucidité, ils demandent un opium quelconque,
et cela, plus ou moins, dans tous les milieux sociaux.
Si on ne veut pas renoncer à penser, on n'a qu'à

accepter la solitude. Pour moi, je n'ai d'autre espérance que de rencontrer çà et là, de temps à autre, un être humain, seul comme moi-même, qui de son côté s'obstine à réfléchir, à qui je puisse apporter et auprès de qui je puisse trouver un peu de compréhension. Jusqu'à nouvel ordre de pareilles rencontres restent possibles — la preuve est que nous nous écrivons — et c'est un bonheur extraordinaire, dont il faut être reconnaissant au destin. Qui sait si un de ces jours un régime «totalitaire» ne viendra pas pour un temps supprimer presque entièrement le possibilité matérielle de pareilles rencontres?

Bien sympathiquement.

S. WEIL

*

VARIANTE DE LA LETTRE PRÉCÉDENTE

Monsieur,

J'ai tardé à vous répondre, parce que le rendez-vous s'arrange mal. Je ne pourrais être à Moulins qu'assez tard dans l'après-midi du lundi (vers 4 h), et je repartirais à 9 h. Si vos occupations là-bas vous permettent de me consacrer quelques heures dans cet intervalle, je viendrai. Vous n'auriez qu'à me fixer en ce cas un rendez-vous précis en tenant compte que je ne connais pas Moulins. J'espère que cela s'arrangera. Je crois que nous aurons avantage à causer plutôt qu'à écrire.

C'est pourquoi je préfère réserver pour notre prochaine rencontre ce qui m'est venu à l'esprit à la lecture de vos lettres. Je veux seulement signaler une incertitude qui m'avait déjà inquiétée en écoutant votre conférence.

Vous dites : Tout homme est opérateur de séries *et* animateur de suites.

Tout d'abord il faudrait, ce me semble, distinguer diverses espèces de rapports entre l'homme et les suites qui interviennent dans son existence, selon qu'il joue un rôle plus ou moins actif à leur égard. Un homme peut créer des suites (inventer...) — il peut en recréer par la pensée — il peut en exécuter sans les penser — il peut servir d'occasion à des suites pensées, exécutées par d'autres — etc. Mais c'est là quelque chose d'évident.

Voici ce qui m'inquiète un peu. Quand vous dites que, par exemple, le manœuvre spécialisé, une fois sorti de l'usine, cesse d'être emprisonné dans le domaine de la série, vous avez évidemment raison. Mais qu'en concluez-vous? Si vous en concluez que tout homme, si opprimé soit-il, conserve encore quotidiennement l'occasion de faire acte d'homme, et donc ne dépouille jamais tout à fait sa qualité d'homme, très bien. Mais si vous en concluez que la vie d'un manœuvre spécialisé de chez Renault ou Citroën est une vie acceptable pour un homme désireux de conserver la dignité humaine, je ne puis vous suivre. Je ne crois d'ailleurs pas que ce soit là votre pensée — je suis même convaincue du contraire — mais j'aimerais le maximum de précision sur ce point.

« La quantité se change en qualité », disent les marxistes après Hegel. Les séries *et* les suites ont place dans chaque vie humaine, c'est entendu, mais il y a une question de proportion, et on peut dire en gros qu'il y a une limite à la place que peut tenir la série dans une vie d'homme sans le dégrader.

Au reste je pense que nous sommes d'accord là-dessus.

La notion d'équipe telle que vous la définissez me paraît [9]

La vie et la grève
des ouvrières métallos

[*Cet article, signé S. Galois, a été publié dans* La Révolution prolétarienne, *n° 224, 10 juin 1936, p. 4/149 à 8/152. Sous le même pseudonyme, le texte est repris dans une brochure intitulée* Sur le tas. Souvenirs d'une exploitée, *par les* Cahiers de «Terre libre», *publication mensuelle, Nîmes, imprimerie coopérative «La laborieuse», n° 7, 15 juillet 1936. Le recours au pseudonyme s'explique par la volonté de Simone Weil de ne pas révéler son passage dans la condition ouvrière, car elle pensait renouveler l'expérience. Le choix de Galois tient à l'admiration qu'elle éprouvait pour le mathématicien.*

Simone Pétrement suppose que la partie qui concerne les souvenirs de la vie d'usine avait déjà été rédigée. La partie «écrite sur-le-champ» porte sur les grèves en cours, avec occupation des locaux — mouvement lancé le 8 mai 1936 — et sur les revendications.

Dans une lettre du 17 juin, Albertine Thévenon confie à Simone Weil: «Comme dans tout ce que tu as écrit, ce qui domine dans ton article, c'est un sentiment d'écrasement qui peut déprimer», mais elle lui dit partager son sentiment que la grève est «une joie pure». Dans une autre lettre écrite en juin 1936, l'amie de Simone Weil rapportait avec satisfaction:

«Ton article a suscité ici [à La Révolution proléta-
rienne] *de la controverse.» Elle ajoutait: «Nous, tes
proches, [...] nous sommes tous d'accord, Thévenon y
compris, pour dire que tu as réellement* senti *le mouvement comme nous»* (Correspondance Thévenon,
«Fonds Simone Weil», BnF).]

Enfin, on respire! C'est la grève chez les métallos.
Le public, qui voit tout ça de loin, ne comprend
guère. Qu'est-ce que c'est? Un mouvement révolutionnaire? Mais tout est calme. Un mouvement
revendicatif? Mais pourquoi si profond, si général,
si fort, et si soudain?

Quand on a certaines images enfoncées dans l'esprit, dans le cœur, dans la chair elle-même, on comprend. On comprend tout de suite. Je n'ai qu'à
laisser affluer les souvenirs.

Un atelier, quelque part dans la banlieue, un jour
de printemps, pendant ces premières chaleurs si
accablantes pour ceux qui peinent. L'air est lourd
d'odeurs de peintures et de vernis. C'est ma première journée dans cette usine. Elle m'avait paru
accueillante, la veille: au bout de toute une journée
passée à arpenter les rues, à présenter des certificats
inutiles, enfin ce bureau d'embauche avait bien voulu
de moi. Comment se défendre, au premier instant,
d'un sentiment de reconnaissance? Me voici sur une
machine. Compter cinquante pièces... les placer
une à une sur la machine, d'un côté, pas de l'autre...
manier à chaque fois un levier... ôter la pièce... en
mettre une autre... encore une autre... compter
encore... Je ne vais pas assez vite. La fatigue se fait
déjà sentir. Il faut forcer, empêcher qu'un instant
d'arrêt sépare un mouvement du mouvement suivant. Plus vite, encore plus vite! Allons bon! Voilà
une pièce que j'ai mise du mauvais côté. Qui sait si
c'est la première? Il faut faire attention. Cette pièce

est bien placée. Celle-là aussi. Combien est-ce que j'en ai fait les dernières dix minutes? Je ne vais pas assez vite. Je force encore. Peu à peu, la monotonie de la tâche m'entraîne à rêver. Pendant quelques instants, je pense à bien des choses. Réveil brusque: combien est-ce que j'en fais? Ça ne doit pas être assez. Ne pas rêver. Forcer encore. Si seulement je savais combien il faut en faire! Je regarde autour de moi. Personne ne lève la tête, jamais. Personne ne sourit. Personne ne dit un mot. Comme on est seul! Je fais 400 pièces à l'heure. Savoir si c'est assez? Pourvu que je tienne à cette cadence, au moins... La sonnerie de midi, enfin. Tout le monde se précipite à la pendule de pointage, au vestiaire, hors de l'usine. Il faut aller manger. J'ai encore un peu d'argent, heureusement. Mais il faut faire attention. Qui sait si on va me garder, ici? Si je ne chômerai pas encore des jours et des jours? Il faut aller dans un de ces restaurants sordides qui entourent les usines. Ils sont chers, d'ailleurs. Certains plats semblent assez tentants, mais ce sont d'autres qu'il faut choisir, les meilleur marché. Manger coûte un effort encore. Ce repas n'est pas une détente. Quelle heure est-il? Il reste quelques moments pour flâner. Mais sans s'écarter trop: pointer une minute en retard, c'est travailler une heure sans salaire. L'heure avance. Il faut rentrer. Voici ma machine. Voici mes pièces. Il faut recommencer. Aller vite... Je me sens défaillir de fatigue et d'écœurement. Quelle heure est-il? Encore deux heures avant la sortie. Comment est-ce que je vais pouvoir tenir? Voilà que le contremaître s'approche. «Combien en faites-vous? 400 à l'heure? Il en faut 800. Sans quoi je ne vous garderai pas. Si à partir de maintenant vous en faites 800, je consentirai peut-être à vous garder.» Il parle sans élever la voix. Pourquoi élèverait-il la voix, quand d'un mot il peut provoquer tant d'angoisse? Que répondre? «Je tâcherai. » Forcer. Forcer encore. Vaincre à chaque seconde ce dégoût, cet écœurement qui paralysent. Plus vite. Il s'agit de doubler la cadence. Combien en ai-je fait, au bout d'une heure ? 600. Plus vite. Combien, au bout de cette dernière heure ? 650. La sonnerie. Pointer, s'habiller, sortir de l'usine, le corps vidé de toute énergie vitale, l'esprit vide de pensée, le cœur submergé de dégoût, de rage muette, et par-dessus tout cela, d'un sentiment d'impuissance et de soumission. Car le seul espoir pour le lendemain, c'est qu'on veuille bien me laisser passer encore une pareille journée. Quant aux jours qui suivent, c'est trop loin. L'imagination se refuse à parcourir un si grand nombre de minutes mornes.

Le lendemain, on veut bien me laisser me remettre à ma machine, quoique je n'aie pas fait la veille les 800 pièces exigées. Mais il va falloir les faire ce matin. Plus vite. Voilà le contremaître. Qu'est-ce qu'il va me dire ? « Arrêtez. » J'arrête. Qu'est-ce qu'on me veut ? Me renvoyer ? J'attends un ordre. Au lieu d'un ordre, il vient une sèche réprimande, toujours sur le même ton bref. « Dès qu'on vous dit d'arrêter, il faut être debout pour aller sur une autre machine. On ne dort pas, ici. » Que faire ? Me taire. Obéir immédiatement. Aller immédiatement à la machine qu'on me désigne. Exécuter docilement les gestes qu'on m'indique. Pas un mouvement d'impatience : tout mouvement d'impatience se traduit par de la lenteur ou de la maladresse. L'irritation, c'est bon pour ceux qui commandent, c'est défendu à ceux qui obéissent. Une pièce. Encore une pièce. Est-ce que j'en fais assez ? Vite. Voilà que j'ai failli louper une pièce. Attention ! Voilà que je ralentis. Vite. Plus vite...

Quels souvenirs encore ? Il n'en vient que trop pêle-mêle. Des femmes qui attendent devant une porte d'usine. On ne peut entrer que dix minutes avant l'heure, et quand on habite loin, il faut bien

venir une vingtaine de minutes en avance, pour ne
pas risquer une minute de retard. Un portillon est
ouvert, mais officiellement «ce n'est pas ouvert». Il
pleut à torrents. Les femmes sont dehors sous la
pluie, devant cette porte ouverte. Quoi de plus naturel que de s'abriter quand il pleut et que la porte
d'une maison est ouverte? Mais ce mouvement si
naturel, on ne pense même pas à le faire devant
cette usine, parce que c'est défendu[1]. Aucune maison étrangère n'est si étrangère que cette usine où
on dépense quotidiennement ses forces pendant
huit heures.

Une scène de renvoi. On me renvoie d'une usine
où j'ai travaillé un mois, sans qu'on m'ait jamais fait
aucune observation[2]. Et pourtant on embauche tous
les jours. Qu'est-ce qu'on a contre moi? On n'a pas
daigné me le dire. Je reviens à l'heure de la sortie.
Voilà le chef d'atelier. Je lui demande bien poliment
une explication. Je reçois comme réponse: «Je n'ai
pas de comptes à vous rendre» et aussitôt il s'en va.
Que faire? Un scandale? Je risquerais de ne trouver
d'embauche nulle part. Non, m'en aller bien sage-
ment, recommencer à arpenter les rues, à stationner devant les bureaux d'embauche, et, à mesure
que les semaines s'écoulent, sentir croître, au creux
de l'estomac, une sensation qui s'installe en permanence et dont il est impossible de dire dans quelle
mesure c'est de l'angoisse et dans quelle mesure de
la faim.

Quoi encore? Un vestiaire d'usine, au cours d'une
semaine rigoureuse d'hiver. Le vestiaire n'est pas
chauffé. On entre là-dedans, quelquefois juste après
avoir travaillé devant un four. On a un mouvement
de recul, comme devant un bain froid. Mais il faut
entrer. Il faut passer là dix minutes. Il faut mettre
dans l'eau glacée des mains couvertes de coupures,
où la chair est à vif, il faut les frotter vigoureuse-

ment avec de la sciure de bois pour ôter un peu l'huile et la poussière noire. Deux fois par jour. Bien sûr, on supporterait des souffrances encore plus pénibles, mais celles-ci sont si inutiles! Se plaindre à la direction? Personne n'y songe un seul instant. «Ils se foutent bien de nous.» C'est vrai ou ce n'est pas vrai — mais en tout cas c'est bien l'impression qu'ils nous donnent. On ne veut pas risquer de se faire rembarrer. Plutôt souffrir tout cela en silence. C'est encore moins douloureux.

Des conversations, à l'usine. Un jour, une ouvrière amène au vestiaire un gosse de neuf ans. Les plaisanteries fusent. «Tu l'amènes travailler?» Elle a deux gosses et un mari malade à sa charge. Elle gagne bien de 3 à 4 francs de l'heure. Elle aspire au moment où enfin ce gosse pourra être enfermé à longueur de journée dans une usine pour rapporter quelques sous. Une autre, bonne camarade et affectueuse, qu'on interroge sur sa famille. «Vous avez des gosses? — Non, heureusement. C'est-à-dire, j'en avais un, mais il est mort.» Elle parle d'un mari malade qu'elle a eu huit ans à sa charge. «Il est mort, heureusement.» C'est beau, les sentiments, mais la vie est trop dure…

Des scènes de paie. On défile comme un troupeau, devant le guichet, sous l'œil des contremaîtres. On ne sait pas ce qu'on touchera : il y aurait toujours à faire des calculs tellement compliqués que personne ne s'en sort, et il y a souvent de l'arbitraire. Impossible de se défendre du sentiment que ce peu d'argent qu'on vous passe à travers le guichet est une aumône.

La faim. Quand on gagne 3 francs de l'heure, ou même 4 francs, ou même un peu plus, il suffit d'un coup dur, une interruption de travail, une blessure, pour devoir pendant une semaine ou plus travailler en subissant la faim. Pas la sous-alimentation, qui

peut, elle, se produire en permanence, même sans
coup dur — la faim. La faim jointe à un dur travail
physique, c'est une sensation poignante. Il faut travailler aussi vite que d'habitude, sans quoi on ne
mangera pas encore assez la semaine suivante. Et
par-dessus le marché, on risque de se faire engueuler pour production insuffisante. Peut-être renvoyer.
Ce ne sera pas une excuse de dire qu'on a faim. On
a faim, mais il faut quand même satisfaire les exigences de ces gens par qui on peut en un instant
être condamné à avoir encore plus faim. Quand on
n'en peut plus, on n'a qu'à forcer. Toujours forcer.
En sortant de l'usine, rentrer aussitôt chez soi pour
éviter la tentation de dîner, et attendre l'heure du
sommeil, qui d'ailleurs sera troublé parce que même
la nuit on a faim. Le lendemain, forcer encore. Tous
ces efforts, ils auront leur contrepartie : les quelques
billets, les quelques pièces qu'on recevra au travers
d'un guichet. Que demander d'autre ? On n'a droit à
rien d'autre. On est là pour obéir et se taire. On est
au monde pour obéir et se taire.

Compter sous par sous. Pendant huit heures de
travail, on compte sous par sous. Combien de sous
rapporteront ces pièces ? Qu'est-ce que j'ai gagné
cette heure-ci ? Et l'heure suivante ? En sortant de
l'usine, on compte encore sous par sous. On a un tel
besoin de détente que toutes les boutiques attirent.
Est-ce que je peux prendre un café ? Mais ça coûte
dix sous. J'en ai déjà pris un hier. Il me reste tant de
sous pour la quinzaine. Et ces cerises ? Elles coûtent
tant de sous. On fait son marché : combien coûtent
les pommes de terre, ici ? Deux cents mètres plus
loin, elles coûtent deux sous de moins. Il faut imposer ces deux cents mètres à un corps qui se refuse à
marcher. Les sous deviennent une obsession. Jamais,
à cause d'eux, on ne peut oublier la contrainte de
l'usine. Jamais on ne se détend. Ou, si on fait une

folie — une folie à l'échelle de quelques francs — on subira la faim. Il ne faut pas que ça arrive souvent : on finirait par travailler moins vite, et par un cercle impitoyable la faim engendrerait encore plus de faim. Il ne faut pas se faire prendre par ce cercle. Il mène à l'épuisement, à la maladie, à la mort. Car quand on ne peut plus produire assez vite, on n'a plus droit à vivre. Ne voit-on pas les hommes de 40 ans refusés partout, à tous les bureaux d'embauche, quels que soient leurs certificats ? À 40 ans, on est compté comme un incapable. Malheur aux incapables.

La fatigue. La fatigue, accablante, amère, par moments douloureuse au point qu'on souhaiterait la mort. Tout le monde, dans toutes les situations, sait ce que c'est que d'être fatigué, mais pour cette fatigue-là il faudrait un nom à part. Des hommes vigoureux, dans la force de l'âge, s'endorment de fatigue sur la banquette du métro. Pas après un coup dur, après une journée de travail normale. Une journée comme il y en aura une encore le lendemain, le surlendemain, toujours. En descendant dans la rame de métro, au sortir de l'usine, une angoisse occupe toute la pensée : est-ce que je trouverai une place assise ? Ce serait trop dur de devoir rester debout. Mais bien souvent il faut rester debout. Attention qu'alors l'excès de fatigue n'empêche pas de dormir ! Le lendemain il faudrait forcer encore un peu plus.

La peur. Rares sont les moments de la journée où le cœur n'est pas un peu comprimé par une angoisse quelconque. Le matin, l'angoisse de la journée à traverser. Dans les rames de métro qui mènent à Billancourt, vers 6 h 1/2 du matin, on voit la plupart des visages contractés par cette angoisse. Si on n'est pas en avance, la peur de la pendule de pointage. Au travail, la peur de ne pas aller assez vite, pour tous ceux qui ont du mal à y arriver. La peur de louper des pièces en forçant sur la cadence, parce que la vitesse produit une espèce d'ivresse qui annule l'attention. La peur de tous les menus accidents qui peuvent amener des loupés ou un outil cassé. D'une manière générale, la peur des engueulades. On s'exposerait à bien des souffrances rien que pour éviter une engueulade. La moindre réprimande est une dure humiliation, parce qu'on n'ose pas répondre. Et combien de choses peuvent amener une réprimande ! La machine a été mal réglée par le régleur ; un outil est en mauvais acier ; des pièces sont impossibles à bien placer : on se fait engueuler. On va chercher le chef à travers l'atelier pour avoir du boulot, on se fait rembarrer. Si on avait attendu à son bureau, on aurait risqué une engueulade aussi. On se plaint d'un travail trop dur ou d'une cadence impossible à suivre, on s'entend brutalement rappeler qu'on occupe une place que des centaines de chômeurs prendraient volontiers. Mais pour oser se plaindre, il faut véritablement qu'on n'en puisse plus. Et c'est ça la pire angoisse, l'angoisse de sentir qu'on s'épuise ou qu'on vieillit, que bientôt on n'en pourra plus. Demander un poste moins dur ? Il faudrait avouer qu'on ne peut plus occuper celui où on est. On risquerait d'être jeté à la porte. Il faut serrer les dents. Tenir. Comme un nageur sur l'eau. Seulement avec la perspective de nager toujours, jusqu'à la mort. Pas de barque par laquelle on puisse être recueilli. Si on s'enfonce lentement, si on coule, personne au monde ne s'en apercevra seulement. Qu'est-ce qu'on est ? Une unité dans les effectifs du travail. On ne compte pas. À peine si on existe.

La contrainte. Ne jamais rien faire, même dans le détail, qui constitue une initiative. Chaque geste est simplement l'exécution d'un ordre. En tout cas pour les manœuvres spécialisés. Sur une machine, pour une série de pièces, cinq ou six mouvements simples sont indiqués, qu'il faut seulement répéter à toute allure. Jusqu'à quand? Jusqu'à ce qu'on reçoive l'ordre de faire autre chose. Combien durera cette série de pièces? Jusqu'à ce que le chef donne une autre série. Combien de temps restera-t-on sur cette machine? Jusqu'à ce que le chef donne ordre d'aller sur une autre. On est à tout instant dans le cas de recevoir un ordre. On est une chose livrée à la volonté d'autrui. Comme ce n'est pas naturel à un homme de devenir une chose, et comme il n'y a pas de contrainte tangible, pas de fouet, pas de chaînes, il faut se plier soi-même à cette passivité. Comme on aimerait pouvoir laisser son âme dans la case où on met le carton de pointage, et la reprendre à la sortie! Mais on ne peut pas. Son âme, on l'emporte à l'atelier. Il faut tout le temps la faire taire. À la sortie, souvent on ne l'a plus, parce qu'on est trop fatigué. Ou si on l'a encore, quelle douleur, le soir venu, de se rendre compte de ce qu'on a été huit heures durant ce jour-là, et de ce qu'on sera huit heures encore le lendemain, et le lendemain du lendemain...

Quoi encore? L'importance extraordinaire que rend la bienveillance ou l'hostilité des supérieurs immédiats, régleurs, chef d'équipe, contremaître, ceux qui donnent à leur gré le «bon» ou le «mauvais» boulot, qui peuvent à leur gré aider ou engueuler dans les coups durs. La nécessité perpétuelle de ne pas déplaire. La nécessité de répondre aux paroles brutales sans aucune nuance de mauvaise humeur, et même avec déférence, s'il s'agit d'un contremaître. Quoi encore? Le «mauvais boulot», mal chronométré, sur lequel on se crève pour ne pas «couler» le bon, parce qu'on risquerait de se faire engueuler pour vitesse insuffisante; ce n'est jamais le chronométreur qui a tort. Et si ça se produisait trop souvent, on risquerait le renvoi. Et tout en se

crevant, on ne gagne à peu près rien, justement
parce que c'est du «mauvais boulot». Quoi encore?
Mais ça suffit. Ça suffit pour montrer ce qu'est une
vie pareille, et que si on s'y soumet, c'est, comme dit
Homère au sujet des esclaves, «bien malgré soi, sous
la pression d'une dure nécessité[3].»

Dès qu'on a senti la pression s'affaiblir, immédiatement les souffrances, les humiliations, les rancœurs, les amertumes silencieusement amassées
pendant des années ont constitué une force suffi-
sante pour desserrer l'étreinte. C'est toute l'histoire
de la grève. Il n'y a rien d'autre.

Des bourgeois intelligents ont cru que la grève
avait été provoquée par les communistes pour gêner
le nouveau gouvernement. J'ai entendu moi-même
un ouvrier intelligent dire qu'au début la grève avait
sans doute été provoquée par les patrons pour
gêner ce même gouvernement. Cette rencontre est
drôle. Mais aucune provocation n'était nécessaire.
On pliait sous le joug. Dès que le joug s'est desserré,
on a relevé la tête. Un point c'est tout.

Comment est-ce que ça s'est passé? Oh! bien simplement. L'unité syndicale n'a pas constitué un facteur décisif[4]. Bien sûr, c'est un gros atout, mais qui
joue dans d'autres corporations beaucoup plus que
pour les métallos de la région parisienne parmi lesquels on ne comptait, il y a un an, que quelques milliers de syndiqués. Le facteur décisif, il faut le dire,
c'est le gouvernement du Front populaire. D'abord,
on peut enfin — enfin! — faire une grève sans
police, sans gardes mobiles. Mais ça, ça joue pour
toutes les corporations. Ce qui compte surtout, c'est
que les usines de mécanique travaillent presque
toutes pour l'État, et dépendent de lui pour boucler
le budget. Cela, chaque ouvrier le sait. Chaque
ouvrier, en voyant arriver au pouvoir le parti socialiste, a eu le sentiment que devant le patron, il

n'était plus le plus faible. La réaction a été immédiate.

Pourquoi les ouvriers n'ont-ils pas attendu la formation du nouveau gouvernement ? Il ne faut pas, à mon avis, chercher là-dessous des manœuvres machiavéliques. Nous ne devons pas non plus, nous autres, nous hâter de conclure que la classe ouvrière se méfie des partis ou du pouvoir d'État. Nous aurions, par la suite, de sérieuses désillusions. Bien sûr, il est réconfortant de constater que les ouvriers aiment encore mieux faire leurs propres affaires que de les confier au gouvernement. Mais ce n'est pas, je crois, cet état d'esprit qui a déterminé la grève. Non. En premier lieu on n'a pas eu la force d'attendre. Tous ceux qui ont souffert savent que lorsqu'on croit qu'on va être délivré d'une souffrance trop longue et trop dure, les derniers jours d'attente sont intolérables. Mais le facteur essentiel est ailleurs. Le public, et les patrons, et Léon Blum lui-même, et tous ceux qui sont étrangers à cette vie d'esclave sont incapables de comprendre ce qui a été décisif dans cette affaire. C'est que dans ce mouvement il s'agit de bien autre choses que de telle ou telle revendication particulière, si importante soit-elle. Si le gouvernement avait pu obtenir pleine et entière satisfaction par de simples pourparlers, on aurait été bien moins content. Il s'agit, après avoir toujours plié, tout subi, tout encaissé en silence pendant des mois et des années, d'oser enfin se redresser. Se tenir debout. Prendre la parole à son tour. Se sentir des hommes, pendant quelques jours. Indépendamment des revendications, cette grève est en elle-même une joie. Une joie pure. Une joie sans mélange.

Oui, une joie. J'ai été voir les copains dans une usine où j'ai travaillé il y a quelques mois[5]. J'ai passé quelques heures avec eux. Joie de pénétrer dans l'usine avec l'autorisation souriante d'un ouvrier qui

garde la porte. Joie de trouver tant de sourires, tant
de paroles d'accueil fraternel. Comme on se sent
entre camarades dans ces ateliers où, quand j'y travaillais, chacun se sentait tellement seul sur sa
machine ! Joie de parcourir librement ces ateliers où
on était rivé sur sa machine, de former des groupes,
de causer, de casser la croûte. Joie d'entendre, au
lieu du fracas impitoyable des machines, symbole si
frappant de la dure nécessité sous laquelle on pliait,
de la musique, des chants et des rires. On se pro-
mène parmi ces machines auxquelles on a donné
pendant tant et tant d'heures le meilleur de sa substance vitale, et elles se taisent, elles ne coupent plus
de doigts, elles ne font plus de mal. Joie de passer
devant les chefs la tête haute. On cesse enfin d'avoir
besoin de lutter à tout instant, pour conserver sa
dignité à ses propres yeux, contre une tendance
presque invincible à se soumettre corps et âme. Joie
de voir les chefs se faire familiers par force, serrer
des mains, renoncer complètement à donner des
ordres. Joie de les voir attendre docilement leur tour
pour avoir le bon de sortie que le comité de grève
consent à leur accorder. Joie de dire ce qu'on a sur le
cœur à tout le monde, chefs et camarades, sur ces
lieux où deux ouvriers pouvaient travailler des mois
côte à côte sans qu'aucun des deux sache ce que pensait le voisin. Joie de vivre, parmi ces machines
muettes, au rythme de la vie humaine — le rythme
qui correspond à la respiration, aux battements du
cœur, aux mouvements naturels de l'organisme
humain — et non à la cadence imposée par le chronométreur. Bien sûr, cette vie si dure recommencera
dans quelques jours. Mais on n'y pense pas, on est
comme les soldats en permission pendant la guerre.
Et puis, quoi qu'il puisse arriver par la suite, on aura
toujours eu ça. Enfin, pour la première fois, et pour
toujours, il flottera autour de ces lourdes machines

d'autres souvenirs que le silence, la contrainte, la soumission. Des souvenirs qui mettront un peu de fierté au cœur, qui laisseront un peu de chaleur humaine sur tout ce métal.

On se détend complètement. On n'a pas cette énergie farouchement tendue, cette résolution mêlée d'angoisse si souvent observée dans les grèves. On est résolu, bien sûr, mais sans angoisse. On est heureux. On chante, mais pas l'*Internationale*, pas la *Jeune Garde*; on chante des chansons, tout simplement, et c'est très bien. Quelques-uns font des plaisanteries, dont on rit pour le plaisir de s'entendre rire. On n'est pas méchant. Bien sûr, on est heureux de faire sentir aux chefs qu'ils ne sont pas les plus forts. C'est bien leur tour. Ça leur fait du bien. Mais on n'est pas cruel. On est bien trop content. Évidemment on ne croit pas que tout va changer, mais on a confiance[6]. On est sûr que les patrons céderont. On croit qu'il y aura un nouveau coup dur au bout de quelques mois, mais on est prêt. On se dit que, si certains patrons ferment leurs usines, l'État les reprendra. On ne se demande pas un instant s'il pourra les faire fonctionner aux conditions désirées. Pour tout Français, l'État est une source de richesse inépuisable. L'idée de négocier avec les patrons, d'obtenir des compromis, ne vient à personne. On veut avoir ce qu'on demande. On veut l'avoir parce que les choses qu'on demande, on les désire, mais surtout parce qu'après avoir si longtemps plié, pour une fois qu'on relève la tête, on ne veut pas céder. On ne veut pas se laisser rouler, être pris pour des imbéciles. Après avoir passivement exécuté tant et tant d'ordres, c'est trop bon de pouvoir enfin pour une fois en donner à ceux mêmes de qui on les recevait. Mais le meilleur de tout, c'est de se sentir tellement des frères...

Et les revendications, que faut-il en penser? Il

faut noter d'abord un fait bien compréhensible, mais très grave. Les ouvriers font la grève, mais laissent aux militants le soin d'étudier le détail des revendications. Le pli de la passivité contracté quotidiennement pendant des années et des années ne se perd pas en quelques jours, même quelques jours si beaux. Et puis ce n'est pas au moment où pour quelques jours on s'est évadé de l'esclavage qu'on peut trouver en soi le courage d'étudier les conditions de la contrainte sous laquelle on a plié jour après jour, sous laquelle on pliera encore. On ne peut pas penser à ça tout le temps. Il y a des limites aux forces humaines. On se contente de jouir, pleinement, sans arrière-pensée, du sentiment qu'enfin on compte pour quelque chose ; qu'on va moins souffrir ; qu'on aura des congés payés — cela, on en parle avec des yeux brillants, c'est une revendication qu'on n'arrachera plus du cœur de la classe ouvrière — qu'on aura de meilleurs salaires et quelque chose à dire dans l'usine, et que tout cela, on ne l'aura pas simplement obtenu, mais imposé. On se laisse, pour une fois, bercer par ces douces pensées, on n'y regarde pas de plus près.

Or, ce mouvement pose de graves problèmes. Le problème central, à mes yeux, c'est le rapport entre les revendications matérielles et les revendications morales. Il faut regarder les choses en face. Est-ce que les salaires réclamés dépassent les possibilités des entreprises dans le cadre du régime ? Et si oui, que faut-il en penser ? Il ne s'agit pas simplement de la métallurgie, puisqu'à juste titre le mouvement revendicatif est devenu général. Alors ? Assisterons-nous à une nationalisation progressive de l'économie sous la poussée des revendications ouvrières, à une évolution vers l'économie d'État et le pouvoir totalitaire ? Ou à une recrudescence du chômage ? Ou à une reculade des ouvriers obligés de baisser la tête une fois de plus sous la contrainte des nécessités économiques? Dans chacun de ces cas, ce beau mouvement aurait une triste issue.

J'aperçois, pour moi, une autre possibilité. Il est à vrai dire délicat d'en parler publiquement dans un moment pareil. En plein mouvement revendicatif, on ose difficilement suggérer de limiter volontairement les revendications. Tant pis. Chacun doit prendre ses responsabilités. Je pense, pour moi, que le moment serait favorable, si on savait l'utiliser, pour constituer le premier embryon d'un contrôle ouvrier. Les patrons ne peuvent pas accorder des satisfactions illimitées, c'est entendu; que du moins ils ne soient plus seuls juges de ce qu'ils peuvent ou disent pouvoir. Que partout où les patrons invoquent comme motif de résistance la nécessité de boucler le budget, les ouvriers établissent une commission de contrôle des comptes constituée par quelques-uns d'entre eux, un représentant du syndicat, un technicien membre d'une organisation ouvrière. Pourquoi, là où l'écart entre leurs revendications et les offres du patronat est grand, n'accepteraient-ils pas de réduire considérablement leurs prétentions jusqu'à ce que la situation de l'entreprise s'améliore, et sous la condition d'un contrôle syndical permanent? Pourquoi même ne pas prévoir dans le contrat collectif, pour les entreprises qui seraient au bord de la faillite, une dérogation possible aux clauses qui concernent les salaires, sous la même condition? Il y aurait alors enfin et pour la première fois, à la suite d'un mouvement ouvrier, une transformation durable dans le rapport des forces. Ce point vaut la peine d'être sérieusement médité par les militants responsables.

Un autre problème, qui concerne plus particulièrement les bagnes de la mécanique, est lui aussi à considérer. C'est la répercussion des nouvelles conditions de salaires sur la vie quotidienne à l'atelier. Tout d'abord, l'inégalité entre les catégories sera-t-elle intégralement maintenue ou diminuée? Il serait déplorable de la maintenir. L'effacer serait un soulagement, un progrès prodigieux quant à l'amélioration des rapports entre ouvriers. Si on se sent seul dans une usine, et on s'y sent très seul, c'est en grande partie à cause de l'obstacle qu'apportent aux rapports de camaraderie de petites inégalités, grandes par rapport à ces maigres salaires. Celui qui gagne un peu plus méprise celui qui gagne un peu moins. C'est ainsi. Ce n'est pas ainsi pour tous, mais c'est ainsi pour beaucoup. On ne peut pas sans doute encore établir l'égalité, mais du moins on peut diminuer considérablement les différences. Il faut le faire. Mais ce qui me paraît le plus grave, le voici. On aura, pour chaque catégorie, un salaire minimum. Mais le travail aux pièces est maintenu. Que se passera-t-il alors en cas de «bons coulés», c'est-à-dire au cas où le salaire calculé en fonction des pièces exécutées est inférieur au salaire minimum? Le patron réglera la différence, c'est entendu. La fatigue, le manque de vivacité, la malchance de tomber sur du «mauvais boulot» ou de travailler sur une machine détraquée ne seront plus automatiquement punis par un abaissement presque illimité des salaires. On ne verra plus une ouvrière gagner douze francs dans une journée parce qu'elle aura dû attendre quatre ou cinq heures qu'on ait fini de réparer sa machine. Très bien. Mais il y a à craindre alors qu'à cette injuste punition d'un salaire dérisoire se substitue une punition plus impitoyable, le renvoi. Le chef saura de quels ouvriers il a dû relever le salaire pour observer la clause du contrat, il saura quels ouvriers sont restés le plus souvent au-dessous du minimum. Pourra-t-on l'empêcher de les mettre à la porte pour rendement insuffisant? Les pouvoirs du délégué d'atelier[7] peuvent-ils s'étendre jusque-là ? Cela me paraît presque impossible, quelles que soient les clauses du contrat collectif. Dès lors, il est à craindre qu'à l'amélioration des salaires corresponde une nouvelle aggravation des conditions morales du travail, une terreur accrue dans la vie quotidienne de l'atelier, une aggravation de cette cadence de travail qui déjà brise le corps, le cœur et la pensée. Une loi impitoyable, depuis une vingtaine d'années, semble faire tout servir à l'aggravation de la cadence.

Je m'en voudrais de terminer sur une note triste. Les militants ont, en ces jours, une terrible responsabilité. Nul ne sait comment les choses tourneront. Plusieurs catastrophes sont à craindre. Mais aucune crainte n'efface la joie de voir ceux qui toujours, par définition, courbent la tête, la redresser. Ils n'ont pas, quoi qu'on suppose du dehors, des espérances illimitées. Il ne serait même pas exact de parler en général d'espérance. Ils savent bien qu'en dépit des améliorations conquises le poids de l'oppression sociale, un instant écarté, va retomber sur eux. Ils savent qu'ils vont se retrouver sous une domination dure, sèche, et sans égards. Mais ce qui est illimité, c'est le bonheur présent. Ils se sont enfin affirmés. Ils ont enfin fait sentir à leurs maîtres qu'ils existent. Se soumettre par force, c'est dur ; laisser croire qu'on veut bien se soumettre, c'est trop. Aujourd'hui, nul ne peut ignorer que ceux à qui on a assigné pour seul rôle sur cette terre de plier, de se soumettre et de se taire plient, se soumettent et se taisent seulement dans la mesure précise où ils ne peuvent pas faire autrement. Y aura-t-il autre chose ? Allons-nous enfin assister à une amélioration effective et durable des conditions du travail industriel ? L'avenir le dira ; mais cet avenir, il ne faut pas l'attendre, il faut le faire.

S. GALOIS

Lettres à Auguste Detœuf

[*C'est grâce à Auguste Detœuf — par l'intermédiaire de Boris Souvarine — que Simone Weil a pu entrer en usine. Pendant les journées de 1936, elle rencontra l'administrateur d'Alsthom, et la discussion fut vive. Simone Weil, estimant qu'elle n'était pas arrivée à se faire pleinement comprendre, écrivit une première lettre à Auguste Detœuf, suivie rapidement d'un deuxième courrier dans lequel elle évoque une nouvelle incursion dans les locaux occupés de Renault. La troisième lettre, de 1937, doit être replacée dans le contexte des discussions qui avaient lieu aux* Nouveaux Cahiers, *la revue créée par Detœuf, en mars 1937. Simone Weil était présente à la réunion du 8 novembre, au cours de laquelle il fut question du problème «sabotage ouvrier» ou «sabotage patronal».*

Voir la notice consacrée à Auguste Detœuf.]

[10-17 juin 1936 [1]]

Cher Monsieur,

Je m'en veux beaucoup de ne pas arriver à me faire pleinement comprendre de vous, car c'est certainement de ma faute. Si mon projet doit se réaliser un jour — le projet de rentrer chez vous comme ouvrière pour une durée indéterminée, afin de collaborer avec vous de cette place à des tentatives de réformes — il faudra qu'une pleine compréhension se soit établie auparavant.

J'ai été frappée de ce que vous m'avez dit l'autre jour, que la dignité est quelque chose d'intérieur qui ne dépend pas des gestes extérieurs. Il est tout à fait vrai qu'on peut supporter en silence et sans réagir beaucoup d'injustices, d'outrages, d'ordres arbitraires sans que la dignité disparaisse, au contraire. Il suffit d'avoir l'âme forte. De sorte que si je vous dis, par exemple, que le premier choc de cette vie d'ouvrière a fait de moi pendant un certain temps une espèce de bête de somme, que j'ai retrouvé peu à peu le sentiment de ma dignité seulement au prix d'efforts quotidiens et de souffrances morales épuisantes, vous êtes en droit de conclure que c'est moi qui manque de fermeté. D'autre part, si je me taisais — ce que j'aimerais bien mieux — à quoi servirait que j'aie fait cette expérience ?

De même je ne pourrai pas me faire comprendre tant que vous m'attribuerez, comme vous le faites évidemment, une certaine répugnance soit à l'égard du travail manuel en lui-même, soit à l'égard de la discipline et de l'obéissance en elles-mêmes. J'ai toujours eu au contraire un vif penchant pour le travail manuel (quoique je ne sois pas douée à cet égard, c'est vrai) et notamment pour les tâches les plus pénibles. Longtemps avant de travailler en usine, j'avais appris à connaître le travail des champs : foins — moisson — battage — arrachage des pommes de terre (de 7 h du matin à 10 h du soir…), et malgré des fatigues accablantes j'y avais trouvé des joies pures et profondes. Croyez bien aussi que je suis capable de me soumettre avec joie et avec le maximum de bonne volonté à toute discipline nécessaire à l'efficacité du travail, pourvu que ce soit une discipline humaine.

J'appelle humaine toute discipline qui fait appel

dans une large mesure à la bonne volonté, à l'énergie et à l'intelligence de celui qui obéit. Je suis
entrée à l'usine avec une bonne volonté ridicule, et
je me suis aperçue assez vite que rien n'était plus
déplacé. On ne faisait appel en moi qu'à ce qu'on
pouvait obtenir par la contrainte la plus brutale.

L'obéissance telle que je l'ai pratiquée se définit
par les caractères que voici. D'abord elle réduit le
temps à la dimension de quelques secondes. Ce qui
définit chez tout être humain le rapport entre le
corps et l'esprit, à savoir que le corps vit dans l'instant présent, et que l'esprit domine, parcourt et
oriente le temps, c'est cela qui a défini à cette époque
le rapport entre moi et mes chefs. Je devais limiter
constamment mon attention au geste que j'étais en
train de faire. Je n'avais pas à le coordonner avec
d'autres mais seulement à le répéter jusqu'à la
minute où un ordre viendrait m'en imposer un autre.
C'est un fait bien connu que lorsque le sentiment du
temps se borne à l'attente d'un avenir sur lequel on
ne peut rien, le courage s'efface. En second lieu,
l'obéissance engage l'être humain tout entier ; dans
votre sphère un ordre oriente l'activité, pour moi un
ordre pouvait bouleverser de fond en comble le
corps et l'âme, parce que j'étais — comme plusieurs
autres — presque continuellement à la limite de mes
forces. Un ordre pouvait tomber sur moi dans un
moment d'épuisement, et me contraindre à forcer
— à forcer jusqu'au désespoir. Un chef peut imposer
soit des méthodes de travail, soit des outils défectueux, soit une cadence, qui ôtent toute espèce d'intérêt aux heures passées hors de l'usine, par l'excès de
la fatigue. De légères différences de salaires peuvent
aussi, dans certaines situations, affecter la vie elle-
même. Dans ces conditions, on dépend tellement
des chefs qu'on ne peut pas ne pas les craindre, et
— encore un aveu pénible — il faut un effort perpé-

tuel pour ne pas tomber dans la servilité. En troisième lieu, cette discipline ne fait appel, en fait de mobiles, qu'à l'intérêt sous sa forme la plus sordide — à l'échelle des sous — et à la crainte. Si on accorde une place importante en soi-même à ces mobiles, on s'avilit. Si on les supprime, si on se rend indifférent aux sous et aux engueulades, on se rend du même coup inapte à obéir avec la complète passivité requise et à répéter les gestes du travail à la cadence imposée; inaptitude promptement punie par la faim. J'ai parfois pensé qu'il vaudrait mieux être plié à une semblable obéissance du dehors, par exemple à coups de fouet, que de devoir ainsi s'y plier soi-même en refoulant ce qu'on a de meilleur en soi. Dans cette situation, la grandeur d'âme qui permet de mépriser les injustices et les humiliations est presque impossible à exercer. Au contraire, bien des choses en apparence insignifiantes — le pointage, la nécessité de présenter une carte d'identité à l'entrée de l'usine (chez Renault), la manière dont s'effectue la paie, de légères réprimandes — humilient profondément, parce qu'elles rappellent et rendent sensible la situation où on se trouve. De même pour les privations et pour la faim.

La seule ressource pour ne pas souffrir, c'est de sombrer dans l'inconscience. C'est une tentation à laquelle beaucoup succombent, sous une forme quelconque, et à laquelle j'ai souvent succombé. Conserver la lucidité, la conscience, la dignité qui conviennent à un être humain, c'est possible, mais c'est se condamner à devoir surmonter quotidiennement le désespoir. Du moins c'est ce que j'ai éprouvé.

Le mouvement actuel est à base de désespoir. C'est pourquoi il ne peut être raisonnable. Malgré vos bonnes intentions, vous n'avez rien tenté jusqu'ici pour délivrer de ce désespoir ceux qui vous sont subordonnés ; aussi n'est-ce pas à vous à blâmer ce qu'il y a de déraisonnable dans ce mouvement. C'est pour cela que, l'autre jour, je me suis un peu échauffée dans la discussion — ce que j'ai regretté par la suite — quoique je sois entièrement d'accord avec vous sur la gravité des dangers à craindre. Pour moi aussi, c'est au fond le désespoir qui fait que j'éprouve une joie sans mélange à voir enfin mes camarades relever une bonne fois la tête, sans aucune considération des conséquences possibles.

Cependant je crois que si les choses tournent bien, c'est-à-dire si les ouvriers reprennent le travail dans un délai assez court, et avec le sentiment d'avoir remporté une victoire, la situation sera favorable dans quelque temps pour tenter des réformes dans vos usines. Il faudra d'abord leur laisser le temps de perdre le sentiment de leur force passagère, de perdre l'idée qu'on peut les craindre, de reprendre l'habitude de la soumission et du silence. Après quoi vous pourrez peut-être établir directement entre eux et vous les rapports de confiance indispensables à toute action, en leur faisant sentir que vous les comprenez — si toutefois j'arrive à vous les faire comprendre, ce qui suppose évidemment d'abord que je ne me trompe pas en croyant les avoir compris moi-même.

En ce qui concerne la situation actuelle, si les ouvriers reprennent le travail avec des salaires peu supérieurs à ceux qu'ils avaient, cela ne peut se produire que de deux manières. Ou ils auront le sentiment de céder à la force, et se remettront au travail avec humiliation et désespoir. Ou on leur accordera des compensations morales, et il n'y en a qu'une possible : la faculté de contrôler que les bas salaires résultent d'une nécessité, et non pas d'une mauvaise volonté du patron. C'est presque impossible, je le sais bien. En tout cas les patrons, s'ils étaient sages, devraient tout faire pour que les satisfactions qu'ils accorderont donnent aux ouvriers l'impression d'une victoire. Dans leur état d'esprit actuel, ils ne supporteraient pas le sentiment de la défaite.

Je reviendrai sans doute à Paris mercredi soir. Je passerai volontiers chez vous jeudi ou vendredi matin avant 9 heures, si toutefois je ne vous dérange pas et s'il vous paraît utile que nous causions. Je me connais; je sais qu'une fois cette période d'effervescence passée je n'oserai plus aller ainsi chez vous, de peur de vous importuner, et, de votre côté, vous serez peut-être de nouveau entraîné par le courant des occupations quotidiennes à ajourner certains problèmes.

Si je risque de vous déranger le moins du monde, vous n'aurez qu'à me le faire savoir, ou bien simplement ne pas me recevoir. Je sais très bien que vous avez bien autre chose à faire qu'à causer.

Croyez à toute ma sympathie.

S. WEIL

P.-S. — Vous avez vu *Les Temps modernes*, je suppose? La machine à manger, voilà le plus beau et le plus vrai symbole de la situation des ouvriers dans l'usine.

*

Vendredi [19 juin 1936[2]]

Cher Monsieur,

Ce matin, j'ai réussi à pénétrer par fraude chez Renault, malgré la sévérité du service d'ordre. J'ai pensé qu'il pouvait être utile de vous communiquer mes impressions.

1° *Les ouvriers ne savent rien des pourparlers.* On ne les met au courant de rien. Ils croient que Renault refuse d'accepter le contrat collectif. Une ouvrière m'a dit : il paraît que pour les salaires, c'est arrangé, mais il ne veut pas admettre le contrat collectif. Un ouvrier m'a dit : pour nous je crois que ça se serait arrangé il y a 3 jours, mais comme les gens de la maîtrise nous ont soutenus, nous les soutenons à notre tour. Etc. — Ils trouvent, hélas, naturel de ne rien savoir. Ils ont tellement l'habitude...

2° On commence nettement à en avoir marre. Certains, quoique ardents, l'avouent ouvertement.

3° Il règne une atmosphère extraordinaire de défiance, de suspicion. Un cérémonial singulier : ceux qui sortent et ne rentrent pas, qui s'absentent sans autorisation, on les voue à l'infamie en écrivant leurs noms sur un tableau dans un atelier (coutume russe), en les pendant en effigie et en organisant en leur honneur un enterrement burlesque. Presque sûrement, à la reprise du travail, on exigera leur renvoi. Par ailleurs, peu de camaraderie dans l'atmosphère. Silence général.

4° Il y a 3 jours (je crois) un syndicat «professionnel» des agents de maîtrise (à partir des *régleurs* inclusivement !) a été constitué, sur l'initiative des Croix de Feu à ce qu'on dit. Les ouvriers disent qu'il a été dissous dès le lendemain, et que 97 % des agents de maîtrise et techniciens ont adhéré à la CGT.

Seulement la caisse d'assurances de Renault — qui occupe un local de Renault, et fait partie de l'entreprise — est en grève, mais sans drapeaux à la porte, et affiche deux exemplaires d'un papier démentant la dissolution du syndicat, annonçant qu'il compte 3 500 adhérents, qu'il en a été constitué d'autres semblables chez Citroën, Fiat, etc., et qu'il va immédiatement se mettre à recruter parmi les ouvriers. Cela à quelques mètres des bâtiments où flottent les drapeaux rouges. Nul ne semble se soucier de lacérer ces papiers ou même de les démentir.

Conclusion : il est certain à présent qu'il y a manœuvre. Mais de qui ? Maurice Thorez a fait un discours invitant clairement à mettre fin à la grève.

J'en arrive à me demander si les cadres subalternes du parti communiste n'ont pas échappé à la direction du parti pour tomber aux mains d'on ne sait qui. Car il est assez clair que tout se fait encore au nom du parti communiste (*Internationale*, banderoles, faucilles et marteaux, etc., à profusion), quoiqu'il coure le bruit d'une mauvaise réception faite à Costes.

J'en reste toujours à mon idée, peut-être utopique, mais la seule issue, il me semble, autre que l'État totalitaire. Si la classe ouvrière impose aussi brutalement sa force, il faut qu'elle assume des responsabilités correspondantes. Il est inadmissible et en dernière analyse impossible qu'une catégorie sociale irresponsable impose ses désirs par la force et que les chefs, seuls responsables, soient contraints de céder. Il faut ou un certain partage des responsabilités, ou un rétablissement brutal de la hiérarchie, lequel n'irait sans doute pas, de quelque manière qu'il se fasse, sans effusion de sang.

J'imagine très bien un chef d'entreprise disant en substance à ses ouvriers, une fois le travail repris (si les choses s'arrangent tant bien que mal, provisoirement) : on entre de votre fait dans une ère nouvelle. Vous avez voulu mettre fin aux souffrances que vous imposaient depuis des années les nécessités de la production industrielle. Vous avez voulu manifester votre force. Fort bien. Mais il en résulte une situation sans précédent, qui exige de nouvelles formes d'organisation. Puisque vous entendez faire peser la force de vos revendications sur les entreprises industrielles, vous devez pouvoir faire face aux responsabilités des conditions nouvelles que vous avez suscitées. Nous sommes désireux de faciliter l'adaptation de l'entreprise à ce nouveau rapport de forces. À cet effet, nous favoriserons l'organisation de cercles d'études techniques, économiques et sociales dans l'usine. Nous donnerons des locaux à ces cercles, nous les autoriserons à faire appel, pour des conférences, d'une part aux techniciens de l'usine, d'autre part à des techniciens et économistes membres des organisations syndicales ; nous organiserons pour eux des visites de l'usine avec explications techniques, nous favoriserons la création de bulletins de vulgarisation ; tout cela pour permettre aux ouvriers, et plus particulièrement aux délégués ouvriers, de comprendre ce qu'est l'organisation et la gestion d'une entreprise industrielle.

C'est une idée hardie, sans doute, et peut-être dangereuse. Mais qu'est-ce qui n'est pas dangereux en ce moment ? L'élan dont sont animés les ouvriers la rendrait peut-être praticable. En tout cas je vous demande instamment de la prendre en considération.

Je conçois ainsi la question de l'autorité, sur le plan de la pure théorie : d'une part les chefs doivent commander, bien sûr, et les subordonnés obéir ; d'autre part les subordonnés ne doivent pas se sentir livrés corps et âme à une domination arbitraire, et à cet effet ils doivent non certes collaborer à l'élaboration des ordres, mais pouvoir se rendre compte dans quelle mesure les ordres correspondent à une nécessité.

Mais tout ça, c'est l'avenir. La situation présente se résume ainsi :

1° Les patrons ont accordé des concessions incontestablement satisfaisantes, d'autant que vos ouvriers se sont trouvés satisfaits à moins.

2° Le parti communiste a pris officiellement position (quoique avec des périphrases) pour la reprise du travail, et par ailleurs je sais de source sûre que dans certains syndicats les militants communistes ont effectivement travaillé à empêcher la grève (services publics).

3° Les ouvriers de chez Renault et sans doute des autres usines ignorent tout des pourparlers en cours ; ce ne sont donc pas eux qui agissent pour empêcher l'accord.

J'ai écrit à Roy (qui aujourd'hui est absent de Paris) pour lui donner ces renseignements, et je les ai également transmis à un militant responsable de l'Union des syndicats de la Seine, un camarade sérieux et qui leur a accordé l'attention convenable.

Tout ce que je vous dis là se rapporte à la situation présente ; car le refus de la convention conclue entre les patrons et la CGT (15 à 7 %) semble avoir été au contraire tout à fait spontané.

Bien sympathiquement.

S. WEIL

Je reviendrai sans doute à Paris demain soir pour 24 h. Il est extrêmement pénible et angoissant de devoir rester en province dans une pareille situation.

*

Cher ami[3],
Dans le train, j'ai entendu causer deux patrons, moyens patrons apparemment (voyageant en seconde, ruban rouge), l'un, semblait-il, provincial, et l'autre faisant la navette entre la province et la région parisienne, le premier dans le textile, le second dans le textile et la métallurgie ; cheveux blancs, un peu corpulents, air très respectable ; le second jouant un

certain rôle dans le syndicalisme patronal de la
métallurgie parisienne. Leurs propos m'ont semblé
si remarquables que je les ai notés en arrivant chez
moi[4]. Je vous les transcris (en les mêlant de quelques
commentaires).

. . . .

« Voilà qu'on reparle du contrôle de l'embauche et
de la débauche. Dans les mines, on met des commissions paritaires, oui, avec les représentants ouvriers
à côté du patron. Vous vous rendez compte ? On
ne va plus pouvoir prendre et renvoyer qui on veut ?
— Oh ! c'est incontestablement une violation de la
liberté. — C'est la fin de tout ! — Oui, vous avez raison ; comme vous disiez tout à l'heure, ils font si bien
qu'on est complètement dégoûté, *si dégoûté qu'on ne
prend plus les commandes, même si on en a*. — Parfaitement. — Nous, nous avons voté à la presque
unanimité une résolution pour dire qu'on ne veut
pas du contrôle, qu'on fermerait plutôt les usines.
Si on en faisait autant partout, ils devraient céder.
— Oh ! si la loi passait, on n'aurait plus qu'à fermer
tous. — Oui, quoi, on n'a plus rien à perdre... »

Parenthèse : Il est étrange que les hommes qui sont
bien nourris, bien vêtus, bien chauffés, qui voyagent
confortablement en seconde, croient n'avoir **rien à
perdre. Si leur** tactique, qui était celle des patrons
russes en 1917, amenait un bouleversement social
qui les chasse, errants, sans ressources, sans passe-
port, sans carte de travail, en pays étranger, ils s'apercevraient alors qu'ils avaient beaucoup à perdre. Dès
maintenant, ils pourraient se documenter auprès de
ceux qui, ayant occupé en Russie des situations équivalentes aux leurs, sont encore aujourd'hui à peiner
misérablement comme manœuvres chez Renault.

« ... Oui, quoi, on n'a plus rien à perdre ! — Rien.
— Et puis enfin, on serait comme un capitaine de

navire qui n'a plus rien à dire, qui n'a plus qu'à s'enfermer dans sa cabine, pendant que l'équipage est sur la passerelle. »

. . . .

« ... Le patron est l'être le plus détesté. Détesté de tout le monde. Et c'est lui pourtant qui fait vivre tout le monde. Comme c'est étrange, cette injustice. Oui, détesté de tous. — Autrefois, au moins, il y avait des égards. Je me souviens, dans ma jeunesse... — C'est fini, ça. — Oui, même là où la maîtrise est bonne... — Oh ! les salopards ont fait tout ce qu'il fallait pour nous amener là. *Mais ils le paieront.* »

Cette dernière parole sur un ton de haine concentrée. Sans vouloir être alarmiste, de pareilles conversations, il faut le reconnaître, ne peuvent avoir lieu que dans une atmosphère qui n'est pas celle de la paix civile.

« ... On ne s'en rend pas du tout compte, mais le fleuve de la vie sociale dérive de la caisse des patrons. S'ils fermaient tous en même temps, qui est-ce qui pourrait faire quoi que ce soit ? On sera forcé d'en venir là, alors les gens comprendront. Les patrons ont eu le tort d'avoir peur. Ils n'avaient qu'à dire : les leviers de commande, c'est nous qui les avons. Et ils auraient imposé leur volonté. »

On les aurait bien étonnés en leur disant que leur plan n'est que l'équivalent patronal de la grève générale, à l'égard de laquelle, sans doute, ils n'ont pas assez de mots pour exprimer leur réprobation. Si les patrons peuvent légitimement faire une telle grève pour avoir le droit de prendre ou renvoyer qui bon leur semble, pourquoi les ouvriers ne pourraient-ils pas faire la grève générale pour avoir le droit de n'être pas refusés ou renvoyés par caprice ? Eux, dans les sombres années 1934-35, n'avaient vraiment plus grand-chose à perdre.

Par ailleurs, ces deux braves messieurs n'ont même

pas l'air d'imaginer que si les patrons bouclaient
tous ensemble, on rouvrirait les usines sans leur
demander la clef et on les ferait tourner sans eux.
L'exemple de la Russie tend à faire penser que les
années qui suivraient ne seraient agréables pour
personne ; mais elles ne le seraient surtout pas
pour eux.

« ... Oui, après tout, on n'a plus rien à perdre.
— Oh ! non, plus rien du tout ; autant crever. — Oui,
s'il faut crever, en tout cas, il vaut mieux crever en
beauté. — J'ai bien l'impression que cela va être
maintenant la bataille de la Marne des patrons. Ils
sont complètement acculés, et maintenant... »
    Ici l'arrêt du train a mis fin à la conversation.
L'évocation de la bataille de la Marne, elle aussi,
fait plutôt songer à la guerre civile qu'à de simples
conflits sociaux. Ces souvenirs militaires, ces termes
de « crever » et « on n'a plus rien à perdre », répétés à
satiété, sonnaient d'une manière assez comique de
la part de ces messieurs corrects, bedonnants, bien
nourris, ayant au plus haut point cet aspect confortable, pacifique et rassurant qui est celui du Français
moyen.
    Ce n'est là qu'une conversation particulière. Mais
je pense qu'une conversation, dans un lieu presque
public, entre deux personnes — et c'était évidemment
le cas — dont l'originalité n'est pas la principale
qualité, ne peut avoir lieu que si une atmosphère
assez générale la rend possible ; de sorte qu'une
seule conversation est concluante. Celle-là est, je
crois, bonne à mettre au dossier qu'on pourrait
constituer à la suite de l'article de Detœuf : Sabotage
patronal et sabotage ouvrier. J'avais donné raison,
en gros, à Detœuf ; je crois encore qu'il a eu raison,
mais plus pour une période à présent écoulée que
pour le moment présent. Ou plutôt, pour ne pas exa-

gérer, je pense que la situation se développe de manière à lui donner un peu moins raison tous les jours. En tout cas, ce qu'on doit constater, c'est que des pensées de sabotage circulent ; que chez certains le dégoût a provoqué l'équivalent patronal d'une grève perlée. Du moins c'est ce que j'ai entendu affirmer en propres termes ; je vous garantis l'exactitude des phrases que je vous rapporte.

Vous pouvez publier cette lettre dans les *Nouveaux Cahiers*. (C'est même pour cela que je vous l'écris.)

Bien amicalement.

S. WEIL

P.-S. — Voici ce que la situation présente a de plus paradoxal. Les patrons, parce qu'ils *croient* qu'ils n'ont plus rien à perdre, prennent le vocabulaire et l'attitude révolutionnaire. Les ouvriers, parce qu'ils *croient* qu'ils ont quelque chose d'assez important à perdre, prennent le vocabulaire et l'attitude conservatrice.

*

RÉPONSE D'AUGUSTE DETŒUF

Ma chère amie,

La conversation que vous rapportez est des plus intéressantes ; sans généraliser au point où vous le faites, je crois qu'elle reflète un état d'esprit des plus fréquents. Mais elle ne m'inspire pas les mêmes réflexions qu'à vous. Vous raisonnez avec votre âme qui s'identifie, par tendresse et esprit de justice, avec l'âme ouvrière, alors qu'il s'agit de comprendre des patrons, qui sont peut-être d'anciens ouvriers, mais qui sont certainement depuis longtemps des patrons.

Voulez-vous que nous laissions de côté ce qu'il y a

d'un peu grotesque, et aussi d'un peu odieux dans le fait d'être bedonnant, bien nourri. C'est un malheur que les deux industriels que vous avez rencontrés et moi-même partageons avec des représentants de la classe ouvrière, et même avec des ouvriers, qui ne jugent pas pour cela que tout soit pour le mieux dans le meilleur des mondes. Si j'insiste sur ce point, secondaire assurément dans votre esprit, c'est qu'à la vérité, dans l'exposé objectif de la conversation que vous avez entendue, et dans les commentaires d'une logique impitoyable qui l'accompagnent, ce seul caractère pittoresque, physique, parle à l'imagination et écarte ainsi, me semble-t-il, de la sérénité nécessaire.

Oublions donc, si vous le voulez bien, l'aspect physique de vos deux patrons. Que résulte-t-il de leur conversation ? Incontestablement qu'ils sont exaspérés, qu'ils croient n'avoir plus rien à perdre, qu'ils sont disposés à fermer leurs usines pour résister à une loi sur l'embauchage qui les priverait de certaines prérogatives qu'ils jugent indispensables à leur gestion, et qu'une grève générale des patrons leur paraîtrait une insurrection patriotique.

Vous leur dites qu'ils ont beaucoup plus à perdre qu'ils ne le croient, qu'ils envisagent d'user d'un moyen d'action qu'ils réprouvent chez leurs employés, que leurs usines fonctionneront bien sans eux ; et vous concluez que la tendance au sabotage patronal s'accroît.

Et, dans tout cela, il y a une part de vérité, mais, à mon sens, cette part de la vérité qui ne peut conduire, dans l'immédiat, à rien de pratique, à rien de meilleur.

Mettez-vous un peu à la place de vos deux patrons. Ces hommes ont cru être tout-puissants dans leur entreprise ; ils y ont risqué ce qu'ils avaient d'argent ; ils ont probablement peiné longtemps et durement, avec de graves soucis ; ils se sont débattus pendant des années contre tout le monde : leurs concurrents, leurs fournisseurs, leurs clients, leur personnel. Ils ont été formés à regarder le monde comme composé d'ennemis, à ne pouvoir compter sur personne, que sur quelques employés exceptionnels, dont, la plupart du temps, ils trouvaient le dévouement naturel. Ils ont l'impression de n'avoir jamais rien demandé à personne, de n'avoir jamais désiré qu'une chose, c'est qu'on leur fiche la paix ; qu'on les laisse se débrouiller. Se débrouiller, en roulant quelquefois celui-ci, en écrasant quelquefois celui-là, il est vrai. Mais sans remords, sans l'ombre d'un souci, puisqu'ils appliquent la règle commune ; puisqu'ils jouent le jeu ; puisque personne ne leur a appris qu'il y a une solidarité sociale ; puisque personne autour d'eux ne la pratique. Ils sont assurés d'avoir fait leur devoir, en essayant de gagner de l'argent ; et ils accueillent volontiers cette idée supplémentaire qu'en défendant leur peau, ce qui est leur principale raison d'agir, ils enrichissent la collectivité et rendent service à la nation. Ils en sont d'autant plus convaincus, qu'ils ont vu, à côté d'eux, des gens gagner plus d'argent qu'eux en se bornant à jouer des rôles de commissionnaires, d'intermédiaires, à spéculer et quelquefois à escroquer l'épargne, sans être punis.

Ajoutez à cela que les dernières années de ce régime les ont persuadés que, seules, la menace et la violence réussissent ; qu'en criant assez fort, qu'en se montrant assez indisciplinés vis-à-vis de l'État, qu'en affirmant qu'on entend se soustraire aux lois, on est assuré (à la condition d'être assez nombreux) non seulement de l'impunité, mais encore du succès. Et vous voudriez que, seuls, ils conservent le souci de ne pas créer de difficultés au Gouvernement, à un Gouvernement appuyé par un parti qui envisage leur totale dépossession !

Je ne vous dis pas ici que leurs raisons soient
valables, que leur sentiment soit juste ; je vous
demande seulement de constater qu'à moins d'être
au-dessus de l'humanité, ils ne peuvent guère penser autrement.

Lorsqu'ils parlent de « crever », lorsqu'ils disent
« qu'ils n'ont plus rien à perdre », pour une part, ils
exagèrent ; ils cherchent à la fois, à trouver chez le
confrère cet appui qui leur a toujours manqué, et à
le convaincre qu'ils ont plus d'énergie et d'esprit
collectif qu'ils n'en ont réellement. Mais ils le
croient vraiment. Et ici, il faut bien que vous fassiez
un effort d'imagination pour vous rendre compte
que ces hommes n'ont pas tant d'imagination que
vous leur en prêtez. N'avoir plus rien à perdre, pour
eux, c'est abandonner leur entreprise, leur raison
d'être, leur milieu social, tout ce qui est, pour eux,
l'existence. Ils ne connaissent pas la faim ; ils ne
peuvent pas imaginer la faim ; ils ne connaissent pas
l'exil, ils ne peuvent pas imaginer l'exil ; mais ils
connaissent l'exemple de la faillite, de la ruine, du
déclassement, des enfants qu'on ne peut pas établir
comme il était de toute éternité entendu qu'on les
établirait. Et la destruction des conditions habi-
tuelles de leur existence, c'est, pour eux, la destruction de leur existence. Supposez qu'on vous dise :
vous continuerez à bien manger, à avoir chaud ; on
s'occupera de vous, mais vous serez idiote et considérée par tous comme une épave. Ne diriez-vous
pas : « Je n'aurai plus rien à perdre » ? Ce qu'est pour
vous l'activité de votre esprit — ce que sont pour
vous vos émotions sociales, morales, esthétiques,
pour eux, tout cela est accroché à leur usine, à une
usine qui a toujours fonctionné d'une certaine façon
et qu'ils n'imaginent pas fonctionnant autrement. Je
laisse de côté exprès tout ce qu'il peut y avoir chez
eux de beau, de noble, de désintéressé. Car il y a

tout de même de tout cela ; mais pour le découvrir, il faudrait avoir exercé vis-à-vis d'eux sa sympathie depuis longtemps.

Accordez-moi donc que vos deux patrons ne peuvent guère penser autrement qu'ils ne font, et passons à un second point. Sont-ils inutiles, et, comme vous le dites, se passera-t-on d'eux ? Je ne crois ni l'un ni l'autre. S'il est relativement aisé de remplacer le dirigeant d'une grande entreprise par un fonctionnaire, le petit patron ne peut être remplacé que par un patron. Fonctionnarisée, sont entreprise s'arrêterait très vite. Toute son activité, tout son débrouillage, toute son adaptation quotidienne à une situation sans cesse changeante, toute cette action qui exige des décisions, des risques, des responsabilités ininterrompues est tout le contraire de l'action du salarié, surtout du salarié d'une collectivité. De toutes les difficultés qu'a rencontrées l'économie communiste russe, celles qui viennent de la suppression du petit commerce, de la petite industrie, de l'artisanat, sont les plus graves, celles qu'elle n'a pas surmontées et qu'elle ne surmontera pas. Quelle que soit l'Économie nouvelle qu'on envisage, le patronat petit et moyen demeurera. Vous trouvez qu'il comprend mal la situation ; il ne la comprendra pas du jour au lendemain ; mais il peut apprendre à la comprendre. Il a déjà, depuis dix-huit mois, appris beaucoup plus qu'on ne croit.

Ne faites donc pas la même erreur que lui. Il veut faire des choses que vous jugez absurdes, et vous avez besoin de lui. Si vous voulez qu'il ne les fasse pas, il faut tâcher de le calmer. Certaines précautions sont nécessaires pour l'embauchage et le débauchage : il faut les prendre, mais en les réduisant au *strict minimum indispensable* ; notamment, est-ce bien sur les petits patrons que doit s'exercer l'effort de réglementation pour la protection de la masse ouvrière? Je ne le crois pas. Si les embauchages sont faits correctement dans la grande industrie, ne croyez-vous pas que le jeu naturel de l'offre et de la demande conduira à l'embauchage correct dans la petite industrie? Si vous voulez réglementer un trop grand nombre d'entreprises, vous créez un fonctionnariat excessif, un contrôle impraticable, des frictions constantes. Ce n'est pas par une action directe, c'est par une action indirecte que vous devez arriver à faire l'éducation du patronat petit et moyen. Celui-ci a l'habitude de s'adapter à ce qui est la force des choses; s'il proteste aujourd'hui, c'est parce qu'il a devant lui la force des hommes, d'hommes qu'il n'a pas choisis, d'hommes qu'il estime tyranniques.

N'essayez pas de lui imposer votre volonté par des règlements qu'il ne comprend pas; vous n'y arriveriez pas. D'autre part, vous ne pourrez le remplacer, non seulement parce que l'État échouera lamentablement dans cet essai, mais parce qu'il n'osera jamais l'entreprendre. Les masses ouvrières sont concentrées, il est vrai, mais elles ne représentant qu'un quart de ce pays; elles ne peuvent lui imposer leur volonté. Pour avoir, faute d'expérience, manqué de mesure dans leurs revendications de salaires, voici qu'une grande partie du pays les désavoue, sinon en paroles, du moins du fond du cœur. Ce n'est point en France qu'une exploitation d'État des petites entreprises sera jamais envisagée. Et, d'autre part, si vous renoncez à l'exploitation directe, soyez assurée que vos règlements multiples, divers et nécessairement inhumains, seront rapidement tournés, moqués, et tomberont en désuétude.

Vos patrons sont exaspérés; pas au point, soyez-en assurée, d'oublier leur intérêt personnel, qui, pour une grande part, se confond avec l'intérêt général. Une grève générale contre des menaces de législation étroite de l'embauchage, je ne la considère pas comme exclue ; car il s'agit de mesures qui atteignent chacun directement dans ce qu'il croit être ses œuvres vives. Mais ce n'est qu'une manifestation. Ce qui est redoutable, ce n'est pas cela ; c'est l'état d'esprit avec lequel sera appliquée une législation peut-être bureaucratique, peut-être tatillonne, peut-être anti-économique, peut-être même anti-sociale ; une législation qui ne sera pas comprise par une partie de ceux à qui elle s'appliquera. Il faut une législation qui soit comprise, et pour cela qui ne transforme pas du tout au tout le régime actuel ; qui empêche les abus sans prétendre régler l'exercice courant de l'autorité patronale. Et elle est possible. Mais il faut la vouloir et ne pas se laisser entraîner à jeter le désordre, sous le prétexte d'établir un peu d'ordre ; à exaspérer une partie, et la plus active peut-être de l'Économie, sous le prétexte d'établir la paix sociale ; à promulguer, avec un gouvernement aussi faible que celui que nous avons, des lois que ce gouvernement sera, dès l'origine, incapable d'appliquer.

Il faut accepter qu'il y ait des hommes bedonnants et qui ne raisonnent pas toujours très juste, pour qu'au lieu de quelques chômeurs à peu près secourus, il n'y ait pas un peuple entier crevant de faim et exposé à toutes les aventures.

A. DETŒUF

La rationalisation

[Conférence]

[*On ne connaît pas de manuscrit complet de cette conférence prononcée devant un auditoire ouvrier. On a retrouvé le manuscrit autographe d'un brouillon — ou d'une variante — de la première partie de la conférence. Le texte de ce manuscrit autographe figure dans OC, II, 2 (p. 577-581).*

La conférence imprimée reproduit une dactylographie — réalisée probablement d'après une sténographie. Les corrections de style portées sur le texte dactylographié ne sont pas de la main de Simone Weil. Dans la première édition de La Condition ouvrière *et dans les* Œuvres complètes, *ces corrections ont été retenues. Nous n'avons pas cru bon de corriger systématiquement la tournure parlée restituée par la dactylographie, ce qui entraîne de très légères différences entre le texte qui suit et les versions imprimées précédemment.*

Bien entendu, les deux alinéas de conclusion, omis dans la première édition et rétablis dans OC, II, 2, sont reproduits ici.]

[23 février 1937]

Le mot de «rationalisation» est assez vague. Il désigne certaines méthodes d'organisation industrielle, plus ou moins rationnelles d'ailleurs, qui règnent actuellement dans les usines, sous diverses formes. Il y a, en effet, plusieurs méthodes de rationalisation, et chaque chef d'entreprise les applique à sa manière. Mais elles ont toutes des points communs et se réclament toutes de la science, en ce sens que les méthodes de rationalisation sont présentées comme des méthodes d'organisation scientifique du travail.

La science n'a été, au début, que l'étude des lois de la nature. Elle est intervenue ensuite dans la production par l'invention et la mise au point des machines et par la découverte de procédés permettant d'utiliser les forces naturelles. Enfin, à notre époque, vers la fin du siècle dernier, on a songé à appliquer la science, non plus seulement à l'utilisation des forces de la nature, mais à l'utilisation de la force humaine de travail. C'est quelque chose de tout à fait nouveau, dont nous commençons à apercevoir les effets.

On parle souvent de la révolution industrielle pour désigner justement la transformation qui s'est produite dans l'industrie lorsque la science s'est appliquée à la production et qu'est apparue la grosse industrie. Mais on peut dire qu'il y a eu une deuxième révolution industrielle. La première se définit par l'utilisation scientifique de la matière inerte et des forces de la nature. La deuxième se définit par l'utilisation scientifique de la matière vivante, c'est-à-dire des hommes.

La rationalisation apparaît comme un perfectionnement de la production. Mais si on considère la rationalisation du seul point de vue de la production, elle se range parmi les innovations successives dont est fait le progrès industriel ; tandis que si on se place du point de vue ouvrier, l'étude de la rationalisation fait partie d'un très grand problème, le

problème d'un régime acceptable dans les entreprises industrielles. Acceptable pour les travailleurs,
bien entendu ; et c'est surtout sous ce dernier aspect
que nous devons envisager la rationalisation, car si
l'esprit du syndicalisme se différencie de l'esprit
qui anime les milieux dirigeants de notre société,
c'est surtout parce que le mouvement syndical s'intéresse encore plus au producteur qu'à la production, contrairement à la société bourgeoise qui
s'intéresse surtout à la production plutôt qu'au producteur.

Le problème du régime le plus désirable dans les
entreprises industrielles est un des plus importants,
peut-être même le plus important, pour le mouvement ouvrier. Il est d'autant plus étonnant qu'il n'ait
jamais été posé. À ma connaissance, il n'a pas été
étudié par les théoriciens du mouvement socialiste,
ni Marx ni ses disciples ne lui ont consacré aucun
ouvrage, et dans Proudhon on ne trouve que des
indications à cet égard. Les théoriciens étaient peut-
être mal placés pour traiter ce sujet, faute d'avoir été
eux-mêmes au nombre des rouages d'une usine[1].

Le mouvement ouvrier lui-même, qu'il s'agisse du
syndicalisme ou des organisations ouvrières qui ont
précédé les syndicats, n'a pas songé non plus à traiter largement les différents aspects de ce problème.
Bien des raisons peuvent l'expliquer, notamment les
préoccupations immédiates, urgentes, quotidiennes
qui s'imposent souvent d'une manière trop impérieuse aux travailleurs pour leur laisser le loisir de
réfléchir aux grands problèmes. D'ailleurs, ceux qui,
parmi les militants ouvriers, restent soumis à la discipline industrielle, n'ont guère la possibilité ni le
goût d'analyser théoriquement la contrainte qu'ils
subissent chaque jour : ils ont besoin de s'évader ; et
ceux qui sont investis de fonctions permanentes ont
souvent tendance à oublier, au milieu de leur activité

quotidienne, qu'il y a là une question urgente et douloureuse.

De plus, il faut bien le dire, nous subissons tous une certaine déformation qui vient de ce que nous vivons dans l'atmosphère de la société bourgeoise, et même nos aspirations vers une société meilleure s'en ressentent. La société bourgeoise est atteinte d'une monomanie : la monomanie de la comptabilité. Pour elle, rien n'a de valeur que ce qui peut se chiffrer en francs et en centimes. Elle n'hésite jamais à sacrifier des vies humaines à des chiffres qui font bien sur le papier, chiffres de budget national ou de bilans industriels. Nous subissons tous un peu la contagion de cette idée fixe, nous nous laissons également hypnotiser par les chiffres. C'est pourquoi, dans les reproches que nous adressons au régime économique, l'idée de l'exploitation, de l'argent extorqué pour grossir les profits, est presque la seule que l'on exprime nettement. C'est une déformation d'esprit d'autant plus compréhensible que les chiffres sont quelque chose de clair, qu'on saisit du premier coup, tandis que les choses qu'on ne peut pas traduire en chiffres demandent un plus grand effort d'attention. Il est plus facile de réclamer au sujet du chiffre marqué sur une feuille de paie que d'analyser les souffrances subies au cours d'une journée de travail. C'est pourquoi la question des salaires fait souvent oublier d'autres revendications vitales. Et on arrive même à considérer la transformation du régime comme définie par la suppression de la propriété capitaliste et du profit capitaliste comme si cela était équivalent à l'instauration du socialisme.

Eh bien, c'est là une lacune extrêmement grave pour le mouvement ouvrier, car il y a bien autre chose que la question des profits et de la propriété dans toutes les souffrances subies par la classe ouvrière du fait de la société capitaliste.

L'ouvrier ne souffre pas seulement de l'insuffisance de la paie. Il souffre parce qu'il est relégué par la société actuelle à un rang inférieur, parce qu'il est réduit à une espèce de servitude. L'insuffisance des salaires n'est qu'une conséquence de cette infériorité et de cette servitude. La classe ouvrière souffre d'être soumise à la volonté arbitraire des cadres dirigeants de la société, qui lui imposent, hors de l'usine, son niveau d'existence, et, dans l'usine, ses conditions de travail. Les souffrances subies dans l'usine du fait de l'arbitraire patronal pèsent autant sur la vie d'un ouvrier que les privations subies hors de l'usine du fait de l'insuffisance de ses salaires.

Les droits que peuvent conquérir les travailleurs sur le lieu du travail ne dépendent pas directement de la propriété ou du profit, mais des rapports entre l'ouvrier et la machine, entre l'ouvrier et les chefs, et de la puissance plus ou moins grande de la direction. Les ouvriers peuvent obliger la direction d'une usine à leur reconnaître des droits sans priver les propriétaires de l'usine ni de leur titre de propriété ni de leurs profits; et, réciproquement, ils peuvent être tout à fait privés de droits dans une usine qui serait une propriété collective. Les aspirations des ouvriers à avoir des droits dans l'usine les amènent à se heurter non pas avec le propriétaire mais avec le directeur. C'est quelquefois le même homme, mais peu importe.

Il y a donc deux questions à distinguer : l'exploitation de la classe ouvrière qui se définit par le profit capitaliste, et l'oppression de la classe ouvrière sur le lieu du travail qui se traduit par des souffrances prolongées, selon le cas, 48 heures ou 40 heures par semaine, mais qui peuvent se prolonger encore au-delà de l'usine sur les 24 heures de la journée.

La question du régime des entreprises, considérée

du point de vue des travailleurs, se pose avec des données qui tiennent à la structure même de la grande industrie. Une usine est essentiellement faite pour produire. Les hommes sont là pour aider les machines à sortir tous les jours le plus grand nombre possible de produits bien faits et bon marché. Mais d'un autre côté, ces hommes sont des hommes ; ils ont des besoins, des aspirations à satisfaire, et qui ne coïncident pas nécessairement avec les nécessités de la production, et même en fait n'y coïncident pas du tout le plus souvent. C'est une contradiction que le changement de régime n'éliminerait pas. Mais nous ne pouvons pas admettre que la vie des hommes soit sacrifiée à la fabrication des produits.

Si demain on chasse les patrons, si on collectivise les usines, cela ne changera en rien ce problème fondamental qui fait que ce qui est nécessaire pour sortir le plus grand nombre de produits possible, ce n'est pas nécessairement ce qui peut satisfaire les hommes qui travaillent dans l'usine.

Concilier les exigences de la fabrication et les aspirations des hommes qui fabriquent est un problème que les capitalistes résolvent facilement en supprimant l'un de ses termes : ils font comme si ces hommes n'existaient pas. À l'inverse, certaines conceptions anarchistes supprimant l'autre terme : les nécessités de la fabrication. Mais comme on peut les oublier sur le papier, non les éliminer en fait, ce n'est pas là une solution. La solution idéale, ce serait une organisation du travail telle qu'il sorte chaque soir des usines à la fois le plus grand nombre possible de produits bien faits et des travailleurs heureux. Si, par un hasard providentiel, on pouvait trouver une telle méthode de travail, assez parfaite pour rendre le travail joyeux, la question ne se poserait plus. Mais cette méthode n'existe pas, et c'est même tout le contraire qui se passe. Et si une telle solution n'est pas pratiquement réalisable, c'est justement parce que les besoins de la production et les besoins des producteurs ne coïncident pas forcément. Ce serait trop beau si les procédés de travail les plus productifs étaient en même temps les plus agréables. Mais on peut tout au moins s'approcher d'une telle solution en cherchant des méthodes qui concilient le plus possible les intérêts de l'entreprise et les droits des travailleurs. On peut poser en principe qu'on peut résoudre leur contradiction par un compromis en trouvant un moyen terme, tel que ne soient pas entièrement sacrifiés ni les uns ni les autres; ni les intérêts de la production ni ceux des producteurs. Une usine doit être organisée de manière que la matière première qu'elle utilise ressorte en produits qui ne soient ni trop rares, ni trop coûteux, ni défectueux, et qu'en même temps les hommes qui y entrent un matin n'en sortent pas diminués physiquement ni moralement le soir, au bout d'un jour, d'un an ou de vingt ans.

C'est là le véritable problème, le problème le plus grave qui se pose à la classe ouvrière: trouver une méthode d'organisation du travail qui soit acceptable à la fois pour la production, pour le travail et pour la consommation.

Ce problème, on n'a même pas commencé à le résoudre, puisqu'il n'a pas été posé; de sorte que si demain nous nous emparions des usines, nous ne saurions quoi en faire et nous serions forcés de les organiser comme elles le sont actuellement, après un temps de flottement plus ou moins long.

Je n'ai pas moi-même de solution à vous présenter. Ce n'est pas là quelque chose qu'on puisse improviser de toutes pièces sur le papier. C'est dans les usines seulement qu'on peut arriver peu à peu à imaginer un système de ce genre et à le mettre à l'épreuve, exactement comme les patrons et les chefs d'entreprises, les techniciens, sont arrivés peu à peu à concevoir et à mettre au point le système actuel. Pour comprendre comment se pose le problème, il faut avoir étudié le système qui existe, l'avoir analysé, en avoir fait la critique, avoir apprécié en quoi il est bon ou mauvais, et pourquoi. Il faut partir du régime actuel pour en concevoir un meilleur.

Je vais donc essayer d'analyser ce régime (que vous connaissez mieux que qui que ce soit) en me référant à la fois à son histoire, aux ouvrages de ceux qui ont contribué à l'élaborer, et à la vie quotidienne des usines dans la période qui a précédé le mouvement de juin.

Pour caractériser le régime actuel de l'industrie et les changements introduits dans l'organisation du travail, on parle à peu près indifféremment de rationalisation ou de taylorisation. Le mot de rationalisation a plus de prestige auprès du public parce qu'il semble indiquer que l'organisation actuelle du travail est celle qui satisfait toutes les exigences de la raison, une organisation rationnelle du travail devant nécessairement répondre à l'intérêt de l'ouvrier, du patron et du consommateur. Il semble vraiment que personne ne puisse s'élever là contre. Le pouvoir des mots est très grand, et on s'est beaucoup servi de celui-là ; de même que de l'expression « organisation scientifique du travail » parce que le mot « scientifique » a encore plus de prestige que le mot « rationnel ».

Quand on parle de taylorisation, on indique l'origine du système parce que c'est Taylor[2] qui en a trouvé l'essentiel, qui a donné l'impulsion et marqué l'orientation de cette méthode de travail. De sorte que pour en connaître l'esprit, il faut nécessairement se référer à Taylor. C'est facile puisqu'il a écrit lui-même un certain nombre d'ouvrages sur ce sujet en faisant sa propre biographie.

L'histoire des recherches de Taylor est très curieuse et très instructive. Elle permet de voir de quelle manière s'est orienté ce système à son début. Elle permet même, mieux que tout autre chose, de comprendre ce qu'est, au fond, la rationalisation elle-même.

Quoique Taylor ait baptisé son système «Organisation scientifique du travail», ce n'était pas un savant. Sa culture correspondait peut-être au baccalauréat, et encore ce n'est pas sûr. Il n'avait jamais fait d'études d'ingénieur. Ce n'était pas non plus un ouvrier à proprement parler, quoiqu'il ait travaillé en usine. Comment donc le définir? C'était un contremaître, mais non pas de l'espèce de ceux qui sont venus de la classe ouvrière et qui en ont gardé le souvenir. C'était un contremaître du genre de ceux dont on trouve des types actuellement dans les syndicats professionnels de maîtrise et qui se croient nés pour servir de chiens de garde au patronat. Ce n'est ni par curiosité d'esprit, ni par besoin de logique qu'il a entrepris ses recherches. C'est son expérience de contremaître chien de garde qui l'a orienté dans toutes ses études et qui lui a servi d'inspiratrice pendant trente-cinq années de recherches patientes. C'est ainsi qu'il a donné à l'industrie, outre son idée fondamentale d'une nouvelle organisation des usines, une étude admirable sur le travail des tours à dégrossir.

Taylor était né dans une famille relativement riche et aurait pu vivre sans travailler, n'étaient les principes puritains de sa famille et de lui-même, qui ne lui permettaient pas de rester oisif. Il fit ses études dans un lycée, mais une maladie des yeux les lui fit interrompre à 18 ans. Une singulière fantaisie le poussa alors à entrer dans une usine où il fit un apprentissage d'ouvrier mécanicien. Mais le contact quotidien avec la classe ouvrière ne lui donna à aucun degré l'esprit ouvrier. Au contraire, il semble qu'il y ait pris conscience d'une manière plus aiguë de l'opposition de classe qui existait entre ses compagnons de travail et lui-même, jeune bourgeois, qui ne travaillait pas pour vivre, qui ne vivait pas de son salaire, et qui, connu de la direction, était traité en conséquence.

Après son apprentissage, à l'âge de 22 ans, il s'embaucha comme tourneur dans une petite usine de mécanique, et dès le premier jour il entra tout de suite en conflit avec ses camarades d'atelier qui lui firent comprendre qu'on lui casserait la figure s'il ne se conformait pas à la cadence générale du travail ; car à cette époque régnait le système du travail aux pièces organisé de telle manière que, dès que la cadence augmentait, on diminuait les tarifs. Les ouvriers avaient compris qu'il ne fallait pas augmenter la cadence pour que les tarifs ne diminuent pas ; de sorte que chaque fois qu'il entrait un nouvel ouvrier, on le prévenait d'avoir à ralentir sa cadence sous peine d'avoir la vie intenable.

Au bout de deux mois, Taylor est arrivé à devenir contremaître. En racontant cette histoire, il explique que le patron avait confiance en lui parce qu'il appartenait à une famille bourgeoise. Il ne dit pas comment le patron l'avait distingué si rapidement, puisque ses camarades l'empêchaient de travailler plus vite qu'eux, et on peut se demander s'il n'avait pas gagné sa confiance en lui racontant ce qui s'était dit entre ouvriers.

Quand il est devenu contremaître, les ouvriers lui ont dit : «On est bien content de t'avoir comme contremaître, puisque tu nous connais et que tu sais que si tu essaies de diminuer les tarifs on te rendra la vie impossible.» À quoi Taylor répondit en substance : « Je suis maintenant de l'autre côté de la barricade, je ferai ce que je dois faire. » Et en fait, ce jeune contremaître fit preuve d'une aptitude exceptionnelle pour faire augmenter la cadence et renvoyer les plus indociles.

Cette aptitude particulière le fit monter encore en grade jusqu'à devenir directeur de l'usine. Il avait alors vingt-quatre ans.

Une fois directeur, il a continué à être obsédé par cette unique préoccupation de pousser toujours davantage la cadence des ouvriers. Évidemment, ceux-ci se défendaient, et il en résultait que ses conflits avec les ouvriers allaient en s'aggravant. Tandis qu'il voulait les posséder, c'était le plus souvent les ouvriers qui le possédaient parce qu'ils connaissaient mieux que lui les meilleures méthodes de travail. Il s'aperçut alors qu'il était gêné par deux obstacles : d'un côté il ignorait quel temps était indispensable pour réaliser chaque opération d'usinage et quels procédés étaient susceptibles de donner les meilleurs temps ; d'un autre côté, l'organisation de l'usine ne lui donnait pas le moyen de combattre efficacement la résistance passive des ouvriers. Il demanda alors à l'administrateur de l'entreprise l'autorisation d'installer un petit laboratoire pour faire des expériences sur les méthodes d'usinage. Ce fut l'origine d'un travail qui dura vingt-six ans et amena Taylor à la découverte des aciers rapides, de l'arrosage de l'outil, de nouvelles formes d'outil à dégrossir, et surtout il a découvert, aidé d'une équipe d'ingénieurs, des formules mathématiques donnant les rapports les plus économiques entre la profondeur de la passe, l'avance et la vitesse des tours ; et pour l'application de ces formules dans les ateliers, il a établi des règles à calcul permettant de trouver ces rapports dans tous les cas particuliers qui pouvaient se présenter.

Ces découvertes étaient les plus importantes à ses yeux parce qu'elles avaient un retentissement immédiat sur l'organisation des usines. Elles étaient toutes inspirées par son désir d'augmenter la cadence des ouvriers et par sa mauvaise humeur devant leur résistance. Son grand souci était d'éviter toute perte de temps dans le travail. Cela montre tout de suite quel était l'esprit du système. Et pendant vingt-six ans il a travaillé avec cette unique préoccupation. Il a conçu et organisé progressivement le bureau des méthodes avec les fiches de fabrication, le bureau des temps pour l'établissement du temps qu'il fallait pour chaque opération, la division du travail entre les chefs techniques et un système particulier de travail aux pièces avec prime.

Cet aperçu permet de comprendre en quoi a consisté l'originalité de Taylor et quels sont les fondements de la rationalisation. Jusqu'à lui, on n'avait guère fait de recherches de laboratoire que pour découvrir des dispositifs mécaniques nouveaux, pour trouver de nouvelles machines, tandis que lui a eu l'idée d'étudier scientifiquement les meilleurs procédés pour utiliser les machines existantes. Il n'a pas fait, à proprement parler, de découvertes, sauf celle des aciers rapides. Il a cherché simplement les procédés les plus scientifiques pour utiliser au mieux les machines qui existaient déjà; et non seulement les machines mais aussi les hommes. C'était son obsession. Il a fait son laboratoire pour pouvoir dire aux ouvriers : vous avez eu tort de faire tel travail en une heure, il fallait le faire en une demi-heure. Son but était d'ôter aux travailleurs la possibilité de déterminer eux-mêmes les procédés et le rythme de leur travail, et de remettre entre les mains de la direction le choix des mouvements à exécuter au cours de la production. Tel était l'esprit de ses recherches. Il ne s'agissait pas pour Taylor de soumettre les méthodes de production à l'examen de la raison, ou du moins ce souci ne venait qu'en deuxième lieu ; son souci primordial était de trouver les moyens de forcer les ouvriers à donner à l'usine le maximum de leur capacité de travail. Le laboratoire était pour lui un moyen de recherche, mais avant tout un moyen de contrainte.

Cela résulte explicitement de ses propres ouvrages.

La méthode de Taylor consiste essentiellement en ceci : d'abord, on étudie scientifiquement les meilleurs procédés à employer pour n'importe quel travail, même le travail de manœuvres (je ne parle pas de manœuvres spécialisés, mais de manœuvres proprement dits), même la manutention ou les travaux de ce genre ; ensuite, on étudie les temps par la décomposition de chaque travail en mouvements élémentaires qui se reproduisent dans des travaux très différents, d'après des combinaisons diverses ; et une fois mesuré le temps nécessaire à chaque mouvement élémentaire, on obtient facilement le temps nécessaire à des opérations très variées. Vous savez que la méthode de mesure des temps, c'est le chronométrage. Il est inutile d'insister là-dessus. Enfin, intervient la division du travail entre les chefs techniques. Avant Taylor, un contremaître faisait tout ; il s'occupait de tout. Actuellement, dans les usines, il y a plusieurs chefs pour un même atelier : il y a le contrôleur, il y a le contremaître, etc.

Le système particulier de travail aux pièces avec prime consistait à mesurer le temps par unité en se basant sur le maximum de travail que pouvait produire le meilleur ouvrier pendant une heure par exemple, et pour tous ceux qui produiront ce maximum, chaque pièce sera payée tel prix, tandis qu'elle sera payée à un prix plus bas pour ceux qui produiront moins ; ceux qui produiront nettement moins que ce maximum toucheront moins que le salaire vital. Autrement dit, il s'agit d'un procédé pour éliminer tous ceux qui ne sont pas des ouvriers de premier ordre capables d'atteindre ce maximum de production.

Somme toute, ce système contient l'essentiel de ce que l'on appelle aujourd'hui la rationalisation. Les contremaîtres égyptiens avaient des fouets pour pousser les ouvriers à produire ; Taylor a remplacé le fouet par les bureaux et les laboratoires, sous le couvert de la science.

L'idée de Taylor était que chaque homme est capable de produire un maximum de travail déterminé. Mais c'est tout à fait arbitraire, et inapplicable pour un grand nombre d'usines. Dans une seule usine, cela a pour résultat que les ouvriers costauds, les plus résistants, restent dans l'usine, tandis que les autres s'en vont ; il est impossible d'avoir suffisamment d'ouvriers costauds pour toutes les machines de toute une ville et d'arriver à une telle sélection sur une grande échelle. Supposez qu'il y ait un certain pourcentage de travaux nécessitant une grande force physique : il n'est pas prouvé qu'il y aura le même pourcentage d'hommes remplissant cette condition.

Les recherches de Taylor ont commencé en 1880. La mécanique commençait alors seulement à devenir une industrie. Pendant toute la première moitié du xixᵉ siècle, la grande industrie avait presque été limitée au textile. C'est seulement vers 1850 qu'on s'était mis à construire des tours en bâti métallique. Quand Taylor était enfant, la plupart des mécaniciens étaient encore des artisans travaillant dans leurs propres ateliers. C'est au moment même où Taylor commençait ses travaux que naquit la Fédération américaine du travail, formée de quelques syndicats qui venaient de se constituer, et notamment le Syndicat des métallurgistes. Une des méthodes de l'action syndicale consistait, vers cette époque, à limiter la production pour empêcher le chômage et la réduction des tarifs aux pièces. Dans l'esprit de Taylor, comme dans celui des industriels auxquels il communiquait progressivement les résultats de ses études, le premier avantage de la nouvelle organisation du travail devait être de briser l'influence des syndicats. Dès son origine, la rationalisation a été essentiellement une méthode pour faire travailler plus, plutôt qu'une méthode pour travailler mieux.

Après Taylor, il n'y a pas eu beaucoup d'innovations sensationnelles dans le sens de la rationalisation.

Il y a eu d'abord le travail à la chaîne, inventé par Ford[3], qui a supprimé dans une certaine mesure le travail aux pièces et à la prime, même dans ses usines. La chaîne, originellement, c'est simplement un procédé de manutention mécanique. Pratiquement, c'est devenu une méthode perfectionnée pour extraire des travailleurs le maximum de travail dans un temps déterminé.

Le système des montages à la chaîne a permis de remplacer des ouvriers qualifiés par des manœuvres spécialisés dans les travaux en série, où, au lieu d'accomplir un travail qualifié, il n'y a plus qu'à exécuter un certain nombre de gestes mécaniques qui se répètent constamment. C'est un perfectionnement du système de Taylor qui aboutit à ôter à l'ouvrier le choix de sa méthode et l'intelligence de son travail, et à renvoyer cela au bureau d'études. Ce système des montages fait aussi disparaître l'habileté manuelle nécessaire à l'ouvrier qualifié.

L'esprit d'un tel système apparaît suffisamment par la manière dont il a été élaboré, et on peut voir tout de suite que le mot de rationalisation lui a été appliqué à tort.

Taylor ne recherchait pas une méthode de rationaliser le travail, mais un moyen de contrôle vis-à-vis des ouvriers, et s'il a trouvé en même temps le moyen de simplifier le travail, ce sont deux choses tout à fait différentes. Pour illustrer la différence entre le travail rationnel et le moyen de contrôle, je vais prendre un exemple de véritable rationalisation, c'est-à-dire de progrès technique qui ne pèse pas sur les ouvriers et ne constitue pas une exploitation plus grande de leur force de travail.

Supposez un tourneur travaillant sur des tours automatiques. Il en a quatre à surveiller. Si un jour on découvre un acier rapide permettant de doubler la production de ces quatre tours et si on embauche un autre tourneur de sorte que chacun d'eux n'ait que deux tours, chacun a alors le même travail à faire et néanmoins la production est meilleur marché.

Il peut donc y avoir des améliorations techniques qui améliorent la production sans peser le moins du monde sur les travailleurs.

Mais la rationalisation de Ford consiste non pas à travailler mieux, mais à faire travailler plus. En somme, le patronat a fait cette découverte qu'il y a une meilleure manière d'exploiter la force ouvrière que d'allonger la journée de travail.

En effet, il y a une limite à la journée de travail, non seulement parce que la journée proprement dite n'est que de vingt-quatre heures, sur lesquelles il faut prendre aussi le temps de manger et de dormir, mais aussi parce que, au bout d'un certain nombre d'heures de travail, la production ne progresse plus. Par exemple, un ouvrier ne produit pas plus en dix-sept heures qu'en quinze heures, parce que son organisme est plus fatigué et qu'automatiquement il va moins vite.

Il y a donc une limite de la production qu'on

atteint assez facilement par l'augmentation de la journée de travail, tandis qu'on ne l'atteint pas en augmentant son intensité.

C'est une découverte sensationnelle du patronat. Les ouvriers ne l'ont peut-être pas encore bien comprise, les patrons n'en ont peut-être pas absolument conscience; mais ils se conduisent comme s'ils la comprenaient très bien.

C'est une chose qui ne vient pas immédiatement à l'esprit, parce que l'intensité du travail n'est pas mesurable comme sa durée.

Au mois de juin, les paysans ont pensé que les ouvriers étaient des paresseux parce qu'ils ne voulaient travailler que quarante heures par semaine, parce qu'on a l'habitude de mesurer le travail par la quantité d'heures et que cela se chiffre, tandis que le reste ne se chiffre pas.

Mais l'intensité du travail peut varier. Pensez, par exemple, à la course à pied et rappelez-vous le coureur de Marathon tombé mort en arrivant au but pour avoir couru trop vite. On peut considérer cela comme une intensité-limite de l'effort. Il en est de même dans le travail. La mort, évidemment, c'est l'extrême limite à ne pas atteindre, mais tant qu'on n'est pas mort au bout d'une heure de travail, c'est, aux yeux des patrons, qu'on pouvait travailler encore plus. C'est ainsi également qu'on bat tous les jours de nouveaux records sans que personne ait l'idée que la limite soit encore atteinte. On attend toujours le coureur qui battra le dernier record. Mais si on inventait une méthode de travail qui fasse mourir les ouvriers au bout de cinq ans, par exemple, les patrons manqueraient très vite de main-d'œuvre et cela irait contre leurs intérêts. Ils ne s'en apercevraient pas tout de suite, parce qu'il n'existe aucun moyen scientifique de mesurer l'usure de l'organisme humain par le travail; mais peut-

être qu'à la génération suivante, ils s'en apercevraient et réviseraient leurs méthodes, exactement
comme on s'est rendu compte des milliers de morts
prématurées provoquées par le travail des enfants
dans les usines.

Il peut arriver la même chose pour les adultes
avec l'intensité du travail. Il y a seulement un an,
dans les usines de mécanique de la région parisienne, un homme de quarante ans ne pouvait plus
trouver d'embauche, parce qu'on le considérait
comme déjà usé, vidé, et impropre pour la production à la cadence actuelle.

Il n'y a donc aucune limite à l'augmentation de la
production en intensité. Taylor raconte avec orgueil
qu'il est arrivé à doubler et même tripler la production dans certaines usines simplement par le système des primes, la surveillance des ouvriers et le
renvoi impitoyable de ceux qui ne voulaient pas ou
ne pouvaient pas suivre la cadence. Il explique qu'il
est parvenu à trouver le moyen idéal pour supprimer la lutte des classes, parce que son système
repose sur un intérêt commun de l'ouvrier et du
patron, tous les deux gagnant davantage avec ce
système, et le consommateur lui-même se trouvant
satisfait parce que les produits sont meilleur marché. Il se vantait de résoudre ainsi tous les conflits
sociaux et d'avoir créé l'harmonie sociale.

Mais prenons l'exemple d'une usine dont Taylor
ait doublé la production sans changer les méthodes
de fabrication, simplement en organisant cette police
des ateliers. Imaginons, d'autre part, une usine où
l'on travaillerait sept heures par jour pour trente
francs, et où le patron déciderait un beau jour de
faire travailler quatorze heures par jour pour quarante francs. Les ouvriers ne considéreraient pas
qu'ils y gagnent, et certainement se mettraient immédiatement en grève. Pourtant, cela revient exacte-

ment au système Taylor. En travaillant quatorze
heures par jour au lieu de sept, on se fatiguerait au
moins deux fois plus. Je suis même convaincue qu'à
partir d'une certaine limite, il est beaucoup plus
grave pour l'organisme humain d'augmenter la
cadence comme Taylor que d'augmenter la durée du
travail.

Quand Taylor a instauré son système, il y a eu certaines réactions de la part des ouvriers. En France,
les syndicats ont vivement réagi au début de l'introduction de ce système dans les usines françaises. Il y
a eu des articles de Pouget, de Merrheim[4], comparant la rationalisation à un nouvel esclavage. En
Amérique, il y a eu des grèves. Finalement, ce système a tout de même triomphé et a été pour beaucoup dans le développement des industries de
guerre; ce qui a fait penser que la guerre était pour
beaucoup dans ce triomphe de la rationalisation.

Le grand argument de Taylor, c'est que ce système
sert les intérêts du public, c'est-à-dire des consom-
mateurs. Évidemment, l'augmentation de la production peut leur être favorable quand il s'agit de
denrées alimentaires, du pain, du lait, de la viande,
du beurre, du vin, de l'huile, etc. Mais ce n'est pas
cette production qui augmente avec le système Taylor; d'une manière générale, ce n'est pas ce qui sert
à satisfaire les principaux besoins de l'existence. Ce
qui a été rationalisé, c'est la mécanique, le caout-
chouc, le textile, c'est-à-dire essentiellement ce qui
produit le moins d'objets consommables. La rationalisation a surtout servi à fabriquer des objets de luxe
et à cette industrie doublement de luxe qu'est l'industrie de guerre, qui non seulement ne bâtit pas,
mais détruit. Elle a servi à accroître considérablement le poids des travailleurs inutiles, de ceux qui
fabriquent des choses inutiles ou de ceux qui ne
fabriquent rien et qui sont employés dans les ser-

vices de publicité et autres entreprises de ce genre, plus ou moins parasitaires. Elle a accru formidablement le poids des industries de guerre, qui, à elles seules, dépassent toutes les autres par leur importance et leurs inconvénients. La taylorisation a servi essentiellement à augmenter tout ce poids et à faire peser, somme toute, l'augmentation de la production globale sur un nombre toujours plus réduit de travailleurs.

Du point de vue de l'effet moral sur les ouvriers, la taylorisation a sans aucun doute provoqué la disqualification des ouvriers. Ceci a été contesté par les apologistes de la rationalisation, notamment par Dubreuil dans *Standards*[5]. Mais Taylor a été le premier à s'en vanter, en arrivant à ne faire entrer que 75 % d'ouvriers qualifiés dans la production, contre 25 % d'ouvriers non qualifiés pour le finissage. Chez Ford, il n'y a que 1 % d'ouvriers qui aient besoin d'un apprentissage de plus d'un jour.

Ce système a aussi réduit les ouvriers à l'état de molécules, pour ainsi dire, en en faisant une espèce de structure atomique dans les usines. Il a amené l'isolement des travailleurs. C'est une des formules essentielles de Taylor qu'il faut s'adresser à l'ouvrier individuellement ; considérer en lui l'individu. Ce qu'il veut dire, c'est qu'il faut détruire la solidarité ouvrière au moyen des primes et de la concurrence. C'est cela qui produit cette solitude qui est peut-être le caractère le plus frappant des usines organisées selon le système actuel, solitude morale qui a été certainement diminuée par les événements de juin. Ford dit ingénument qu'il est excellent d'avoir des ouvriers qui s'entendent bien, mais qu'il ne faut pas qu'ils s'entendent trop bien parce que cela diminue l'esprit de concurrence et d'émulation indispensable à la production.

La division de la classe ouvrière est donc à la base

de cette méthode. Le développement de la concurrence entre les ouvriers en fait partie intégrante ;
comme l'appel aux sentiments les plus bas. Le
salaire en est l'unique mobile. Quand le salaire ne
suffit pas, c'est le renvoi brutal. À chaque instant du
travail, le salaire est déterminé par une prime. À
tout instant, il faut que l'ouvrier calcule pour savoir
ce qu'il a gagné. Ce que je dis est d'autant plus vrai
qu'il s'agit de travail moins qualifié.

Ce système a produit la monotonie du travail.
Dubreuil et Ford disent que le travail monotone
n'est pas pénible pour la classe ouvrière. Ford dit
bien qu'il ne pourrait pas passer une journée entière
à un seul travail de l'usine, mais qu'il faut croire
que ses ouvriers sont autrement faits que lui, parce
qu'ils refusent un travail plus varié. C'est lui qui le
dit. Si vraiment il arrive que par un tel système la
monotonie soit supportable pour les ouvriers, c'est
peut-être ce que l'on peut dire de pire d'un tel système ; car il est certain que la monotonie du travail
commence toujours par être une souffrance. Si on
arrive à s'y accoutumer, c'est au prix d'une diminution morale.

En fait, on ne s'y accoutume pas, sauf si l'on peut
travailler en pensant à autre chose. Mais alors il
faut travailler à un rythme ne réclamant pas trop
d'assiduité dans l'attention [demandée] par la nécessité de penser à la cadence du travail. Mais si on fait
un travail auquel on doive penser tout le temps, on
ne peut pas penser à autre chose, et il est faux de
dire que l'ouvrier puisse s'accommoder de la monotonie de ce travail. Les ouvriers de Ford n'avaient
pas le droit de parler. Ils ne cherchaient pas à avoir
un travail varié parce que, au bout d'un certain
temps de travail monotone, ils sont incapables de
faire autre chose.

La discipline dans les usines, la contrainte, est une

autre caractéristique du système. C'est même son
caractère essentiel ; et c'est le but pour lequel il a été
inventé, puisque Taylor a fait ses recherches exclusivement pour briser la résistance de ses ouvriers. En
leur imposant tels ou tels mouvements en tant de
secondes, ou tels autres en tant de minutes, il est évident qu'il ne reste à l'ouvrier aucun pouvoir de résistance. C'est de cela que Taylor était le plus fier, et
c'est cela qu'il développait le plus volontiers en ajoutant que son système permettrait de briser la puissance des syndicats dans les usines.

Au cours d'une enquête faite en Amérique sur le
système Taylor, un ouvrier interrogé par Henri de
Man[6] lui a dit : « Les patrons ne comprennent pas
que nous ne voulions pas nous laisser chronométrer ; pourtant, que diraient nos patrons si nous leur
demandions de nous montrer leurs livres de comptabilité et si nous leur disions : sur tant de bénéfices
que vous faites, nous jugeons que telle part doit
vous rester et telle autre part nous revenir sous
forme de salaires ? La connaissance des temps de
travail est pour nous exactement l'équivalent de ce
qu'est pour eux le secret industriel et commercial. »

Cet ouvrier avait admirablement compris la situation. Le patron a non seulement la propriété de
l'usine, des machines, le monopole des procédés de
fabrication et des connaissances financières et com-
merciales concernant son usine, il prétend encore
au monopole du travail et des temps de travail. Que
reste-t-il aux ouvriers ? Il leur reste l'énergie qui
permet de faire un mouvement, l'équivalent de la
force électrique ; et on l'utilise exactement comme
on utilise l'électricité.

Par les moyens les plus grossiers, en employant
comme stimulant à la fois la contrainte et l'appât du
gain, en somme par une méthode de dressage qui
ne fait appel à rien de ce qui est proprement

humain, on dresse l'ouvrier comme on dresse un chien, en combinant le fouet et les morceaux de sucre. Heureusement qu'on n'en arrive pas là tout à fait, parce que la rationalisation n'est jamais parfaite et que, grâce au ciel, le chef d'atelier ne connaît jamais tout. Il reste des moyens de se débrouiller, même pour un ouvrier non qualifié. Mais si le système était strictement appliqué, ce serait exactement cela.

Il a encore un certain nombre d'avantages pour la direction et d'inconvénients pour les ouvriers. Tandis que la direction a le monopole de toutes les connaissances concernant le travail, elle n'a pas la responsabilité des coups durs à cause du travail aux pièces et à la prime. Avant juin, on était arrivé à ce miracle que tout ce qui était bien était porté au bénéfice des patrons, mais tous les coups durs étaient à la charge des ouvriers qui perdaient leur salaire si une machine était déréglée, qui devaient se débrouiller si quelque chose ne collait pas, si un ordre était inapplicable ou si deux ordres étaient contradictoires (car théoriquement ça colle toujours ; l'acier des outils est toujours bon, et si l'outil se casse, c'est toujours la faute de l'ouvrier), etc. Et comme le travail est aux pièces, les chefs font encore une faveur quand ils veulent bien aider à réparer des coups durs. De sorte que véritablement ce système est idéal pour les patrons, puisqu'il comporte tous les avantages pour eux, tandis qu'il réduit les ouvriers à l'état d'esclaves et leur impose tout de même des initiatives toutes les fois que ça ne colle pas. C'est un raffinement d'où résulte de la souffrance dans les deux cas, parce que dans tous les cas c'est l'ouvrier qui a tort.

On ne peut appeler scientifique un tel système qu'en partant du principe que les hommes ne sont pas des hommes, et en faisant jouer à la science le rôle rabaissé d'instrument de contrainte. Mais le rôle véritable de la science en matière d'organisation du travail est de trouver de meilleures techniques. En règle générale, le fait qu'il est si facile d'exploiter toujours plus la force ouvrière crée une sorte de paresse chez les chefs, et on a vu dans beaucoup d'usines une négligence incroyable de leur part vis-à-vis des problèmes techniques et des problèmes d'organisation, parce qu'ils savaient qu'ils pouvaient toujours faire réparer leurs fautes par les ouvriers en augmentant un peu plus la cadence.

Taylor a toujours soutenu que le système était admirable parce qu'on pouvait trouver scientifiquement non seulement les meilleurs procédés de travail et les temps nécessaires pour chaque opération, mais encore la limite de la fatigue au-delà de laquelle il ne fallait pas faire aller un travailleur.

Depuis Taylor, une branche spéciale de la science s'est développée en ce sens : c'est ce qu'on appelle la psychotechnique[7], qui permet de définir les meilleures conditions psychologiques possibles pour tel ou tel travail, de mesurer la fatigue, etc.

Alors les industriels, grâce à la psychotechnique, peuvent dire qu'ils ont la preuve qu'ils ne font pas souffrir leurs ouvriers. Il leur suffit d'invoquer l'autorité de savants.

Mais la psychotechnique est encore imparfaite. Elle vient d'être créée. Et même serait-elle parfaite, elle n'atteindrait jamais les facteurs moraux ; car la souffrance à l'usine consiste surtout à trouver le temps long ; mais elle ne s'arrête pas là. Et jamais d'ailleurs aucun psychotechnicien n'arrivera à préciser dans quelle mesure un ouvrier trouve le temps long. C'est l'ouvrier lui-même qui peut le dire.

Ce qui est encore plus grave, c'est que les savants, il faut s'en méfier, parce que la plupart du temps ils ne sont pas sincères. Rien n'est plus facile pour un industriel que d'acheter un savant, et lorsque le patron est l'État, rien n'est plus facile pour lui que d'imposer telle ou telle règle scientifique. On le voit en ce moment en Allemagne où l'on découvre subitement que les graisses ne sont pas si nécessaires que ça à l'alimentation humaine. On pourrait de même découvrir qu'il est plus facile à un ouvrier de faire deux mille pièces que mille. Les travailleurs ne doivent donc pas avoir confiance dans les savants, les intellectuels ou les techniciens pour régler ce qui est pour eux d'une importance vitale. Ils peuvent bien entendu prendre leurs conseils, mais ils ne doivent compter que sur eux-mêmes, et s'ils s'aident de la science ça devra être en l'assimilant eux-mêmes.

En terminant cette analyse, la question qui se pose est celle de savoir ce qu'il y a à faire.

Je sais bien que le mois de juin a amélioré les choses dans une certaine mesure, différente selon les usines. L'atmosphère morale a quand même changé. Mais c'est uniquement parce que les patrons ont eu peur. Ils ont reculé devant le dynamisme extraordinaire de la classe ouvrière.

Expérience de la vie d'usine

[*À la fin de l'année 1935, Simone Weil lit* Montée des périls, *le tome IX des* Hommes de bonne volonté de Jules Romains. *Impressionnée par le chapitre III, consacré à la vie ouvrière, elle commence une lettre à l'auteur, restée sans doute inachevée. En 1941, à Marseille, elle remanie cette ébauche pour en tirer des « réflexions sur le travail d'usine », à l'instigation du père Perrin, « pour publication éventuelle dans une revue catholique », nous apprend une lettre à Gilbert Kahn (SP, p. 558). La revue* Économie et humanisme *publie, sous le pseudonyme d'Émile Novis, un article intitulé « Réflexions sur la vie d'usine » (nᵒ 2, juin-juillet 1942). À propos des modifications pratiquées sur le texte original par la rédaction de la revue, et du rétablissement d'une version plus conforme aux manuscrits, par Selma Weil, la mère de Simone, il faut se reporter au dossier consacré à la « Genèse du texte » par les éditeurs des* Œuvres complètes *(OC, II, 2, p. 549-551).*]

[Début 1936, puis 1941]

Les lignes qui suivent se rapportent à une expérience de la vie d'usine qui date d'avant 1936. Elles peuvent surprendre beaucoup de gens qui n'ont été

en contact direct avec des ouvriers que par l'effet
du Front Populaire. La condition ouvrière change
continuellement ; elle est parfois autre d'une année
à la suivante. Les années qui ont précédé 1936, très
dures et très brutales en raison de la crise économique, reflètent mieux pourtant la condition prolétarienne que la période semblable à un rêve qui a
suivi.

Des déclarations officielles ont fait savoir que
désormais l'État français chercherait à mettre fin à
la condition prolétarienne, c'est-à-dire à ce qu'il y
a de dégradant dans la vie faite aux ouvriers, soit
dans l'usine, soit hors de l'usine. La première difficulté à vaincre est l'ignorance. Au cours des dernières années on a bien senti qu'en fait les ouvriers
d'usine sont en quelque sorte déracinés, exilés sur la
terre de leur propre pays. Mais on ne sait pas pourquoi. Se promener dans les faubourgs, apercevoir
les chambres tristes et sombres, les maisons, les
rues, n'aide pas beaucoup à comprendre quelle vie
on y mène. Le malheur de l'ouvrier à l'usine est
encore plus mystérieux. Les ouvriers eux-mêmes
peuvent très difficilement écrire, parler ou même
réfléchir à ce sujet, car le premier effet du malheur
est que la pensée veut s'évader ; elle ne veut pas considérer le malheur qui la blesse. Aussi les ouvriers,
quand ils parlent de leur propre sort, répètent-ils le
plus souvent des mots de propagande faits par des
gens qui ne sont pas des ouvriers. La difficulté est
au moins aussi grande pour un ancien ouvrier ; il lui
est facile de parler de sa condition première, mais
très difficile d'y penser réellement, car rien n'est
plus vite recouvert par l'oubli que le malheur passé.
Un homme de talent peut, grâce à des récits et
par l'exercice de l'imagination, deviner et décrire
dans une certaine mesure du dehors ; ainsi Jules
Romains a consacré à la vie d'usine un chapitre des

Hommes de bonne volonté[1]. Mais cela ne va pas très loin.

Comment abolir un mal sans avoir aperçu clairement en quoi il consiste? Les lignes qui suivent peuvent peut-être quelque peu aider à poser au moins le problème, du fait qu'elles sont le fruit d'un contact direct avec la vie d'usine.

L'usine pourrait combler l'âme par le puissant sentiment de vie collective — on pourrait dire unanime — que donne la participation au travail d'une grande usine. Tous les bruits ont un sens, tous sont rythmés, ils se fondent dans une espèce de grande respiration du travail en commun à laquelle il est enivrant d'avoir part. C'est d'autant plus enivrant que le sentiment de solitude n'en est pas altéré. Il n'y a que des bruits métalliques, des roues qui tournent, des morsures sur le métal; des bruits qui ne parlent pas de nature ni de vie, mais de l'activité sérieuse, soutenue, ininterrompue de l'homme sur les choses. On est perdu dans cette grande rumeur, mais en même temps on la domine, parce que sur cette basse soutenue, permanente et toujours changeante, ce qui ressort, tout en s'y fondant, c'est le bruit de la machine qu'on manie soi-même. On ne se sent pas petit comme dans une foule, on se sent indispensable. Les courroies de transmission, là où il y en a, permettent de boire par les yeux cette unité de rythme que tout le corps ressent par les bruits et par la légère vibration de toutes choses. Aux heures sombres des matinées et des soirées d'hiver, quand ne brille que la lumière électrique, tous les sens participent à un univers où rien ne rappelle la nature, où rien n'est gratuit, où tout est heurt, heurt dur et en même temps conquérant, de l'homme avec la matière. Les lampes, les courroies, les bruits, la dure et froide ferraille, tout concourt à la transmutation de l'homme en ouvrier.

Si c'était cela, la vie d'usine, ce serait trop beau.
Mais ce n'est pas cela. Ces joies sont des joies
d'hommes libres ; ceux qui peuplent les usines ne les
sentent pas, sinon en de courts et rares instants, parce
qu'ils ne sont pas des hommes libres. Ils ne peuvent
les sentir que lorsqu'ils oublient qu'ils ne sont pas
libres ; mais ils peuvent rarement l'oublier, car l'étau
de la subordination leur est rendu sensible à travers
les sens, le corps, les mille petits détails qui remplis-
sent les minutes dont est constituée une vie.

Le premier détail qui, dans la journée, rend la servitude sensible, c'est la pendule de pointage. Le chemin de chez soi à l'usine est dominé par le fait qu'il
faut être arrivé avant une seconde mécaniquement
déterminée. On a beau être de cinq ou dix minutes
en avance, l'écoulement du temps apparaît de ce fait
comme quelque chose d'impitoyable, qui ne laisse
aucun jeu au hasard. C'est, dans une journée d'ouvrier, la première atteinte d'une règle dont la brutalité domine toute la partie de la vie passée parmi les
machines ; le hasard n'a pas droit de cité à l'usine. Il
y existe, bien entendu, comme partout ailleurs, mais
il n'y est pas reconnu. Ce qui est admis, souvent au
grand détriment de la production, c'est le principe
de la caserne : «Je ne veux pas le savoir.» Les fictions
sont très puissantes à l'usine. Il y a des règles qui
ne sont jamais observées, mais qui sont perpétuellement en vigueur. Les ordres contradictoires ne le
sont pas selon la logique de l'usine. À travers tout
cela il faut que le travail se fasse. À l'ouvrier de se
débrouiller, sous peine de renvoi. Et il se débrouille.

Les grandes et petites misères continuellement
imposées dans l'usine à l'organisme humain, ou
comme dit Jules Romains, «cet assortiment de
menues détresses physiques que la besogne n'exige
pas et dont elle est loin de bénéficier», ne contribuent pas moins à rendre la servitude sensible. Non

pas les souffrances liées aux nécessités du travail ; celles-là, on peut être fier de les supporter ; mais celles qui sont inutiles. Elles blessent l'âme parce que généralement on ne songe pas à aller s'en plaindre ; et on sait qu'on n'y songe pas. On est certain d'avance qu'on serait rabroué et qu'on encaisserait sans mot dire. Parler serait chercher une humiliation. Souvent, s'il y a quelque chose qu'un ouvrier ne puisse supporter, il aimera mieux se taire et demander son compte. De telles souffrances sont souvent par elles-mêmes très légères ; si elles sont amères, c'est que toutes les fois qu'on les ressent, et on les ressent sans cesse, le fait qu'on voudrait tant oublier, le fait qu'on n'est pas chez soi à l'usine, qu'on n'y a pas droit de cité, qu'on y est un étranger admis comme simple intermédiaire entre les machines et les pièces usinées, ce fait vient atteindre le corps et l'âme ; sous cette atteinte, la chair et la pensée se rétractent. Comme si quelqu'un répétait à l'oreille de minute en minute, sans qu'on puisse rien répondre : « Tu n'es rien ici. Tu ne comptes pas. Tu es là pour plier, tout subir et te taire. » Une telle répétition est presque irrésistible. On en arrive à admettre, au plus profond de soi, qu'on compte pour rien. Tous les ouvriers d'usine ou presque, et même les plus indépendants d'allure, ont quelque chose de presque imperceptible dans les mouvements, dans le regard, et surtout au pli des lèvres, qui exprime qu'on les a contraints de se compter pour rien.

Ce qui les y contraint surtout, c'est la manière dont ils subissent les ordres. On nie souvent que les ouvriers souffrent de la monotonie du travail, parce qu'on a remarqué que souvent un changement de fabrication est pour eux une contrariété. Pourtant le dégoût envahit l'âme, au cours d'une longue période de travail monotone. Le changement produit du soulagement et de la contrariété à la fois ; contrariété

vive parfois dans le cas du travail aux pièces, à cause
de la diminution de gain, et parce que c'est une
habitude et presque une convention d'attacher plus
d'importance à l'argent, chose claire et mesurable,
qu'aux sentiments obscurs, insaisissables, inexpri-
mables qui s'emparent de l'âme pendant le travail.
Mais même si le travail est payé à l'heure, il y a
contrariété, irritation, à cause de la manière dont
le changement est ordonné. Le travail nouveau est
imposé tout d'un coup, sans préparation, sous la
forme d'un ordre auquel il faut obéir immédiatement et sans réplique. Celui qui obéit ainsi ressent
alors brutalement que son temps est sans cesse à la
disposition d'autrui. Le petit artisan qui possède un
atelier de mécanique, et qui sait qu'il devra fournir
dans une quinzaine tant de vilebrequins, tant de
robinets, tant de bielles, ne dispose pas non plus
arbitrairement de son temps, mais du moins, la commande une fois admise, c'est lui qui détermine
d'avance l'emploi de ses heures et de ses journées. Si
même le chef disait à l'ouvrier, une semaine ou deux
à l'avance : pendant deux jours vous me ferez des
bielles, puis des vilebrequins, et ainsi de suite, il faudrait obéir, mais il serait possible d'embrasser par la
pensée l'avenir prochain, de le dessiner d'avance, de
le posséder. Il n'en est pas ainsi dans l'usine. Depuis
le moment où on pointe pour entrer jusqu'à celui où
on pointe pour sortir, on est à chaque instant dans le
cas de subir un ordre. Comme un objet inerte que
chacun peut à tout moment changer de place. Si on
travaille sur un pièce qui doit prendre encore deux
heures, on ne peut pas penser à ce qu'on fera dans
trois heures sans que la pensée ait à faire un détour
qui la contraint de passer par le chef, sans qu'on soit
forcé de se redire qu'on est soumis à des ordres ; si
on fait dix pièces par minute, il en est déjà de même
pour les cinq minutes suivantes. Si l'on suppose que

peut-être aucun ordre ne surviendra, comme les ordres sont le seul facteur de variété, les éliminer par la pensée, c'est se condamner à imaginer une répétition ininterrompue de pièces toujours identiques, des régions mornes et désertiques que la pensée ne peut pas parcourir. En fait, il est vrai, mille menus incidents peupleront ce désert, mais, s'ils comptent dans l'heure qui s'écoule, ils n'entrent pas en ligne de compte quand on se représente l'avenir. Si la pensée veut éviter cette monotonie, imaginer du changement, donc un ordre soudain, elle ne peut pas voyager du moment présent à un moment à venir sans passer par une humiliation. Ainsi la pensée se rétracte. Ce repliement sur le présent produit une sorte de stupeur. Le seul avenir supportable pour la pensée, et au-delà duquel elle n'a pas la force de s'étendre, c'est celui qui, lorsqu'on est en plein travail, sépare l'instant où on se trouve de l'achèvement de la pièce en cours, si l'on a la chance qu'elle soit un peu longue à achever. À certains moments, le travail est assez absorbant pour que la pensée se maintienne d'elle-même dans ces limites. Alors on ne souffre pas. Mais le soir, une fois sorti, et surtout le matin, quand on se dirige vers le lieu du travail et la pendule de pointage, il est dur de penser à la journée qu'il faudra parcourir. Et le dimanche soir, quand ce qui se présente à l'esprit, ce n'est pas une journée, mais toute une semaine, l'avenir est quelque chose de trop morne, de trop accablant, sous quoi la pensée plie.

La monotonie d'une journée à l'usine, même si aucun changement de travail ne vient la rompre, est mélangée de mille petits incidents qui peuplent chaque journée et en font une histoire neuve ; mais, comme pour le changement de travail, ces incidents blessent plus souvent qu'ils ne réconfortent. Ils correspondent toujours à une diminution de salaire dans le cas du travail aux pièces, de sorte qu'on ne peut les souhaiter. Mais souvent ils blessent aussi par eux-mêmes. L'angoisse répandue diffuse sur tous les moments du travail s'y concentre, l'angoisse de ne pas aller assez vite, et quand, comme c'est souvent le cas, on a besoin d'autrui pour pouvoir continuer, d'un contremaître, d'un magasinier, d'un régleur, le sentiment de la dépendance, de l'impuissance, et de compter pour rien aux yeux de qui on dépend, peut devenir douloureux au point d'arracher des larmes aux hommes comme aux femmes. La possibilité continuelle de tels incidents, machine arrêtée, caisse introuvable, et ainsi de suite, loin de diminuer le poids de la monotonie, lui ôte le remède qu'en général elle porte en elle-même, le pouvoir d'assoupir et de bercer les pensées de manière à cesser, dans une certaine mesure, d'être sensible ; une légère angoisse empêche cet effet d'assoupissement et force à avoir conscience de la monotonie, bien qu'il soit intolérable d'en avoir conscience. Rien n'est pire que le mélange de la monotonie et du hasard ; ils s'aggravent l'un l'autre, du moins quand le hasard est angoissant. Il est angoissant, dans l'usine, du fait qu'il n'est pas reconnu ; théoriquement, bien que tout le monde sache qu'il n'en est rien, les caisses où mettre les pièces usinées ne manquent jamais, les régleurs ne font jamais attendre, et tout ralentissement dans la production est une faute de l'ouvrier. La pensée doit constamment être prête à la fois à suivre le cours monotone des gestes indéfiniment répétés et à trouver en elle-même des ressources pour remédier à l'imprévu. Obligation contradictoire, impossible, épuisante. Le corps est parfois épuisé, le soir, au sortir de l'usine, mais la pensée l'est toujours, et elle l'est davantage. Quiconque a éprouvé cet épuisement et ne l'a pas oublié peut le lire dans les yeux de presque tous les ouvriers qui défilent le soir hors d'une usine. Combien on aimerait pouvoir déposer son âme, en entrant, avec sa carte de pointage, et la reprendre intacte à la sortie! Mais le contraire se produit. On l'emporte avec soi dans l'usine, où elle souffre; le soir, cet épuisement l'a comme anéantie, et les heures de loisir sont vaines.

Certains incidents, au cours du travail, procurent, il est vrai, de la joie, même s'ils diminuent le salaire. D'abord les cas, qui sont rares, où on reçoit d'un autre à cette occasion un précieux témoignage de camaraderie; puis tous ceux où l'on peut se tirer d'affaire soi-même. Pendant qu'on s'ingénie, qu'on fait effort, qu'on ruse avec l'obstacle, l'âme est occupée d'un avenir qui ne dépend que de soi-même. Plus un travail est susceptible d'amener de pareilles difficultés, plus il élève le cœur. Mais cette joie est incomplète par le défaut d'hommes, de camarades ou chefs, qui jugent et apprécient la valeur de ce qu'on a réussi. Presque toujours aussi bien les chefs que les camarades chargés d'autres opérations sur les mêmes pièces se préoccupent exclusivement des pièces et non des difficultés vaincues. Cette indifférence prive de la chaleur humaine dont on a toujours un peu besoin. Même l'homme le moins désireux de satisfactions d'amour-propre se sent trop seul dans un endroit où il est entendu qu'on s'intéresse exclusivement à ce qu'il a fait, jamais à la manière dont il s'y est pris pour le faire; par là les joies du travail se trouvent reléguées au rang des impressions informulées, fugitives, disparues aussitôt que nées; la camaraderie des travailleurs, ne parvenant pas à se nouer, reste une velléité informe, et les chefs ne sont pas des hommes qui guident et surveillent d'autres hommes, mais les organes d'une subordination impersonnelle, brutale et froide comme le fer. Il est vrai, dans ce rapport de subordination, la personne du chef intervient, mais c'est par le caprice; la brutalité impersonnelle et le caprice, loin de se tempérer, s'aggravent réciproquement, comme la monotonie et le hasard.

De nos jours, ce n'est pas seulement dans les magasins, les marchés, les échanges, que les produits du travail entrent seuls en ligne de compte, et non les travaux qui les ont suscités. Dans les usines modernes il en est de même, du moins au niveau de l'ouvrier. La coopération, la compréhension, l'appréciation mutuelle dans le travail y sont le monopole des sphères supérieures. Au niveau de l'ouvrier, les rapports établis entre les différents postes, les différentes fonctions, sont des rapports entre les choses et non entre les hommes. Les pièces circulent avec leurs fiches, l'indication du nom, de la forme, de la matière première ; on pourrait presque croire que ce sont elles qui sont les personnes, et les ouvriers qui sont des pièces interchangeables. Elles ont un état civil ; et quand il faut, comme c'est le cas dans quelques grandes usines, montrer en entrant une carte d'identité où l'on se trouve photographié avec un numéro sur la poitrine[2], comme un forçat, le contraste est un symbole poignant et qui fait mal.

Les choses jouent le rôle des hommes, les hommes jouent le rôle des choses ; c'est la racine du mal. Il y a beaucoup de situations différentes dans une usine ; l'ajusteur qui, dans un atelier d'outillage, fabrique, par exemple, des matrices de presses, merveilles d'ingéniosité, longues à façonner, toujours différentes, celui-là ne perd rien en entrant dans l'usine ; mais ce cas est rare. Nombreux au contraire dans les grandes usines et même dans beaucoup de petites sont ceux ou celles qui exécutent à toute allure, par ordre, cinq ou six gestes simples indéfiniment répétés, un par seconde environ, sans autre répit que quelques courses anxieuses pour chercher une caisse, un régleur, d'autres pièces, jusqu'à la seconde précise où le chef vient en quelque sorte les prendre comme des objets pour les mettre devant une autre machine ; ils y resteront jusqu'à ce qu'on les mette ailleurs. Ceux-là sont des choses autant qu'un être humain peut l'être, mais des choses qui n'ont pas licence de perdre conscience, puisqu'il faut toujours pouvoir faire face à l'imprévu. La succession de leurs gestes n'est pas désignée, dans le langage de l'usine, par le mot de rythme, mais par celui de cadence, et c'est juste, car cette succession est le contraire d'un rythme. Toutes les suites de mouvements qui participent au beau et s'accomplissent sans dégrader enferment des instants d'arrêts, brefs comme l'éclair, qui constituent le secret du rythme et donnent au spectateur, à travers même l'extrême rapidité, l'impression de la lenteur. Le coureur à pied, au moment qu'il dépasse un record mondial, semble glisser lentement, tandis qu'on voit les coureurs médiocres se hâter loin derrière lui ; plus un paysan fauche vite et bien, plus ceux qui le regardent sentent que, comme on dit si justement, il prend tout son temps. Au contraire, le spectacle de manœuvres sur machines est presque toujours celui d'une précipitation misérable d'où toute grâce et toute dignité sont absentes. Il est naturel à l'homme et il lui convient de s'arrêter quand il a fait quelque chose, fût-ce l'espace d'un éclair, pour en prendre conscience, comme Dieu dans le Genèse ; cet éclair de pensée, d'immobilité et d'équilibre, c'est ce qu'il faut apprendre à supprimer entièrement dans l'usine, quand on y travaille. Les manœuvres sur machines n'atteignent la cadence exigée que si les gestes d'une seconde se succèdent d'une manière ininterrompue et presque comme le tic-tac d'une horloge, sans rien qui marque jamais que quelque chose est fini et qu'autre chose commence. Ce tic-tac dont on ne peut supporter d'écouter longtemps la morne monotonie, eux doivent presque le reproduire avec leur corps. Cet enchaînement ininterrompu tend à plonger dans une espèce de sommeil, mais il faut le supporter sans dormir. Ce n'est pas seulement un supplice ; s'il n'en résultait que de la souffrance, le mal serait moindre qu'il n'est. Toute action humaine exige un mobile qui fournisse l'énergie nécessaire pour l'accomplir, et elle est bonne ou mauvaise selon que le mobile est élevé ou bas. Pour se plier à la passivité épuisante qu'exige l'usine, il faut chercher des mobiles en soi-même, car il n'y a pas de fouets, pas de chaînes ; des fouets, des chaînes rendraient peut-être la transformation plus facile. Les conditions mêmes du travail empêchent que puissent intervenir d'autres mobiles que la crainte des réprimandes et du renvoi, le désir avide d'accumuler des sous, et, dans une certaine mesure, le goût des records de vitesse. Tout concourt pour rappeler ces mobiles à la pensée et les transformer en obsessions ; il n'est jamais fait appel à rien de plus élevé ; d'ailleurs ils doivent devenir obsédants pour être assez efficaces. En même temps que ces mobiles occupent l'âme, la pensée se rétracte sur un point du temps pour éviter la souffrance, et la conscience s'éteint autant que les nécessités du travail le permettent. Une force presque irrésistible, comparable à la pesanteur, empêche alors de sentir la présence d'autres êtres humains qui peinent eux aussi tout près ; il est presque impossible de ne pas devenir indifférent et brutal comme le système dans lequel on est pris ; et réciproquement la brutalité du système est reflétée et rendue sensible par les gestes, les regards, les paroles de ceux qu'on a autour de soi. Après une journée ainsi passée, un ouvrier n'a qu'une plainte, plainte qui ne parvient pas aux oreilles des hommes étrangers à cette condition et ne leur dirait rien si elle y parvenait ; il a trouvé le temps long.

Le temps lui a été long et il a vécu dans l'exil. Il a passé sa journée dans un lieu où il n'était pas chez lui ; les machines et les pièces à usiner y sont chez elles, et il n'y est admis que pour approcher les pièces des machines. On ne s'occupe que d'elles, pas de lui ; d'autres fois on s'occupe trop de lui et pas assez d'elles, car il n'est pas rare de voir un atelier où les chefs sont occupés à harceler ouvriers et ouvrières, veillant à ce qu'ils ne lèvent pas la tête même le temps d'échanger un regard, pendant que des monceaux de ferraille sont livrés à la rouille dans la cour. Rien n'est plus amer. Mais que l'usine se défende bien ou mal contre le coulage, en tout cas l'ouvrier sent qu'il n'y est pas chez lui. Il y reste étranger. Rien n'est si puissant chez l'homme que le besoin de s'approprier, non pas juridiquement, mais par la pensée, les lieux et les objets parmi lesquels il passe sa vie et dépense la vie qu'il a en lui ; une cuisinière dit « ma cuisine », un jardinier dit « ma pelouse », et c'est bien ainsi. La propriété juridique n'est qu'un des moyens qui procurent un tel sentiment, et l'organisation sociale parfaite serait celle qui par l'usage de ce moyen et des autres moyens donnerait ce sentiment à tous les êtres humains. Un ouvrier, sauf quelques cas trop rares, ne peut rien s'approprier par la pensée dans l'usine. Les machines ne sont pas à lui ; il sert l'une ou l'autre selon qu'il en reçoit l'ordre. Il les sert, il ne s'en sert pas ; elles ne sont pas pour lui un moyen d'amener un morceau de métal à prendre une certaine forme, il est pour elles un moyen de leur amener des pièces en vue d'une opération dont il ignore le rapport avec celles qui précèdent et celles qui suivent.

Les pièces ont leur histoire ; elles passent d'un stade de fabrication à un autre ; lui n'est pour rien dans cette histoire, il n'y laisse pas sa marque, il n'en connaît rien. S'il était curieux, sa curiosité ne serait pas encouragée, et d'ailleurs la même douleur sourde et permanente qui empêche la pensée de voyager dans le temps l'empêche aussi de voyager à travers l'usine et la cloue en un point de l'espace comme au moment présent. L'ouvrier ne sait pas ce qu'il produit, et par suite il n'a pas le sentiment d'avoir produit, mais de s'être épuisé à vide. Il dépense à l'usine, parfois jusqu'à l'extrême limite, ce qu'il a de meilleur en lui, sa faculté de penser, de sentir, de se mouvoir; il les dépense, puisqu'il en est vidé quand il sort; et pourtant il n'a rien mis de lui-même dans son travail, ni pensée, ni sentiment, ni même, sinon dans une faible mesure, mouvements déterminés par lui, ordonnés par lui en vue d'une fin. Sa vie même sort de lui sans laisser aucune marque autour de lui. L'usine crée des objets utiles, mais non pas lui, et la paie qu'on attend chaque quinzaine par files, comme un troupeau, paie impossible à calculer d'avance, dans le cas du travail aux pièces, par suite de l'arbitraire et de la complication des comptes, semble plutôt une aumône que le prix d'un effort. L'ouvrier, quoique indispensable à la fabrication, n'y compte presque pour rien, et c'est pourquoi chaque souffrance physique inutilement imposée, chaque manque d'égard, chaque brutalité, chaque humiliation même légère semble un rappel qu'on ne compte pas et qu'on n'est pas chez soi. On peut voir des femmes attendre dix minutes devant une usine sous des torrents de pluie, en face d'une porte ouverte par où passent des chefs, tant que l'heure n'a pas sonné; ce sont des ouvrières; cette porte leur est plus étrangère que celle de n'importe quelle maison inconnue où elles entreraient tout naturellement pour se réfugier[3]. Aucune intimité ne lie les ouvriers aux lieux et aux objets parmi lesquels leur vie s'épuise, et l'usine fait d'eux, dans leur propre pays, des étrangers, des exilés, des déracinés. Les revendications ont eu moins de part dans l'occupation des usines que le besoin de s'y sentir au moins une fois chez soi. Il faut que la vie sociale soit corrompue jusqu'en son centre lorsque les ouvriers se sentent chez eux dans l'usine quand ils font grève, étrangers quand ils travaillent. Le contraire devrait être vrai. Les ouvriers ne se sentiront vraiment chez eux dans leur pays, membres responsables du pays, que lorsqu'ils se sentiront chez eux dans l'usine pendant qu'ils y travaillent.

Il est difficile d'être cru quand on ne décrit que des impressions. Pourtant on ne peut décrire autrement le malheur d'une condition humaine. Le malheur n'est fait que d'impressions. Les circonstances matérielles de la vie, aussi longtemps qu'il est à la rigueur possible d'y vivre, ne rendent pas à elles seules compte du malheur, car des circonstances équivalentes, attachées à d'autres sentiments, rendraient heureux. Ce sont les sentiments attachés aux circonstances d'une vie qui rendent heureux ou malheureux, mais ces sentiments ne sont pas arbitraires, ils ne sont pas imposés ou effacés par suggestion, ils ne peuvent être changés que par une transformation radicale des circonstances elles-mêmes. Pour les changer, il faut d'abord les connaître. Rien n'est plus difficile à connaître que le malheur; il est toujours un mystère. Il est muet, comme disait un proverbe grec. Il faut être particulièrement préparé à l'analyse intérieure pour en saisir les vraies nuances et leurs causes, et ce n'est pas généralement le cas des malheureux. Même si on est préparé, le malheur même empêche cette activité de la pensée, et l'humiliation a toujours pour effet de créer des zones interdites où la pensée ne s'aventure pas et qui sont couvertes soit de silence soit de mensonge. Quand

les malheureux se plaignent, ils se plaignent presque
toujours à faux, sans évoquer leur véritable malheur ;
et d'ailleurs, dans le cas du malheur profond et permanent, une très forte pudeur arrête les plaintes.
Ainsi chaque condition malheureuse parmi les
hommes crée une zone de silence où les êtres
humains se trouvent enfermés comme dans une île.
Qui sort de l'île ne tourne pas la tête. Les exceptions,
presque toujours, sont seulement apparentes. Par
exemple, la même distance, la plupart du temps,
malgré l'apparence contraire, sépare des ouvriers
l'ouvrier devenu patron et l'ouvrier devenu, dans les
syndicats, militant professionnel.

Si quelqu'un, venu du dehors, pénètre dans une
de ces îles et se soumet volontairement au malheur,
pour un temps limité, mais assez long pour s'en
pénétrer, et s'il raconte ensuite ce qu'on y éprouve,
on pourra facilement contester la valeur de son
témoignage. On dira qu'il a éprouvé autre chose que
ceux qui sont là d'une manière permanente. On
aura raison s'il s'est livré seulement à l'introspec-
tion ; de même s'il a seulement observé. Mais si,
étant parvenu à oublier qu'il vient d'ailleurs, retour-
nera ailleurs, et se trouve là seulement pour un
voyage, il compare continuellement ce qu'il éprouve
pour lui-même à ce qu'il lit sur les visages, dans les
yeux, les gestes, les attitudes, les paroles, dans
les événements petits et grands, il se crée en lui un
sentiment de certitude, malheureusement difficile à
communiquer. Les visages contractés par l'angoisse
de la journée à traverser et les yeux douloureux
dans le métro du matin ; la fatigue profonde, essentielle, la fatigue d'âme encore plus que de corps, qui
marque les attitudes, les regards et le pli des lèvres,
le soir, à la sortie ; les regards et les attitudes de
bêtes en cage, quand une usine, après la fermeture
annuelle de dix jours, vient de rouvrir pour une

interminable année; la brutalité diffuse et qu'on rencontre presque partout; l'importance attachée par presque tous à des détails petits par eux-mêmes, mais douloureux par leur signification symbolique, tels que l'obligation de présenter une carte d'identité en entrant; les vantardises pitoyables échangées parmi les troupeaux massés devant la porte des bureaux d'embauche, et qui, par opposition, évoquent tant d'humiliations réelles; les paroles incroyablement douloureuses qui s'échappent parfois, comme par inadvertance, des lèvres d'hommes et de femmes semblables à tous les autres; la haine et le dégoût de l'usine, du lieu du travail, que les paroles et les actes font si souvent apparaître, qui jette son ombre sur la camaraderie et pousse ouvriers et ouvrières, dès qu'ils sortent, à se hâter chacun chez soi presque sans échanger une parole; la joie, pendant l'occupation des usines, de posséder l'usine par la pensée, d'en parcourir les parties, la fierté toute nouvelle de la montrer aux siens et de leur expliquer où on travaille, joie et fierté fugitives qui exprimaient par contraste d'une manière si poignante les douleurs permanentes de la pensée clouée; tous les remous de la classe ouvrière, si mystérieux aux spectateurs, en réalité si aisés à comprendre; comment ne pas se fier à tous ces signes, lorsqu'en même temps qu'on les lit autour de soi on éprouve en soi-même tous les sentiments correspondants?

L'usine devrait être un lieu de joie, un lieu où, même s'il est inévitable que le corps et l'âme souffrent, l'âme puisse aussi pourtant goûter des joies, se nourrir de joies. Il faudrait pour cela y changer, en un sens peu de choses, en un sens beaucoup. Tous les systèmes de réforme ou de transformation sociale portent à faux; s'ils étaient réalisés, ils laisseraient le mal intact; ils visent à changer trop et trop peu, trop peu ce qui est la cause du mal, trop les circonstances qui y sont étrangères. Certains annoncent une diminution, d'ailleurs ridiculement exagérée, de la durée du travail ; mais faire du peuple une masse d'oisifs qui seraient esclaves deux heures par jour n'est ni souhaitable, quand ce serait possible, ni moralement possible, quand ce serait possible matériellement[4]. Nul n'accepterait d'être esclave deux heures ; l'esclavage, pour être accepté, doit durer assez chaque jour pour briser quelque chose dans l'homme. S'il y a un remède possible, il est d'un autre ordre et plus difficile à concevoir. Il exige un effort d'invention. Il faut changer la nature des stimulants du travail, diminuer ou abolir les causes de dégoût, transformer le rapport de chaque ouvrier avec le fonctionnement de l'ensemble de l'usine, le rapport de l'ouvrier avec la machine, et la manière dont le temps s'écoule dans le travail.

Il n'est pas bon, ni que le chômage soit comme un cauchemar sans issue, ni que le travail soit récompensé par un flot de faux luxe à bon marché qui excite les désirs sans satisfaire les besoins. Ces deux points ne sont guère contestés. Mais il s'ensuit que la peur du renvoi et la convoitise des sous doivent cesser d'être les stimulants essentiels qui occupent sans cesse le premier plan dans l'âme des ouvriers, pour agir désormais à leur rang naturel comme stimulants secondaires. D'autres stimulants doivent être au premier plan.

Un des plus puissants, dans tout travail, est le sentiment qu'il y a quelque chose à faire et qu'un effort doit être accompli. Ce stimulant, dans une usine, et surtout pour le manœuvre sur machines, manque bien souvent complètement. Lorsqu'il met mille fois une pièce en contact avec l'outil d'une machine, il se trouve, avec la fatigue en plus, dans la situation d'un enfant à qui on a ordonné d'enfiler des perles pour le faire tenir tranquille ; l'enfant obéit parce qu'il craint un châtiment et espère un bonbon, mais son action n'a pas de sens pour lui, sinon la conformité avec l'ordre donné par la personne qui a pouvoir sur lui. Il en serait autrement si l'ouvrier savait clairement, chaque jour, chaque instant, quelle part ce qu'il est en train de faire a dans la fabrication de l'usine, et quelle place l'usine où il se trouve tient dans la vie sociale. Si un ouvrier fait tomber l'outil d'une presse sur un morceau de laiton qui doive faire partie d'un dispositif destiné au métro, il faudrait qu'il le sache, et que de plus il se représente quelles seront la place et la fonction de ce morceau de laiton dans une rame de métro, quelles opérations il a déjà subies et doit encore subir avant d'être mis en place. Il n'est pas question, bien entendu, de faire une conférence à chaque ouvrier avant chaque travail. Ce qui est possible, c'est de faire parcourir de temps à autre l'usine par chaque équipe d'ouvriers à tour de rôle, pendant quelques heures qui seraient payées au tarif ordinaire, et en accompagnant la visite d'explications techniques. Permettre aux ouvriers d'amener leurs familles pour ces visites serait mieux encore ; est-il naturel qu'une femme ne puisse jamais voir l'endroit où son mari dépense le meilleur de lui-même tous les jours et pendant toute la journée ? Tout ouvrier serait heureux et fier de montrer l'endroit où il travaille à sa femme et à ses enfants. Il serait bon aussi que chaque ouvrier voie de temps à autre, achevée, la chose à la fabrication de laquelle il a eu une part, si minime soit-elle, et qu'on lui fasse saisir quelle part exactement il y a prise. Bien entendu, le problème se pose différemment pour chaque usine, chaque fabrication, et on peut trouver selon les cas particuliers, des méthodes infiniment variées pour stimuler et satisfaire la curiosité des travailleurs à l'égard de leur travail. Il n'y faut pas un grand effort d'imagination, à condition de concevoir clairement le but, qui est de déchirer le voile que met l'argent entre le travailleur et le travail. Les ouvriers croient, de cette espèce de croyance qui ne s'exprime pas en paroles, qui serait absurde ainsi exprimée, mais qui imprègne tous les sentiments, que leur peine se transforme en argent dont une petite part leur revient et dont une grosse part va au patron. Il faut leur faire comprendre, non pas avec cette partie superficielle de l'intelligence que nous appliquons aux vérités évidentes — car de cette manière ils le comprennent déjà — mais avec toute l'âme et pour ainsi dire avec le corps lui-même, dans tous les moments de leur peine, qu'ils fabriquent des objets qui sont appelés par des besoins sociaux, et qu'ils ont un droit limité, mais réel, à en être fiers.

Il est vrai qu'ils ne fabriquent pas véritablement des objets tant qu'ils se bornent à répéter longtemps une combinaison de cinq ou six gestes simples toujours identique à elle-même. Cela ne doit plus être. Tant qu'il en sera ainsi, et quoi qu'on fasse, il y aura toujours au cœur de la vie sociale un prolétariat avili et haineux. Il est vrai que certains êtres humains, mentalement arriérés, sont naturellement aptes à ce genre de travail ; mais il n'est pas vrai que leur nombre soit égal à celui des êtres humains qui en fait travaillent ainsi, et il s'en faut de très loin. La preuve en est que sur cent enfants nés dans des familles bourgeoises la proportion de ceux qui, une fois hommes, ne font que des tâches machinales est bien moindre que pour cent enfants d'ouvriers, quoique la répartition des aptitudes soit en moyenne vraisemblablement la même. Le remède n'est pas difficile à trouver, du moins dans une période normale où le métal ne manque pas. Toutes les fois qu'une fabrication exige la répétition d'une combinaison d'un petit nombre de mouvements simples, ces mouvements peuvent être accomplis par une machine automatique, et cela sans aucune exception. On emploie de préférence un homme parce que l'homme est une machine qui obéit à la voix[5] et qu'il suffit à un homme de recevoir un ordre pour substituer en un moment telle combinaison de mouvements à telle autre. Mais il existe des machines automatiques à usages multiples qu'on peut également faire passer d'une fabrication à une autre en remplaçant une came par une autre. Cette espèce de machines est encore récente et peu développée ; nul ne peut prévoir jusqu'à quel point on pourra la développer si l'on s'en donne la peine. Il pourra alors apparaître des choses que l'on nommerait machines, mais qui, du point de vue de l'homme qui travaille, seraient exactement l'opposé de la plupart des machines actuellement en usage ; il n'est pas rare que le même mot recouvre des réalités contraires. Un manœuvre spécialisé n'a en partage que la répétition automatique des mouvements, pendant que la machine qu'il sert enferme, imprimée et cristallisée dans le métal, toute la part de combinaison et d'intelligence que comporte la fabrication en cours. Un tel renversement est contre nature ; c'est un crime. Mais si un homme a pour tâche de régler une machine automatique et de fabriquer les cames correspondant chaque fois aux pièces à usiner il assume d'une part une partie de l'effort de réflexion et de combinaison, d'autre part un effort manuel comportant, comme celui des artisans, une véritable habileté. Un tel rapport entre la machine et l'homme est pleinement satisfaisant.

Le temps et le rythme sont le facteur le plus important du problème ouvrier. Certes le travail n'est pas le jeu ; il est à la fois inévitable et convenable qu'il y ait dans le travail de la monotonie et de l'ennui, et d'ailleurs il n'est rien de grand sur cette terre, dans aucun domaine, sans une part de monotonie et d'ennui. Il y a plus de monotonie dans une messe en chant grégorien ou dans un concerto de Bach que dans une opérette. Ce monde où nous sommes tombés existe réellement; nous sommes réellement chair; nous avons été jetés hors de l'éternité; et nous devons réellement traverser le temps, avec peine, minute après minute. Cette peine est notre partage, et la monotonie du travail en est seulement une forme. Mais il n'est pas moins vrai que notre pensée est faite pour dominer le temps, et que cette vocation doit être préservée intacte en tout être humain. La succession absolument uniforme en même temps que variée et continuellement surprenante des jours, des mois, des saisons et des années convient exactement à notre peine et à notre grandeur. Tout ce qui parmi les choses humaines est à quelque degré beau et bon reproduit à quelque degré ce mélange d'uniformité et de variété; tout ce qui en diffère est mauvais et dégradant. Le travail du paysan obéit par nécessité à ce rythme du monde; le travail de l'ouvrier, par sa nature même, en est dans une large mesure indépendant, mais il pourrait l'imiter. C'est le contraire qui se produit dans les usines. L'uniformité et la variété s'y mélangent aussi, mais ce mélange est l'opposé de celui que procurent le soleil et les astres; le soleil et les astres emplissent d'avance le temps de cadres faits d'une variété limitée et ordonnée en retours réguliers, cadres destinés à loger une variété infinie d'événements absolument imprévisibles et partiellement privés d'ordre; au contraire l'avenir de celui qui travaille dans une usine est vide à cause de l'impossibilité de prévoir, et plus mort que du passé à cause de l'identité des instants qui se succèdent comme les tic-tac d'une horloge. Une uniformité qui imite les mouvements des horloges et non pas ceux des constellations, une variété qui exclut toute règle et par suite toute prévision, cela fait un temps inhabitable à l'homme, irrespirable.

La transformation des machines peut seule empêcher le temps des ouvriers de ressembler à celui des horloges ; mais cela ne suffit pas ; il faut que l'avenir s'ouvre devant l'ouvrier par une certaine possibilité de prévision, afin qu'il ait le sentiment d'avancer dans le temps, d'aller à chaque effort vers un certain achèvement. Actuellement l'effort qu'il est en train d'accomplir ne le mène nulle part, sinon à l'heure de la sortie, mais comme un jour de travail succède toujours à un autre, l'achèvement dont il s'agit n'est pas autre chose que la mort ; il ne peut s'en représenter un autre que sous forme de salaire, dans le cas du travail aux pièces, ce qui le contraint à l'obsession des sous. Ouvrir un avenir aux ouvriers dans la représentation du travail futur, c'est un problème qui se pose autrement pour chaque cas particulier. D'une manière générale, la solution de ce problème implique, outre une certaine connaissance du fonctionnement d'ensemble de l'usine accordée à chaque ouvrier, une organisation de l'usine comportant une certaine autonomie des ateliers par rapport à l'établissement et de chaque ouvrier par rapport à son atelier. À l'égard de l'avenir prochain, chaque ouvrier devrait autant que possible savoir à peu près ce qu'il aura à faire les huit ou quinze jours qui suivront, et même avoir un certain choix quant à l'ordre de succession des différentes tâches. À l'égard de l'avenir lointain, il devrait être en mesure d'y projetter quelques jalons, d'une manière certes moins étendue et moins précise que le patron et le directeur, mais pourtant en quelque manière analogue. De cette manière, sans que ses droits effectifs aient été le moins du monde accrus, il éprouvera ce sentiment de propriété dont le cœur de l'homme a soif, et qui, sans diminuer la peine, abolit le dégoût.

De telles réformes sont difficiles, et certaines des circonstances de la période présente en augmentent la difficulté. En revanche le malheur était indispensable pour faire sentir qu'on doit changer quelque chose. Les principaux obstacles sont dans les âmes. Il est difficile de vaincre la peur et le mépris. Les ouvriers, ou du moins beaucoup d'entre eux, ont acquis après mille blessures une amertume presque inguérissable qui fait qu'ils commencent par regarder comme un piège tout ce qui leur vient d'en haut, surtout des patrons ; cette méfiance maladive, qui rendrait stérile n'importe quel effort d'amélioration, ne peut être vaincue sans patience, sans persévérance. Beaucoup de patrons craignent qu'une tentative de réforme, quelle qu'elle soit, si inoffensive soit-elle, apporte des ressources nouvelles aux meneurs, à qui ils attribuent tous les maux sans exception en matière sociale, et qu'ils se représentent en quelque sorte comme des monstres mythologiques. Ils ont du mal aussi à admettre qu'il y ait chez les ouvriers certaines parties supérieures de l'âme qui s'exerceraient dans le sens de l'ordre social si l'on y appliquait les stimulants convenables. Et quand même ils seraient convaincus de l'utilité des réformes indiquées, ils seraient retenus par un souci exagéré du secret industriel ; pourtant l'expérience leur a appris que l'amertume et l'hostilité sourde enfoncées au cœur des ouvriers enferme de bien plus grands dangers pour eux que la curiosité des concurrents. Au reste l'effort à accomplir n'incombe pas seulement aux patrons et aux ouvriers, mais à toute la société ; notamment l'école devrait être conçue d'une manière toute nouvelle, afin de former des hommes capables de comprendre l'ensemble du travail auquel ils ont part. Non que le niveau des études théoriques doive être abaissé ; c'est plutôt le contraire ; on devrait faire bien plus pour provoquer l'éveil de l'intelligence; mais en même temps l'enseignement devrait devenir beaucoup plus concret.

Le mal qu'il s'agit de guérir intéresse aussi toute la société. Nulle société ne peut être stable quand toute une catégorie de travailleurs travaille tous les jours, toute la journée, avec dégoût. Ce dégoût dans le travail altère chez les ouvriers toute la conception de la vie, toute la vie. L'humiliation dégradante qui accompagne chacun de leurs efforts cherche une compensation dans une sorte d'impérialisme ouvrier entretenu par les propagandes issues du marxisme; si un homme qui fabrique des boulons éprouvait, à fabriquer des boulons, une fierté légitime et limitée, il ne provoquerait pas artificiellement en lui-même un orgueil illimité par la pensée que sa classe est destinée à faire l'histoire et à dominer tout. Il en est de même pour la conception de la vie privée, et notamment de la famille et des rapports entre sexes; le morne épuisement du travail d'usine laisse un vide qui demande à être comblé et ne peut l'être que par des jouissances rapides et brutales, et la corruption qui en résulte est contagieuse pour toutes les classes de la société. La corrélation n'est pas évidente à première vue, mais pourtant il y a corrélation; la famille ne sera pas véritablement respectée chez le peuple de ce pays tant qu'une partie de ce peuple travaillera continuellement avec dégoût.

Il est venu beaucoup de mal des usines, et il faut corriger ce mal dans les usines. C'est difficile; ce n'est peut-être pas impossible. Il faudrait d'abord que les spécialistes, ingénieurs et autres, aient suffisamment à cœur non seulement de construire des objets, mais de ne pas détruire des hommes. Non pas de les rendre dociles, ni même de les rendre heureux, mais seulement de ne contraindre aucun d'eux à s'avilir.

ÉMILE NOVIS

« TOUT CE
QU'ON PEUT FAIRE
PROVISOIREMENT... »

Lettre ouverte à un syndiqué

[*Entre mars 1936 — date du congrès de réunification de Toulouse — et mars 1937, la CGT passe de 785 000 adhérents à près de 4 millions. Dans ce projet d'article, Simone Weil s'adresse à l'un de ces nouveaux venus de la «ruée syndicale» (Léon Jouhaux). Elle insiste auprès des nouveaux syndiqués sur les responsabilités nées du changement dans les rapports de force en juin 1936.*]

[Novembre 1936?]

Camarade, tu es l'un des quatre millions qui sont venus rejoindre notre organisation syndicale. Le mois de juin 1936 est une date dans ta vie. Te rappelles-tu, avant? C'est loin, déjà. Ça fait mal de s'en souvenir. Mais il ne faut pas oublier. Te rappelles-tu? On n'avait qu'un droit : le droit de se taire. Quelquefois, pendant qu'on était à son boulot, sur sa machine, le dégoût, l'épuisement, la révolte, gonflaient le cœur; à un mètre de soi, un camarade subissait les mêmes douleurs, éprouvait la même rancœur, la même amertume; mais on n'osait pas échanger les paroles qui auraient pu soulager, parce qu'on avait peur.

Est-ce que tu te rappelles bien, maintenant,

comme on avait peur, comme on avait honte, comme on souffrait ? Il y en avait qui n'osaient pas avouer leurs salaires, tellement ils avaient honte de gagner si peu. Ceux qui, trop faibles ou trop vieux, ne pouvaient pas suivre la cadence du travail n'osaient pas l'avouer non plus. Est-ce que tu te rappelles comme on était obsédé par la cadence du travail ? On n'en faisait jamais assez ; il fallait toujours être tendu pour faire encore quelques pièces de plus, gagner encore quelques sous de plus. Quand, en forçant, en s'épuisant, on était arrivé à aller plus vite, le chronométreur augmentait les normes. Alors on forçait encore, on essayait de dépasser les camarades, on se jalousait, on se crevait toujours plus.

Ces sorties, le soir, tu te rappelles ? Les jours où on avait eu du «mauvais boulot». On sortait, le regard éteint, vidé, crevé. On usait ses dernières forces pour se précipiter dans le métro, pour chercher avec angoisse s'il restait une place assise. S'il en restait, on somnolait sur la banquette. S'il n'en restait pas, on se raidissait pour arriver à rester debout. On n'avait plus de force pour se promener, pour causer, pour lire, pour jouer avec ses gosses, pour vivre. On était tout juste bon pour aller au lit. On n'avait pas gagné grand-chose, en se crevant sur du «mauvais boulot» ; on se disait que si ça continuait, la quinzaine ne serait pas grosse, qu'on devrait encore se priver, compter les sous, se refuser tout ce qui pourrait détendre un peu, faire oublier.

Tu te rappelles les chefs, comment ceux qui avaient un caractère brutal pouvaient se permettre toutes les insolences ? Te rappelles-tu qu'on n'osait presque jamais répondre, qu'on en arrivait à trouver presque naturel d'être traité comme du bétail ? Combien de douleurs un cœur humain doit dévorer en silence avant d'en arriver là, les riches ne le comprendront jamais. Quand tu osais élever la voix parce qu'on t'imposait un boulot par trop dur, ou trop mal payé, ou trop d'heures supplémentaires, te rappelles-tu avec quelle brutalité on te disait : «C'est ça ou la porte»? Et, bien souvent, tu te taisais, tu encaissais, tu te soumettais, parce que tu savais que c'était vrai, que c'était ça ou la porte. Tu savais bien que rien ne pouvait les empêcher de te mettre sur le pavé comme on met un outil usé au rancart. Et tu avais beau te soumettre, souvent on te jetait quand même sur le pavé. Personne ne disait rien. C'était normal. Il ne te restait qu'à souffrir de la faim en silence, à courir de boîte en boîte à attendre debout, par le froid, sous la pluie, devant les portes des bureaux d'embauche. Tu te rappelles tout cela? Tu te rappelles toutes les petites humiliations qui imprégnaient ta vie, qui faisaient froid au cœur, comme l'humidité imprègne le corps quand on n'a pas de feu?

Si les choses ont changé quelque peu, n'oublie pourtant pas le passé. C'est dans tous ces souvenirs, dans toute cette amertume que tu dois puiser ta force, ton idéal, ta raison de vivre. Les riches et les puissants trouvent le plus souvent leur raison de vivre dans leur orgueil, les opprimés doivent trouver leur raison de vivre dans leurs hontes. Leur part est encore la meilleure, parce que leur cause est celle de la justice. En se défendant, ils défendent la dignité humaine foulée aux pieds. N'oublie jamais, rappelle-toi tous les jours que tu as ta carte syndicale dans ta poche parce qu'à l'usine tu n'étais pas traité comme un homme doit l'être, et que tu en as eu assez.

Rappelle-toi surtout, pendant ces années de souffrances trop dures, de quoi tu souffrais le plus. Tu ne t'en rendais peut-être pas bien compte, mais si tu réfléchis un moment, tu sentiras que c'est vrai. Tu souffrais surtout parce que lorsqu'on t'infligeait une humiliation, une injustice, tu étais seul, désarmé, il n'y avait rien pour te défendre. Quand un chef te brimait ou t'engueulait injustement, quand on te donnait un boulot qui dépassait tes forces, quand on t'imposait une cadence impossible à suivre, quand on te payait misérablement, quand on te jetait sur le pavé, quand on refusait de t'embaucher parce que tu n'avais pas les certificats qu'il fallait ou parce que tu avais plus de quarante ans, quand on te rayait des secours de chômage, tu ne pouvais rien faire, tu ne pouvais même pas te plaindre. Ça n'intéressait personne, tout le monde trouvait ça tout naturel. Tes camarades n'osaient pas te soutenir, ils avaient peur de se compromettre s'ils protestaient. Quand on t'avait mis à la porte d'une boîte, ton meilleur copain était quelquefois gêné d'être vu avec toi devant la porte de l'usine. Les camarades se taisaient, ils te plaignaient à peine, ils étaient trop absorbés par leurs propres soucis, leurs propres souffrances.

Comme on se sentait seul ! Tu te rappelles ? Tellement seul qu'on en avait froid au cœur. Seul, désarmé, sans recours, abandonné. À la merci des chefs, des patrons, des gens riches et puissants qui pouvaient tout se permettre. Sans droits, alors qu'eux avaient tous les droits. L'opinion publique était indifférente. On trouvait naturel qu'un patron soit maître absolu dans son usine. Maître des machines d'acier qui ne souffrent pas ; maître aussi des machines de chair, qui souffraient, mais devaient taire leurs souffrances sous peine de souffrir encore plus. Tu étais une de ces machines de chair. Tu constatais tous les jours que seuls ceux qui avaient de l'argent dans leurs poches pouvaient, dans la société capitaliste, faire figure d'hommes, réclamer des égards. Toi, on aurait ri si tu avais demandé à être traité avec égards. Même entre camarades, on se traitait souvent aussi durement, aussi brutalement qu'on était traité par les chefs. Citoyen d'une grande ville, ouvrier d'une grande usine, tu étais aussi seul, aussi impuissant, aussi peu soutenu qu'un homme dans le désert, livré aux forces de la nature. La société était aussi indifférente aux hommes sans argent que le vent, le sable, le soleil sont indifférents. Tu étais plutôt une chose qu'un homme, dans la vie sociale. Et tu en arrivais quelquefois, quand c'était trop dur, à oublier toi-même que tu étais un homme.

C'est cela qui a changé, depuis juin. On n'a pas supprimé la misère ni l'injustice. Mais tu n'es plus seul. Tu ne peux pas toujours faire respecter tes droits; mais il y a une grande organisation qui les reconnaît, qui les proclame, qui peut élever la voix et qui se fait entendre. Depuis juin, il n'y a pas un seul Français qui ignore que les ouvriers ne sont pas satisfaits, qu'ils se sentent opprimés, qu'ils n'acceptent pas leur sort. Certains te donnent tort, d'autres te donnent raison; mais tout le monde se préoccupe de ton sort, pense à toi, craint ou souhaite ta révolte. Une injustice commise envers toi peut, dans certaines circonstances, ébranler la vie sociale. Tu as acquis une importance. Mais n'oublie pas d'où te vient cette importance. Même si, dans ton usine, le syndicat s'est imposé, même si tu peux à présent te permettre beaucoup de choses, ne te figure pas que «c'est arrivé», fierté à laquelle tout homme a droit[1], mais ne tire de tes droits nouveaux aucun orgueil. Ta force ne réside pas en toi-même. Si la grande organisation syndicale qui te protège venait à décliner, tu recommencerais à subir les mêmes humiliations qu'auparavant, tu serais contraint à la même soumission, au même silence, tu en arriverais de nouveau à toujours plier, à tout supporter, à ne jamais oser élever la voix. Si tu commences à être traité en homme, tu le dois au syndicat. Dans l'avenir, tu ne mériteras d'être traité comme un homme que si tu sais être un bon syndiqué.

Être un bon syndiqué, qu'est-ce que cela veut dire ? C'est beaucoup plus peut-être que tu ne te l'imagines. Prendre la carte, les timbres, ce n'est encore rien. Exécuter fidèlement les décisions du syndicat, lutter quand il y a lutte, souffrir quand il le faut, ce n'est pas encore assez. Ne crois pas que le syndicat soit simplement une association d'intérêts. Les syndicats patronaux sont des associations d'intérêt ; les syndicats ouvriers, c'est autre chose. Le syndicalisme, c'est un idéal auquel il faut penser tous les jours, sur lequel il faut toujours avoir les yeux fixés. Être syndicaliste, c'est une manière de vivre, cela veut dire se conformer dans tout ce qu'on fait à l'idéal syndicaliste. L'ouvrier syndicaliste doit se conduire pendant toutes les minutes qu'il passe à l'usine autrement que l'ouvrier non syndiqué. Au temps où tu n'avais aucun droit, tu pouvais ne te reconnaître aucun devoir. Maintenant tu es quelqu'un, tu possèdes une force, tu as reçu des avantages ; mais en revanche tu as acquis des responsabilités. Ces responsabilités, rien dans ta vie de misère ne t'a préparé à y faire face. Tu dois à présent travailler à te rendre capable de les assumer ; sans cela les avantages nouvellement acquis s'évanouiront un beau jour comme un rêve. On ne conserve ses droits que si on est capable de les exercer comme il faut.

Remarques
sur les enseignements à tirer des
conflits du Nord

[*L'été 1936 passé, le désenchantement commence à gagner la classe ouvrière et les milieux qui ont soutenu le gouvernement de Front populaire. Outre l'opposition entre partisans et adversaires de la non-intervention en Espagne, d'autres divisions apparaissent, entre ceux qui souhaitent s'en tenir à la réalisation du programme et ceux qui attendent un changement plus radical de l'ordre social. La situation économique et financière se dégrade, le patronat veut reconquérir le terrain qu'il a perdu, les prix augmentent. Début septembre, des grèves ont lieu dans les industries textiles du Nord, dirigées par des patrons combatifs. Simone Weil demande à la CGT de l'envoyer sur place pour effectuer une enquête. Le 27 décembre 1936, elle est à Lille et rédige plusieurs textes (OC, II, 2, p. 410-421) destinés probablement à l'élaboration du rapport publié ici.*]

[Début 1937]

QUESTION DE LA DISCIPLINE,
DE LA QUALITÉ ET DU RENDEMENT

Il y a d'autant plus d'intérêt à examiner sérieusement cette question qu'elle se pose plus ou moins

pour toute l'industrie française. Dans le Nord, elle
est devenue rapidement l'objectif essentiel des
conflits. Les patrons ont lutté pour les sanctions
avec le sentiment de défendre la cause de l'autorité
dans la France entière; les ouvriers, avec le sentiment de défendre les conquêtes morales de juin
pour toute la classe ouvrière de France. Il serait
absurde de considérer, comme on l'a fait jusqu'ici
dans des déclarations officielles, que les plaintes des
patrons sont entièrement mensongères; car elles ne
le sont pas. Elles sont certes exagérées, mais elles
contiennent une part de vérité incontestable.

Il est facile de comprendre les données du problème. Avant juin, les usines vivaient sous le régime
de la terreur. Cette terreur amenait fatalement les
patrons, même les meilleurs, aux solutions de facilité. Le choix des chefs était devenu presque indifférent; ils n'avaient pas besoin de se faire respecter
parce qu'ils avaient le pouvoir de tout faire plier
devant eux; ils n'avaient même pas besoin, le plus
souvent, de compétence technique parce qu'on
poursuivait la baisse du prix de revient par l'aggravation de la cadence et la baisse du salaire. Toute
l'organisation du travail était comprise de manière
à faire appel, chez les ouvriers, aux mobiles les plus
bas, la peur, le désir de se faire bien voir, l'obsession des sous, la jalousie entre camarades. Le mois
de juin a apporté à la classe ouvrière une transformation morale qui a supprimé toutes les conditions
sur lesquelles se fondait l'organisation des usines.
Il aurait fallu procéder à une réorganisation. Les
patrons ne l'ont pas fait[1].

Le mouvement de juin a été avant tout une réaction de détente, et cette détente dure encore. La
crainte, la jalousie, la course aux primes ont disparu
dans une assez large mesure, alors que la conscience
professionnelle et l'amour du travail avaient été

considérablement affaiblis chez les ouvriers, au cours des années qui ont précédé juin, par la disqualification progressive du travail et par une oppression inhumaine qui implantait au cœur des ouvriers la haine de l'usine. Devant cette détente générale, les patrons se sont sentis paralysés parce qu'ils n'ont pas compris. Ils ont continué à faire tourner les usines en profitant des habitudes acquises ; leur seule innovation, purement négative et provoquée par la crainte, a consisté à supprimer pratiquement les sanctions, dans une plus ou moins grande mesure selon les cas, et parfois totalement. Dès lors il devenait inévitable qu'il y ait du jeu dans les rouages de transmission de l'autorité patronale, et un certain flottement dans la production.

Il s'est ainsi produit depuis juin une transformation psychologique du côté ouvrier comme du côté patronal. C'est là un fait d'une importance capitale. La lutte des classes n'est pas simplement fonction des intérêts, la manière dont elle se déroule dépend en grande partie de l'état d'esprit qui règne dans tel ou tel milieu social.

Du côté ouvrier, la nature même du travail semble avoir changé, dans une mesure plus ou moins grande selon les usines. Sur le papier, le travail aux pièces est maintenu, mais les choses se passent jusqu'à un certain point comme s'il n'existait plus ; en tout cas la cadence du travail a perdu son caractère obsédant, les ouvriers ont tendance à revenir au rythme naturel du travail. Du point de vue syndicaliste qui est le nôtre, il y a là incontestablement un progrès moral, d'autant plus que l'accroissement de la camaraderie a contribué à ce changement en supprimant, chez les ouvriers, le désir de se dépasser les uns les autres. Mais en même temps, à la faveur du relâchement de la discipline, la mentalité bien connue de l'ouvrier qui a trouvé une « planque » a pu se développer chez certains. Et ce qui, du point de vue syndicaliste, est plus grave que la diminution de la cadence, c'est qu'il y a eu incontestablement dans certaines usines diminution de la qualité du travail, du fait que les contrôleurs et vérificateurs, ne subissant plus au même degré la pression patronale et devenus sensibles à celle de leurs camarades, sont devenus plus larges pour les pièces loupées. Quant à la discipline, les ouvriers se sont senti le pouvoir de désobéir et en ont profité de temps à autre. Ils ont tendance, notamment, à refuser l'obéissance aux contremaîtres qui n'adhèrent pas à la CGT. Dans certains endroits, particulièrement à Maubeuge, des contremaîtres ont presque perdu le pouvoir de déplacer les ouvriers. Il y a eu plusieurs cas de refus d'obéissance devant lesquels la maîtrise a dû s'incliner ; il y a eu aussi des cas fréquents de réunions pendant les heures de travail, à quelques-uns, ou par équipes, ou par ateliers, et de débrayages pour des motifs insignifiants.

Les contremaîtres, habitués à commander brutalement et qui avant juin n'avaient presque jamais eu besoin de persuader, se sont trouvés tout à fait désorientés ; placés entre les ouvriers et la direction devant laquelle ils étaient responsables, mais qui ne les soutenait pas, leur situation est devenue moralement très difficile. Aussi sont-ils passés peu à peu pour la plupart, surtout à Lille, dans le camp anti-ouvrier, et cela même lorsqu'ils gardaient la carte de la CGT. À Lille, on a remarqué que vers le mois d'octobre, ils commençaient à revenir à leurs manières autoritaires d'autrefois. Quant aux directeurs et aux patrons, ils ont presque tout laissé faire, presque tout supporté passivement et sans rien dire ; mais les griefs et les rancœurs se sont accumulés dans leur esprit, et le jour où pour couronner tout le reste une grève apparemment sans objectif a éclaté, ils se sont trouvés décidés à briser le syndicat au prix de n'importe quels sacrifices. Dès lors le conflit a eu pour objectif les conquêtes mêmes de juin qu'il s'agissait d'un côté de conserver, de l'autre de détruire, alors que jusque-là ces conquêtes n'étaient même pas mises en question. Et les patrons, en voyant la misère accabler peu à peu les grévistes, ont pu se rendre compte de leur pouvoir, dont ils avaient perdu conscience depuis juin.

La désaffection des techniciens à l'égard du mouvement ouvrier est au reste une des principales causes qui ont amené le patronat à reprendre confiance dans sa propre force. Cette désaffection progressive, que l'on pouvait prévoir dès le mois de juin, qu'il était impossible d'éviter entièrement, a pris des proportions désastreuses pour le mouvement syndical. Les patrons n'ont plus peur, comme en juin, que l'usine tourne sans eux. L'expérience a été faite à Lille. Dans une usine de 450 ouvriers, le patron, ayant décidé le lock-out parce que les ouvriers ne voulaient pas permettre le renvoi du délégué syndical, a abandonné l'usine ; les techniciens et employés, tous syndiqués à la CGT, l'ont tous suivi, et les ouvriers, après avoir essayé pendant deux jours de faire marcher l'usine seuls, ont dû renoncer. Une telle expérience change d'une manière décisive le rapport des forces.

RÔLE DES DÉLÉGUÉS OUVRIERS

Les délégués ouvriers ont joué un rôle de premier plan dans cette évolution. Élus pour veiller à l'application des lois sociales, ils sont bientôt devenus un pouvoir dans les usines et se sont considérablement écartés de leur mission théorique. La cause doit en être cherchée d'une part dans la panique qui a saisi les patrons après juin et les a parfois amenés à une attitude voisine de l'abdication, d'autre part dans le cumul des fonctions propres des délégués et de fonctions syndicales qui n'ont jamais été prévues par aucun texte. Les délégués sont peu à peu apparus aux ouvriers comme une émanation de l'autorité syndicale, et les ouvriers, habitués depuis des années à l'obéissance passive, peu entraînés à la pratique de la démocratie syndicale, se sont accoutumés à recevoir leurs ordres.

L'assemblée des délégués d'une usine ou d'une localité remplace ainsi en fait dans une certaine mesure l'assemblée générale d'une part, d'autre part les organismes proprement syndicaux. C'est ainsi qu'à Maubeuge les délégués d'une usine, s'étant réunis pour examiner les moyens d'imposer aux patrons la conclusion du contrat collectif, ont envisagé de proposer à l'assemblée des délégués de Maubeuge un ralentissement général de la production ; et le lendemain un des délégués de cette usine a pris sur lui d'ordonner à son équipe de diminuer la cadence du travail. À Lille, quand le bureau du syndicat a décidé la généralisation de la grève, il a convoqué les délégués pour leur transmettre le mot d'ordre. Un délégué qui ordonne un débrayage au secteur qu'il représente est immédiatement obéi. Ainsi les délégués ont un pouvoir double ; un pouvoir vis-à-vis des patrons, parce qu'ils peuvent appuyer toutes les réclamations, même les plus infimes ou les plus absurdes, par la menace du débrayage ; vis-à-vis des ouvriers, parce qu'ils peuvent à leur choix appuyer ou non la demande de tel ou tel ouvrier, interdire ou non qu'on lui impose une sanction, parfois même demander son renvoi.

Quelques faits précis survenus à Maubeuge peuvent donner une idée des abus auxquels on arrive. Dans une usine, les délégués font sortir un syndiqué chrétien ; le directeur le fait revenir à sa place ordinaire, et les délégués, pour se venger du directeur, viennent interdire à telle ou telle équipe l'exécution d'un travail urgent. Aucune sanction n'a été prise. Ailleurs, une équipe ayant chanté l'*Internationale* sur le passage de visiteurs, le délégué, appelé au bureau pour donner des explications, fait débrayer avant de s'y rendre. Aucune sanction. Ailleurs, les délégués ordonnent une grève perlée sans consulter le syndicat. Ailleurs, les délégués font débrayer pour obtenir le renvoi de syndiqués chrétiens. Ailleurs, plusieurs délégués amènent les ouvriers à assiéger un atelier, pendant les heures de travail, pour sortir de l'usine un autre délégué, adhérent à la CGT, qu'ils accusent d'être vendu à la direction. Les délégués décident aussi de la cadence du travail, tantôt la font descendre au-dessous de ce que comporte un travail normal, tantôt la font monter au point que les ouvriers ne peuvent pas suivre.

Même là où les abus ne vont pas si loin, les délégués ont souvent tendance à accroître l'importance de leur rôle au-delà de ce qui est utile. Ils recueillent presque indistinctement les réclamations légitimes ou absurdes, importantes ou infimes, ils harcèlent la maîtrise et la direction, souvent avec la menace du débrayage à la bouche, et créent chez les chefs, sur qui pèsent déjà lourdement les préoccupations purement techniques, un état nerveux intolérable. Il y a lieu d'ailleurs de se demander s'il s'agit seulement de maladresse, ou s'il n'y a pas là quelquefois une tactique, consciente, comme semblerait l'indiquer une phrase prononcée un jour par un délégué ouvrier d'une autre région, qui se vantait de harceler son chef d'atelier tous les jours, sans répit, pour ne pas lui laisser le loisir de reprendre le dessus. D'autre part, le pouvoir que possèdent les délégués a dès à présent créé une certaine séparation entre eux et les ouvriers du rang ; de leur part la camara-

derie est mêlée d'une nuance très nette de condescendance, et souvent les ouvriers les traitent un peu
comme des supérieurs hiérarchiques. Cette séparation est d'autant plus accentuée que les délégués négligent souvent de rendre compte de leurs
démarches. Enfin, comme ils sont pratiquement
irresponsables, du fait qu'ils sont élus pour un an, et
comme ils usurpent en fait des fonctions proprement syndicales, ils en arrivent tout naturellement à
dominer le syndicat. Ils ont la possibilité d'exercer
sur les ouvriers syndiqués ou non une pression
considérable, et c'est eux qui déterminent en fait
l'action syndicale, du fait qu'ils peuvent à volonté
provoquer des heurts, des conflits, des débrayages
et presque des grèves.

CONCLUSION

Toutes ces remarques concernent le Nord, mais il
y a à coup sûr un état de choses plus ou moins général, qui se reproduit à des degrés différents un peu
dans tous les coins de la France. Il importe donc
d'en tirer quelques conclusions pratiques pour l'action syndicale.

1° L'état d'exaspération contenue et silencieuse
dans lequel se trouvent un peu partout un certain
nombre de chefs, de directeurs d'usines, de patrons,
*rend toute grève extrêmement dangereuse dans la
période actuelle.* Là où les chefs et patrons sont encore
décidés à supporter bien des choses pour éviter la
grève, il pourra se faire que la grève une fois déclen-
chée les amène brusquement à la résolution farouche
de briser le syndicat même au risque de couler leur
usine. Or quand un patron en est arrivé là, il a toujours le pouvoir de briser le syndicat en infligeant
aux ouvriers les souffrances de la faim. Il ne peut
être retenu que par la crainte d'être exproprié ; mais

cette crainte, qu'on éprouvait en juin, n'existe plus, d'une part parce qu'on sait que le gouvernement ne réquisitionne pas les usines, d'autre part parce que les patrons réussissent de mieux en mieux à séparer les techniciens des ouvriers. Même une grève en apparence victorieuse, si elle est longue, peut être funeste au syndicat, comme on l'a vu chez Sautter-Harlé, et comme on risque de le voir dans le Nord ; car le patron, après la reprise du travail, peut toujours procéder à des licenciements massifs, sans que les ouvriers, épuisés par la grève, aient la force de réagir.

Tous ces dangers sont encore bien plus grands lorsqu'il s'agit de grèves sans objectif précis, comme c'était le cas à Lille, à Pompey et à Maubeuge, grèves qui donnent aux patrons et au public l'impression d'une agitation aveugle dont on peut tout craindre et qu'il faut briser à tout prix.

La loi sur l'arbitrage obligatoire est donc dans les conditions actuelles une ressource précieuse pour la classe ouvrière, et l'action syndicale doit en ce moment tendre essentiellement à l'utiliser.

2° *Rétablir la subordination normale des délégués à l'égard du syndicat est presque devenu une question de vie ou de mort pour notre mouvement syndical.* Divers moyens peuvent être préconisés à cet effet ; il semble nécessaire de les employer tous, y compris les plus énergiques.

Le plus efficace consisterait à instituer *des sanctions syndicales*. La CGT pourrait décréter publiquement que lorsqu'un délégué demandera le renvoi d'un ouvrier, ou donnera des ordres concernant le travail, ou ordonnera un débrayage ou une grève perlée sans décision préalable et régulièrement prise du syndicat, elle réclamera automatiquement à ce délégué sa démission. On pourrait aussi obliger les délégués à faire un rapport mensuel au syndicat énumérant brièvement toutes leurs démarches auprès de la direction, et donner à tous les syndiqués la faculté de lire ce rapport. On pourrait d'une part diffuser très largement parmi les délégués et parmi tous les ouvriers des textes indiquant nettement et énergiquement les limites du rôle et du pouvoir des délégués; d'autre part porter à la connaissance des patrons que les délégués sont subordonnés à la CGT et qu'à ce titre l'organisation syndicale, à ses divers échelons, est l'arbitre naturel de tous les différends entre patrons et délégués ouvriers. Enfin la séparation morale qui tend à se créer entre délégués et ouvriers du rang semble indiquer la nécessité impérieuse de décider *la non-rééligibilité des délégués au bout d'un an.*

3° La CGT ne peut pas ignorer le problème de la discipline du travail et du rendement. Nous n'avons pas lieu d'hésiter à reconnaître que le problème se pose; ce n'est pas à nous qu'on peut reprocher le fait qu'il se pose. La classe ouvrière, au cours des années passées, n'a pas été formée par le mouvement syndical, dont on entravait l'influence par tous les moyens; elle a reçu l'empreinte que lui a imprimée le patronat par le régime et les mœurs implantés dans les usines. S'il a plu aux patrons d'instituer dans les usines un régime de travail tel que tout progrès moral de la classe ouvrière devait inévitablement troubler la production, ils en portent l'entière responsabilité; et c'est même là la meilleure marque du mal qu'ils ont fait au temps où ils étaient les maîtres.

Cependant la CGT, si elle n'est pas responsable du passé, est responsable de l'avenir en raison de la puissance qu'elle a acquise. Il se pose devant l'industrie française un problème qui n'est pas particulier à un département, à une corporation, mais qui se retrouve partout à des degrés différents. Ce problème, les patrons sont incapables de le résoudre, parce qu'ils ne sont même pas parvenus à en comprendre les données. La CGT a là une occasion unique de montrer sa capacité en s'attaquant à ce problème dans son ensemble, sur le plan national ; il y a même probablement nécessité vitale pour notre mouvement ouvrier à parvenir à une solution.

Avant juin, il y avait dans les usines un certain ordre, une certaine discipline, qui étaient fondés sur l'esclavage. L'esclavage a disparu dans une large mesure ; l'ordre lié à l'esclavage a disparu du même coup. Nous ne pouvons que nous en féliciter. Mais l'industrie ne peut pas vivre sans ordre. La question se pose donc d'un ordre nouveau, compatible avec les libertés nouvellement acquises, avec le sentiment renouvelé de la dignité ouvrière et de la camaraderie. La situation actuelle, qui reproduit exactement l'organisation périmée du travail avec les sanctions en moins, est instable et par suite grosse de conflits possibles. D'un côté les patrons, se sentant privés d'action sur leurs propres usines du fait qu'ils n'osent plus guère prendre de sanctions, cherchent par tous les moyens à reprendre des morceaux de l'autorité perdue et s'exaspèrent s'ils n'y arrivent pas ; d'autre part les ouvriers sont maintenus par ces tentatives dans une alerte continuelle et une sourde effervescence. Au reste l'absence de sanctions ne peut pas se perpétuer sans un danger grave et réel pour la production ; et il n'est même pas de l'intérêt moral de la classe ouvrière que les ouvriers se sentent irresponsables dans l'accomplissement du travail. Il faut donc obtenir une discipline, un ordre, des sanctions qui ne rétablissent pas l'arbitraire patronal d'avant juin.

La CGT peut s'appuyer d'une part sur l'autorité morale qu'elle possède auprès des ouvriers, d'autre part sur le fait que dans les circonstances actuelles il y a dans une certaine mesure coïncidence entre l'intérêt des patrons et celui du mouvement ouvrier. La stabilisation des conquêtes de juin est un moindre mal pour les patrons soucieux de l'intérêt immédiat de leurs entreprises, par rapport au désordre et aux menaces vagues qu'ils sentent peser sur eux ; pour nous, cette stabilisation est pour la période actuelle une nécessité vitale.

Dans ces conditions, n'y aurait-il pas un intérêt capital pour la CGT à prendre les mesures suivantes :

1° Mettre à l'étude dans les syndicats, dans les Fédérations, au Bureau confédéral la question d'un ordre nouveau, d'une discipline nouvelle dans les entreprises industrielles.

2° Inviter d'une part toutes les sections syndicales, d'autre part tous les patrons à transmettre au Bureau confédéral des rapports sur toutes les difficultés qui concernent les questions d'ordre, de discipline, de rendement, de qualité du travail, ces rapports étant destinés d'une part à fournir les éléments d'une étude d'ensemble, d'autre part à donner au Bureau confédéral la possibilité de fournir le cas échéant un avis motivé.

3° Inviter la Confédération générale de la production française à étudier en commun avec la CGT, toujours dans le même domaine, d'une part le problème dans son ensemble, d'autre part tous les cas particuliers présentant un certain caractère de gravité.

Principes d'un projet
pour un régime intérieur nouveau
dans les entreprises industrielles[1]

[*Le rapport précédent soulevait la question d'un « ordre nouveau compatible avec les libertés nouvellement acquises », dans les entreprises. La contribution de Simone Weil à l'examen de ce problème, dans le texte qui suit, a peut-être été soumise à René Belin.*]

[Début 1937 ?]

Nous nous trouvons en ce moment dans un état d'équilibre social instable qu'il y a lieu de transformer, si possible, pour une certaine période, en un équilibre stable. Malgré l'opposition qui existe entre les objectifs et les aspirations des deux classes en présence, cette transformation est en ce moment conforme à l'intérêt des deux parties. La classe ouvrière a un intérêt vital à assimiler les conquêtes récentes, à les fortifier, à les implanter solidement dans les mœurs. Seuls quelques fanatiques irresponsables, d'ailleurs sans influence, peuvent désirer dans la période actuelle précipiter sa marche en avant. Les patrons soucieux de l'avenir prochain de leurs entreprises ont eux aussi intérêt à cette consolidation. Ils ne pourraient revenir à l'état de choses d'il y a un an qu'au prix d'une lutte acharnée qui causerait beaucoup de dégâts, qui ruinerait beaucoup d'entreprises, qui tournerait peut-être à la guerre civile, et qui aurait cinquante pour cent de chances d'aboutir à la dépossession définitive du patronat. D'autre part un ordre nouveau, même s'il comporte de leur part certaines concessions importantes, serait de beaucoup préférable pour les patrons au désordre qui, *s'il faut les croire*, règne actuellement dans un certain nombre d'entreprises, et à l'incertitude qui les exaspère. Dans ces limites précises et sur cette base on peut concevoir pour une certaine période une collaboration constructive entre les éléments sérieux et responsables de la classe ouvrière et du patronat.

L'élaboration d'un nouveau régime intérieur des entreprises pose un problème dont les données sont déterminées en partie par le régime actuel, mais qui, dans son essence, est lié à l'existence de la grande industrie, indépendamment du régime social. Il consiste à établir un certain équilibre, dans le cadre de chaque entreprise, entre les droits que peuvent légitimement revendiquer les travailleurs en tant qu'êtres humains et l'intérêt matériel de la production. Un tel équilibre ne s'établirait automatiquement que s'il pouvait y avoir coïncidence parfaite entre les mesures à prendre en vue de ces deux objectifs ; coïncidence qui n'est concevable dans aucune hypothèse. En fait, cet équilibre ne peut jamais être fondé que sur un compromis. L'existence actuelle du régime capitaliste n'intervient dans les données du problème que pour donner un sens déterminé à la notion de l'intérêt de la production ; cet intérêt, dans le régime actuel, se mesure dans chaque entreprise par l'argent et se définit d'après les lois de l'économie capitaliste. Les patrons, en raison des avantages personnels qu'ils poursuivent, mais bien plus encore en raison de leur fonction, représentent nécessairement l'intérêt de la production ainsi défini. Ils tendent tout naturellement à faire de cet intérêt la règle unique de l'organisation des entreprises. Ils y ont à peu près complètement réussi, à la faveur de la crise, au cours des années passées. Les travailleurs, eux, tendent naturellement à faire entrer leurs droits et leur dignité d'hommes en ligne de compte. Ils ont accompli de sérieux progrès dans ce sens en juin dernier.

Il s'agit à présent de cristalliser ces progrès en un régime nouveau, qui serve la production dans toute la mesure compatible avec l'état d'esprit actuel des ouvriers, avec le sentiment renouvelé de la dignité et de la fraternité ouvrière, avec les avantages moraux acquis. Le sens dans lequel doit s'accomplir cette tentative est indiqué par la nature même du problème. Le patronat, dans sa mission de défendre la production de l'entreprise, a vu s'affaiblir entre ses mains les armes dont il disposait à l'égard des ouvriers : la terreur, l'excitation des petites jalousies, l'appel à l'intérêt personnel le plus sordide. Ce qui a été perdu de ce côté, il faut essayer de le regagner du côté des mobiles élevés auxquels le patronat s'adressait si rarement : l'amour-propre professionnel, l'amour du travail, l'intérêt pris dans la tâche bien accomplie, le sentiment de la responsabilité.

Dans ces conditions[2], l'intérêt même de la production commande d'accorder aux ouvriers des avantages moraux plus grands que ceux acquis par le mouvement de juin, tout en mettant fin par ailleurs, et d'autant plus énergiquement, à certains excès. Il faut choisir entre avoir des esclaves ou des collaborateurs. Les ouvriers ne supportent plus d'être des esclaves, mais ne se sentent pas pour autant devenus des collaborateurs. Les mobiles dégradants qui les poussaient à l'obéissance et à la production ont perdu de leur force ; les mobiles élevés, dans beaucoup de cas, ne sont pas encore entrés en jeu. Cette situation est la plus mauvaise possible pour la production.

Un exemple concret fera comprendre qu'il ne s'agit pas là d'un problème imaginaire. C'est l'exemple des suggestions. Tous les patrons savent par expérience qu'il faut beaucoup d'efforts pour provoquer des suggestions chez les ouvriers, et qu'encore on échoue le plus souvent, parce qu'on se heurte non pas seulement à de l'inertie, mais à une espèce de résistance passive. Les ouvriers répugnent pour la plupart à concourir spontanément au bon fonctionnement de l'entreprise. C'est que presque tous, même ceux qui, avant juin, étaient totalement étrangers à l'action syndicale ou politique des organisations ouvrières, sentaient confusément peser sur eux une oppression. Ils avaient le sentiment très vif qu'ils ne comptaient pas dans l'usine, qu'ils étaient de simples accessoires par rapport aux machines et aux pièces usinées. Dans leur for intérieur, ils n'acceptaient pas cet état de choses. Ils ne pouvaient protester, mais ils protestaient silencieusement en s'abstenant de faire du zèle.

Il est impossible de prévoir combien les entreprises gagneraient à ce que s'établisse dans l'ensemble du personnel un état d'esprit opposé. Elles y gagneraient certainement beaucoup. Les ouvriers, les employés, les techniciens pourraient beaucoup pour éliminer quantité de gaspillages, simplifier la fabrication, améliorer la qualité, s'ils voulaient faire cet effort.

Mais, pour qu'ils le veuillent, il faut une transformation radicale de l'atmosphère morale des entreprises. Il faut premièrement que dans le cadre du régime capitaliste, sans que la hiérarchie actuellement indispensable à la production reçoive aucune atteinte, les travailleurs puissent avoir au sein des entreprises le sentiment d'une certaine égalité, d'une certaine réciprocité dans les obligations et dans les droits, d'une certaine contrepartie à l'autorité qu'ils subissent. Ils doivent sentir au moins — c'est bien là un minimum — qu'ils comptent autant, en qualité d'êtres humains, que les machines et les produits usinés.

Il faut en second lieu que les ouvriers se sentent liés à la production par autre chose que par la préoccupation obsédante de gagner quelques sous de plus en gagnant quelques minutes sur les temps alloués. Il faut qu'ils puissent mettre en jeu les facultés qu'aucun être humain normal ne peut laisser étouffer en lui-même sans souffrir et sans se dégrader : l'initiative, la recherche, le choix des procédés les plus efficaces, la responsabilité, la compréhension de l'œuvre à accomplir et des méthodes à employer. Ce ne sera possible que si la première condition est réalisée. Le sentiment d'infériorité n'est pas favorable au développement des facultés humaines.

C'est à cette double préoccupation que répondent les indications suivantes.

DISCIPLINE DU TRAVAIL

La discipline du travail ne doit plus être unilatérale, mais reposer sur la notion d'obligations réciproques. À cette condition seulement elle peut être acceptée, et non plus simplement subie. La direction d'une entreprise a la responsabilité du matériel et de la production : à ce titre son autorité doit jouer sans aucune entrave, dans certaines limites bien définies. Mais ce n'est pas à la direction que doit être confiée la responsabilité de la partie vivante d'une entreprise ; cette responsabilité doit revenir à la section syndicale, et celle-ci doit posséder un pouvoir, également dans des limites bien définies, pour la sauvegarde des êtres humains engagés dans la production. La discipline d'une entreprise doit reposer sur la coexistence de ces deux pouvoirs.

La section syndicale doit imposer le respect de la vie et de la santé des ouvriers. Tout ouvrier doit pouvoir en appeler à elle s'il reçoit un ordre qui mette en péril sa santé ou sa vie ; soit qu'on lui impose un travail malsain, ou trop dur pour ses forces physiques, ou une cadence impliquant des risques d'accident grave, ou une méthode de travail dangereuse ; elle doit pouvoir en pareil cas, dans les circonstances graves, couvrir de son autorité un refus d'obéissance sérieusement motivé ; elle doit enfin pouvoir faire appliquer les dispositifs de sécurité et les mesures d'hygiène qu'elle juge nécessaires et empêcher d'une manière générale la cadence du travail d'atteindre une vitesse dangereuse ou épuisante. Au cas où la direction contesterait la justesse de ses décisions, elle doit être dans l'obligation de produire l'avis motivé d'hommes qualifiés choisis selon la circonstance (médecins ou techniciens).

La direction doit avoir pleine autorité, dans les limites déterminées par les droits de la section syndicale, pour veiller au respect du matériel, à la qualité et à la quantité du travail, à l'exécution des ordres. Elle doit avoir le pouvoir absolu de déplacer les ouvriers dans l'entreprise, sous la seule réserve qu'il lui serait interdit, lorsqu'un ouvrier déplacé subit de ce fait un déclassement, de mettre à sa place primitive un autre ouvrier embauché au-dehors ou pris dans une catégorie inférieure.

Ces deux autorités doivent s'appuyer l'une et l'autre, le cas échéant, par des sanctions. La direction peut prendre des sanctions pour négligence, faute professionnelle, mauvais travail ou refus d'obéir. La section syndicale à son tour doit pouvoir prendre des sanctions, soit contre la direction, soit contre les agents de maîtrise, dans le cas où ses décisions, prises dans le cadre indiqué plus haut et régulièrement motivées, n'auraient pas été exécutées et où il en serait résulté un dommage effectif ou un danger sérieux.

Le mode d'application des sanctions pourrait être déterminé comme suit. La personne menacée de sanction pourrait toujours en appeler devant une commission tripartite (ouvriers, techniciens, patrons) fonctionnant pour un groupe d'entreprises ; et au cas où cette commission ne serait pas unanime, en appeler de nouveau devant un expert nommé d'une manière permanente par les fédérations ouvrière ou patronale, ou, à leur défaut, par le gouvernement. Toute sanction confirmée serait automatiquement aggravée d'une manière considérable, toute sanction non confirmée vaudrait une amende à la partie qui l'aurait proposée.

Les sanctions seraient d'une part pour l'ensemble du personnel salarié le déclassement temporaire ou définitif, la mise à pied, le renvoi ; d'autre part pour la maîtrise et la direction le blâme, des amendes, et en cas de faute très grave, notamment de faute très grave ayant entraîné une mort, l'interdiction définitive d'exercer un commandement industriel.

En aucun cas des actes commis au cours d'une grève ne peuvent être l'objet de sanctions, non plus que la grève elle-même. Si des violences se sont produites pendant une grève, elles relèvent de la correctionnelle, mais les condamnations en correctionnelle ne doivent pas rompre le contrat de travail, sauf le cas de longues peines de prison sans sursis.

LICENCIEMENTS

Les conditions actuelles du fonctionnement des entreprises ne permettent pas d'ôter aux patrons la possibilité de licencier des ouvriers soit pour réorganisation technique de l'entreprise, soit pour manque de travail. Mais il faut admettre aussi que le respect de la vie humaine doit limiter le pouvoir de prendre une mesure aussi grave, qui risque de briser une existence.

On peut admettre le compromis suivant. Le patron qui licencie un ouvrier a le devoir de lui chercher au préalable une place dans une autre entreprise. Il pourra prendre des mesures de licenciement sans rendre de compte à personne sauf les trois cas suivants :

1º Si l'ouvrier licencié est un responsable syndical.

2º Si le patron qui le licencie lui fournit une place inacceptable pour des raisons graves.

3º Si le patron le licencie sans pouvoir lui indiquer une autre place.

Dans chacun de ces trois cas, l'ouvrier licencié pourra obliger le patron à soumettre la mesure de licenciement au contrôle d'experts nommés par le gouvernement et la CGT. Ceux-ci examinent notamment si le licenciement n'aurait pas pu être évité par la répartition des heures de travail. S'ils tombent d'accord pour juger que le licenciement n'est pas justifié, le patron devra, après avoir reçu leur avis motivé, reprendre le ou les ouvriers en cause.

Lorsqu'un patron aura licencié un ouvrier, il ne pourra plus embaucher personne, soit dans la même profession, soit comme manœuvre, sans avoir fait d'abord appel à lui. La section syndicale doit avoir les pouvoirs nécessaires pour contrôler l'application de cette règle.

FORMATION PROFESSIONNELLE

La formation professionnelle des ouvriers a été complètement négligée par le patronat toutes ces dernières années. Il en est résulté la situation où nous nous trouvons présentement. La valeur professionnelle de la classe ouvrière française a été amoindrie par cette négligence. La CGT est prête à étudier avec le CGPF et le gouvernement la question de la formation professionnelle des jeunes et des adultes et de la rééducation professionnelle des chômeurs.

RÉGIME DU TRAVAIL

Parallèlement à l'organisation générale de la formation professionnelle, il faut prendre progressivement, dans les entreprises, les mesures propres à intéresser les ouvriers à leur travail autrement que par l'appât du gain.

Les ouvriers ne doivent plus ignorer ce qu'ils fabriquent, usiner une pièce sans savoir où elle ira ; il faut leur donner le sentiment de collaborer à une œuvre, leur donner la notion de la coordination des travaux. Le meilleur moyen serait peut-être d'organiser le samedi des visites de l'entreprise, par équipes, avec autorisation, pour les ouvriers, d'emmener leur famille, et sous la conduite du technicien qualifié capable de faire un exposé simple et intéressant. Il serait bon également de rendre compte aux ouvriers de toutes les innovations, fabrications nouvelles, changements de méthode, perfectionnements techniques. Il faut leur donner le sentiment que l'entreprise vit, et qu'ils participent à cette vie. La direction et la section syndicale doivent collaborer d'une manière permanente à cet effet.

Il faut aussi chercher d'autres moyens de stimuler les suggestions que les primes classiques. De suggestions qui comportent pour l'usine un avantage permanent, il semble normal que les ouvriers tirent aussi une récompense permanente. On peut imaginer toutes sortes de modalités. Par exemple des diminutions de la cadence ou des améliorations dans les mesures d'hygiène pour les ateliers qui auraient fourni des suggestions intéressantes ; la suppression totale du travail aux pièces, remplacé par le travail à l'heure aux taux horaire moyen, pour les ateliers qui feraient preuve dans ce domaine d'une activité intellectuelle constante, etc. Dans la recherche des modes de travail et de rétribution propres à stimuler chez les ouvriers les mobiles les plus élevés sans nuire au rendement global, et à leur donner le maximum de liberté sans nuire à l'ordre, la direction et la section syndicale doivent aussi collaborer d'une manière permanente. Sur ce terrain, l'expérience seule décide, et les initiatives les plus hardies sont les meilleures. La section syndicale d'une entreprise doit toujours pouvoir réclamer la mise à l'essai de toute méthode ayant fait ses preuves dans une entreprise analogue.

Méditations sur un cadavre

[*Le 22 juin 1937, Léon Blum a remis la démission de son gouvernement au Président de la République. Une variante de ce projet d'article a été reproduite dans* EHP, *p. 403-407, puis dans* OC, II, 3, *p. 288-290.*]

[Juin ou juillet 1937]

Le gouvernement de juin 1936 n'est plus. Libérés les uns et les autres de nos obligations de partisans ou d'adversaires envers cette chose à présent défunte, soustraite à l'actualité, devenue aussi étrangère à nos préoccupations d'avenir que la constitution d'Athènes, tirons du moins des leçons de cette brève histoire, qui a été un beau rêve pour beaucoup, un cauchemar pour quelques-uns.

Rêve ou cauchemar, il y a eu quelque chose d'irréel dans l'année qui vient de s'écouler. Tout y a reposé sur l'imagination. Qu'on se rappelle avec un peu de sang-froid cette histoire prodigieuse, si proche encore, et déjà, hélas, si lointaine. Entre le mois de juillet 1936 et, par exemple, le mois de février de la même année, quelle différence y avait-il dans les données réelles de la vie sociale ? Presque aucune ; mais une transformation totale dans les sentiments, comme pour ce crucifix de bois qui exprime la séré-

nité ou l'agonie selon qu'on le regarde d'un point ou
d'un autre. Le pouvoir semblait avoir changé de
camp, simplement parce que ceux qui, en février, ne
parlaient que pour commander, se croyaient encore
trop heureux, en juillet, qu'on leur reconnût le droit
de parler pour négocier ; et ceux qui, au début de
l'année, se croyaient parqués pour la vie dans la catégorie des hommes qui n'ont que le droit de se taire,
se figurèrent quelques mois plus tard que le cours
des astres dépendait de leurs cris.

L'imagination est toujours le tissu de la vie sociale
et le moteur de l'histoire. Les vraies nécessités, les
vrais besoins, les vraies ressources, les vrais intérêts
n'agissent que d'une manière indirecte, parce qu'ils
ne parviennent pas à la conscience des foules. Il faut
de l'attention pour prendre conscience des réalités
même les plus simples, et les foules humaines ne
font pas attention. La culture, l'éducation, la place
dans la hiérarchie sociale ne font à cet égard qu'une
faible différence. Cent ou deux cents chefs d'industrie assemblés dans une salle font un troupeau à peu
près aussi inconscient qu'un meeting d'ouvriers
ou de petits commerçants. Celui qui inventerait une
méthode permettant aux hommes de s'assembler
sans que la pensée s'éteigne en chacun d'eux produirait dans l'histoire humaine une révolution comparable à celle apportée par la découverte du feu, de la
roue, des premiers outils. En attendant, l'imagination est et restera dans les affaires des hommes un
facteur dont l'importance réelle est presque impossible à exagérer. Mais les effets qui peuvent en résul-
ter sont bien différents selon qu'on manie ce facteur
de telle ou telle manière, ou bien qu'on néglige
même de le manier. L'état des imaginations à tel
moment donne les limites à l'intérieur desquelles
l'action du pouvoir peut s'exercer efficacement à ce
moment et mordre sur la réalité. Au moment sui-

vant, les limites se sont déjà déplacées. Il peut arriver que l'état des esprits permette à un gouvernement de prendre une certaine mesure trois mois avant qu'elle ne devienne nécessaire, alors qu'au moment où elle s'impose l'état des esprits ne lui laisse plus passage. Il fallait la prendre trois mois plus tôt. Sentir, percevoir perpétuellement ces choses, c'est savoir gouverner.

Le cours du temps est l'instrument, la matière, l'obstacle de presque tous les arts. Qu'entre deux notes de musique une pause se prolonge un instant de plus qu'il ne faut, que le chef d'orchestre ordonne un crescendo à tel moment et non une minute plus tard, et l'émotion musicale ne se produit pas. Qu'on mette dans une tragédie à tel moment une brève réplique au lieu d'un long discours, à tel autre un long discours au lieu d'une brève réplique, qu'on place le coup de théâtre au troisième acte au lieu du quatrième, et il n'y a plus de tragédie. Le remède, l'intervention chirurgicale qui sauve un malade à telle étape de sa maladie aurait pu le perdre quelques jours plut tôt. Et l'art de gouverner serait seul soustrait à cette condition de l'opportunité ? Non, il y est astreint plus qu'aucun autre. Le gouvernement aujourd'hui défunt ne l'a jamais compris. Sans même parler de la sincérité, de la sensibilité, de l'élévation morale qui rendent Léon Blum cher, à juste titre, à ceux que n'aveugle pas le parti pris, où trouverait-on, dans les sphères politiques françaises, un homme d'une pareille intelligence ? Et pourtant l'intelligence politique lui fait défaut. Il est comme ces auteurs dramatiques qui ne conçoivent leurs ouvrages que sous la forme du livre imprimé ; leurs pièces de théâtre ne passent jamais la rampe, parce que les choses qu'il faut ne sont jamais dites au moment qu'il faut. Ou comme ces architectes qui savent faire sur le papier de beaux dessins, mais non conformes aux lois des matériaux de construction. On croit d'ordinaire définir convenablement les gens de ce caractère en les traitant de purs théoriciens. C'est inexact. Ils pèchent non par excès, mais par insuffisance de théorie. Ils ont omis d'étudier la matière propre de leur art.

La matière propre de l'art politique, c'est la double perspective, toujours instable, des conditions réelles d'équilibre social et des mouvements d'imagination collective. Jamais l'imagination collective, ni celle des foules populaires ni celle des dîners en smoking, ne porte sur les facteurs réellement décisifs de la situation sociale donnée ; toujours ou elle s'égare, ou retarde, ou avance. Un homme politique doit avant tout se soustraire à son influence, et la considérer froidement du dehors comme un courant à employer en qualité de force motrice. Si des scrupules légitimes lui défendent de provoquer des mouvements d'opinion artificiellement et à coups de mensonges, comme on fait dans les États totalitaires et même dans les autres, aucun scrupule ne peut l'empêcher d'utiliser des mouvements d'opinion qu'il est impuissant à rectifier. Il ne peut les utiliser qu'en les transposant. Un torrent ne fait rien, sinon creuser un lit, charrier de la terre, parfois inonder ; qu'on y place une turbine, qu'on relie la turbine à un tour automatique, et le torrent fera tomber des petites vis d'une précision miraculeuse. Mais la vis ne ressemble nullement au torrent. Elle peut sembler un résultat insignifiant au regard de ce formidable fracas ; mais quelques-unes de ces petites vis placées dans une grosse machine pourront permettre de soulever des rochers qui résistaient à l'élan du torrent. Il peut arriver qu'un grand mouvement d'opinion permette d'accomplir une réforme en apparence sans rapport avec lui, et toute petite, mais qui serait impossible sans lui. Réciproquement il peut arriver que faute d'une toute petite réforme un grand mouvement d'opinion se brise et passe comme un rêve.

Pour prendre un exemple parmi bien d'autres, au mois de juin 1936, parce que les usines étaient occupées et que les bourgeois tremblaient au seul mot de soviet, il était facile d'établir la carte d'identité fiscale et toutes les mesures propres à réprimer les fraudes et l'évasion des capitaux, bref d'imposer jusqu'à un certain point le civisme en matière financière. Mais ce n'était pas encore indispensable, et l'occupation des usines accaparait l'attention du gouvernement comme celle des multitudes ouvrières et bourgeoises. Quand ces mesures sont apparues comme la dernière ressource, le moment de les imposer était passé. Il fallait prévoir. Il fallait profiter du moment où le champ d'action du gouvernement était plus large qu'il ne pouvait jamais l'être par la suite pour faire passer au moins toutes les mesures sur lesquelles avaient trébuché les gouvernements de gauche précédents, et quelques autres encore. C'est là que se reconnaît la différence entre l'homme politique et l'amateur de politique. L'action méthodique, dans tous les domaines, consiste à prendre une mesure non au moment où elle doit être efficace, mais au moment où elle est possible en vue de celui où elle sera efficace. Ceux qui ne savent pas ruser ainsi avec le temps, leurs bonnes intentions sont de la nature de celles qui pavent l'enfer.

Parmi tous les phénomènes singuliers de notre époque, il en est un digne d'étonnement et de méditation ; c'est la social-démocratie. Quelles différences n'y a-t-il pas entre les divers pays européens, entre les divers moments critiques de l'histoire récente, entre les diverses situations ! Cependant, presque partout, la social-démocratie s'est montrée identique à elle-même, parée des mêmes vertus, rongée des mêmes faiblesses. Toujours les mêmes excellentes intentions qui pavent si bien l'enfer, l'enfer des camps de concentration. Léon Blum est un homme d'une intelligence raffinée, d'une grande culture ; il aime Stendhal, il a sans doute lu et relu *La Chartreuse de Parme* ; il lui manque cependant cette pointe de cynisme indispensable à la clairvoyance. On peut tout trouver dans les rangs de la social-démocratie sauf des esprits véritablement libres. La doctrine est cependant souple, sujette à autant d'interprétations et modifications qu'on voudra ; mais il n'est jamais bon d'avoir derrière soi une doctrine, surtout quand elle enferme le dogme du progrès, la confiance inébranlable dans l'histoire et dans les masses. Marx n'est pas un bon auteur pour former le jugement ; Machiavel vaut infiniment mieux [1].

La condition ouvrière

[*Après expiration d'un congé de maladie d'un an, Simone Weil a demandé et obtenu, pour l'année scolaire 1937-1938, un poste au lycée de Saint-Quentin, ville ouvrière, pas trop éloignée de Paris.*

Les Nouveaux Cahiers *avaient consacré plusieurs articles à la condition ouvrière dans différents pays, et Simone Weil, sans doute à la demande d'Auguste Detœuf, écrivit cet article de synthèse, qu'elle a daté et signé. Il ne parut pas tel quel dans la revue, mais servit de base aux «Conclusions» publiées — sans nom d'auteur — dans la livraison du 15 novembre 1937 (voir* SP*, p. 438).*]

30 septembre 1937

Les études précédemment parues concernant la condition ouvrière dans divers pays indiquent assez, quand on les compare, quelle distance sépare des hommes qui portent tous le même nom d'ouvriers. Encore péchaient-elles gravement par abstraction; car d'une profession à l'autre, d'une ville à une autre, et même d'un coin à l'autre d'une même usine, que de différences! À plus forte raison d'un pays à un autre. Tous les ouvriers travaillent soumis à des ordres, assujettis à un salaire; pourtant y a-t-il plus que le nom de commun entre un ouvrier japonais ou indochinois et un ouvrier suédois ou un ouvrier français d'après juin 1936 ? Je dis d'après juin 1936, car au cours des sombres années qui ont précédé, la condition matérielle et morale des ouvriers français tendait cruellement à se rapprocher des pires formes du salariat.

L'examen de ces différences suggère qu'elles pourraient sans doute aller plus loin encore. Des hommes pourraient aller plus loin dans la misère et l'esclavage, plus loin dans le bien-être et l'indépendance que ne vont les plus malheureux et les moins malheureux des ouvriers, et porter encore le nom d'ouvriers, le nom de salariés. C'est à quoi on devrait de tous côtés faire plus attention. Les uns, qui méprisent les réformes comme une forme d'action lâche et peu efficace, réfléchiraient qu'il vaut mieux changer les choses que les mots, et que les grands bouleversements changent surtout les mots. Les autres, qui haïssent les réformes comme utopiques et dangereuses, s'apercevraient qu'ils croient à des fatalités illusoires, et que les larmes, l'épuisement, le désespoir ne sont peut-être pas aussi indispensables à l'ordre social qu'ils se l'imaginent.

Il est vrai pourtant qu'il y a, dans les formes les plus élevées de la condition ouvrière, quelque chose de singulièrement instable ; elles comportent peu de sécurité. Autour d'elles les flots de la misère générale agissent comme une mer qui ronge des îlots. Les pays où les travailleurs sont misérables exercent par leur seule existence une pression perpétuelle sur les pays de progrès social pour y atténuer les progrès ; et sans doute la pression inverse s'exerce aussi, mais apparemment beaucoup plus faible, car la première pression a pour mécanisme le jeu des échanges économiques, et la seconde la contagion sociale. Au reste quand le progrès social a pris la

forme d'un bouleversement révolutionnaire, il en
est encore exactement de même; ou plutôt le peuple
d'un État révolutionnaire semble être à l'égard de ce
phénomène encore plus vulnérable et plus désarmé
que tout autre. Il y a là un obstacle considérable
à l'amélioration du sort des travailleurs. Beaucoup,
trompés par des espérances enivrantes, ont le tort
de l'oublier. D'autres, mus par des espérances moins
généreuses, ont le tort de confondre cet obstacle
avec ceux qui tiennent à la nature des choses.

Cette dernière erreur est entretenue par une certaine confusion de langage. On parle sans cesse,
actuellement, de la production. Pour consommer, il
faut d'abord produire, et pour produire il faut travailler. Voilà ce que, depuis juin 1936, on entend
répéter partout, du *Temps* jusqu'aux organes de la
CGT, et ce qu'on n'entend, bien entendu, contester
nulle part, sinon par ceux que font rêver les formes
modernes du mythe du mouvement perpétuel. C'est
là, en effet, un obstacle au développement général
du bien-être et des loisirs et qui tient à la nature des
choses. Mais par lui-même il n'est pas aussi grand
qu'on l'imagine d'ordinaire. Car seul est nécessaire
à produire ce qu'il est nécessaire de consommer;
ajoutons-y encore l'utile et l'agréable, à condition
qu'il s'agisse de véritable utilité et de plaisirs purs. À
vrai dire, la justice ne trouve pas son compte dans le
spectacle de milliers d'hommes peinant pour procurer à quelques privilégiés des jouissances délicates;
mais que dire des travaux qui accablent une multitude de malheureux sans même procurer aux privilégiés grands et petits de vraie satisfaction? Et
combien ces travaux ne tiennent-ils pas de place
dans notre production totale, si l'on osait faire le
compte?

Pourtant de tels travaux sont, eux aussi, nécessaires, d'une nécessité qui tient non à la nature des

choses, mais aux rapports humains[1] ; inutiles à tous, ils sont nécessaires en chaque endroit du fait qu'on s'y livre partout ailleurs. La discrimination entre ces deux espèces de nécessités, la véritable et la fausse, n'est pas toujours aisée ; mais il existe pour elle un critérium sûr. Il est des produits dont la disette dans un pays est d'autant plus grave qu'elle s'étend aussi au reste du globe ; pour d'autres, la disette présente d'autant moins d'inconvénients qu'elle est plus générale. On peut ainsi distinguer grossièrement deux classes de travaux.

Si la récolte du blé diminuait en France de moitié, par suite de quelque fléau, les Français devraient mettre tout leur espoir dans une surabondance de blé au Canada ou ailleurs ; leur détresse deviendrait irrémédiable si la récolte avait en même temps diminué de moitié dans le monde entier. Au contraire, que le rendement des usines de guerre françaises diminue un beau jour de moitié, il n'en résultera pour la France aucun dommage, pourvu que pareille diminution ait lieu dans toutes les usines de guerre du monde. Le blé d'une part, la production de guerre de l'autre, constituent des exemples parfaits pour l'opposition qu'il s'agit d'illustrer. Mais la plupart des produits participent, à des degrés différents, de l'une et de l'autre catégorie. Ils servent pour une part à être consommés, et pour une part, soit à la guerre, soit à cette lutte analogue à la guerre qu'on appelle concurrence. Si l'on pouvait tracer un schéma figurant la production actuelle et illustrant cette division, on mesurerait exactement, au jour le jour, combien de sueur et de larmes les hommes ajoutent à la malédiction originelle.

Prenons l'exemple de l'automobile. Dans l'état actuel des échanges, l'automobile est un instrument de transport qui ne pourrait être supprimé sans graves désordres ; mais la quantité d'automobiles

qui sort tous les jours des usines dépasse de beaucoup celle au-dessous de laquelle ces désordres se
produiraient. Pourtant, une diminution considérable du rendement du travail dans ces usines aurait
des effets désastreux, car les automobiles anglaises,
italiennes, américaines, plus abondantes et moins
chères, envahiraient le marché et provoqueraient
faillite et chômage. C'est qu'une automobile ne sert
pas seulement à rouler sur une route, elle est aussi
une arme dans la guerre permanente que mènent
entre elles la production française et celle des
autres pays. Les barrières douanières, on le sait trop,
sont des moyens de défense peu efficaces et dangereux.

Imaginons à présent la semaine de trente heures
établie dans toutes les usines d'automobiles du
monde, ainsi qu'une cadence de travail moins
rapide. Quelles catastrophes en résultera-t-il ? Pas
un enfant n'aura moins de lait, pas une famille
n'aura plus froid, et même, vraisemblablement, pas
un patron d'usine d'automobiles n'aura une vie
moins large. Les villes deviendront moins bruyantes,
les routes retrouveront quelquefois le bienfait du
silence. À vrai dire, dans de telles conditions, beaucoup de gens seraient privés du plaisir de voir défiler
les paysages à une cadence de cent kilomètres à
l'heure ; en revanche des milliers, des milliers et des
milliers d'ouvriers pourraient enfin respirer, jouir du
soleil, se mouvoir au rythme de la respiration, faire
d'autres gestes que ceux imposés par des ordres ;
tous ces hommes, qui mourront, connaîtraient de la
vie, avant de mourir, autre chose que la hâte verti-
gineuse et monotone des heures de travail, l'accablement des repos trop brefs, la misère insondable
des jours de chômage et des années de vieillesse. Il
est vrai que les statisticiens, en comparant les autos,
trouveraient qu'on a reculé dans la voie du progrès[2].

La rivalité militaire et économique est aujour-
d'hui, et restera vraisemblablement un fait qu'on
ne peut éliminer que dans la composition d'idylles ;
il n'est pas question de supprimer la concurrence
dans ce pays, à plus forte raison dans le monde. Ce
qui apparaît comme éminemment souhaitable, ce
serait d'ajouter au jeu de la concurrence quelques
règles. La résistance de la tôle au découpage ou à
l'emboutissage est à peu près la même dans toutes
les usines de mécanique du monde ; si on pouvait en
dire autant de la résistance ouvrière à l'oppression,
aucun des effets heureux de la concurrence ne dis-
paraîtrait, et que de difficultés évanouies !

Dans le mouvement ouvrier, cette nécessité
d'étendre au monde entier les conquêtes ouvrières
de chaque pays socialement avancé est passée
depuis longtemps au rang de lieu commun. Après la
guerre, la lutte de tendances roulait essentiellement sur la question de savoir s'il fallait chercher à
assurer cette extension au moyen de la révolution
mondiale ou au moyen du Bureau International du
Travail. On ne sait pas ce qu'aurait donné la révolution mondiale, mais le BIT, il faut le reconnaître,
n'a pas réussi brillamment.

À première vue, on pourrait supposer que lorsqu'un pays a réalisé des progrès sociaux qui le com-
promettent dans la lutte économique, toutes les
classes sociales de ce pays doivent, ne serait-ce que
par intérêt, unir leurs efforts pour donner aux
réformes accomplies la plus grande extension possible en dehors des frontières. Il n'en est pourtant
pas ainsi. Les feuilles les plus respectables de chez
nous, généralement considérées comme les porte-
parole de la haute bourgeoisie, répètent à satiété
que la réforme des quarante heures sera admirable
si elle devient internationale, ruineuse si elle reste
seulement française ; cela n'a pas empêché, sauf

erreur, certains de nos représentants patronaux à Genève de voter contre les quarante heures.

Pareilles choses n'auraient pas lieu si les hommes n'étaient menés que par l'intérêt; mais à côté de l'intérêt, il y a l'orgueil. Il est doux d'avoir des inférieurs; il est pénible de voir des inférieurs acquérir des droits, même limités, qui établissent entre eux et leurs supérieurs, à certains égards, une certaine égalité. On aimerait mieux leur accorder les mêmes avantages, mais à titre de faveur; on aimerait mieux, surtout, parler de les accorder. S'ils ont enfin acquis des droits, on préfère que la pression économique de l'étranger vienne les miner, non sans dégâts de toutes sortes, plutôt que d'en obtenir l'extension hors des frontières. Le souci le plus pressant de beaucoup d'hommes situés plus ou moins haut sur l'échelle sociale est de maintenir leurs inférieurs «à leur place». Non sans raison après tout; car s'ils quittent une fois «leur place», qui sait jusqu'où ils iront?

L'internationalisme ouvrier devrait être plus efficace; malheureusement on ne se tromperait pas de beaucoup en le comparant à la jument de Roland, qui avait toutes les qualités sauf celle d'exister[3]. Même l'Internationale socialiste d'avant-guerre était surtout une façade, et la guerre l'a bien montré. À plus forte raison n'y a-t-il jamais eu, dans l'Internationale syndicale, si cruellement mutilée aujourd'hui du fait des États dictatoriaux, ni action concertée ni même contact permanent entre les différents mouvements nationaux. Sans doute, dans les grands moments, l'enthousiasme déborde les frontières; on a pu le constater en ce mois épique de juin 1936, et on a vu l'occupation des usines non seulement s'essayer en Belgique, mais encore enjamber l'océan et trouver aux États-Unis une extension inattendue. Sans doute aussi on a vu parfois une grande lutte ouvrière partiellement alimentée par des souscriptions venues de l'étranger. Néanmoins il n'y a pas de stratégie concertée, les états-majors n'unissent pas leurs armes et ne mettent pas d'unité dans leurs revendications ; on constate souvent même une ignorance surprenante à l'égard de ce qui se passe hors du territoire national. L'internationalisme ouvrier est jusqu'ici plus verbal que pratique.

Quant au gouvernement, son action serait décisive en cette matière, s'il agissait. Car un certain nivellement dans les conditions d'existence des ouvriers des différents pays — nivellement vers le haut, si l'on peut ainsi parler — ne peut guère être conçu que comme un élément dans ce fameux règlement général des problèmes économiques mondiaux que chacun reconnaît comme indispensable à la paix et à la prospérité, mais qu'on n'aborde jamais. Réciproquement, l'action ouvrière sera, par un triste paradoxe, et malgré les doctrines internationales, un obstacle à la détente des rapports internationaux aussi longtemps qu'on se laissera vivre dans la déplorable incurie actuelle.

C'est ainsi que les ouvriers français redouteront toujours de voir pénétrer en France les travailleurs des pays surpeuplés aussi longtemps que les étrangers y seront légalement abaissés à une situation de parias, privés de toute espèce de droits, impuissants à participer à la moindre action syndicale sans risquer la mort lente par la misère, expulsables à merci. Le progrès social dans un pays a comme conséquence paradoxale la tendance à fermer les frontières aux produits et aux hommes. Si les pays de dictature se replient sur eux-mêmes par obsession guerrière, et si les pays les plus démocratiques les imitent, non seulement parce qu'ils sont contaminés par cette obsession, mais aussi du fait même des progrès accomplis par eux, que pouvons-nous espérer ?

Toutes les considérations d'ordre national et

international, économique et politique, technique
et humanitaire, se joignent pour conseiller de chercher à agir. D'autant que les réformes accomplies
en juin 1936, et qui, s'il faut en croire certains, mettent notre économie en péril, ne sont qu'une petite
partie des réformes immédiatement souhaitables.
Car la France n'est pas seulement une nation ; elle
est un Empire ; et une multitude de misérables, nés
par malheur pour eux avec une peau d'une couleur
différente de la nôtre, avaient mis de telles espérances dans le gouvernement de mai 1936 qu'une si
longue attente, si elle reste déçue, risque de nous
amener un de ces jours des difficultés graves et san-
glantes.

S. WEIL

La classe ouvrière
et le Statut du Travail

[*En janvier 1938, le gouvernement conduit par Camille Chautemps présente au Parlement un projet de « Statut moderne du travail ». Ce projet concerne l'embauchage et le débauchage, le statut des délégués du personnel, les conventions collectives, les procédures d'arbitrage et de surarbitrage, le statut de la grève et le placement des travailleurs. Accueilli fraîchement par la CGT et critiqué par les syndicalistes révolutionnaires, le projet, après plusieurs navettes entre les deux chambres, ne sera pas voté. Il restera seulement une loi sur la conciliation et l'arbitrage, adoptée par le Parlement le 4 mars.*

Simone Weil a probablement lu l'article de Maurice Chambelland, « Les deux duperies du statut moderne du travail » (La Révolution prolétarienne, 10 février 1937) avant de rédiger ce projet d'article (voir OC, II, 3, p. 263).]

[Fin février 1938]

Juin 1936 a marqué une date dans l'histoire des ouvriers français et de la CGT. Février 1938, à ce que je crois, marquera aussi une date, à cause de la discussion du Statut du Travail. Juin 1936-février 1938 ; un an et neuf mois. L'espace d'un beau rêve, mais court.

Juin 1936 a été un moment d'exaltation, d'enthousiasme qui a transformé, éclairé toute l'atmosphère
de la vie sociale ; ceux qui n'y ont vu qu'un mouvement
revendicatif n'ont pas sans doute apprécié cet élan
à sa valeur. Mais ceux qui, grisés par l'ambiance, se
sont crus au départ de quelque chose de grand,
se sont trompés plus lourdement. Ce mouvement ne
contenait pas de grandes promesses d'avenir, parce
qu'il était facile. Il faut dire la vérité. Durant la
période de prospérité des années 1927-1930, les
ouvriers français, qui se seraient trouvés bien placés
pour la lutte, se sont laissé bercer par les bons
salaires et la prospérité ; ils ont négligé les organisations syndicales, ils ont laissé le patronat, dans les
entreprises grandes et moyennes, accélérer la cadence
du travail, renforcer les procédés de rationalisation,
avec tout ce qu'une telle transformation peut comporter d'avilissement croissant pour les travailleurs,
d'autorité croissante pour la maîtrise. La crise venue,
les ouvriers ont plié sous la force brutale ; ils ont subi
diminution sur diminution des salaires, accélération
sur accélération du travail, et toutes sortes de menues
brimades durement ressenties. Murmurer était une
hardiesse qu'on ne se permettait guère. Vint 1936,
avec une légère esquisse de reprise économique ;
vint la victoire électorale du parti socialiste. D'un
jour à l'autre, les usines sont occupées ; les patrons,
qui n'avaient rien prévu, en proie à la plus folle
panique, les ouvriers, la veille méprisés comme
esclaves, n'entendent plus que flatteries de tous
côtés. Il n'y a pas eu lutte. La police restait invisible ;
il n'y avait pas de jaunes ; les bourgeois se tenaient
cois. Les ouvriers ont passé sur les machines des
nuits peu confortables, mais ils n'ont pas eu faim.

Cette victoire a été moins une victoire qu'un conte
de fées. Personne ne savait ce qui était changé ; mais
tout était changé. Entre mars et juillet 1936, des

années semblaient s'être écoulées. Aussi personne ou presque ne se posait aucun problème. Les ouvriers, déjà oublieux des humiliations subies en silence si peu de temps auparavant, se crurent — du moins un certain nombre d'entre eux — la classe dominante du pays, pour toujours et pour ainsi dire de droit divin. Ils ne se demandèrent pas, non pas même les militants, quelles réformes pourraient affirmer leur force ; ils se sentaient forts, et ne croyaient pas qu'ils cesseraient un jour de l'être.

Aujourd'hui, que s'est-il passé ? Quand les choses ont-elles changé ? Personne ne pourrait le dire au juste, mais le conte de fées est loin. Aucune loi n'a encore été abrogée depuis l'été de 1936. Mais la force a tout doucement, sans bruit, changé de côté, et un de ces jours nous n'aurons plus qu'à ouvrir les yeux pour voir devant nous le fait le plus dur à admettre : la faiblesse de la classe ouvrière. Victorieuse sans combat ou presque, nous sommes sur le point, semble-t-il, de la voir vaincue sans combat.

Elle le sera si le Statut du Travail est adopté tel ou à peu près tel que le propose le gouvernement, et effectivement appliqué.

À propos du syndicalisme
«unique, apolitique, obligatoire»

[*Le 15 février 1938, les* Nouveaux Cahiers *publient partiellement le texte d'une conférence d'Auguste Detœuf, «Construction du syndicalisme». Une discussion à ce sujet a lieu le 28 février, entre les membres du groupe, discussion dont Marcel Moré donne un compte rendu dans la livraison de la revue datée du 1er mai (SP, p. 448-449). Auguste Detœuf proposait la constitution d'une fédération unique par profession, du côté ouvrier comme du côté patronal. Syndicats ouvriers et syndicats patronaux seraient apolitiques et obligatoires.*

Le projet de réponse de Simone Weil dans le texte qui suit correspond soit à des notes rédigées en vue de la discussion, soit à un développement des thèmes de son intervention (OC, II, 3, p. 265-276; Œ, p. 185-191, pour les deux premières parties).]

[Février-mars 1938]

1

L'idée d'un syndicalisme «unique, apolitique, obligatoire», présentée par Detœuf dans sa conférence, repose sur quelques idées d'une justesse incontestable. La première est que, comme les intérêts transigent toujours et que les principes échauffés par la passion ne transigent jamais, faire des conflits sociaux de simples luttes d'intérêt en en éliminant les passions et les principes serait assurer la paix sociale. D'où la formule du syndicalisme apolitique. La seconde est qu'un homme qui occupe une place dans la production a droit de ce fait même à dire son mot dans tout conflit intéressant la production, même s'il n'adhère à aucune idéologie. D'où la formule du syndicalisme obligatoire, qui donne une voix à tous. La troisième est que la lutte et la concurrence des diverses organisations rendent les hommes déraisonnables, excitent les passions polémiques et la surenchère, et paralysent le jugement ; d'où la formule du syndicalisme unique. Sur tout cela, inutile de revenir ; Detœuf l'a assez mis en lumière. Mais son analyse est incomplète. Les intérêts, les principes, les passions sont des facteurs de la vie sociale ; mais il y a un autre facteur, qui est peut-être le plus important, et dont l'oubli fausse toute pensée, c'est la force. Ceux qui ne la subissent pas inclinent à l'oublier. Detœuf a fait un tableau des réformes désirables, tableau que je ne nommerai pas généreux, car ce mot est odieux quand il s'agit simplement de remplir des devoirs élémentaires d'humanité, mais empreint d'un souci certain de justice. La question qu'il faut se poser est de savoir si l'organisation qu'il préconise est apte à réaliser les réformes qu'il réclame. Lénine avait constitué un parti bolchevik pour réaliser la disparition progressive de l'État et le régime le plus démocratique qu'on ait jamais vu sur la terre ; il avait seulement oublié de se demander si ce parti, par son fonctionnement, amènerait ce régime. Les révolutionnaires de 1792 ont fait la guerre pour propager la Révolution ; ils avaient oublié de se demander si la guerre, par son cours naturel, ne tuerait pas la révolution. L'erreur la plus commune et la

plus mortelle, en matière de politique, est de croire
que, pour réaliser un grand dessein, il suffit de réaliser un moyen puissant. Un moyen puissant n'est
jamais puissant pour n'importe quoi, mais seulement pour réaliser ce qui résulte nécessairement de
sa structure. Comme une machine à découper ne
fera jamais de filetage, de même chaque mécanisme
social ne comporte-t-il qu'un faisceau étroit de possibilités. C'est pourquoi il n'y a pas d'étude plus nécessaire que celle des mécanismes sociaux, bien qu'il
n'y en ait pas de moins pratiquée.

En ce qui concerne le syndicalisme, il faut se
demander quel genre de mécanisme constituerait
l'organisation préconisée par Detœuf. C'est-à-dire
qu'il faut se demander quel déplacement de forces il
impliquerait. Aujourd'hui le patronat possède une
certaine force pour produire et maintenir les ouvriers
dans l'obéissance ; l'État possède une certaine force
pour administrer le pays et pour préparer l'éventua-
lité d'une guerre ; les ouvriers possèdent une certaine force, d'ailleurs décroissante depuis 1936, dont
ils se servent, pour autant qu'elle n'est pas confisquée
par les partis politiques en vue de leurs manœuvres
grandes et petites, pour défendre, d'une manière
purement négative, leurs intérêts, leur dignité, et ce
qu'ils jugent être leurs droits. De ces forces en présence, laquelle aurait un poids plus grand, laquelle
un poids plus faible, d'après l'institution proposée ?
Si la force ouvrière diminue, on ne peut espérer de
réformes établissant plus de justice qu'il n'y en a présentement ; car si cette force ne pèse pas d'un poids
suffisant, les patrons ont l'esprit moins occupé par la
vie que mènent leurs ouvriers que par la production
et la vente, les hommes d'État ont l'esprit moins
occupé par la vie que mènent les citoyens que par la
défense nationale. L'histoire récente le montre assez ;
et, pour le vérifier, chaque patron, chaque homme

politique n'a qu'à se demander sincèrement combien de minutes il consacrait dans un jour, une
semaine, un mois à penser aux conditions de vie des
ouvriers en mars 1936, et combien en juillet 1936.
Le choc produit par juin 1936 sur la conscience du
pays n'a pas laissé de traces permanentes, et la plupart de ceux qui se sont éveillés à cette époque à
une méditation sérieuse et soutenue des problèmes
sociaux n'y penseront vraisemblablement presque
plus en 1940.

Si d'ailleurs, ce que je ne crois pas, le syndicat
unique et obligatoire augmentait la force ouvrière,
un autre danger surgirait contre lequel ce projet ne
prévoit pas de remèdes, l'exploitation abusive des
campagnes par les villes. Un syndicalisme ouvrier
puissant et orienté vers la seule défense des intérêts
matériels aboutirait, s'il n'était contrebalancé par
une organisation paysanne, à la saignée à blanc des
villages, condamnés à payer de leur substance et de
leur vie, le luxe, les armements, toutes les dépenses
somptuaires de la bourgeoisie et de l'État.

2

[LE DÉPÉRISSEMENT
DES SYNDICATS]

L'idée d'établir, comme garantie de la paix sociale
des syndicats uniques, apolitiques et obligatoires
repose sur une vérité méconnue, mais claire pour
quiconque réfléchit ; c'est que les intérêts transigent
toujours et que les passions seules ne transigent
pas. C'est une vérité d'expérience, et en même temps
presque démontrable, car pour peu que l'adversaire
ait quelque force une transaction même peu satisfai-
sante coûte toujours moins qu'une lutte même victorieuse. Il faut croire que les conflits où l'intérêt seul

est en cause sont rares; car de tout temps on a vu les hommes lutter plus souvent que transiger, et depuis l'époque où Eschyle[1] montrait par quel mécanisme infaillible la démesure est punie, jusqu'à nos jours, les choses, à cet égard, n'ont pas changé. La doctrine du libéralisme économique a tout déformé en ne considérant dans le domaine de l'économie que des conflits d'intérêts; et le marxisme a prolongé cette erreur du libéralisme, avec beaucoup d'autres, par son vocabulaire et ses mots d'ordre, bien que toutes les analyses concrètes de Marx fassent apparaître les luttes économiques comme des luttes de passions, à savoir volonté de puissance et volonté de libération. Quiconque trouverait le secret de limiter les préoccupations humaines à l'intérêt seul établirait du même coup la paix totale, paix entre les nations, paix entre les classes, paix entre tous les hommes. Il supprimerait en même temps, à vrai dire, toute vertu, tout art, toute pensée. On peut estimer, et pour moi j'estime, que ce serait acheter la paix trop cher, et qu'on aboutirait ainsi à une paix moins désirable que n'importe quelle guerre. Mais nous ne nous trouvons pas, nous ne nous trouverons pas devant un pareil choix. Le problème n'est pas de supprimer les passions, car les hommes ne seront jamais sans passions, mais de les orienter de manière à éviter, si possible, les catastrophes. L'institution du syndicat unique, obligatoire, apolitique nous est proposée comme un procédé admirablement simple pour vider les conflits sociaux des passions qui les rendent aigus en faisant du syndicat l'interprète des intérêts et des intérêts seuls.

Pour la clarté de l'examen, il faut d'abord bien se rendre compte que ce n'est pas là une vue sur l'avenir du syndicalisme, mais, purement et simplement, la proposition d'abolir le syndicalisme. Je parle du syndicalisme ouvrier, et d'ailleurs quand on dit syndicalisme sans autre épithète, tout le monde comprend qu'il s'agit du syndicalisme ouvrier. Les groupements patronaux, récents, sans tradition, fondés artificiellement par mesure d'opportunité et pour les nécessités de la lutte, peuvent, sans transformation profonde, se fondre et s'étendre obligatoirement à tous si l'opportunité le demande. La résistance que rencontrerait une telle mesure ne résiderait pas dans les groupements eux-mêmes, mais dans la répugnance des patrons à se grouper. Du côté ouvrier, c'est tout autre chose. Le syndicalisme, surtout en France, est un mouvement populaire, aussi mystérieux dans son origine, aussi singulier, aussi inimitable qu'une chanson populaire ; il a une tradition, un esprit, un idéal ; il a ses héros, ses martyrs et presque ses saints, la plupart inconnus ; il ne correspond ni à une doctrine, ni à une tactique, ni à une opportunité quelconque, mais aux aspirations et aux besoins du peuple à une certaine période de l'histoire. Avec ce mouvement, l'organisation unique, obligatoire et apolitique qu'on nous propose n'aurait de commun que le nom, et, dans l'intérêt de la clarté, il vaudrait mieux trouver un autre nom. La question que l'on pose, si on la met en termes corrects, n'est donc pas : est-il désirable que le syndicalisme évolue dans tel ou tel sens, mais : est-il désirable que le syndicalisme soit supprimé pour faire place à une simple administration des intérêts ouvriers.

Il n'y a, bien entendu, aucun sacrilège à poser une telle question ; le syndicalisme ne possède aucun droit divin à prolonger son existence. Il a commencé, il peut finir. Je dirai plus, le temps n'est peut-être pas lointain où cette question n'aura plus qu'un intérêt académique, parce que le syndicalisme sera mort de mort presque naturelle. Peut-être notre époque est-elle, entre autres choses, l'époque de la mort du syndicalisme ; il n'aurait pas en ce cas vécu longtemps. Bien des signes donnent à croire qu'il en est ainsi. En Russie, en Italie, en Allemagne, il n'y a plus de syndicats ; en Autriche, on peut le dire, non plus, bien que l'organisation dite syndicale y conserve plus de traits du syndicalisme que dans les trois pays totalitaires. En Espagne, quelle que soit l'issue de la guerre civile, la tradition syndicale, qui y était encore bouillonnante de vie, paraît bien compromise, et il n'est pas sûr que la CNT² qui représente éminemment cette tradition, puisse longtemps survivre ; au reste la puissance d'abord, les persécutions et les compromissions ensuite l'ont profondément altérée. Aux États-Unis, où de notoriété publique l'*American Federation of Labour* est atteinte d'une sclérose incurable, le Comité d'Organisation Industrielle, qu'on a représenté en Europe comme constituant la partie vivante du syndicalisme américain, cherche à imposer dans les usines où il a la force la cotisation syndicale obligatoire retenue sur les salaires par le patron lui-même ; il cherche donc lui-même à se transformer en organisation syndicale obligatoire et unique, sinon apolitique.

Dans les pays où le syndicalisme est mort, la violence, une violence exercée par l'État et dirigée contre lui, est intervenue pour le tuer ; mais le meurtre a seulement aidé et accéléré un dépérissement naturel. En Allemagne, par exemple, j'ai entendu dire en 1932 par un militant syndical, pour justifier l'inertie des syndicats : Nous sommes en parfaite sécurité à condition de nous tenir tranquilles, car le capitalisme lui-même a besoin des syndicats pour fonctionner, et les hitlériens ne vaincront pas si nous restons étroitement unis avec l'État. Cet état d'esprit, qui était alors général, montrait que le syndicalisme allemand n'était plus un mouvement populaire, mais une simple administration qui constituait un rouage dans le

fonctionnement quotidien du régime. Dès lors il fallait bien peu de chose pour en faire un organisme
unique, obligatoire, apolitique, et, quelques mois
plus tard, c'est ce qu'il était effectivement devenu,
sans heurts, avec un simple renouvellement des
cadres et l'envoi des cadres anciens, pourtant tout
prêts à se soumettre, dans des camps de concentration. On peut contester, il est vrai, que les syndicats
allemands soient apolitiques ; mais ils le sont à peu
près autant que peut l'être n'importe quel groupement dans un pays totalitaire, autant qu'une association de joueurs d'échecs ou de mathématiciens.

En France, dans la patrie du syndicalisme, nous
assistons peut-être, sans bien nous en rendre
compte, à une mort lente et naturelle du mouvement
syndical. Le Statut du Travail, que les organismes
patronaux font apparaître, avec un humour volon-
taire ou non, comme une entreprise révolutionnaire
de la CGT, n'est pas autre chose, du moins dans le
texte gouvernemental, qu'un acte de décès pour
le syndicalisme français. Il suffit pour le constater de
définir le rôle de la CGT en vertu de ce texte. Elle n'a
aucune part, ni à l'embauchage, ni au débauchage,
ni à la discipline intérieure des entreprises. En cas
de conflit, elle peut proposer la grève, mais il appartient à l'ensemble des ouvriers organisés ou non d'en
décider, et de décider tous les huit jours de la continuation de la lutte ; ceux, qui, par inconscience, par
passivité, par indifférence à leur propre sort ou par
sentiment de leur propre ignorance, seraient incapables du faible effort de voter y seront contraints
par des amendes et voteront dès lors, cela va de
soi, n'importe comment. Si le conflit est décidé, c'est
l'État qui assure lui-même l'arrêt du travail. L'organisation syndicale n'est chargée que de désigner
ce qu'on appelle, on ne sait pourquoi, un arbitre
ouvrier, et qui n'est pratiquement qu'un avocat

chargé de plaider la cause ouvrière devant le surarbitre. La sentence surarbitrale intervient rapidement, et, à moins que le patron ne refuse de l'appliquer, met fin à toute grève, sous peine de châtiments très sévères. La CGT négocie aussi les conventions collectives mais, en cas de difficulté, c'est l'État qui se substitue aux parties contractantes. Somme toute, la CGT se transformerait, sans exagération, en une pépinière d'avocats spécialisés, et chargés de plaider pour la simple conservation des droits acquis.

Parmi les revendications que la CGT a apposées au texte gouvernemental, il n'en est qu'une qu'elle ait soutenue avec quelque énergie, c'est l'échelle mobile. Laissant de côté les conséquences économiques de l'échelle mobile, qui ne voit que le rôle des syndicats, déjà si mince d'après le texte officiel, en serait à peu près anéanti ? La conservation du niveau de vie actuel des ouvriers à travers la fluctuation de la monnaie et des prix serait garantie par un mécanisme fonctionnant automatiquement, et les ouvriers s'interdiraient une fois pour toutes l'espoir de jamais obtenir ou même demander une amélioration. L'attitude prise par la CGT à l'égard du Statut du Travail est à proprement parler une attitude de suicide en ce qui concerne sa propre existence d'organisation syndicale. Au reste, il est difficile de dire dans quelle mesure il y a actuellement une attitude de la CGT. La CGT mène en ce moment une existence contraire à ses propres statuts ; elle n'a pas eu de congrès depuis l'unité syndicale, et le congrès d'unité n'avait guère fait que consacrer des effusions de réconciliation[3]. Bien plus, le nombre des adhérents rend très difficile, presque impossible d'organiser un vrai congrès, et comme ceux qui sont chargés de surmonter la difficulté n'ont aucun intérêt à faire en ce sens des efforts surhumains, il n'y aura pas de vrai congrès, il n'y en aura qu'une ombre. Des hommes non qualifiés pour parler au nom de la CGT ont ainsi presque signé l'acte de décès de la CGT. Mais leur acte n'a soulevé à peu près aucune protestation, autant qu'on sache, à part deux syndicats de métallurgistes qui, étant aux mains du parti communiste, peuvent difficilement échapper au soupçon d'avoir fait une simple manœuvre politique. Peu d'ouvriers sans doute auront pu étudier d'un bout à l'autre les textes de lois proposés ; le silence des militants est plus significatif, car presque tous se sont tus, et ceux qui ont fait des réserves n'y ont guère mis d'énergie. Il est trop facile de parler de trahison. La fidélité d'un certain nombre de militants syndicalistes n'est pas douteuse, mais il est naturel que la fidélité diminue d'énergie quand la chose à laquelle on veut rester fidèle dépérit. Si tout le monde se tait, à la CGT, ou à peu près, c'est vraisemblablement que tous partagent un secret impossible à trahir, mais que les faits trahissent ; ce secret, c'est la faiblesse réelle du mouvement syndical sous sa force apparente.

On ne peut encore prévoir ce que deviendra le Statut du Travail à la suite des manipulations parlementaires ; on peut encore moins prévoir ce qu'il deviendra à l'application. Cela dépend pour une part de la vitalité souterraine qui peut encore subsister dans les organisations de base ; s'il y en a encore un peu, la loi peut rester lettre morte, ce qui ne contribuerait pas à éclaircir la situation. Cela dépend aussi des jeux compliqués de la diplomatie soviétique dans nos organisations ouvrières. Soit dit en passant, le peu de résistance opposée par les syndicats, depuis 1936, à l'emprise soviétique, est le signe le plus grave de leur dépérissement ; on comprend ainsi que même les plus fidèles à la tradition héroïque du syndicalisme perdent de leur répugnance à le laisser se soumettre à l'État français, quand il le voit docile à l'État russe.

Il n'est pas douteux que si le Statut du Travail est adopté et est appliqué sans modifications importantes, le syndicalisme français aura cessé de vivre. On s'apercevra alors rapidement qu'il est gênant de charger une organisation ne groupant qu'une partie de la classe ouvrière des fonctions diplomatiques, tandis que la totalité des ouvriers intéressés dans un conflit serait chargée de prendre les décisions. Il sera presque inévitable qu'on élargisse l'organisation dite la plus représentative jusqu'à lui faire grouper obligatoirement tous les salariés. Quant à savoir si les syndicats seront alors apolitiques, c'est une autre question; aucun texte de loi ou de statut ne peut décider d'avance si une organisation aura ou non un rôle politique. Ce qui est certain, c'est qu'une organisation unique et obligatoire ne peut jouer aucun rôle politique indépendant; elle ne peut être que conformiste.

3

[L'ENNUI OUVRIER]

Bien que les passions jouent dans les rapports humains un rôle souvent funeste, il est vain de croire qu'on peut supprimer une passion par décret; on peut en supprimer la cause, on peut aussi, et c'est toujours plus facile, en changer le cours. Les besoins de l'âme[4] qui ont fait de l'action syndicale chez les ouvriers, au cours du dernier demi-siècle, quelque chose de passionné, de tendu, de violent, ont-ils disparu? Pourront-ils se satisfaire dans l'organisation professionnelle proposée, ou s'orienteront-ils autrement, et dans quel sens? Et, d'abord, quels sont-ils? Quelles souffrances morales, en plus du souci des intérêts, ont poussé les ouvriers, année après année, à la forme d'action que nous présente l'histoire récente ?

Première souffrance, les ouvriers s'ennuient. L'ennui est un mal assez général à notre époque, et, peut-être, une cause essentielle des catastrophes contemporaines. Bien que généralement partagé, il n'en dresse pas moins les groupes sociaux les uns contre les autres, parce que, comme il ne s'agit pas d'un fait matériel, chaque groupe croit seul en souffrir. Les paysans s'ennuient, et croient qu'on s'amuse partout ailleurs qu'à la campagne. Les ouvriers s'ennuient, et n'imaginent pas qu'un bureau d'ingénieur puisse être un lieu d'ennui accablant. Pour s'en tenir aux ouvriers, l'ennui ouvrier, si l'on met à part quelques professions heureuses, pèse réellement d'un poids particulièrement lourd. Il tient, d'abord, à l'obéissance. En un sens, tous ceux qui travaillent obéissent, pour autant que des tâches leur sont imposées du dehors ; mais dans le cadre d'une tâche déterminée chacun dispose plus ou moins de son temps. Un grand patron donne des directives à un directeur d'usine, il ne lui impose pas de faire telle chose tel jour de trois à quatre heures, telle autre de quatre heures à cinq heures, et ainsi de suite. L'extrême obéissance est celle qui ôte tout pouvoir de disposer de son temps, c'est-à-dire de l'ordre dans lequel on accomplit son propre travail. Elle est le lot des ouvriers d'usine, quelle que soit la dimension de l'usine, et, plus généralement, de la plupart des salariés subalternes ; l'ennui qui l'accompagne est, sans la moindre exagération, intolérable. Cet ennui est, bien entendu, aggravé par la monotonie de la tâche. Il est multiplié à l'infini, dans les mauvaises périodes, par la crainte qui contraint l'imagination même à éviter toute évocation de changements possibles ; car, comme les changements ne peuvent guère être alors que mauvais, faire approcher d'un peu plus près le bord de la misère, la continuation interminable et monotone de l'ennui présent est le seul objet d'espoir.

Pour moi, je n'oublierai jamais avec quelle force le tableau de l'ennui ouvrier s'est présenté un jour à moi, alors que je visitais une petite usine de province, dans un atelier de rivetage au marteau à air comprimé[5]. Le chef d'atelier, ouvrier qualifié peu de temps auparavant, ouvrier encore par l'allure, rayonnait de joie dans l'accomplissement d'une tâche où il avait tous les jours à faire œuvre d'invention, où il n'était soumis presque à aucun contrôle, et à laquelle il se donnait de tout son cœur. Autour de lui des hommes ou plutôt des ombres d'hommes s'accrochaient à leurs marteaux parmi un bruit affreux, le visage défait par la fatigue, la souffrance, l'ennui, une absence totale d'intérêt ou d'espérance en quoi que ce soit. La différence entre son destin et le leur dépassait certes infiniment la différence des salaires.

L'ennui agit différemment sur les différents individus qui composent la masse ouvrière. Certains, qui le subissent depuis trop longtemps, ou sous une forme trop dure, ou qui sont physiquement ou moralement faibles, y succombent. Ils ne désirent plus rien, ils subissent une espèce de mort morale qui, si elle s'étendait à tous, serait une garantie de tranquillité sociale, mais qui serait certes une catastrophe pire que tous les troubles. Les autres réagissent ou s'y efforcent. Quelques-uns tentent, parfois avec succès, de «se débrouiller», de monter en grade dans la hiérarchie industrielle. Mais il y en a d'autres, et ils sont plus nombreux qu'on ne pense, pour qui cette idée de se débrouiller dans le cadre du métier, bien qu'elle évoque des avantages d'argent, ne parle pas à l'âme; car ils en sont arrivés à haïr le lieu où ils

viennent travailler tous les jours comme un prisonnier hait le mur de sa cellule.

Ceux-là cherchent d'abord dans le syndicalisme
du neuf, de l'aventureux, quelque chose qui s'oppose
violemment, par son atmosphère, son esprit, son but
et ses espérances, à la vie quotidienne si connue,
trop connue. Ils sont contents de défendre leurs intérêts, d'obtenir des augmentations de salaire, mais
une pareille action leur paraîtrait morne et fade si
elle n'était entourée comme d'une auréole par une
atmosphère de lutte et par la perspective plus ou
moins lointaine, et toujours vague, d'un bouleversement total qui doit amener à sa suite une vie toute
neuve, toute fraîche, toute pénétrée d'enthousiasme.
Des gens pondérés disent que ce sont là des idées
déraisonnables ; sans doute, mais l'ennui inhumain
auquel ces hommes sont soumis est lui aussi déraisonnable, et ils n'ont pas tort de lui résister même
avec l'aide d'images violentes. Grâce à cette atmosphère et à ces perspectives, le fait de prendre la
carte syndicale, d'aller à des réunions syndicales,
met dans la vie des ouvriers, à un degré plus ou
moins grand selon les circonstances, un peu de ce
romanesque indispensable à la vie humaine. Que la
loi rende la cotisation syndicale obligatoire, et l'organisation syndicale, devenue une simple administration des intérêts ouvriers, deviendra quelque chose
d'aussi ennuyeux que toutes les administrations dont
les ouvriers sont soit les bénéficiaires, soit les victimes. L'acte de se syndiquer, au lieu d'être l'effet
d'une décision libre et souvent aventureuse, ne sera
plus qu'un des nombreux actes d'obéissance imposés aux ouvriers dans la vie de caserne qui est si souvent la leur pendant un grand nombre d'heures de la
journée.

Deuxième souffrance, les ouvriers ne possèdent
rien, et ils ont, même ceux qui vivent relativement

bien, une conscience aiguë et douloureuse du fait qu'ils ne possèdent rien. Par là, un ouvrier bien payé est tout proche d'un ouvrier mal payé, et loin, par exemple, d'un petit commerçant qui vit peut-être aussi difficilement ou plus difficilement que lui, mais qui possède son fonds de commerce. Même les ouvriers qui n'ont jamais connu la misère noire — et la plupart l'ont connue à un moment quelconque de leur vie — sentent à tout moment qu'ils en sont séparés par la faveur d'autrui. Même dans les toutes petites usines, où le patron est entouré d'ouvriers qu'il connaît et qui le connaissent depuis dix ou vingt ans, l'atmosphère n'est pas, comme on le dit souvent, familiale ; car l'enfant se sent chez lui dans le foyer paternel, tandis que l'ouvrier ne peut jamais se sentir chez lui dans l'endroit où il travaille, parce qu'un mot peut l'en chasser, et que n'importe quel jour une querelle malheureuse peut amener ce mot. Toujours est suspendu sur l'ouvrier dans le chantier et l'usine non seulement le risque d'une faute occasionnelle, non seulement le risque qu'entraînerait une action de militant, s'il veut l'entreprendre, mais encore le risque de déplaire. Son salaire, petit ou grand, n'est jamais à lui. Mais ce qui surtout rend cette situation douloureuse, c'est que la loi ne protège que la propriété ; elle ne protège pas la vie humaine. Sans doute, la loi punit le meurtre — encore le punit-elle, le plus souvent, bien moins durement que des vols répétés — mais elle n'institue rien pour empêcher de mourir celui qui ne trouve aucune possibilité de vivre. La propriété y apparaît partout comme sacrée, la vie nulle part. Aussi les ouvriers se sentent-ils toujours plus ou moins hors la loi, étrangers à la société ; même s'ils profitent de certains avantages sociaux, ils ont le sentiment que la société ne fait rien pour eux, parce qu'ils ont le sentiment qu'ils ne possèdent pas de

droits. Ils ne se sentent pas citoyens dans une
pareille République.

Il en résulte d'une part une certaine méfiance,
une certaine hostilité à l'égard de l'État et de la loi ;
d'autre part une espèce de soif de propriété. Cette
soif s'apaise parfois en partie par l'acquisition
de petites maisons, de petits jardins ; mais le plus
souvent elle n'a rien de matériel, c'est une soif de
propriété spirituelle. La grande séduction des organisations ouvrières, c'est que les ouvriers les considèrent comme des choses à eux. Un ouvrier de
banlieue se sent heureux, bien souvent, d'avoir une
municipalité socialiste ou communiste, même s'il
n'est d'aucun parti, parce qu'il peut aller à la mairie
et s'y sentir chez lui, lui qui nulle part n'est chez lui.
Il en est de même du syndicat. De plus les organisations ouvrières font toujours briller à l'horizon
une société toute nouvelle qui sera la propriété des
ouvriers, qu'ils auront créée de toutes pièces, où ils
seront chez eux partout. Ces hommes qui ne possèdent rien dans le présent se consolent par l'illusion qu'ils possèdent tout l'avenir, et ils considèrent
comme ennemi quiconque essaye de détruire cette
illusion. Leur proposer une vie plus confortable
dans une société où ils continueraient indéfiniment
à être à la base du droit, c'est une mauvaise plai-
santerie qui n'a aucune chance de réussir auprès
d'eux ; c'est leur proposer de vendre pour un plat de
lentilles leur espérance, leur unique bien.

Des syndicats obligatoires ne seraient plus à eux,
puisqu'ils leur seraient imposés ; ils appartiendraient
à l'État, et à cet État auquel les ouvriers se sentent
étrangers. Les Bourses du Travail, les Maisons des
Syndicats seraient des administrations. Si on ajoute
que la masse des cotisations, la quantité des affaires
à traiter, feraient presque inévitablement des syndicats, bien plus encore que maintenant, des bureau-

craties gérées par des professionnels, on comprendra que les syndicats deviendraient encore un de ces lieux officiels, où les ouvriers vont, avec un mélange de timidité, d'embarras, de méfiance, de sourde rancœur, parler à des hommes également officiels aux yeux de qui ils ne sont que des unités.

Troisième souffrance, les ouvriers se sentent humiliés. Sans doute, ils ne le disent pas : l'humilia[tion] [*la fin du texte manque*]

Condition première
d'un travail non servile

[*La source de cet article se trouve dans le cahier 10
(OC, VI, 3, p. 313-315), écrit à la fin du séjour à Marseille (fin mars — circa 15 avril 1942). Dans le plan,
on trouve la formule qui fut peut-être le premier titre
prévu: «Condition essentielle d'un travail non servile».*

L'article était destiné à Économie et humanisme.
Il a été publié partiellement dans Le Cheval de Troie,
*nº 4, 1947, p. 525-534. Le texte imprimé dans la pre-
mière édition de* La Condition ouvrière *suit le texte
dactylographié, qui reproduit le manuscrit autographe. Des corrections — de ponctuation, en particulier —, qui ne sont pas de la main de Simone Weil,
ont été ajoutées sur la dactylographie. Elles sont parfois retenues dans la première version imprimée.
Nous avons rétabli, dans certains cas, la version du
manuscrit.*

*Le manuscrit est signé du pseudonyme anagram-
matique Émile Novis.*]

[Avril 1942]

Il y a dans le travail des mains et en général dans
le travail d'exécution, qui est le travail proprement
dit, un élément irréductible de servitude que même

une parfaite équité sociale n'effacerait pas. C'est le fait qu'il est gouverné par la nécessité, non par la finalité. On l'exécute à cause d'un besoin, non en vue d'un bien; «parce qu'on a besoin de gagner sa vie», comme disent ceux qui y passent leur existence. On fournit un effort au terme duquel, à tous égards, on n'aura pas autre chose que ce qu'on a. Sans cet effort, on perdrait ce qu'on a.

Mais dans la nature humaine il n'y a pas pour l'effort d'autre source d'énergie que le désir. Et il n'appartient pas à l'homme de désirer ce qu'il a. Le désir est une orientation, un commencement de mouvement vers quelque chose. Le mouvement est vers un point où on n'est pas. Si le mouvement à peine commencé se boucle sur le point de départ, on tourne comme un écureuil dans une cage, comme un condamné dans une cellule. Tourner toujours produit vite l'écœurement.

L'écœurement, la lassitude, le dégoût, c'est la grande tentation de ceux qui travaillent, surtout s'ils sont dans des conditions inhumaines, et même autrement. Parfois cette tentation mord davantage les meilleurs.

Exister n'est pas une fin pour l'homme, c'est seulement le support de tous les biens, vrais ou faux. Les biens s'ajoutent à l'existence. Quand ils disparaissent, quand l'existence n'est plus ornée d'aucun bien, quand elle est nue, elle n'a plus aucun rapport au bien. Elle est même un mal. Et c'est à ce moment même qu'elle se substitue à tous les biens absents, qu'elle devient en elle-même l'unique fin, l'unique objet du désir. Le désir de l'âme se trouve attaché à un mal nu et sans voile. L'âme est alors dans l'horreur.

Cette horreur est celle du moment où une violence imminente va infliger la mort. Ce moment d'horreur se prolongeait autrefois toute la vie pour celui qui, désarmé sous l'épée du vainqueur, était épargné. En échange de la vie qu'on lui laissait, il devait dans l'esclavage épuiser son énergie en efforts, tout le long du jour, tous les jours, sans rien pouvoir espérer, sinon de n'être pas tué ou fouetté. Il ne pouvait plus poursuivre aucun bien sinon d'exister. Les anciens disaient que le jour qui l'avait fait esclave lui avait enlevé la moitié de son âme.

Mais toute condition où l'on se trouve nécessairement dans la même situation au dernier jour d'une période d'un mois, d'un an, de vingt ans d'efforts qu'au premier jour a une ressemblance avec l'esclavage. La ressemblance est l'impossibilité de désirer une chose autre que celle qu'on possède, d'orienter l'effort vers l'acquisition d'un bien. On fait effort seulement pour vivre.

L'unité de temps est alors la journée. Dans cet espace on tourne en rond. On y oscille entre le travail et le repos comme une balle qui serait renvoyée d'un mur à l'autre. On travaille seulement parce qu'on a besoin de manger. Mais on mange pour pouvoir continuer à travailler. Et de nouveau on travaille pour manger.

Tout est intermédiaire dans cette existence, tout est moyen, la finalité ne s'y accroche nulle part. La chose fabriquée est un moyen ; elle sera vendue. Qui peut mettre en elle son bien ? La matière, l'outil, le corps du travailleur, son âme elle-même, sont les moyens pour la fabrication. La nécessité est partout, le bien nulle part.

Il ne faut pas chercher de causes à la démoralisation du peuple. La cause est là ; elle est permanente ; elle est essentielle à la condition du travail. Il faut chercher les causes qui, dans des périodes antérieures, ont empêché la démoralisation de se produire.

Une grande inertie morale, une grande force physique qui rend l'effort presque insensible permettent

de supporter ce vide. Autrement il faut des compensations. L'ambition d'une autre condition sociale
pour soi-même ou pour ses enfants en est une. Les
plaisirs faciles et violents en sont une autre, qui est
de même nature ; c'est le rêve au lieu de l'ambition.
Le dimanche est le jour où l'on veut oublier qu'il
existe une nécessité du travail. Pour cela il faut
dépenser. Il faut être habillé comme si on ne travaillait pas. Il faut des satisfactions de vanité et des
illusions de puissance que la licence procure très
facilement. La débauche a exactement la fonction
d'un stupéfiant, et l'usage des stupéfiants est toujours une tentation pour ceux qui souffrent. Enfin la
révolution est encore une compensation de même
nature ; c'est l'ambition transportée dans le collectif, la folle ambition d'une ascension de tous les travailleurs hors de la condition de travailleurs.

Le sentiment révolutionnaire est d'abord chez la
plupart une révolte contre l'injustice, mais il devient
rapidement chez beaucoup, comme il est devenu his-
toriquement, un impérialisme ouvrier tout à fait
analogue à l'impérialisme national. Il a pour objet la
domination tout à fait illimitée d'une certaine collectivité sur l'humanité tout entière et sur tous les
aspects de la vie humaine. L'absurdité est que, dans
ce rêve, la domination serait aux mains de ceux qui
exécutent et qui par suite ne peuvent pas dominer.

En tant que révolte contre l'injustice sociale l'idée
révolutionnaire est bonne et saine. En tant que révolte
contre le malheur essentiel à la condition même des
travailleurs, elle est un mensonge. Car aucune révolution n'abolira ce malheur. Mais ce mensonge est ce
qui a la plus grande emprise, car ce malheur essentiel est ressenti plus vivement, plus profondément,
plus douloureusement que l'injustice elle-même. D'ordinaire d'ailleurs on les confond. Le nom d'opium
du peuple que Marx appliquait à la religion a pu lui

convenir quand elle se trahissait elle-même, mais il convient essentiellement à la révolution. L'espoir de la révolution est toujours un stupéfiant.

La révolution satisfait en même temps ce besoin de l'aventure, comme étant la chose la plus opposée à la nécessité, qui est encore une réaction contre le même malheur. Le goût des romans et des films policiers, la tendance à la criminalité qui apparaît chez les adolescents correspond aussi à ce besoin.

Les bourgeois ont été très naïfs de croire que la bonne recette consistait à transmettre au peuple la fin qui gouverne leur propre vie, c'est-à-dire l'acquisition de l'argent. Ils y sont parvenus dans la limite du possible par le travail aux pièces et l'extension des échanges entre les villes et les campagnes. Mais ils n'ont fait ainsi que porter l'insatisfaction à un degré d'exaspération dangereux. La cause en est simple. L'argent en tant que but des désirs et des efforts ne peut pas avoir dans son domaine les conditions à l'intérieur desquelles il est impossible de s'enrichir. Un petit industriel, un petit commerçant peuvent s'enrichir et devenir un grand industriel, un grand commerçant. Un professeur, un écrivain, un ministre sont indifféremment riches ou pauvres. Mais un ouvrier qui devient très riche cesse d'être un ouvrier, et il en est presque toujours de même d'un paysan. Un ouvrier ne peut pas être mordu par le désir de l'argent sans désirer sortir, seul ou avec tous ses camarades, de la condition ouvrière.

L'univers où vivent les travailleurs refuse la finalité. Il est impossible qu'il y pénètre des fins, sinon pour de très brèves périodes qui correspondent à des situations exceptionnelles. L'équipement rapide de pays neufs, tels qu'ont été l'Amérique et la Russie, produit changements sur changements à un rythme si allègre qu'il propose à tous, presque de jour en jour, des choses nouvelles à attendre, à désirer, à espérer; cette fièvre de construction a été le grand instrument de séduction du communisme russe, par l'effet d'une coïncidence, car elle tenait à l'état économique du pays et non à la révolution ni à la doctrine marxiste. Quand on élabore des métaphysiques d'après ces situations exceptionnelles, passagères et brèves, comme l'ont fait les Américains et les Russes, ces métaphysiques sont des mensonges.

La famille procure des fins sous forme d'enfants à élever. Mais à moins qu'on n'espère pour eux une autre condition — et par la nature des choses de telles ascensions sociales sont nécessairement exceptionnelles — le spectacle d'enfants condamnés à la même existence n'empêche pas de sentir douloureusement le vide et le poids de cette existence.

Ce vide pesant fait beaucoup souffrir. Il est sensible même à beaucoup de ceux dont la culture est nulle et l'intelligence faible. Ceux qui, par leur condition, ne savent pas ce que c'est ne peuvent pas juger équitablement les actions de ceux qui le supportent toute leur vie. Il ne fait pas mourir, mais il est peut-être aussi douloureux que la faim. Peut-être davantage. Peut-être il serait littéralement vrai de dire que le pain est moins nécessaire que le remède à cette douleur.

Il n'y a pas le choix des remèdes. Il n'y en a qu'un seul. Une seule chose rend supportable la monotonie, c'est une lumière d'éternité; c'est la beauté.

Il y a un seul cas où la nature humaine supporte que le désir de l'âme se porte non pas vers ce qui pourrait être ou ce qui sera, mais vers ce qui existe. Ce cas, c'est la beauté. Tout ce qui est beau est objet de désir, mais on ne désire pas que cela soit autre, on ne désire rien y changer, on désire cela même qui est. On regarde avec désir le ciel étoilé d'une nuit claire, et ce qu'on désire, c'est uniquement le spectacle qu'on possède.

Puisque le peuple est contraint de porter tout son
désir sur ce qu'il possède déjà, la beauté est faite
pour lui et il est fait pour la beauté. La poésie est un
luxe pour les autres conditions sociales. Le peuple a
besoin de poésie comme de pain. Non pas la poésie
enfermée dans les mots ; celle-là, par elle-même ne
peut lui être d'aucun usage. Il a besoin que la substance quotidienne de sa vie soit elle-même poésie[1].

Une telle poésie ne peut avoir qu'une source.
Cette source est Dieu. Cette poésie ne peut être que
religion. Par aucune ruse, aucun procédé, aucune
réforme, aucun bouleversement la finalité ne peut
pénétrer dans l'univers où les travailleurs sont placés par leur condition même. Mais cet univers peut
être tout entier suspendu à la seule fin qui soit vraie.
Il peut être accroché à Dieu. La condition des travailleurs est celle où la faim de finalité qui constitue
l'être même de tout homme ne peut pas être rassa-
siée, sinon par Dieu.

C'est là leur privilège[2]. Ils sont seuls à le posséder.
Dans toutes les autres conditions, sans exception,
des fins particulières se proposent à l'activité. Il n'est
pas de fin particulière, quand ce serait le salut d'une
âme ou de plusieurs, qui ne puisse faire écran et
cacher Dieu. Il faut par le détachement percer à travers l'écran. Pour les travailleurs il n'y a pas d'écran.
Rien ne les sépare de Dieu. Ils n'ont qu'à lever la tête.

Le difficile pour eux est de lever la tête. Ils n'ont
pas, comme c'est le cas de tous les autres hommes,
quelque chose en trop dont il leur faille se débarrasser avec effort. Ils ont quelque chose en trop peu. Il
leur manque des intermédiaires. Quand on leur a
conseillé de penser à Dieu et de lui faire offrande de
leurs peines et de leurs souffrances, on n'a encore
rien fait pour eux.

Les gens vont dans les églises exprès pour prier ; et
pourtant on sait qu'ils ne le pourront pas si on ne

fournit pas à leur attention des intermédiaires pour en soutenir l'orientation vers Dieu. L'architecture même de l'église, les images dont elle est pleine, les mots de la liturgie et des prières, les gestes rituels du prêtre sont ces intermédiaires. En y fixant l'attention, elle se trouve orientée vers Dieu. Combien plus grande encore la nécessité de tels intermédiaires sur le lieu du travail, où l'on va seulement pour gagner sa vie ! Là tout accroche la pensée à la terre.

Or on ne peut pas y mettre des images religieuses et proposer à ceux qui travaillent de les regarder. On ne peut leur suggérer non plus de réciter des prières en travaillant. Les seuls objets sensibles où ils puissent porter leur attention, c'est la matière, les instruments, les gestes de leur travail. Si ces objets mêmes ne se transforment pas en miroirs de la lumière, il est impossible que pendant le travail l'attention soit orientée vers la source de toute lumière. Il n'est pas de nécessité plus pressante que cette transformation.

Elle n'est possible que s'il se trouve dans la matière, telle qu'elle s'offre au travail des hommes, une propriété réfléchissante. Car il ne s'agit pas de fabriquer des fictions ou des symboles arbitraires[3]. La fiction, l'imagination, la rêverie ne sont nulle part moins à leur place que dans ce qui concerne la vérité. Mais par bonheur pour nous il y a une propriété réfléchissante dans la matière. Elle est un miroir terni par notre haleine. Il faut seulement nettoyer le miroir et lire les symboles qui sont écrits dans la matière de toute éternité.

L'Évangile en contient quelques-uns. Dans une chambre, on a besoin pour penser à la nécessité de la mort morale en vue d'une nouvelle et véritable naissance, de lire ou de se répéter les mots qui concernent le grain que la mort seule rend fécond. Mais celui qui est en train de semer peut s'il le veut porter son attention sur cette vérité sans l'aide d'aucun mot, à

travers son propre geste et le spectacle du grain qui
s'enfouit[4]. S'il ne raisonne pas autour d'elle, s'il la
regarde seulement, l'attention qu'il porte à l'accomplissement de sa tâche n'en est pas entravée, mais
portée au degré le plus haut d'intensité. Ce n'est
pas vainement qu'on nomme attention religieuse la
plénitude de l'attention. La plénitude de l'attention
n'est pas autre chose que la prière.

Il en est de même pour la séparation de l'âme et
du Christ qui dessèche l'âme comme se dessèche le
sarment coupé du cep. La taille de la vigne dure des
jours et des jours dans les grands domaines. Mais
aussi il y a là une vérité qu'on peut regarder des
jours et des jours sans l'épuiser.

Il serait facile de découvrir, inscrits de toute éternité dans la nature des choses, beaucoup d'autres
symboles capables de transfigurer non pas seulement le travail en général, mais chaque tâche dans
sa singularité[5]. Le Christ est le serpent d'airain qu'il
suffit de regarder pour échapper à la mort. Mais il
faut pouvoir le regarder d'une manière tout à fait
ininterrompue. Pour cela il faut que les choses sur
lesquelles les besoins et les obligations de la vie
contraignent à porter le regard reflètent ce qu'elles
nous empêchent de regarder directement. Il serait
bien étonnant qu'une église construite de main
d'homme fût pleine de symboles et que l'univers
n'en fût pas infiniment plein. Il en est infiniment
plein. Il faut les lire.

L'image de la Croix comparée à une balance, dans
l'hymne du vendredi saint[6], pourrait être une inspiration inépuisable pour ceux qui portent des fardeaux, manient des leviers, sont fatigués le soir par
la pesanteur des choses. Dans une balance un poids
considérable et proche du point d'appui peut être
soulevé par un poids très faible placé à une très
grande distance. Le corps du Christ était un poids

bien faible, mais par la distance entre la terre et le ciel il a fait contrepoids à l'univers. D'une manière infiniment différente, mais assez analogue pour servir d'image, quiconque travaille, soulève des fardeaux, manie des leviers doit aussi de son faible corps faire contrepoids à l'univers. Cela est trop lourd, et souvent l'univers fait plier le corps et l'âme sous la lassitude. Mais celui qui s'accroche au ciel fera facilement contrepoids. Celui qui a une fois aperçu cette pensée ne peut pas en être distrait par la fatigue, l'ennui et le dégoût. Il ne peut qu'y être ramené.

Le soleil et la sève végétale parlent continuellement, dans les champs, de ce qu'il y a de plus grand au monde. Nous ne vivons pas d'autre chose que d'énergie solaire ; nous la mangeons, et c'est elle qui nous maintient debout, qui fait mouvoir nos muscles, qui corporellement opère en nous tous nos actes. Elle est peut-être, sous des formes diverses, la seule chose dans l'univers qui constitue une force antagoniste à la pesanteur ; c'est elle qui monte dans les arbres, qui par nos bras soulève des fardeaux, qui meut nos moteurs. Elle procède d'une source inaccessible et dont nous ne pouvons pas nous rapprocher même d'un pas. Elle descend continuellement sur nous. Mais quoiqu'elle nous baigne perpétuellement nous ne pouvons pas la capter. Seul le principe végétal de la chlorophylle peut la capter pour nous et en faire notre nourriture. Il faut seulement que la terre soit convenablement aménagée par nos efforts ; alors, par la chlorophylle, l'énergie solaire devient chose solide et entre en nous comme pain, comme vin, comme huile, comme fruits. Tout le travail du paysan consiste à soigner et à servir cette vertu végétale qui est une parfaite image du Christ.

Les lois de la mécanique, qui dérivent de la géométrie et qui commandent à nos machines, contiennent des vérités surnaturelles. L'oscillation

428   *La Condition ouvrière*

du mouvement alternatif est l'image de la condition terrestre[7]. Tout ce qui appartient aux créatures est limité, excepté le désir en nous qui est la marque de notre origine ; et nos convoitises, qui nous font chercher l'illimité ici-bas, sont par là pour nous l'unique source d'erreur et de crime. Les biens que contiennent les choses sont finis, les maux aussi, et d'une manière générale une cause ne produit un effet déterminé que jusqu'à un certain point, au-delà duquel, si elle continue à agir, l'effet se retourne. C'est Dieu qui impose à toute chose une limite et par qui la mer est enchaînée[8]. En Dieu il n'y a qu'un acte éternel et sans changement qui se boucle sur soi et n'a d'autre objet que soi. Dans les créatures il n'y a que des mouvements dirigés vers le dehors, mais qui par la limite sont contraints d'osciller ; cette oscillation est un reflet dégradé de l'orientation vers soi-même qui est exclusivement divine. Cette liaison a pour image dans nos machines la liaison du mouvement circulaire et du mouvement alternatif[9]. Le cercle est aussi le lieu des moyennes proportionnelles ; pour trouver d'une manière parfaitement rigoureuse la moyenne proportionnelle entre l'unité et un nombre qui n'est pas un carré, il n'y a pas d'autre méthode que de tracer un cercle. Les nombres pour lesquels il n'existe aucune médiation qui les relie naturellement à l'unité sont des images de notre misère ; et le cercle qui vient du dehors, d'une manière transcendante par rapport au domaine des nombres, apporter une médiation est l'image de l'unique remède à cette misère. Ces vérités et beaucoup d'autres sont écrites dans le simple spectacle d'une poulie qui détermine un mouvement oscillant ; celles-là peuvent être lues au moyen de connaissances géométriques très élémentaires ; le rythme même du travail, qui correspond à l'oscillation, les rend sensibles au corps ; une vie humaine est un délai bien court pour les contempler.

On pourrait trouver bien d'autres symboles, quelques-uns plus intimement unis au comportement même de celui qui travaille. Parfois il suffirait au travailleur d'étendre à toutes les choses sans exception son attitude à l'égard du travail pour posséder la plénitude de la vertu[10]. Il y a aussi des symboles à trouver pour ceux qui ont des besognes d'exécution autres que le travail physique. On peut en trouver pour les comptables dans les opérations élémentaires de l'arithmétique, pour les caissiers dans l'institution de la monnaie, et ainsi de suite. Le réservoir est inépuisable.

À partir de là on pourrait faire beaucoup. Transmettre aux adolescents ces grandes images, liées à des notions de science élémentaire et de culture générale, dans des cercles d'études. Les proposer comme thèmes pour leurs fêtes, pour leurs tentatives théâtrales. Instituer autour d'elles des fêtes nouvelles, par exemple la veille du grand jour où un petit paysan de quatorze ans laboure seul pour la première fois[11]. Faire par leur moyen que les hommes et les femmes du peuple vivent perpétuellement baignés dans une atmosphère de poésie surnaturelle[12]; comme au Moyen Âge; plus qu'au Moyen Âge; car pourquoi se limiter dans l'ambition du bien?

On leur éviterait ainsi le sentiment d'infériorité intellectuelle si fréquent et parfois si douloureux, et aussi l'assurance orgueilleuse qui s'y substitue quelquefois après un léger contact avec les choses de l'esprit. Les intellectuels, de leur côté, pourraient ainsi éviter à la fois le dédain injuste et l'espèce de déférence non moins injuste que la démagogie avait mise à la mode, il y a quelques années, dans certains milieux. Les uns et les autres se rejoindraient, sans aucune inégalité, au point le plus haut, celui de la plénitude de l'attention, qui est la plénitude de la prière. Du moins ceux qui le pourraient. Les autres sauraient du moins que ce point existe et se représenteraient la diversité des chemins ascendants, laquelle, tout en produisant une séparation aux niveaux inférieurs, comme fait l'épaisseur d'une montagne, n'empêche pas l'égalité.

Les exercices scolaires n'ont pas d'autre destination sérieuse que la formation de l'attention [13]. L'attention est la seule faculté de l'âme qui donne accès à Dieu. La gymnastique scolaire exerce une attention inférieure, discursive, celle qui raisonne; mais, menée avec une méthode convenable, elle peut préparer l'apparition dans l'âme d'une autre attention, celle qui est la plus haute, l'attention intuitive. L'attention intuitive dans sa pureté est l'unique source de l'art parfaitement beau, des découvertes scientifiques vraiment lumineuses et neuves, de la philosophie qui va vraiment vers la sagesse, de l'amour du prochain vraiment secourable; et c'est elle qui, tournée directement vers Dieu, constitue la vraie prière.

De même qu'une symbolique permettrait de bêcher et de faucher en pensant à Dieu, de même une méthode transformant les exercices scolaires en préparation pour cette espèce supérieure d'attention permettrait seule à un adolescent de penser à Dieu pendant qu'il s'applique à un problème de géométrie ou à une version latine. Faute de quoi le travail intellectuel, sous un masque de liberté, est lui aussi un travail servile.

Ceux qui ont des loisirs ont besoin, pour parvenir à l'attention intuitive, d'exercer jusqu'à la limite de leur capacité les facultés de l'intelligence discursive; autrement elles font obstacle. Surtout pour ceux que leur fonction sociale oblige à faire jouer ces facultés, il n'est pas sans doute d'autre chemin. Mais l'obstacle est faible et l'exercice peut se réduire à peu de chose pour ceux chez qui la fatigue d'un long travail quotidien paralyse presque entièrement ces facultés. Pour eux le travail même qui produit cette paralysie, pourvu qu'il soit transformé en poésie, est le chemin qui mène à l'attention intuitive.

Dans notre société la différence d'instruction produit, plus que la différence de richesse, l'illusion de l'inégalité sociale. Marx, qui est presque toujours très fort quand il décrit simplement le mal, a légitimement flétri comme une dégradation la séparation du travail manuel et du travail intellectuel. Mais il ne savait pas qu'en tout domaine les contraires ont leur unité dans un plan transcendant par rapport à l'un et à l'autre. Le point d'unité du travail intellectuel et du travail manuel, c'est la contemplation, qui n'est pas un travail. Dans aucune société celui qui manie une machine ne peut exercer la même espèce d'attention que celui qui résout un problème. Mais l'un et l'autre peuvent, également s'ils le désirent et s'ils ont une méthode, en exerçant chacun l'espèce d'attention qui constitue son lot propre dans la société, favoriser l'apparition et le développement d'une autre attention située au-dessus de toute obligation sociale, et qui constitue un lien direct avec Dieu.

Si les étudiants, les jeunes paysans, les jeunes ouvriers se représentaient d'une manière tout à fait précise, aussi précise que les rouages d'un mécanisme clairement compris, les différentes fonctions sociales comme constituant des préparations également efficaces pour l'apparition dans l'âme d'une même faculté transcendante[14], qui a seule une valeur, l'égalité deviendrait une chose concrète. Elle serait alors à la fois un principe de justice et d'ordre.

La représentation tout à fait précise de la destination surnaturelle de chaque fonction sociale fournit seule une norme à la volonté de réforme. Elle permet seule de définir l'injustice. Autrement il est

inévitable qu'on se trompe, soit en regardant comme
des injustices des souffrances inscrites dans la nature
des choses[15], soit en attribuant à la condition
humaine des souffrances qui sont des effets de nos
crimes et tombent sur ceux qui ne les méritent pas.

Une certaine subordination et une certaine uniformité sont des souffrances inscrites dans l'essence
même du travail et inséparables de la vocation surnaturelle qui y correspond. Elles ne dégradent pas.
Tout ce qui s'y ajoute est injuste et dégrade. Tout ce
qui empêche la poésie de se cristalliser autour de
ces souffrances est un crime. Car il ne suffit pas
de retrouver la source perdue d'une telle poésie, il
faut encore que les circonstances mêmes du travail
lui permettent d'exister. Si elles sont mauvaises,
elles la tuent.

Tout ce qui est indissolublement lié au désir ou à la
crainte d'un changement, à l'orientation de la pensée vers l'avenir, serait à exclure d'une existence
essentiellement uniforme et qui doit être acceptée
comme telle. En premier lieu la souffrance physique,
hors celle qui est rendue manifestement inévitable
par les nécessités du travail. Car il est impossible de
souffrir sans aspirer au soulagement. Les privations
seraient mieux à leur place dans toute autre condition sociale que dans celle-là. La nourriture, le logement, le repos et le loisir doivent être tels qu'une
journée de travail prise en elle-même soit normale-
ment vide de souffrance physique. D'autre part le
superflu non plus n'est pas à sa place dans cette vie ;
car le désir du superflu est par lui-même illimité et
implique celui d'un changement de condition. Toute
la publicité, toute la propagande, si variée dans ses
formes, qui cherche à exciter le désir du superflu
dans les campagnes et parmi les ouvriers doit être
regardée comme un crime. Un individu peut toujours sortir de la condition ouvrière ou paysanne,

soit par manque radical d'aptitude professionnelle, soit par la possession d'aptitudes différentes ; mais pour ceux qui y sont, il ne devrait y avoir de changement possible que d'un bien-être étroitement borné à un bien-être large ; il ne devrait y avoir aucune occasion pour eux de craindre tomber à moins ou d'espérer parvenir à plus. La sécurité devrait être plus grande dans cette condition sociale que dans toute autre. Il ne faut donc pas que les hasards de l'offre et de la demande en soient maîtres.

L'arbitraire humain contraint l'âme, sans qu'elle puisse s'en défendre, à craindre et à espérer. Il faut donc qu'il soit exclu du travail autant qu'il est possible. L'autorité ne doit y être présente que là où il est tout à fait impossible qu'elle soit absente. Ainsi la petite propriété paysanne vaut mieux que la grande. Dès lors, partout où la petite est possible, la grande est un mal. De même la fabrication de pièces usinées dans un petit atelier d'artisan vaut mieux que celle qui se fait sous les ordres d'un contremaître. Job loue la mort de ce que l'esclave n'y entend plus la voix de son maître. Toutes les fois que la voix qui commande se fait entendre alors qu'un arrangement praticable pourrait y substituer le silence, c'est un mal.

Mais le pire attentat, celui qui mériterait peut-être d'être assimilé au crime contre l'Esprit, qui est sans pardon, s'il n'était probablement commis par des inconscients, c'est l'attentat contre l'attention des travailleurs. Il tue dans l'âme la faculté qui y constitue la racine même de toute vocation surnaturelle. La basse espèce d'attention exigée par le travail taylorisé n'est compatible avec aucune autre, parce qu'elle vide l'âme de tout ce qui n'est pas le souci de la vitesse. Ce genre de travail ne peut pas être transfiguré, il faut le supprimer [16].

Tous les problèmes de la technique et de l'écono-

434 La Condition ouvrière

mie doivent être formulés en fonction d'une conception de la meilleure condition possible du travail. Une telle conception est la première des normes; toute la société doit être constituée d'abord de telle manière que le travail ne tire pas vers en bas ceux qui l'exécutent.

Il ne suffit pas de vouloir leur éviter des souffrances, il faudrait vouloir leur joie. Non pas des plaisirs qui se paient, mais des joies gratuites qui ne portent pas atteinte à l'esprit de pauvreté. La poésie surnaturelle qui devrait baigner toute leur vie devrait aussi être concentrée à l'état pur, de temps à autre, dans des fêtes éclatantes. Les fêtes sont aussi indispensables à cette existence que les bornes kilométriques au réconfort du marcheur. Des voyages gratuits et laborieux, semblables au Tour de France d'autrefois, devraient dans leur jeunesse rassasier leur faim de voir et d'apprendre. Tout devrait être disposé pour que rien d'essentiel ne leur manque. Les meilleurs d'entre eux doivent pouvoir posséder dans leur vie elle-même la plénitude que les artistes cherchent indirectement par l'intermédiaire de leur art. Si la vocation de l'homme est d'atteindre la joie pure à travers la souffrance, ils sont placés mieux que tous les autres pour l'accomplir de la manière la plus réelle.

ÉMILE NOVIS

ANNEXES

CONDITION OUVRIÈRE
ET MENACE DE GUERRE

LES DANGERS DE GUERRE
ET LES CONQUÊTES OUVRIÈRES

[*Dans un court article, publié le 8 avril 1937 par la revue* Syndicats — *dont René Belin est le rédacteur en chef —, Simone Weil a traité de* « Prestige national et honneur ouvrier » (OC, II, 3, p. 69-70). *Dans la même revue, deux semaines plus tard, elle développe une idée qu'elle avait soutenue dans une lettre écrite à René Belin, en février-mars 1937 (voir* infra, *p. 446). Belin était pacifiste, mais il pensait qu'il faudrait faire la guerre pour défendre la Tchécoslovaquie si elle était attaquée par Hitler. Simone Weil soutenait que les conquêtes sociales de juin 1936 seraient mises en cause par une politique extérieure orientée par la force et le prestige national.*]

[*Syndicats*, nᵒ 28, 22 avril 1937]

La grande vague de fond de juin a arraché des conquêtes d'une ampleur qui, on peut le dire, n'avait été prévue par personne ; elle a emporté toutes les hésitations. La bourgeoisie elle-même a oublié tous les arguments irréfutables par lesquels elle justifiait, il y a un an, la misère ouvrière. Le fait accompli persuade mieux que tous les raisonnements ; c'est pourquoi rien ne vaut l'action directe pour arracher des conquêtes.

Mais pour faire durer les conquêtes, il faut autre chose ; il faut leur adapter les conditions générales de la vie sociale. Aujourd'hui, cette adaptation a pour principal obstacle le fait qui pèse sur la vie sociale de tous les peuples, le danger de guerre. La classe ouvrière vit dans une sécurité trompeuse ; ses conquêtes sont menacées.

Quand on pense à la guerre, on se demande surtout si elle éclatera. On évoque alors un tableau d'horreurs, de massacres en série qu'on repousse de toutes ses forces. Et puis, on se replonge dans la vie quotidienne.

Mais la vie quotidienne aussi est dominée par la menace de guerre. Dès le temps de paix, on est forcé de se poser la question : comment faut-il organiser un pays pour le protéger contre le danger de guerre ? À cette occasion, tout le monde, chez nous, répond unanimement, de l'extrême droite à l'extrême gauche : Une France forte est la seule garantie de la paix. Une France forte, cela veut dire, une France mieux préparée à la guerre que ceux qui voudraient l'attaquer.

Si la première nécessité est d'avoir une France forte, il s'ensuit plusieurs conséquences qu'il faut regarder en face.

En ce cas, d'abord, ce ne sont pas quarante, mais soixante, soixante-dix heures qu'il faut faire dans les usines de guerre ; c'est-à-dire, presque partout, car presque tout actuellement est production de guerre, directement ou indirectement : mécanique, aciéries, mines, produits chimiques, etc. La cadence du travail, rendue un peu moins épuisante depuis juin — quoiqu'elle le soit encore beaucoup trop dans certains endroits — devra être aggravée. Car la guerre, aujourd'hui, est avant tout une question de matériel, d'armement lourd.

En ce cas, il faut de bas salaires. La CGT, le Front populaire ont toujours dit qu'une consommation accrue des masses populaires stimulerait la production. Ce n'est pas vrai quand la production d'un pays est orientée avant tout vers la défense nationale. Une grande capacité de consommation des masses est un obstacle à la production intensive de canons, de tanks, d'avions de bombardement ; car nous ne mangeons rien de tout cela.

En ce cas, il faut militariser le pays. Aujourd'hui où toute guerre est une guerre industrielle, un pays est d'autant mieux préparé qu'il est plus soumis, dès le temps de paix, à une discipline militaire. Nous nous rappelons tous combien, avant juin, les usines ressemblaient à des casernes. Pour pouvoir imposer les sacrifices nécessaires à la force militaire du pays, il faudrait revenir à ce régime. Rétablir chez les chefs la puissance absolue, l'arbitraire, la brutalité, le pouvoir de brimer à volonté ; chez les travailleurs, l'obéissance passive, le silence, la soumission totale, l'absence complète de droits.

On ne peut pas à la fois conserver le régime issu de juin et avoir une France forte. Il faut choisir. Si on veut une France forte, les libertés ouvrières devront disparaître un jour ou l'autre. On aura alors la force militaire nécessaire pour se défendre contre l'étranger ; seulement on n'aura, somme toute, plus rien à défendre.

Si on veut conserver les conquêtes de juin — et on le veut, on n'y renoncera pas ! — il faut accepter que la France soit et reste relativement faible. Mais alors il faut se demander si, malgré l'existence des États fascistes qui s'arment à tour de bras, il peut y avoir des moyens de préserver la paix sans que la France soit forte.

S'il peut y en avoir, il faut les étudier et les appliquer. En somme, la France s'est donné un état
social, dans une certaine mesure, nouveau, tout en
conservant sa politique extérieure traditionnelle. Il y
a là une contradiction qui ne peut pas durer éternel-
lement. Il faut établir, en raison de la nouvelle situation sociale, des principes nouveaux de politique
extérieure. Il appartient à la classe ouvrière organisée d'orienter le pays dans cette voie.

Ces principes nouveaux comporteraient certainement d'abord l'abandon de tout souci de prestige
national. Cela ferait beaucoup de peine aux géné-
raux, aux gens du monde, aux belles dames.

Que la classe ouvrière y prenne garde ! Les avantages nouvellement acquis, le droit de respirer, de
se redresser qu'on a enfin conquis dans les usines,
tout cela est menacé bien moins par les menées des
patrons que par la conception actuelle de la politique internationale.

LETTRE À RENÉ BELIN

[Inédit]

[*Pendant la période de février à mi-mars 1937, Simone Weil écrivit plusieurs lettres à René Belin, lettres dont on a retrouvé des ébauches ou des copies. Il peut s'agir aussi de versions plusieurs fois reprises d'une seule lettre. Nous ne savons si elle fut effectivement envoyée (voir SP, p. 416).*

Simone Weil annonce à son correspondant qu'elle va quitter Paris «demain ou après-demain». D'après Simone Pétrement, elle partit le 11 mars — qui était un jeudi — pour la Suisse, afin d'essayer un traitement contre les maux de tête (dont elle souffrait de plus en plus), dans une clinique de Montana (ibid., p. 417). Au début de cette ébauche, Simone Weil a porté le jour où elle l'a écrite: lundi, ce qui permet de la dater avec exactitude du 8 mars. Simone Weil aurait pu quitter Paris le 9 ou le 10 («Fonds Simone Weil», BnF, Boîte I, f. 57 et v°).]

Lundi [8 mars 1937]

Cher camarade,

Je quitte Paris demain ou après-demain pour un temps. Souvarine se mettra en rapport avec vous pour le brûlot en question. Nous avons deux ou trois copains en vue qui pourraient faire l'affaire. Il va les toucher.

En vous disant que vous n'aviez pas raison, pour les 40 h, je traduisais une première impression[1]. Réflexion faite, vous avez raison (et beaucoup de courage par dessus le marché), seulement à condition d'apporter des réserves et des précisions que je trouve essentielles.

D'abord il faut prendre bien garde qu'en faisant monter l'offre au niveau de la demande — qui est presque certainement spéculative pour une bonne part — on ne provoque un «boom» qui hâterait une nouvelle crise.

Ensuite il faut distinguer entre les branches de l'économie qui sont vitales... soit par rapport à la balance commerciale, soit parce qu'elles concernent les nécessités de la vie — et les autres. (Par exemple, je ne vois pas en quoi il serait si désirable de répandre sur le marché un flot d'automobiles.) Si la classe ouvrière, organisée syndicalement, en avait la capacité, elle pourrait, d'après des considérations de cet ordre, diriger quelque peu l'économie sans attendre une application éventuelle du «Plan». Mais on fait peu pour lui donner une telle capacité.

Enfin il faut avoir recours à des dérogations, non à une augmentation du rendement horaire, du moins dans la plupart des cas. Vous m'avez dit que c'est aussi votre avis, mais à vous lire on croirait plutôt le contraire, et je crois qu'il est essentiel d'être clair sur ce point. Pour le bâtiment, on pourrait discuter, mais pour la mécanique (ça, je le sais par expérience personnelle), pour les mines, pour le textile, il vaut

beaucoup mieux travailler 48 h que 40 en augmentant le rendement horaire. D'autant plus que si le
rapport des forces change un jour à nos dépens on
fera travailler 48 h à la cadence horaire des 40...
Cette idée me terrifie, parce que je me représente ça
très concrètement.

« Le bien-être et la liberté, c'est l'élargissement de
la consommation qui les donne[2] », dites-vous. Il y a
du vrai, mais dit d'une manière aussi peu nuancée
ce n'est pas exact. Certes je vous félicite de ne pas
tomber dans la démagogie facile de l'« abondance ».
Mais, s'il est vrai que le bien-être implique une plus
grande consommation des choses utiles à la vie, la
liberté est atteinte plus gravement, dans un grand
nombre de cas, par l'épuisement, l'abrutissement
d'un travail monotone, la subordination dégradante
inévitablement liée à un effort trop intensif, que par
les privations. Il faut, bien sûr, que les travailleurs
ne souffrent pas de la faim, du froid, qu'ils soient
convenablement logés, qu'ils aient une certaine
marge de superflu. Mais je ne trouve pas désirable
du tout que chaque ouvrier ait une auto et la TSF,
que chaque ouvrière ait six ou sept robes, que chaque
famille ouvrière aille deux fois par semaine au
cinéma. Je trouve désirable en revanche non seulement que les ouvriers aient des loisirs en dehors du
travail, mais qu'au cours même du travail (celui-ci
ne fût-il, conformément aux illusions à la mode, que
de vingt heures par semaine) ils ne soient pas des
esclaves[3]. À partir d'un certain niveau de la produc-
tivité, la question se pose : le vrai progrès est-il du
côté de la consommation, ou du côté des loisirs ? Je
ne crois pas qu'on doive hésiter.

Par ailleurs, votre article du *Peuple* m'a amenée à
me poser la question que voici : si l'augmentation
du salaire horaire conquise en juin, déjà annulée
pour une part par l'augmentation du coût de la vie,

devait de plus être compensée par une augmentation du rendement horaire, rien n'aurait changé dans la rétribution du travail, ou du moins fort peu. (Avec les dérogations, ce serait autre chose, mais les dérogations, étant donné le tarif des heures supplémentaires, auraient-elles une influence très sensible sur les prix ? Il faudrait peut-être renoncer dans certains cas à ces tarifs.) S'il doit en être ainsi, c'est donc que le patronat et la droite avaient dans une large mesure raison. Je ne considère pas cet argument comme une preuve par l'absurde. Ils avaient peut-être effectivement raison. Mais alors nous n'aurions pas le droit de penser qu'ils avaient tort.

Vous m'avez dit, l'autre jour, quelque chose qui m'a beaucoup frappée, parce que je le pense depuis longtemps, et que dans les milieux dits de gauche (dans les autres aussi d'ailleurs) on s'en rend rarement compte. C'est qu'il faut examiner les problèmes en eux-mêmes, et non en fonction des étiquettes politiques ou autres. C'est une vérité évidente, mais toujours méconnue, surtout par manque de courage.

Dans ce cas la discrimination doit se faire, non entre réactionnaires, réformistes, révolutionnaires, mais entre ceux qui n'apportent pas du nouveau et ceux qui en apportent, j'entends dans le sens d'une misère et d'une oppression moindres — car dans le sens contraire, c'est à la portée de tout le monde. Étant donné une situation déterminée qui pose certains problèmes, il y a deux manières possibles d'apporter du nouveau. Ou apporter à ces problèmes une solution meilleure que celles trouvées jusque-là, ou changer les données des problèmes en modifiant certains éléments décisifs de la situation.

La «gauche», réformistes comme révolutionnaire [*sic*] [,] a cru pouvoir choisir la première voie. Car à mon avis ce qu'on imagine (vaguement) sous le nom de révolution, ce sont des modifications portant pour une part sur des facteurs au fond secondaires aujourd'hui (la propriété...), et pour la plus large part sur de simples mots. Eh bien, je pense que de ce côté on se heurte à une impasse. Je ne crois pas que dans la situation donnée on puisse trouver au problème social une solution très sensiblement meilleure que celles de la bourgeoisie et de la droite, si on ne modifie pas les facteurs essentiels du problème.

Il y a des années que je pense ainsi, et c'est pourquoi je me suis volontairement tenue à l'écart de toute activité politique. La transformation de l'atmosphère morale apportée par le merveilleux élan de juin m'a donné quelque espoir en des possibilités toutes nouvelles. Mais je vois avec douleur que cet élan, bien qu'il ait desserré l'étau de la contrainte sociale, ne semble pas parvenir à se cristalliser en des transformations stables.

Voici ce que j'appelle les éléments décisifs de la situation présente. D'abord les nécessités qu'implique l'équipement du pays en vue de la guerre, nécessités dont le poids effectif dépasse de beaucoup le fardeau des fabrications de guerre proprement dites. L'organisation du travail industriel, qui réduit la fonction sociale d'une large masse de travailleurs à quelque chose d'équivalent à l'esclavage. La structure générale de l'économie, qui porte les privations et le surmenage bien loin au-delà des nécessités réelles, par la part accordée aux branches de l'économie qui ne contribuent pas au développement des corps et des esprits. La structure, la fonction, la puissance de l'État.

Voilà, à mon avis, et sauf erreur, les principaux facteurs de misère et d'oppression. Ni les «réformes» ni la «révolution» n'y touchent. Je ne pense pas qu'on puisse arriver à quelque chose de durable sans aborder au moins certains de ces problèmes. Et personne ou presque, à ma connaissance, ne songe même encore à les étudier sérieusement.

Je crois que la question militaire est déterminante par-delà toutes les autres. Vous n'avez pas raison, j'en suis convaincue, si vous pensez qu'une politique sociale même modérée peut se prolonger dans la situation internationale actuelle. Aujourd'hui, l'acuité du problème militaire ne nous est pas encore trop sensible, parce que l'Allemagne n'avait pas encore rattrapé la France jusqu'ici. Dans les années qui viennent, il s'agira de rester au niveau de l'Allemagne et on ne le pourra qu'en subissant des privations et une contrainte presque égales à celles imposées par Hitler. Il n'y a pas de limites aux dures nécessités impliquées par la préparation à la guerre parce qu'elles se mesurent à ce que fait le pays d'en face. Ces privations, ces contraintes, notre raison d'être est de les éviter ; si elles sont inévitables, nous n'avons qu'à disparaître de l'arène.

Songez, par exemple, à ce que signifierait l'application du Plan de la CGT[4] dans le cadre des préoccupations militaires actuelles. Ce serait l'évolution rapide vers un État totalitaire.

Vous avez raison d'objecter aux gens de *Vigilance*[5] qu'aucune politique ne peut garantir la paix même pour dix-huit mois. Mais vous n'avez pas raison de considérer cette objection comme un argument-massue. Car on n'a rien essayé. Blum n'a tenté qu'une moitié d'expérience. Il a expérimenté à l'intérieur, et à l'extérieur — sauf quelques phrases du discours de Lyon — il n'a fait et dit, du moins publiquement que ce qu'auraient pu faire et dire Poincaré, Laval, etc.

Y a-t-il une autre politique possible ? J'en ai la conviction.

J'ai eu dernièrement des renseignements qui me semblent de grande importance. Voici. Detœuf est allé récemment à Berlin représenter l'industrie française au comité allemand de la Chambre de Commerce Internationale. Il avait vu Blum et Viénot[6] avant de partir. Il a fait une conférence que je vous enverrai, très bien accueillie. Surtout il a eu des entretiens avec Schacht[7] et son entourage, avec de grands industriels, avec un représentant de la *Reichswehr*[8]. Ces gens-là d'abord, ont peur de la guerre — notamment en raison des armements anglais, qui leur font craindre la défaite — mais, chose très curieuse, ils ont encore bien plus peur de l'orientation de plus en plus « communiste » (au sens stalinien) que prend l'économie allemande sous la pression inexorable des nécessités militaires. Ils s'attendent, si cela continue, à voir toute l'industrie collectivisée à brève échéance. Ils souhaitent très vivement une entente avec la France d'abord, généralisée ensuite. À vrai dire, les industriels et la *Reichswehr*, c'est une chose, et le parti national-socialiste, c'en est une autre.

Cependant Schacht a dit à Detœuf que Hitler, tenu par sa propre démagogie, par sa brutalité tradition[9].

ANNEXE 2

« MON IDÉAL LE VOICI... »

VARIANTE D'UNE LETTRE
À VICTOR BERNARD

[Inédit]

[*Cette variante de la lettre du 3 mars 1936 à Victor Bernard offre une synthèse remarquable de ce qu'est la doctrine de Simone Weil au sujet de la place qu'occuperait le travail dans l'idéal d'une société libre (« Fonds Simone Weil », BnF, carton VII, f. 133 v°).*]

Monsieur,

Je crois qu'il est bon de faire alterner les échanges écrits et les échanges oraux ; bien des idées s'expriment d'une manière et non de l'autre, et inversement.

Vous me comprendrez peut-être mieux si je vous dis explicitement quel est l'idéal auquel je me réfère pour me proposer tel ou tel objectif limité. Dès qu'on s'élève au-dessus des conditions de vie où on se trouve, on porte nécessairement en soi d'une manière plus ou moins claire l'idéal d'une certaine forme de civilisation, sans pour cela se faire des illusions concernant le progrès humain, encore moins concernant la portée des efforts individuels[10]. Mon idéal, le voici : une civilisation où le travail serait le premier moyen d'éducation. J'entends le travail physique[11]. La conception des Grecs était exactement contraire ; pour eux il n'y avait d'éducation que par le loisir. Cette conception implique nécessairement l'esclavage comme corrélatif[12], aussi longtemps qu'on n'aura pas trouvé le moyen d'éliminer le travail ; élimination qui à mon avis est probablement à ranger à côté du mouvement perpétuel parmi les rêveries sans consistance[13]. Non seulement je ne me résigne pas volontiers à admettre l'esclavage comme une nécessité absolue, mais encore je pense qu'il y a dans le travail une grandeur dont on ne peut trouver l'équivalent même dans les formes supérieures de vie oisive ; j'entends par là soustraite au travail directement productif[14].

Actuellement, le travail industriel est organisé de manière à être exactement le contraire d'une éducation, non seulement pour les manœuvres, mais aussi dans une large mesure pour les professionnels, pour une grande partie des employés de bureau (sinon tous), et jusqu'à un certain point pour le personnel dirigeant lui-même. Quant au travail des champs, l'excès de dépense physique, la pauvreté, les soucis harassants, le sentiment d'être en bas de l'échelle sociale, l'absence de culture, l'absence de vie collective diminuent considérablement la portée de ce qu'il peut y avoir de beau dans la vie du paysan propriétaire.

Quant aux oisifs complets, aux artistes, aux « intellectuels », etc., beaucoup d'obstacles s'opposent à ce qu'ils tirent de leur situation privilégiée le même parti que les Grecs du Ve siècle. À savoir l'absence de contact avec la vie, l'excès insensé de la spécialisation, l'amas des connaissances acquises, l'absence de tout milieu cultivé et compréhensif, les entraves à la liberté de la pensée, et bien d'autres choses[15]. À notre époque, le travail et le loisir corrompent l'un et l'autre.

Beaucoup de réflexions sur ce thème — réflexions dont je vous fais grâce — m'ont amenée à me poser deux questions : la question de la joie au travail[16] et la question de la vulgarisation des connaissances. Ces deux problèmes sont corrélatifs dans mon esprit[17]. Il faudrait que les connaissances scientifiques soient présentées de manière que les opérations de l'intelligence dont elles procèdent apparaissent clairement comme analogues à celles exigées par le travail quotidien.

Encore une fois, c'est là un idéal, c'est-à-dire que je cherche à me représenter non pas la manière dont on pourrait l'atteindre, mais la manière dont on pourrait s'en rapprocher.

Albertine Thévenon

AVANT-PROPOS
À LA PREMIÈRE ÉDITION

Le hasard n'est pour rien dans le fait que le petit groupe des syndicalistes-révolutionnaires de la Loire connut Simone Weil en 1932. De bonne heure, ainsi qu'elle le raconte elle-même, elle avait été émue par les injustices sociales et son instinct l'avait portée du côté des déshérités. La permanence de ce choix donne à sa vie son unité.

Très tôt elle fut attirée par les révolutionnaires. La révolution russe, porteuse à l'origine d'un immense espoir, avait dévié, et les prolétaires y étaient maintenus en état de servage par la bureaucratie, nouvelle caste de privilégiés, confondant volontairement industrialisation et socialisme. Simone avait trop l'amour et le respect de l'individu pour être attirée par le stalinisme qui avait créé un régime dont elle devait dire en 1932 : «À vrai dire, ce régime ressemble au régime que croyait instaurer Lénine dans la mesure où il exclut presque entièrement la propriété capitaliste ; pour tout le reste il en est très exactement le contre-pied. »

Ayant ainsi éliminé du monde révolutionnaire les staliniens, elle se rapprocha des autres groupes : anarchistes, syndicalistes-révolutionnaires, trotskystes. Elle était trop indépendante pour qu'il soit possible de la classer dans un de ces groupes ;

cependant celui pour lequel elle eut le plus de sympathie à l'époque où nous l'avons connue était sym-
bolisé par *La Révolution prolétarienne*.

Fondée en 1925, cette revue qui portait au début
en sous-titre «Revue syndicaliste-communiste» ras-
semblait autour d'elle des syndicalistes qui, emportés
par leur enthousiasme pour la révolution d'Octobre,
avaient adhéré au parti communiste et en avaient
été exclus ou l'avaient volontairement quitté en
constatant que peu à peu la bureaucratie se substi-
tuait à la démocratie ouvrière du début. Les deux
figures les plus marquantes en étaient et en sont
encore Monatte et Louzon, tous les deux syndicalistes-révolutionnaires et de formation libertaire.

Simone entra en contact avec plusieurs des
hommes qui animaient cette revue, et lorsqu'en
automne 1931 elle fut nommée professeur au lycée
du Puy ce fut à eux qu'elle demanda de la mettre en
rapport avec des militants de cette région. C'est
ainsi qu'un soir d'octobre elle vint chez nous pour y
rencontrer Thévenon, alors membre du conseil
d'administration de la Bourse du travail à Saint-
Étienne, secrétaire adjoint de l'Union départementale confédérée de la Loire, qui s'efforçait de
regrouper la minorité syndicaliste et de ramener à
la CGT la Fédération régionale des mineurs, alors
minoritaire dans la CGTU et dont le secrétaire
Pierre Arnaud venait d'être chassé du parti communiste.

Par Thévenon, Simone se trouva du même coup
plongée en plein milieu ouvrier et en pleine bagarre
syndicale. Elle ne demandait que cela. Chaque
semaine, elle fit au moins une fois le voyage du Puy à
Saint-Étienne et deux ans après de Roanne à Saint-
Étienne, pour participer à un cercle d'études organisé à la Bourse du travail, assister à des réunions ou
à des manifestations.

*

Son extraordinaire intelligence et sa culture philo-sophique lui permirent une connaissance rapide et approfondie des grands théoriciens socialistes, en particulier de Marx. Mais cette connaissance théo-rique de l'exploitation capitaliste et de la condition ouvrière ne la satisfaisait pas. Elle croyait utile de pénétrer dans la vie de tous les jours des travailleurs.

Au syndicat des mineurs, Pierre Arnaud représen-tait un beau type de prolétaire. Bien que permanent, il avait gardé toutes ses habitudes de mineur : son langage, ses vêtements et surtout sa conscience de classe. Il était un mineur et ne cherchait pas à passer pour rien d'autre. Simone l'estima, appréciant sa fierté, sa droiture et son désintéressement. Autour de lui gravitaient des hommes habitués à se heurter durement à la vie, dont quelques-uns avaient servi dans les bataillons disciplinaires. Simone essaya de s'intégrer à eux. Ce n'était pas facile. Elle les fré-quenta, s'installant avec eux à la table d'un bistrot pour y casser la croûte ou jouer à la belote, les suivit au cinéma, dans les fêtes populaires, leur demanda de l'emmener avec eux à l'improviste, sans que leurs femmes fussent prévenues. Ils étaient un peu surpris par l'attitude de cette jeune fille si instruite qui s'ha-billait plus simplement que leurs femmes et dont les préoccupations leur semblaient extraordinaires. Cependant elle leur était sympathique, et c'est tou-jours avec amitié qu'ils revoyaient «la Ponote*». Ils ne l'ont pas oubliée. L'un d'entre eux, homme simple s'il en fut, lui garde une fidèle affection ; un autre, rencontré il y a peu de temps, exprima ainsi ses

---

* Ponots et Ponotes, noms donnés aux habitants du Puy. [Note de l'auteur.]

regrets en apprenant sa mort : « Elle ne pouvait pas vivre, elle était trop instruite et elle ne mangeait pas.» Cette double constatation caractérise bien Simone. D'une part une activité cérébrale intense et continue et d'autre part la négligence à peu près totale de la vie matérielle. Déséquilibre ne pouvant aboutir qu'à une mort prématurée*.

*

Quelle fut sa participation au mouvement syndical à cette époque ? Non seulement elle participa au cercle d'études de Saint-Étienne, mais elle l'aida à vivre en employant à l'achat de livres sa prime d'agrégation qu'elle considérait comme un privilège intolérable. Elle renforça la caisse de solidarité des mineurs, car elle avait décidé de vivre avec cinq francs par jour, prime allouée aux chômeurs du Puy. Elle milita dans le syndicat des instituteurs de la Haute-Loire, où elle se rapprochait du groupe de l'«École émancipée». Au Puy, elle se mêla à une délégation de chômeurs, ce qui lui valut une belle campagne de presse et des ennuis avec son administration. Et, par-dessus tout, elle mit au point, après maintes discussions avec des militants, ses réflexions sur l'évolution de la société dans un article paru dans *La Révolution prolétarienne* d'août 1933, sous le titre général de «Perspectives». Cette étude — portant en sous-titre «Allons-nous vers une révolution prolétarienne» — donne une idée précise de ce que Simone entendait par socialisme qui est la «souveraineté économique des travailleurs et non pas celle de la machine bureaucratique et militaire

* Mon mari rencontra il y a quelque temps un groupe important de nos anciens camarades mineurs. Il me raconta qu'ils furent «accablés» d'apprendre sa mort.

de l'État». Le problème est de savoir si, l'organisation du travail étant ce qu'elle est, les travailleurs vont vers cette souveraineté. Contrairement à une espèce de credo révolutionnaire qui veut que la classe ouvrière soit la remplaçante du capitalisme, Simone voit poindre une nouvelle forme d'oppression, «l'oppression au nom de la fonction». «On ne voit pas, écrit-elle, comment un mode de production fondé sur la subordination de ceux qui exécutent à ceux qui coordonnent pourrait ne pas produire automatiquement une structure sociale définie par la dictature d'une caste bureaucratique.» Le danger de cette dictature bureaucratique s'est précisé depuis, ainsi qu'en témoigne Burnham dans son livre sur les managers. Ces constatations d'une clairvoyance si pessimiste qu'elle craint qu'on les taxe de défaitisme sont-elles une raison de désespérer et d'abandonner la lutte? Pour elle, il n'en est pas question. «... Étant donné qu'une défaite risquerait d'anéantir, pour une période indéfinie, tout ce qui fait à nos yeux la valeur de la vie humaine, il est clair que nous devons lutter par tous les moyens qui nous semblent avoir une chance quelconque d'être efficaces.» Nul langage ne saurait être plus courageux.

Enfin c'est également dans le temps qu'elle fut des nôtres qu'elle se rendit en Allemagne où les nazis commençaient à faire parler d'eux et de leurs horribles méthodes. Je la revois essayant de persuader un de nos jeunes camarades de l'accompagner. Pour elle, c'était simple: des hommes se battaient pour défendre leur liberté, ils avaient droit à l'aide de tous. Je la revois à son retour, ulcérée jusqu'au fond du cœur par ce qu'elle avait vu là-bas et s'effondrant sur un coin de table, les nerfs à bout, au souvenir des cruautés subies par les Allemands anti-nazis. Avec une grande lucidité elle analysa la situation allemande dans un article paru dans *La Révolution pro-*

létarienne du 25 octobre 1932 et annonça la victoire
de Hitler. Elle avait, hélas ! vu juste.

*

Fréquenter les mineurs, vivre avec la paie d'un
chômeur, réfléchir et écrire sur le mouvement ouvrier
ne pouvait lui suffire. Ce qui paraissait essentiel à la
fois à son intelligence et à sa sensibilité — deux
forces à peu près égales en elle — c'était de pénétrer
intimement les rapports du travail et des travailleurs.
Elle ne pensait pas qu'on pût parvenir à cette
connaissance autrement qu'en se faisant travailleur
soi-même ; aussi décida-t-elle de devenir ouvrière.
Ce fut un gros point de friction entre nous deux. Je
pensais et je pense encore que l'état de prolétaire est
un état de fait et non de choix, surtout en ce qui
concerne la mentalité, c'est-à-dire la manière d'ap-
préhender la vie. Je n'ai aucune sympathie pour les
expériences genre « roi charbon » où le fils du patron
vient travailler incognito dans les mines de son père
pour retourner, son expérience faite, reprendre sa
vie de patron. Je pensais et je pense encore que les
réactions élémentaires d'une ouvrière ne sauraient
être celles d'une agrégée de philosophie issue d'un
milieu bourgeois. Ces idées étaient aussi celles des
trois ou quatre copains qui formaient le petit groupe
des amis de Simone à Saint-Étienne. Nous les lui
exprimâmes crûment, et peut-être même brutalement,
car nos rapports — affectueux — étaient exempts de
mondanités. D'autres raisons nous poussaient à
la dissuader de mettre son projet à exécution : son
manque d'habileté manuelle et son état de santé.
Elle souffrait de maux de tête terribles dont elle
m'écrivit par la suite « qu'ils n'avaient pas eu l'obligeance de la quitter ».

Si nous avions raison en général, nous nous

sommes trompés en ce qui concerne Simone. D'abord, elle mena son expérience à fond et avec la plus grande honnêteté, s'isolant de sa famille, vivant dans les mêmes conditions matérielles que ses compagnes d'atelier. Les lettres qu'elle m'écrivit alors et l'article qu'elle publia à la suite des grèves de 1936 dans *La Révolution prolétarienne* prouvent que sa possibilité d'adaptation et son pouvoir d'«attention», pour employer une de ses expressions, lui ont permis de saisir avec acuité le caractère inhumain du sort fait aux travailleurs, surtout les non-qualifiés, «tous ces êtres maniés comme du rebut» dont elle se sentait la sœur, ce qui chez elle n'était pas littérature. «J'ai oublié que je suis un professeur agrégé en vadrouille dans la classe ouvrière», écrivait-elle. De cette expérience elle resta marquée jusqu'à la fin de sa vie.

*

Elle quitta la Loire en 1934 et je ne devais plus la revoir. Je reçus d'elle encore une carte alors qu'elle était milicienne en Espagne chez les Rouges. Thévenon la revit à un congrès en 1938, à Paris. Puis ce fut la guerre. Et à la fin de la guerre, l'annonce de sa mort.

*

Peut-être un jour un militant ouvrier averti qui la connut aussi bien que nous éprouvera-t-il le besoin de tirer les enseignements de ses diverses expériences sociales. Pour moi — qui ai toujours vécu à l'intérieur du mouvement syndical sans y militer — je voudrais simplement porter témoignage du souvenir que Simone Weil a laissé aux quelques copains avec lesquels elle vécut en *confiance dans une atmo-*

sphère de chaude camaraderie. Plusieurs ont été des militants ou le sont encore. Tous se souviennent des discussions qu'ils eurent avec elle, de son exigence, de la rigueur impitoyable avec laquelle elle obligeait à penser, et plus d'une fois leur pensée se tourne encore vers cette Simone toujours insatisfaite.

Je voudrais dire aussi la chance qu'ont eue ceux qui la connurent et l'apprécièrent; comme il faisait bon près d'elle quand on avait sa confiance. Un de ses amis m'écrivait il y a peu de temps qu'elle fut « plus poète dans sa vie que dans ses œuvres ». C'est vrai. Elle était simple, et bien que sa culture générale fût tellement supérieure à la nôtre nous avions avec elle de longues conversations sur un ton fraternel, nous la plaisantions, elle riait avec nous, nous demandait de chanter (et pas toujours des choses très orthodoxes). Elle-même, assise au pied d'un petit lit de fer dans une chambre sans beauté qui ne comportait pas d'autres meubles, nous récitait parfois des vers grecs auxquels nous ne comprenions rien, mais qui nous réjouissaient quand même à cause du plaisir qu'elle y prenait. Enfin, un sourire, un coup d'œil faisaient de nous ses complices dans certaines situations cocasses. Ce côté de son caractère qui n'apparaissait pas souvent à cause du sérieux avec lequel elle envisageait d'ordinaire toutes choses avait un charme inoubliable.

Non moins séduisante était son absence de conformisme, et le souffle de liberté qu'elle portait avec elle. Encore fallait-il l'apprécier. Toutes ces manifestations qui nous la rendaient chère lui valurent d'irréductibles hostilités. Aussi est-ce une joie profonde pour nous de l'avoir aimée quand il en était temps.

Car enfin, s'il est relativement facile de l'admirer et de comprendre sa grandeur lorsque, dans la solitude d'un cabinet de travail, un livre ouvert devant soi, plus rien ne cache sa pensée profonde, il faut bien reconnaître que bon nombre de ceux qui sont passés près d'elle n'ont même pas soupçonné l'être exceptionnel qu'elle fut. Pourtant, à ceux qui l'ont bien connue et aimée alors qu'elle était incroyante, puis l'ont retrouvée si profondément religieuse, sa vie apparaît avec une unité parfaite, malgré son changement apparent. Le mouvement qui la poussait à se considérer et à se traiter comme le plus déshérité des déshérités est contraire à l'aspiration normale d'un être humain ordinaire. Il procède à la fois du désir de connaître le malheur — ce qui est gratuit —, de le traduire —, ce qui peut être efficace — et du sentiment de justice absolue : je n'ai droit à rien, puisque tant d'autres êtres n'ont droit à rien. Or, cette tendance était très nette et facilement décelable. C'est elle qui la faisait vivre avec l'allocation d'un chômeur en 1933, et qui la fit mourir de privations et de maladie, seule, sur un lit d'hôpital à Londres en 1943. Si cruelle qu'elle soit pour nous, cette mort est la conclusion logique de la vie que Simone avait choisie. Comme le dit Albert Camus, c'est une voie solitaire : la voie de Simone Weil.

Lorsqu'il m'est arrivé de parler à Simone Weil à mes amis, deux réflexions ont presque toujours été faites : « C'était une sainte » ou bien alors : « À quoi sert une vie comme la sienne ? » En vérité, je ne sais si elle était une sainte, mais beaucoup de révolutionnaires — parmi les meilleurs — ont ce détachement des biens matériels et ce désir de faire corps avec les plus malheureux. On devient révolutionnaire par le cœur d'abord. Chez Simone, cet état d'esprit se haussait au niveau d'un principe rigoureux. Quant à savoir « à quoi a servi sa vie », c'est la question essentielle. Pour mon compte, je me suis souvent insurgée contre les privations qu'elle s'infligeait, contre la vie dure qu'elle s'imposait, et encore

aujourd'hui je m'insurge en pensant qu'elle a disparu si tôt en grande partie à cause des souffrances
qu'elle a délibérément endurées. Mais n'est-ce pas à
toutes ces souffrances gratuites qu'elle doit son
extraordinaire «pouvoir d'attention», attention qui
lui a permis de retrouver dans la poussière de la vie
quotidienne le grain de pureté qui s'y trouvait?
N'est-ce pas ces souffrances gratuites qui ont fait
d'elle un témoin dont la pureté et la sincérité ne
peuvent jamais être mises en doute? N'est-ce pas
elles enfin qui lui ont donné cette admirable compassion qui la rendait perméable à toute misère
humaine? Le grand mérite de Simone est d'avoir
mis une harmonie totale entre son besoin de perfection et sa vie, cela antérieurement à toute influence
religieuse. Ce besoin de perfection était tel d'ailleurs
qu'il l'a empêchée d'entrer dans l'Église qui, étant
l'œuvre des hommes, porte les stigmates de l'imper-
fection, tout comme les mouvements révolutionnaires auxquels elle est restée attachée par tant de
liens visibles.

Les raisons qui nous avaient fait l'apprécier et
l'aimer restent entières. Aussi, même si nous l'aban-
donnons au seuil de sa vie mystique qui nous est
étrangère, lui gardons-nous une affection intacte et
un souvenir fidèle.

ALBERTINE THÉVENON
Roche-la-Molière, décembre 1950

DOSSIER

ÉLÉMENTS BIOGRAPHIQUES

1905. Mariage de Bernard Weil et de Salomea Reinherz.

1906. Naissance d'André Weil. Il deviendra un des grands mathématiciens du xxe siècle et l'un des fondateurs du groupe Bourbaki.

1909. 3 février, naissance de Simone Weil, à Paris, 19, boulevard de Strasbourg.

1914-1918. Le docteur Bernard Weil est mobilisé comme médecin lieutenant au front, puis à Neufchâteau et à Mayenne. Envoyé en Algérie, il est rapatrié en décembre 1916. Installation de la famille Weil à Chartres, puis à Laval.

1919. Retour de la famille à Paris. Simone Weil entre au lycée Fénelon.

1924-1925. Année de philosophie au lycée Victor-Duruy, où elle reçoit l'enseignement de René Le Senne.

1925-1926. Simone Weil entre en première supérieure au lycée Henri-IV. Alain est son professeur pendant trois ans. Amitié avec Simone Pétrement. Passe deux certificats de licence à la Sorbonne.

1927. Succès à deux nouveaux certificats de philosophie.

1928. Simone Weil est reçue à l'École normale supérieure. Elle continue à suivre certains cours d'Alain.

1929. S'inscrit à la Ligue des droits de l'homme. Installation définitive de la famille rue Auguste-Comte. Donne deux articles aux *Libres Propos*.

1930. Apparition de violents maux de tête, dont elle a

souffert toute sa vie. Soutient son Diplôme d'études supérieures.

1931. Simone Weil est reçue, en juillet, à l'agrégation de philosophie. Elle est nommée professeur au lycée du Puy. Contacts avec les syndicalistes révolutionnaires (Pierre Monatte, Daniel Guérin, Maurice Chambelland). Amitié avec Albertine et Urbain Thévenon. Elle adhère au Syndicat national des instituteurs (CGT).

1932. Nombreux articles dans *La Révolution prolétarienne*, *L'Effort*, *L'École émancipée*. En août, voyage dans l'Allemagne pré-nazie. Est nommée professeur au lycée d'Auxerre ; publication d'une série d'articles sur l'Allemagne. Amitié avec Boris Souvarine qu'elle a rencontré à la fin de l'année.

1933. *La Révolution prolétarienne* publie l'article « Perspectives ». Collabore à *La Critique sociale*. Commence la rédaction de ses *Cahiers*. Est nommée professeur à Roanne. Simone Weil est inscrite à la fois à la CGT et à la CGTU. Elle reçoit Trotski, rue Auguste-Comte.

1934. Demande un congé pour suivre des « études personnelles ». Simone Weil rédige ses « Réflexions sur les causes de la liberté et de l'oppression sociale ». Le 4 décembre, elle entre comme ouvrière chez Alsthom (voir la chronologie de la période de travail en usine, *infra*).

1935. Poursuite de l'expérience ouvrière jusqu'au 9 août. Passe ses vacances en Espagne et au Portugal. Simone Weil découvre que le christianisme est la religion des esclaves. Elle est nommée professeur à Bourges.

1936. Lettres à Victor Bernard, directeur technique d'usine, et à Auguste Detœuf, fondateur et administrateur de la société Alsthom. Courte participation à la guerre civile d'Espagne, où elle rejoint la colonne anarchiste organisée par Durruti. Enquête dans les usines du Nord.

1937. Simone Weil travaille avec René Belin, l'un des secrétaires de la CGT. Voyage en Italie. À Assise, se sent forcée de s'agenouiller dans la petite chapelle où saint François a réuni ses premiers compagnons. En octobre, est nommée professeur au lycée de Saint-Quentin.

1938. Congé de maladie. Pendant la Semaine sainte à Solesmes, découvre les poètes métaphysiciens anglais, en particulier George Herbert. Expérience mystique au cours de la récitation du poème *Love*.

1939. Simone Weil renonce à son pacifisme. Rédaction des « Réflexions en vue d'un bilan ». Elle reste radicalement anticolonialiste. Rédige « Quelques réflexions sur l'hitlérisme » et « *L'Iliade* ou le poème de la force ».

1940. Lecture des textes sacrés hindous. Les Weil quittent Paris le 13 juin. Ils arrivent à Marseille en septembre. Contacts avec *Les Cahiers du Sud*.

1941. Simone Weil rencontre le père Perrin, un dominicain à qui elle demande de l'aider à réaliser son projet de devenir ouvrière agricole. Elle est reçue chez Gustave Thibon, à Saint-Marcel-d'Ardèche, en août. Participation aux *Cahiers du Sud*. Rédaction continue des *Cahiers* à partir de cette date. Participe à la Résistance en diffusant les *Cahiers du Témoignage chrétien*.

Hiver 1941-1942. Écrit de nombreux essais et articles, ainsi que des textes qui seront publiés dans *Attente de Dieu* et *Pensées sans ordre concernant l'amour de Dieu*. Elle rédige « L'avenir de la science » et « Réflexions à propos de la théorie des quanta ».

1942. Elle écrit au père Perrin une lettre sur le baptême. Début d'une enquête sur le contenu précis de la foi chrétienne. Simone Weil rencontre le poète Joë Bousquet. Le 14 mai, départ pour les États-Unis. Arrivée à New York, rencontre de Maritain, lettre sur la foi au père Couturier (*Lettre à un religieux*). Elle multiplie les démarches pour aller à Londres. Le 10 novembre 1942, départ pour l'Angleterre. Le 14 décembre, Simone Weil est affectée à la Direction de l'Intérieur de la « France Libre », comme rédactrice.

Elle rédige des textes qui seront publiés dans *Écrits*

de Londres et commence la rédaction de *L'Enra-cinement*.

1943. 15 avril, syncope dans la nuit. Séjour à l'hôpital de Middlesex. Le 26 juillet, elle donne sa démission de la France combattante. Refus de se nourrir et de se soigner.

Le 17 août, installation au sanatorium d'Ashford (comté de Kent).

Le 24 août, Simone Weil meurt pendant son sommeil.

Le 30 août, enterrement au *New Cemetery* d'Ashford.

CHRONOLOGIE DE LA PÉRIODE
DU TRAVAIL EN USINE

1934

4 décembre Simone Weil entre comme découpeuse
(ouvrière sur presses) chez Alsthom, rue Lecourbe,
Paris. Durée hebdomadaire du travail pendant les sept
premières semaines : 48 heures.
25-31 décembre   Mise à pied.

1935

2 janvier Reprise du travail.
15 janvier-24 février Congé pour otite.
3-22 février Convalescence à Montana (Suisse), en compagnie de sa mère.
25 février Reprise du travail. Durée hebdomadaire du
travail : 40 heures.
9-17 mars Mise à pied.
2 avril Accident du travail.
5 avril Dernier jour de travail chez Alsthom.
6-10 avril Cherche du travail (Issy, Malakoff, Saint-
Cloud...).
11 avril Entre aux établissements J.-J. Carnaud et Forges
de Basse-Indre, rue du Vieux-Pont-de-Sèvres, à Boulogne-Billancourt. Employée comme emballeuse selon
son certificat de travail.
7 mai Renvoyée.
8-9-10 mai « Passés dans la prostration sinistre que donnent les maux de tête. »

13 mai-5 juin   Cherche du travail : Renault (Boulogne-Billancourt), Luchaire (Saint-Ouen), Langlois (Ménil-montant), Salmson, Caudron, Gévelot. Se rend à Issy et à Saint-Denis. Le 5 juin, Simone Weil retourne chez Renault. Elle est embauchée.

6 juin   Entre aux usines Renault, comme fraiseuse. Durée hebdomadaire de travail : 45 heures.

27 juin-3 juillet   Jours de repos, dus à un abcès à la main (copeau métallique enfoncé dans la main le 25 ?)

9 août   Peut-être dernier jour de travail (bien que le certificat de travail donné le 23 août porte que Simone Weil a travaillé chez Renault du 6 juin au 22 août). Dernières notes datées, dans le *Journal* : le 8 août.

25 août-22 septembre   Voyage en Espagne et au Portugal.

NOTICES BIOGRAPHIQUES
SUR LES CORRESPONDANTS
DE SIMONE WEIL

Nous retenons essentiellement les éléments biographiques qui précèdent ou qui accompagnent la période d'échanges épistolaires avec Simone Weil. Sur Albertine et Urbain Thévenon, Nicolas Lazarévitch, Boris Souvarine, René Belin, il faut se reporter aux articles du *Dictionnaire biographique du mouvement ouvrier français*, publié sous la direction de Jean Maitron, troisième et quatrième partie (par Jean Maitron et Claude Pennetier), Paris, Éditions ouvrières, 1975-1993.

RENÉ BELIN (1898-1977)

Après une enfance difficile, due au décès de son père et à la grave maladie de sa mère, René Belin occupe de nombreux emplois dès l'âge de onze ans et entre dans l'administration postale à quatorze ans. Il n'attache pas un intérêt exceptionnel aux questions syndicales, mais il collabore à l'illustration d'un bulletin de la section lyonnaise du Syndicat national des agents des PTT. Il est promu secrétaire de son syndicat départemental en 1925, puis accède au secrétariat régional. Il devient secrétaire de la Fédération nationale des PTT en 1930. Membre du Bureau confédéral de la CGT en 1933 (à la demande de Léon Jouhaux), il devient éditorialiste au *Peuple*.

La réunification de la CGT et de la CGTU, en mars 1936, se fait contre son gré, mais il s'incline. Les événements de 1936 n'entraînent pas totalement l'adhésion de René Belin. Préoccupé par l'influence des communistes au sein de la

CGT, il crée l'hebdomadaire *Syndicats* pour s'opposer à l'inspiration communiste de *La Vie ouvrière*.

Dans des ébauches de lettres, Simone Weil écrit à René Belin que «c'est autour de *Syndicats* que se trouvent les seuls camarades [qu'elle] estime parmi les militants responsables de nos organisations syndicales» (*SP*, p. 403). Elle se rend plusieurs fois au siège de la CGT pour rencontrer Belin, et c'est probablement à lui qu'elle demande d'être chargée d'une enquête dans les usines du Nord, enquête dont elle tire le rapport publié ici. C'est à René Belin qu'elle remet ses «Principes d'un projet pour un régime intérieur nouveau dans les entreprises industrielles», reproduit plus haut.

Dans *Syndicats*, Simone Weil publie, le 11 février 1937, son article «Crise d'autorité?», et le 18 mars, une étude intitulée «La grève des plébéiens romains» (*OC*, II, 2, p. 455-457 et *OC*, II, 3, p. 161-163). En avril 1937, *Syndicats* publie encore ses deux courts articles: «Prestige national et honneur ouvrier» (*OC*, II, 3, p. 69-70) et «Les dangers de guerre et les conquêtes ouvrières» (*ibid.*, p. 71-73, repris dans le présent recueil). Elle ébaucha enfin un article qui devait être destiné à *Syndicats*, sur «Les rapports franco-allemands» (*ibid.*, p. 47-48).

La discussion des thèses de René Belin, entreprise dans les ébauches de lettres écrites par Simone Weil en février-mars 1937, témoigne de l'estime qu'elle éprouvait pour le secrétaire de la CGT, malgré les divergences.

Ses désaccords avec Jouhaux grandissant, Belin annonce sa démission du Bureau confédéral en mai 1940. Laval lui propose d'être ministre de la Production industrielle et du Travail (fonction qu'il occupe jusqu'en février 1941, avant d'être secrétaire d'État au Travail jusqu'en avril 1942). De Marseille, Simone Weil écrivit à un ami de Belin, fonctionnaire en poste dans un ministère à Vichy, pour dénoncer les conditions de vie et l'exploitation de travailleurs indochinois rassemblés dans un camp situé sur le site de la future prison des Baumettes, en construction. Le commandant du camp, ancien administrateur colonial, fut limogé (*SP*, p. 524-525). D'après la même lettre, Simone Weil a dû écrire à Belin au sujet des camps dans lesquels étaient internés des étrangers (*ibid.*, p. 539-540).

VICTOR BERNARD (1884 - 1944)

Ingénieur, directeur technique des usines Rosières, où travaillaient environ mille ouvriers à l'époque où Simone Weil visita les ateliers. Selon Jacques Cabaud, qui a recueilli divers témoignages, il y avait deux mille habitants dans la cité ouvrière, qui bénéficiaient d'allocations familiales et de dispensaires : «Tout ce qui existait dans ce petit monde se présentait comme une émanation de l'usine» (Jacques Cabaud, *L'Expérience vécue de Simone Weil*, Paris, Plon, 1957, p. 132). Victor Bernard avait voyagé aux États-Unis en 1933, et en avait rapporté quelques innovations, introduites à Rosières — en particulier le «journal d'usine», *Entre nous*. Dès 1926-1927, M. Magdelénat, frère de l'administrateur, avait rédigé une thèse sur la prévention des accidents du travail aux usines Rosières, et «ce taux était le plus bas de France dans les usines de fabrication similaires» (*ibid.*).

Selon le fils de Victor Bernard, certaines lettres renvoyées aux parents de Simone Weil, et qui n'ont pas été reprises dans la première édition de *La Condition ouvrière*, auraient permis au lecteur «de se faire une meilleure idée des thèses en présence», mais cette correspondance a été perdue (Jean Bernard, lettre du 3 août 1984 à André-A. Devaux, que je remercie de m'avoir communiqué la copie de ce courrier).

AUGUSTE DETŒUF (1883-1947)

Polytechnicien, il devient, en 1922, directeur général de la Compagnie française Thomson-Houston. Il fonde le groupe Alsthom (regroupement de l'Alsacienne de constructions mécaniques et de Thomson-Houston), en 1928.

Boris Souvarine intervient auprès de Detœuf pour qu'il facilite l'embauche de Simone Weil comme ouvrière. Detœuf a été impressionné par les événements de juin 1936 ; jugeant le mouvement gréviste dangereux, cela lui valut une vive discussion avec Simone Weil, lors d'une rencontre qui eut lieu début juin 1936. C'est sur cette discussion que revient Simone Weil dans la première lettre publiée ici.

Au printemps 1936, autour d'Auguste Detœuf, s'était constitué un groupe de réflexion et de débats, dans le prolongement de rencontres entre quelques industriels qui, dès 1934, étaient convaincus de la nécessité de réformes sociales. Le groupe s'élargit à des membres de diverses provenances (syndicalistes chrétiens ou membres de la CGT, intellectuels, engagés ou non). Chaque semaine, des discussions avaient lieu selon le principe: «Chercher en commun des conclusions positives à l'abri des passions de masse» (*Nouveaux Cahiers*, 1er mars 1938).

En mars 1937, Detœuf — entouré de Denis de Rougemont, Paul Vignaux, Guillaume de Tarde... — fonde la revue *Nouveaux Cahiers*. Simone Weil publie «Ne recommençons pas la guerre de Troie» dans deux livraisons de la revue (1er et 15 avril 1937). Elle participe assez régulièrement aux réunions du groupe, pendant les derniers mois de son année à Bourges et au cours de l'année scolaire suivante (1937-1938), année de son professorat à Saint-Quentin. Le nom de Simone Weil apparaît à plusieurs reprises dans les comptes rendus des discussions, sur des thèmes très divers (voir Jacques Cabaud, *op. cit.*, p. 179 et *SP*, p. 440 *sq.*).

C'est en 1938 que Detœuf édite ses *Propos de O. L. Barenton confiseur* (rééd., Paris, 1951, aux éditions du Tambourinaire), ouvrage dans lequel il développe sous diverses formes, — aphorismes, lettres, courts essais — le fil caractéristique de sa pensée: tenter d'échapper à l'immobilisme patronal (ou au paternalisme) comme au schéma de la lutte des classes. Nous ne savons pas si Simone Weil a lu ces *Propos*.

SIMONE GIBERT

En 1931-1932, en plus de sa classe de philosophie, Simone Weil complétait son service au lycée du Puy par des cours de grec. Simone Gibert était une des élèves de grec en classe quatrième. Elle définit ainsi l'élève qu'elle était: «Pour moi, révoltée, passionnée, écorchée vive, mauvaise élève dans les matières autres que le français, latin, grec, la venue de Simone Weil était un miracle. Je l'ai aimée passionnément, comme on aime à quatorze ans.

Son départ a été un déchirement, ce qui explique notre correspondance» (lettre de 1988 à André-A. Devaux, citée dans son article «Simone Weil professeur au-delà de sa classe», *CSW*, XX-1, mars 1997, p. 31).

Parmi les anciennes élèves avec qui Simone Weil a entretenu une correspondance, Simone Gibert fut celle avec qui les échanges au sujet des questions politiques furent les plus approfondis. Dès 1934, le professeur faisait part à son ancienne élève de ses inquiétudes à propos de la situation internationale et de ses jugements sur «la triste réalité» de l'URSS (voir *SP*, p. 294-295); à Simone Gibert, Simone Weil confia qu'elle était décidée à la fois à prendre de la distance par rapport à l'action politique et sociale, et à «entrer un peu en contact avec la fameuse "vie réelle"» (*ibid.*, p. 317-319).

JACQUES LAFITTE (1884-1966)

L'auteur des *Réflexions sur la science des machines* se présentait lui-même ainsi, en 1932: «Ajusteur, dessinateur, ingénieur, architecte, voici bientôt trente ans que je vis de la vie des machines» (Vrin, 1972, p. 9). Dès 1914, il rédigea l'article consacré à Taylor dans la *Grande Encyclopédie Larousse*. En 1933, il fit paraître, dans la *Revue de synthèse*, un article intitulé «Sur la science des machines», dans lequel il précisait quelques points seulement esquissés dans l'étude de 1932. Il est l'auteur de plusieurs articles et conférences sur des questions techniques et professionnelles.

Des circonstances de la rencontre qui a provoqué un échange épistolaire entre Simone Weil et Jacques Lafitte, on sait seulement qu'il s'est agi d'une conférence prononcée par Jacques Lafitte, à Bourges, en 1936.

La mécanologie de Jacques Lafitte devait attirer l'attention de Simone Weil dans la mesure où sa technologie — au sens rigoureux du terme — impliquait une prise de conscience de la nature des machines, de leurs relations, et de leur rapport à l'homme. Toutefois, la conception développée par l'ingénieur à propos des «machines réflexes» était en deçà de ce que Simone Weil attendait de «machines souples», capables de réinstaller la perception de l'individu au centre du procès de travail.

NICOLAS LAZARÉVITCH (1895-1975)

Né en Belgique, de parents russes qui avaient fui la Russie pour échapper à l'assignation à résidence en Sibérie. Choisissant de devenir ouvrier, il sympathise d'abord avec les libertaires, avant de se rapprocher des positions des bolcheviks en 1917. Il s'enrôle dans l'Armée rouge en 1919, puis prend ses distances à l'égard du régime soviétique, dès 1921. Nicolas Lazarévitch a travaillé en URSS, comme ouvrier et comme mineur, notamment. Son activité militante lui vaut d'être arrêté, en 1924, sous l'accusation de préconiser «le retour des syndicats à la lutte de classe». Interné dans un camp, transféré dans une prison, il est libéré en 1926 et autorisé à quitter l'URSS. Il vit en France jusqu'à son expulsion en 1928, retourne en Belgique, puis revient clandestinement en France en 1930.

Nicolas Lazarévitch fait la connaissance de Simone Weil, lors d'une réunion du groupe *La Révolution prolétarienne*, en 1930 (ou 1931). C'est lui qui recommande à Boris Souvarine d'obtenir la collaboration de Simone Weil à *La Critique sociale*. Lazarévitch et Simone Weil resteront en relation bien au-delà de cette période d'expérience militante. Ils se sont revus à Marseille, en 1940, et ont dû se rencontrer à Toulouse, après la libération de Nicolas Lazarévitch — qui avait été interné au camp du Vernet —, en septembre 1940. C'est lui qui a parlé à Simone Weil d'un Espagnol, interné au camp du Vernet, Antonio Atarés, à qui Simone Weil a écrit plusieurs lettres (publiées dans *CSW*, VIII-3, septembre 1984, p. 201-217).

BORIS SOUVARINE
(BORIS LIFSCHITZ DIT) (1895-1984)

Né en Russie, sa famille émigre en France en 1897. Exclu de l'école primaire supérieure Colbert, il devient apprenti. Impressionné par Jaurès, il accepte néanmoins l'Union sacrée, et participe à la bataille de la Marne. La mort au front de son frère n'est pas étrangère à la naissance de ses convictions pacifistes. Réformé en 1916, il adhère au parti socialiste et commence sa carrière de jour-

naliste au *Populaire*, dans lequel il signe «Souvarine»,
pseudonyme qu'il emprunte à un personnage de *Germinal*.

Il approuve la création de l'Internationale communiste
(mars 1919). À la suite de la grève des cheminots de mai
1920, le gouvernement ayant dénoncé un «complot communiste», Souvarine est arrêté et incarcéré à la Santé. Il y
poursuit son activité de journaliste — au *Bulletin communiste* et à *La Vie ouvrière* —, comme le lui permet le régime
politique des inculpés; il prépare le congrès de Tours et la
naissance du parti communiste. Acquitté, libéré, il est
délégué au IIIe congrès de l'Internationale et devient délégué du Parti à l'Exécutif international, dont il devient secrétaire. Il montre beaucoup d'indépendance d'esprit, lorsqu'il
est à Moscou, en visitant sans autorisation des anarchistes
emprisonnés. Au Parti communiste français, soupçonné
d'être «l'œil de Moscou», il est éliminé du Comité directeur. Réélu au Présidium de l'IC (le «Petit bureau» de l'Internationale), il vit à Moscou. Sa publication en français
de *Cours nouveau*, de Trotski, en 1924, lui vaut d'être exclu.
Il se consacre passionnément à la question de l'Union
soviétique et écrit, en 1929, le troisième volet (*La Russie
nue*) de *Vers l'autre flamme*, publié par Panaït Istrati. De
1930 à 1934 Souvarine rédige son *Staline, aperçu historique du bolchevisme* (1935), pour l'édition duquel il doit
surmonter bien des obstacles. Simone Weil écrit à Alain
pour qu'il soutienne la publication (voir leur correspondance dans le *Bulletin de l'Association des amis d'Alain*,
n° 58, juin 1984, p. 14-27).

Simone Weil et Boris Souvarine font connaissance,
grâce à Lazarévitch, en novembre ou décembre 1932,
alors que Souvarine prépare la sortie de sa revue *La Critique sociale*. Après avoir lu l'article «Perspectives»,
publié par Simone Weil dans *La Révolution prolétarienne*
(1933), Souvarine devait dire: «C'est le seul cerveau que le
mouvement ouvrier ait eu depuis des années» (*SP*, p. 257).
Il devient, pour Simone Weil, son ami le plus proche. Elle
aimait beaucoup Colette Peignot, la compagne de Souvarine, et elle fut très affectée par leur rupture. Simone Weil
a donné deux articles et cinq comptes rendus dans *La Critique sociale* (voir *OC*, II, 1, p. 281-309 et 334-354). Les
«Réflexions sur les causes de la liberté et de l'oppression

sociale » avaient été entreprises initialement pour paraître dans la revue de Souvarine.

C'est grâce à Souvarine, qui connaissait Auguste Detœuf, que Simone Weil est entrée comme ouvrière chez Alsthom, dont Detœuf était l'administrateur. Outre son *Journal d'usine*, Simone Weil a relaté presque quotidiennement son séjour en usine dans une correspondance avec Souvarine, malheureusement perdue.

En 1937, Souvarine est un des secrétaires de rédaction des *Nouveaux Cahiers*, revue fondée par Auguste Detœuf. Simone Weil participe aux débats organisés par la revue et y publie un article (voir la notice consacrée à Detœuf).

La guerre n'interrompt pas les relations de Simone Weil et de Boris Souvarine, qui se rencontrent à Marseille, puis à New York, où Souvarine est parti en août 1941. Ils correspondent (voir les lettres publiées dans *CSW*, XV-1, mars 1992 et *CSW*, XV-2, juin 1992, avec une présentation par Charles Jacquier, qui les reprendra dans le collectif dirigé par ses soins : *Simone Weil, l'expérience de la vie et le travail de la pensée*, Arles, éd. Sulliver, 1998).

Simone Weil fait plusieurs fois allusion à Souvarine dans les dernières lettres envoyées à ses parents, depuis Londres (*EL*, p. 226 et 242-244).

Après la guerre, entre 1947 et 1952, Boris Souvarine et Albert Camus se mirent en relation à propos de la publication des œuvres de Simone Weil et d'un projet de rédaction d'une biographie, par Souvarine, pour les éditions Gallimard.

ALBERTINE THÉVENON (1905-1993)

Née dans une famille ouvrière — son père était un métallo libertaire —, Albertine Thévenon disait avoir « toujours vécu à l'intérieur du mouvement syndical sans y militer ». Elle était institutrice à Saint-Étienne, au moment de sa rencontre avec Simone Weil, puis exerça à Cellieu, à partir de 1933. Jean Duperray a raconté l'arrivée de Simone Weil chez les Thévenon, le 7 octobre 1931 (« Quand Simone Weil passa chez nous », *Les Lettres nouvelles*, avril-mai 1964. Voir *SP*, p. 137-138).

Au-delà d'aspirations révolutionnaires communes, il y

eut une profonde affection mutuelle entre Albertine Thévenon et Simone Weil, qui écrivit un jour à son amie : « Nous
sommes sœurs, je ne devrais même pas avoir besoin de le
dire. »

Albertine était l'épouse d'Urbain Thévenon (1901-1973),
instituteur, militant syndicaliste révolutionnaire. Il fut
secrétaire adjoint de la Bourse du travail de Saint-Étienne
et forma dans la Loire un noyau de militants, liés à *La
Révolution prolétarienne*. En 1930, il devint secrétaire
adjoint de l'Union locale confédérée, puis, en 1933, secrétaire adjoint de l'Union départementale.

Un article publié par Urbain Thévenon dans *La Révolution prolétarienne* («Une étape dans la vie de Simone
Weil», n° 362, mai 1952, p. 13/157 — 18/162) contient de
nombreux extraits de lettres de Simone Weil.

GLOSSAIRE
DES TERMES TECHNIQUES*

[*Nous reprenons le glossaire établi pour l'édition du* Journal d'usine *dans les* Œuvres complètes *(OC, II, 2), mais, afin d'alléger un peu le présent recueil, nous éliminons les termes techniques les plus courants dont le lecteur trouvera la définition dans tout dictionnaire (ex: presse, soudeur, emboutissage...).*]

armature: il s'agit de la carcasse des circuits magnétiques de contacteurs électriques.

arrêtoir: taquet d'arrêt (ou butée — *voir ce mot*) dans un mécanisme.

balancier: il s'agit d'une presse à vis comportant un balancier aux deux extrémités duquel se trouvent des contrepoids qui accumulent de l'énergie; le mouvement de rotation du balancier actionne une vis qui exerce sa pression sur les outils (poinçons, estampes, etc.) de formage ou de découpage de la pièce. On conçoit que le mouvement de rotation du balancier puisse être dangereux pour l'opérateur; d'où le commentaire de Simone Weil: «Il fallait se baisser à chaque fois sous peine de recevoir le lourd contrepoids en plein sur la tête».

bilame: bande métallique formée de deux lames soudées de métaux à dilatations différentes; le bilame s'incurve s'il est chauffé et peut ainsi mettre en contact deux

---

* Ce glossaire a été établi par Jean Tavernier avec l'aide de Serge Babé (GEC Alsthom) et Étienne Gaignebet (Conservatoire des Arts et Métiers).

conducteurs; utilisé dans les thermostats et les disjoncteurs.

boîte à lumière: outillage de contrôle au moyen duquel sont effectuées des vérifications de forme ou de calibrage.

bon coulé: un bon est un document d'atelier indiquant à l'ouvrier le travail à réaliser et le temps alloué pour cela; un bon est dit «coulé» si le temps effectivement passé est supérieur au temps alloué; on disait alors: «elle (il) a coulé son temps».

boni: ici, part du salaire excédant le taux d'affûtage.

bornes: parties d'un appareil électrique destinées à raccorder cet appareil à des conducteurs extérieurs.

boutons: *voir «machine à boutons»*.

butée: épaulement fixe ou mobile limitant le mouvement d'une pièce, par exemple la pièce sur laquelle l'ouvrier est en train de travailler.

calottes: il s'agissait ici de pièces métalliques en forme de calotte.

cartons: il s'agit probablement de cartons isolant les unes des autres les tôles minces qui constituent l'«armature» *(voir ce mot)* des circuits magnétiques.

cisailleur: ouvrier travaillant sur une machine (cisaille) utilisée pour le découpage des feuilles de tôle.

clinquants: feuilles minces en alliage de cuivre, utilisées à cette époque par paquets comme liaison électrique souple pour de fortes intensités.

collier: pièce métallique circulaire en deux parties servant à assembler ou à consolider un ensemble de pièces.

contrepoids: il s'agit des contrepoids de la machine-outil appelé balancier *(voir ce mot)*.

cosse: pièce conductrice fixée à l'extrémité d'un conducteur et servant à effectuer sa connexion (exemple: cosses de batterie).

coulé (bon): *voir «bon coulé»*.

cylindrage (différence entre filetage, cylindrage, détalonnage): *voir «filetage»*.

déflecteur du doigt mobile: un déflecteur est une pièce dont la fonction est de modifier le mouvement ou l'action d'une autre pièce; il s'agit ici d'une pièce entrant dans la constitution d'un contacteur électrique.

détalonnage (différence entre filetage, cylindrage, détalonnage) : voir «*filetage*».

doigt de contact : pièce mobile d'un contacteur électrique assurant la fermeture du contact électrique.

drageoir : outil de forme utilisé sur les presses.

entrefer (plaquettes d'—) : voir «*plaquettes d'entrefer*».

ergot d'arrêt : petite pièce généralement cylindrique, faisant saillie d'une pièce massive, destinée à servir de butée.

filetage (différence entre filetage, cylindrage, détalonnage) : ce sont trois opérations s'effectuant sur un tour et consistant :

— pour le filetage : à creuser une rainure hélicoïdale le long d'une surface cylindrique ;

— pour le cylindrage : à rendre une pièce cylindrique ;

— pour le détalonnage : à diminuer le diamètre d'une pièce cylindrique sur une faible longueur, près de l'une des extrémités.

four : il s'agit ici de fours de recuit *(voir ce mot)*, enceinte chauffée à haute température ; l'ouvrier devait y introduire les pièces pour les traiter, puis les retirer en temps utile.

fraise : outil rotatif de coupe, comportant plusieurs arêtes tranchantes, régulièrement disposées autour de son axe de rotation.

fraisure : cavité de forme tronconique, faite avec une fraise à l'entrée d'un trou pour permettre d'y loger la tête d'une vis.

guide d'enclenche : pièce entrant dans la constitution du mécanisme d'enclenchement d'un contacteur électrique.

laminage à froid : opération consistant à donner à un produit métallique une déformation permanente par passage entre deux cylindres d'axes parallèles et tournant en sens inverse.

loups : malfaçons, pièces «loupées».

machine à boutons : presse commandée manuellement au moyen de boutons, contrairement aux machines à commande au pied utilisant des pédales.

matrice : pièce métallique présentant un évidement et destinée à la mise en forme d'un produit par pressage, emboutissage, etc.

métros : comme souvent dans les entreprises, ces pièces

portaient le nom de l'organisme qui les avait comman-
dées ; elles faisaient partie de contacteurs destinés à
équiper les installations du métro de Paris.

monteur ; régleur : en général, on appelle monteur la personne chargée d'effectuer le montage préalable des
outillages sur la machine (l'ouvrier chargé de l'exécution des pièces n'étant pas suffisamment qualifié pour le
faire lui-même), et régleur la personne chargée d'effectuer le réglage complet des machines-outils, la vérification des outils, etc. Il semble qu'ici les deux rôles étaient
tenus par la même personne.

outillage (tour à l'—) : «tour à l'outillage» est une rédaction abrégée signifiant : «j'ai fait un tour à l'outillage» ; il
s'agit ici du service «outillage» chargé de la préparation
des outils et de la fabrication des montages d'usinage.

ovaliser : rendre ovale.

perruque («faire de la —») : en argot : travailler pour son
propre compte en utilisant les équipements et/ou les
matières de l'entreprise où l'on est employé.

piano : nom donné à une machine nécessitant l'usage des
deux mains pour la commande et pour le maintien ou la
présentation des pièces à réaliser.

pince-boutons : presse spéciale commandée manuellement ; *voir «machine à boutons»*.

planage : opération qui a pour but l'obtention, par des corrections assez minimes, de pièces géométriquement
correctes ; dans ce type d'activité on utilise également ce
mot pour désigner l'opération consistant à redresser les
tôles livrées en rouleaux.

plaques de serrage : plaques d'extrémité utilisées pour le
serrage des tôles constituant les circuits magnétiques.

plaquettes d'entrefer : cales servant à ajuster la distance
(entrefer) entre la partie mobile et la partie fixe d'un circuit magnétique.

queue d'aronde : un assemblage est dit «à queue d'aronde»
lorsque le tenon va s'élargissant en forme de queue
d'hirondelle, comme indiqué par le croquis de Simone
Weil.

régleur : *voir «monteur»*.

serrage (plaques de —) : *voir «plaques de serrage»*.

shunt : conducteur connecté en parallèle avec un circuit

électrique pour dériver une fraction du courant qui tra-
verse celui-ci.

tablier du four: porte d'entrée du four jouant le rôle de
pare-feu.

tapis à polir: une machine à polir dite «à toile», constituée
essentiellement d'une bande abrasive sans fin tendue
entre deux poulies et entraînée par elles.

taux d'affûtage: le salaire horaire ne pouvait être inférieur,
en principe, à un certain montant («taux d'affûtage»,
fonction de la qualification).

tour: machine-outil utilisée pour usiner une pièce animée
d'un mouvement de rotation autour d'un axe, par enlè-
vement de matière au moyen d'un outil coupant.

tour automatique: tour sur lequel les déplacements de
l'outil s'effectuent sans intervention de l'opérateur et
sur lequel sont souvent placés plusieurs outils travaillant
successivement et se remplaçant automatiquement.
Simone Weil avait cherché à comprendre le fonctionnement de cette machine; on a retrouvé un texte de trois
pages de sa main, avec des croquis; elle mentionne,
le vendredi 17 juillet: «... les tours automatiques que
j'avais étudiés pendant les quatre jours de vacances».

trous pour connexions: trous percés dans un conducteur
en vue de le raccorder (connecter) à un autre conducteur.

vis MPR: il s'agit sans doute d'une terminologie interne à
l'entreprise.

NOTES

INTRODUCTION

1. Voir *SP*, p. 385 *sq*.

2. Efforts qui sont restés vains (*SP*, p. 668).

3. À Maurice Schumann, à propos de « la peine et [du] péril qui [lui] sont indispensables à cause de [sa] conformation mentale », elle précise : « Ce n'est pas, j'en ai la certitude, une question de caractère seulement, mais de vocation » (*EL*, p. 200). Voir ce qu'elle écrivait à Albertine Thévenon, *infra*, p. 56.

4. On peut mourir parce que les « besoins de l'âme » ne sont pas satisfaits. Voir *AD*, p. 221.

5. Voir *SP*, p. 126 et 131-132.

6. Sur l'itinéraire de Simone Weil militante, à partir de 1931, voir Domenico Canciani, « Simone Weil entre fidélité et dépassement », *CSW*, XXI-1-2, mars juin 1998, p. 68 *sq*.

7. Voir les articles recueillis dans *OC*, II, 1.

8. Voir *SP*, p. 154-160.

9. Voir *OC*, II, 1, p. 108-191.

10. « Je n'ai que mépris pour le mortel qui se réchauffe avec des espérances creuses » (Sophocle, *Ajax*, v. 477-478). Ces vers sont mis en épigraphe de « Perspectives ».

11. Cet essai est disponible dans la coll. « Folio Essais ». Nos références renvoient à cette édition, désignée par le sigle *R*. Dans les *Œuvres complètes*, voir *OC*, II, 2, p. 27-109, et dans *Œ*, p. 275-347.

12. Elle l'annonce à Marcel Martinet, dans la lettre de juillet 1934, déjà évoquée (*SP*, p. 298-299).

13. À propos *des* lectures possibles du *Journal d'usine*, voir Anne Roche, introduction, *OC*, II, 2, p. 158 ; ainsi que son article « Le séjour en usine », *Sud*, n° 87-88, Marseille, 1990, p. 106.

14. Voir la lettre à Joë Bousquet, du 12 mai 1942, dans *PSO*, p. 80-81 et 87.

15. Voir les lettres à Jacques Lafitte, *infra*, p. 256.

16. Voir *infra*, p. 338.

17. Elle l'écrit à Urbain Thévenon (*SP*, p. 228).

18. Voir *infra*, p. 351 et 421.

19. Au premier rang de ceux qui sont doués d'un véritable esprit révolutionnaire, Simone Weil rangeait Rosa Luxemburg. Voir le compte rendu des *Lettres de la prison*, dans *OC*, II, 1, p. 300-302.

20. C'est, du moins, le *risque* qu'il ne faut pas ignorer. Les textes écrits à la suite du mouvement de grève évoquent suffisamment la rupture définitive provoquée par les événements de 1936 pour qu'il n'y ait aucune ambiguïté sur l'attitude de Simone Weil. Elle insiste sur la dureté et la brutalité des années qui ont précédé 1936 (voir le début de l'article « Expérience de la vie d'usine », *infra*, p. 327), et ne méprise pas l'augmentation des salaires comme élément d'élévation de la situation ouvrière, à condition que l'augmentation ne soit ni la compensation d'une souffrance plus grande au travail ni un alibi pour accélérer les cadences.

21. Voir les « Réflexions sur les causes de la liberté », *R*, p. 39.

22. Voir *infra*, p. 373.

23. Voir *OC*, II, 1, p. 65. Sur cette question, nous nous permettons de renvoyer à notre ouvrage, *Simone Weil. Une philosophie du travail*, Paris, éd. du Cerf, coll. « La nuit surveillée », 2001, p. 360 *sq*.

24. Voir *infra*, p. 289-290.

25. Voir *infra*, p. 278 et 289.

26. Voir *Lettre à Auguste Detœuf*, *infra*, p. 289.

27. Voir *infra*, p. 209-211.

28. « Pour nous », écrit-elle à plusieurs reprises ; ce « nous » exprime la masse des ouvriers (*infra*, p. 372 et *OC*, II, 2, p. 456).

29. Voir *infra*, p. 302.

30. Voir Henry Le Chatelier, préface à Frederick W. Taylor, *Principes d'organisation scientifique des usines*, Paris, Dunod et Pinat, 1912 ; rééd. Dunod, 1957.

31. Voir *infra*, p. 280-281 et 314-315.

32. Sur ce déplacement de la contradiction de classes, voir « Perspectives », *Œ*, p. 259 *sq*.

33. Voir *infra*, p. 309-310 et 324 *sq*.

34. Émile Belot et Georges Charpy, par exemple. Voir les textes choisis et présentés par François Vatin dans *Organisation du travail et économie des entreprises*, Paris, Les Éditions d'organisation, 1990.

35. Voir *infra*, p. 229.

36. *L'Enracinement* reviendra sur cette implication. Voir *E*, p. 76.

37. Simone Weil souligne à plusieurs reprises que les femmes sont « parquées » dans un travail non qualifié. Voir *infra*, p. 60, 67 et 202.

38. Simone Weil évoque plusieurs fois « la faillite de Descartes » (lettre à Guihéneuf, *CSW*, XXI-1-2, p. 19 ; voir sa lettre à Alain, *S*, p. 111).

39. Cette nouvelle visite eut lieu au printemps 1936 (*SP*, p. 378).

40. « On a divisé de plus en plus le travail. Finalement, *on arrive à des ouvriers "parcellaires"*. C'est l'application de la règle de Descartes : diviser les difficultés » (*LP*, p. 151).

41. Henry Le Chatelier a tout de suite apparenté Taylor à Descartes, poussant à l'extrême l'assimilation des règles de la méthode taylorienne avec celles qui ont été énoncées par Descartes (voir H. Le Chatelier, *Le Taylorisme*, Paris, Dunod, 1928, p. 124 *sq*.).

42. Voir *infra*, p. 325.

43. Cette expression est propre à définir la recherche philosophique d'Alain, telle qu'elle fut reprise par son élève Simone Weil (voir notre ouvrage, *Simone Weil. Une philosophie du travail, op. cit.*, p. 100-101 et 109-117).

44. Les *Réflexions sur la science des machines* de Jacques Lafitte ont été publiées dans les *Cahiers de la Nouvelle Journée*, Paris, Bloud et Gay, tome XXI, 1932 (rééd., Paris, Vrin, 1972, avec une préface de Jacques Guillerme. Nos références renvoient à cette édition).

45. Voir *infra*, p. 252.

46. Jacques Lafitte définit la mécanologie comme «science des machines, science des corps organisés construits par l'homme» (*Réflexions sur la science des machines, op. cit.*, p. 54). Cette science serait «normative», par opposition à la «mécanographie», science «descriptive» des machines.

47. J. Lafitte, *Réflexions sur la science des machines, op. cit.*, p. 68.

48. Voir *E*, p. 79.

49. Simone Weil cite souvent la formule de Francis Bacon: «On ne commande à la nature qu'en lui obéissant». Voir *OC*, I, p. 270; *R*, p. 122, et *LP*, p. 229-231.

50. Dieu «veut la nécessité» (*Cahiers, OC*, VI, 2, p. 373).

51. Voir «Fragments de Londres», *OL*, p. 218.

52. Ce qui ne l'empêchait pas de tenir compte *pratiquement* de cette forme de nécessité, dans les lettres à Auguste Detœuf ou à Victor Bernard.

53. Selon la définition de l'oppression donnée dans une variante des «Réflexions» (*OL*, p. 271).

54. Voir *infra*, p. 424.

55. Voir *infra*, p. 434.

56. Voir *CS*, p. 163 et p. 150.

L'USINE, LE TRAVAIL, LES MACHINES

Trois lettres à Albertine Thévenon

1. Simone Weil fut en congé pour maladie du 15 janvier au 24 février (voir *Journal d'usine*, à la date du 15 janvier [ms. 16], et *SP*, p. 339 et 341).

2. Dans une lettre terminée le 30 mars 1935, Albertine Thévenon avait écrit à Simone Weil: «Je me sens la sœur de la prostituée qui fait le trottoir aux coins des rues, de la femme qui se fait exploiter dans un bordel.» Elle évoquait un «fonds de sympathie à la déchéance».

3. Voir *SP*, p. 337 et 369.

4. Albertine Thévenon avait raconté, dans une lettre à Simone Weil, qu'en arrivant à Saint-Chamond, à la nuit tombante, elle avait éprouvé la joie de se sentir chez elle

en voyant une usine aux ateliers éclairés, dont la lumière projetait l'ombre des machines, des courroies et des poulies à travers les vitres (voir *SP*, p. 364).

Lettre à Nicolas Lazarévitch

1. Il s'agit de Boris Souvarine (voir la notice qui lui est consacrée).

2. Auguste Detœuf (voir la notice qui lui est consacrée).

3. Les *Réflexions sur les causes de la liberté et de l'oppression sociale*, achevées fin 1934, devaient être publiées dans *La Critique sociale*, mais la revue cessa de paraître après le numéro 11 (mars 1934).

4. *La Révolution prolétarienne*, «Revue syndicaliste-communiste», fondée en 1925, par Pierre Monatte, après son exclusion du parti communiste. Le premier noyau des collaborateurs comprenait Alfred Rosmer, Victor Delagarde, Maurice Chambelland, Robert Louzon, Fraïm Charbit, Victor Godonnèche. En 1930, la revue change de sous-titre et devient «Revue syndicaliste révolutionnaire».

5. «Le Plan du travail» élaboré par Henri de Man (voir *infra*, note 6, p. 503), pour le Parti ouvrier belge, en 1933, suscita un vif intérêt en France. Dans la CGT, le «planisme» reçut un accueil favorable au Bureau confédéral (Jouhaux, Belin), et dans certaines fédérations. Cet intérêt s'accrut après les journées de février 1934, qui révélèrent que la crise de la démocratie pouvait s'aggraver. La CGT envisagea alors — en 1934-1935 — d'élaborer son propre Plan, créant des commissions de réflexion dotées d'un organe mensuel, *L'Atelier pour le plan*. La recherche aboutit à la publication d'une brochure signée de Léon Jouhaux, *Le Plan de rénovation économique et sociale* (1935). En 1937, Simone Weil rédigea plusieurs projets pour un article à ce sujet, après la publication par René Belin d'un article intitulé «Et si l'on parlait du plan de la CGT?» (*Syndicats*, 4 février 1937). Ces projets pour un article ont été recueillis dans *OC*, II, 2, p. 476-485.

6. Dans une lettre écrite probablement début février 1934 (voir *SP*, p. 281), Simone Weil recommandait à sa mère un «copain [de Souvarine] venu d'URSS et ingénieur d'aviation, nommé Guihéneuf». Voir *infra*, note 38, p. 494.

7. Colette Peignot (1903-1938) — qui prit le nom de Laure — fut la compagne de Boris Souvarine, jusqu'en 1934. Leur rupture fut un drame pour Simone Weil — qui confie à Albertine et Urbain Thévenon, en novembre 1934, que cet événement a fait sur elle «une impression lente à s'effacer, dont [elle] ne se remet vraiment que maintenant» (*SP*, p. 325), plusieurs mois après la séparation de Souvarine et de Colette Peignot, dont Simone Weil avait fait la connaissance fin 1932 (voir *Une rupture 1934. Correspondance croisée de Laure avec Boris Souvarine, sa famille, Georges Bataille, Pierre et Jenny Pascal, Simone Weil*, texte établi par Anne Roche et Jérôme Peignot, Paris, éd. des Cendres, 1999).

8. Ida Lazarévitch, dite Mett (1901-1973). Épouse de Nicolas Lazarévitch ; militante anarchiste russe, elle arriva à Paris en 1925, où elle rencontra son compagnon (1926-1927). Auteur notamment de *La Commune de Cronstadt* (éd. Spartacus, 1948, 1977) et de *Souvenirs sur Nestor Makhno* (1948 ; éd. Allia, 1983).

Lettre à Simone Gibert

1. Claire et Michelle Dérieu, élèves au lycée du Puy. Simone Weil leur écrivit plusieurs lettres (voir Jacques Cabaud, *L'Expérience vécue de Simone Weil*, Paris, Plon, 1957, p. 390-391).

2. Allusion à une lettre écrite à la fin de l'été ou au début de l'automne 1934 (*SP*, p. 317-319).

3. Il s'agit de Boris Souvarine (*ibid.*, p. 331).

4. Auguste Detœuf (*ibid.*).

5. Terme grec qui signifie «réjouis-toi», c'est-à-dire «joie à toi!», «salut à toi!».

Journal d'usine

1. «Bien malgré toi, sous la pression d'une dure nécessité» (Homère, *Iliade*, VI, 458). Voir *infra*, note 50, p. 496. Je ne saurais inaugurer l'annotation du *Journal d'usine* sans remercier Gabriël Maes de ses judicieuses remarques à propos de l'établissement de la chronologie de ce texte.

2. Jacques Redon, dit «Jacquot». Ouvrier; régleur à

l'occasion. Voir son témoignage recueilli par Eugène Fleuré, dans *CSW*, I-3, décembre 1978, p. 38-39; voir *SP*, p. 333.

3. Mme Forestier, ouvrière, a donné un témoignage intéressant, recueilli par Eugène Fleuré, *op. cit.*, p. 39-41. Voir *SP*, p. 333.

4. Mouquet, chef d'atelier, avait été informé par Detœuf de la nature de l'«expérience» faite par Simone Weil. Elle l'a ignoré — tout en sachant qu'elle bénéficiait d'«une protection d'en haut» (voir *supra*, p. 67).

5. «Hillion» — ou Billion d'après Eugène Fleuré — a donné un témoignage dans lequel il écrivait qu'à son avis Simone Weil n'était pas du tout armée pour ce genre de travail plutôt dur et fatigant; il ajoutait: «Notre préparateur nous avait dit que c'était une agrégée, mais comme c'était un hâbleur, je n'avais pas donné suite à sa parole» (cité par Eugène Fleuré, *op. cit.*, p. 42). La vraie identité de Simone Weil aurait été connue par d'autres que Mouquet.

6. Voir *infra* [*ms.* 9]. Simone Weil décrira ce travail et l'atelier dans sa lettre de fin décembre 1935 à Albertine Thévenon (*supra*, p. 58).

7. Voir *infra* [*ms.* 16].

8. Fatiguée et souffrant d'anémie, Simone Weil ne reprit pas son travail fin janvier. Elle partit avec sa mère, à Montana (Suisse), où elles séjournèrent (du 3 au 22 février) chez des amis, réfugiés allemands venus en France en 1933 (*SP*, p. 340).

Les initiales «A.L.» désignent peut-être Albert Lautman (philosophe et mathématicien) que Simone Weil avait connu à l'École normale supérieure. La rencontre avec le professeur Fehling dut marquer Simone Weil, puisqu'elle lui a consacré une sorte de «fiche» — qu'elle ne prendra pas le temps de remplir — dans son *Journal* [*ms.* 131]. Elle retrouvera Fehling à Londres (*EL*, p. 222). Il sera l'une des sept personnes à assister à l'enterrement de Simone Weil à Ashford.

C'est pendant cette période de repos que Simone Weil a écrit à Albertine Thévenon la première lettre reproduite dans ce recueil.

9. Pendant cette huitaine de jours, Simone Weil écrit à Nicolas Lazarévitch et à Simone Gibert, son ancienne élève, les lettres reprises dans ce recueil.

10. Marcel Martinet (1887-1944), poète, romancier, essayiste, proche de la revue *Les Libres Propos*, publiée par Alain entouré de ses anciens élèves. C'est grâce à l'un deux, Michel Alexandre, que Simone Weil a rencontré Marcel Martinet, qui fut, avec une trentaine d'intellectuels, signataire d'un appel (février 1934) en faveur d'une «unité d'action de la classe ouvrière» pour «barrer la route au fascisme». Simone Weil lui a écrit en juillet (?) 1934, pour lui annoncer sa décision de travailler en usine (*SP*, p. 298-299).

11. Sur Robert Guihéneuf, voir *infra*, note 38, p. 494.

12. Peut-être s'agit-il d'une abréviation pour «Jeunesses patriotes».

13. Descartes, *Règles pour la direction de l'esprit*, XIII, dans *Œuvres philosophiques*, éd. Alquié, Paris, Garnier, t. I, 1963, p. 164-165. Dans le premier des ses *Cahiers*, Simone Weil fait référence à ce passage (*OC*, VI, 1, p. 94 et 112).

14. Simone Pétrement hésite sur les raisons du «départ de l'usine» (*SP*, p. 345). Le *Journal d'usine* est clair, cependant: Simone Weil a été renvoyée. Dans le calcul de salaire qu'elle prévoit pour la quinzaine, deux pages plus loin, on peut lire: «Démoralisée par l'annonce de renvoi» [*ms*. 38].

15. Il s'agit de Boris Souvarine.

16. Dans le premier de ses *Cahiers*, Simone Weil fait allusion à une explication donnée par Robert Guihéneuf (voir *OC*, VI, 1, p. 107).

17. Le soir du 12 avril, Simone Weil écrit à Boris Souvarine la lettre reproduite *supra*, p. 73.

18. Le *Journal* ne dit rien, au-delà du 12 avril, du travail dans cette usine, où Simone Weil a passé un mois. Comme le suggère Simone Pétrement, «peut-être était-elle trop fatiguée [...] pour pouvoir tenir son journal», en plus des lettres écrites à Souvarine (*SP*, p. 347). Dans «La vie et la grève des ouvriers métallos», Simone Weil évoque le souvenir de son renvoi (voir *supra*, p. 268).

C'est pendant cette période de recherche de travail — entre le 13 mai et le 5 juin — que Simone Weil a répondu à la lettre envoyée par Alain le 14 janvier (*SP*, p. 338-339 et 348). La copie — ou l'ébauche? — de cette lettre importante a été publiée partiellement dans *Sur la science* (*S*, p. 111-115), et intégralement dans le *Bulletin de l'Association des amis d'Alain*, n° 58, juin 1984, p. 30-37. Après la lecture des *Réflexions sur les causes de la liberté et de l'oppression sociale*, communiquées par Simone Weil, Alain lui avait demandé d'esquisser un plan de travail. Simone Weil trace dans sa réponse un projet d'études concernant aussi bien une nouvelle manière de penser (fondée sur l'analogie) qu'une nouvelle conception des mathématiques et de l'histoire des techniques, sans oublier la question sociale... Les problèmes évoqués dans cette lettre seraient à rapprocher de fragments de réflexion dans le *Journal d'usine* [ms. 132] et de la lettre à Robert Guihéneuf (1936), dans *CSW*, XXI-1-2, mars-juin 1998, p. 11-16.

19. Par «bonzes bien planqués» Simone Weil désigne les dirigeants du Parti communiste ou ceux de la CGTU, qui accusent les responsables syndicalistes confédérés (CGT) d'être «choisis par les patrons».

20. Julius Dickmann (1895-1938?), théoricien autrichien du mouvement ouvrier. Il fait un usage original de la méthode de Marx, usage qu'il présente comme une «contribution à une autocritique du marxisme». Arrêté par la Gestapo en 1938, il est déporté et on suppose qu'il fut exécuté. Il a publié plusieurs articles dans *La Critique sociale*. «La véritable limite de la production capitaliste», étude parue dans le numéro 9 (septembre 1933), impressionna Simone Weil et influença directement la rédaction des *Réflexions sur les causes de la liberté et de l'oppression sociale*.

Dans ce passage du *Journal d'usine*, elle fait allusion à la réponse que fit Dickmann à la recension, par Raymond Queneau, de la réédition de l'ouvrage de Lefebvre Desnouettes : *L'Attelage. Le Cheval de selle à travers les âges...* («À propos d'une théorie de l'esclavage», *La Critique sociale*, n° 7, janvier 1933). Sur Dickmann, voir l'article d'Yvon Bourdet, dans le *Dictionnaire du mouvement ouvrier international, L'Autriche*, sous la direction de Jean Maitron et Georges Haupt, Paris, Éditions ouvrières, p. 74-76.

21. L'appartement des parents de Simone Weil était situé rue Auguste-Comte.

22. Entre le 26 juin et le 4 juillet, le journal reste muet. Son abcès à la main a sans doute valu à Simone Weil des jours de repos.

23. D'après cette indication, Simone Weil aurait décidé d'arrêter le travail à la fin du mois de juillet. Elle restera encore chez Renault en août, cependant.

24. Alain a répondu le 28 juin à la lettre que Simone Weil lui avait envoyée en mai (*supra*, note 18, p. 490). Le contenu théorique de la lettre d'Alain déçut Simone Weil, comme en témoigne ce qu'elle écrit un peu plus loin [ms. 132] dans son *Journal* : « Chartier n'a qu'une vue superficielle et primaire du machinisme. » Elle ne s'attendait pas à trouver, en réponse à ses interrogations sur de nouvelles méthodes dans les techniques et l'outillage, en rapport avec l'homme au travail, cette « découverte » d'Alain : « [...] il m'est arrivé un jour de découvrir que la scie était un rabot composé » (lettre du 28 juin 1935, *Bulletin de l'association des amis d'Alain, op. cit.*, p. 28). Elle se souvient probablement de cette lettre lorsqu'elle écrit à Robert Guihéneuf, en 1936, que sur la question des moyens, pour l'esprit, de se réapproprier ce qu'il a délégué à des systèmes et à des machines, « on ne trouve chez [Alain] que quelques indications extrêmement sommaires » (*CSW*, XXI-1-2, mars-juin 1998, p. 16).

25. Robert Louzon (1882-1976). Ingénieur, membre fondateur de *La Vie ouvrière* et de *La Révolution prolétarienne*. Son article sur « La raison des crises économiques », paru dans cette dernière revue en mars 1931, influença Simone Weil pour ses propres « Réflexions concernant la crise économique », en novembre 1931 (*OC*, II, 1, p. 64-67). Voir l'extrait de la lettre qu'elle envoya à *La Révolution prolétarienne* (publiée en avril 1932), dans le même volume des *OC*, p. 105.

26. Boris Souvarine.

27. Une ferme, en Normandie — appartenant à des amis de Simone Weil (la famille Letellier) — où Simone Weil avait participé aux travaux agricoles en 1927.

28. Allusion aux premiers chapitres de *Ma vie* (trad. française, éd. Rieder, 1930), dans lesquels Trotski expose le sentiment complexe de honte qu'il éprouvait étant jeune, en tant que fils de propriétaire terrien, à la fois en butte

aux sarcasmes des paysans et indigné par les injustices commises à leur égard.

29. Onomatopée qui exprime la douleur, dans la tragédie grecque.

30. Voir *supra*, à la date du 5 juillet. Simone Weil avait bien décidé de cesser le travail le 29 ou le 30 juillet. Elle travaillera pourtant le 31, puis de nouveau du 5 au 9 août. Le certificat de travail délivré le 23 août porte que Simone Weil a travaillé chez Renault du 6 juin au 22 août 1935. Simone Pétrement rectifie : « Une lettre qu'elle m'écrivit en ce mois d'août semble indiquer qu'elle cessa de travailler avant la "Conférence nationale" du Rassemblement contre la guerre, qui se tint à Saint-Denis les 10 et 11 août 1935 » (*SP*, p. 353-354). Simone Pétrement cite la lettre dans laquelle son amie l'informe qu'elle se rendra, le lendemain, « à la réunion de la R[évolution] P[rolétarienne] chez Doriot », au sujet du « rassemblement contre la guerre ». « Si la réunion dont parle [Simone Weil] est bien la conférence qui se tint à Saint-Denis les 10 et 11 août, elle était alors libérée, semble-t-il. Le vendredi 9 août fut peut-être son dernier jour de travail » (*ibid.*, p. 354).

31. Les notes qui suivent ont été écrites à Bourges, où Simone Weil a été nommée professeur pour l'année 1935-1936. Au cours d'une visite des Fonderies de Rosières (début décembre 1935), Simone Weil rencontra Victor Bernard, ingénieur et directeur technique de l'usine.

32. Le rapport entre le taylorisme et la guerre intéresse particulièrement Simone Weil. Voir notre introduction, p. 35.

33. Le fils d'Étienne Magdelénat, l'administrateur de la Société des usines Rosières.

34. Les deux pages qui suivent sont consacrées à l'école d'apprentissage des ateliers militaires de fonderie (un établissement était implanté à Bourges), dont le personnel correspondait, par sa formation, à l'idéal de l'ouvrier tel que le concevait Simone Weil.

35. Henri Fayol (1841-1925), ingénieur, directeur général d'un groupe minier et métallurgique, s'est consacré à la définition de nouvelles règles de direction industrielle, exposées dans *Administration industrielle et générale, prévoyance, organisation, commandement, coordination,*

contrôle (*Bulletin de la Société de l'industrie minière*, 1916 ; rééd., Paris, Dunod, 1979). Fayol fait porter ses recherches sur l'organisation, sur la «capacité administrative» du dirigeant d'entreprise, et non sur la tâche exécutée par le travailleur.

36. Une collègue, Alice Angrand, chez qui Simone Weil logeait, lui parla d'un de ses cousins, propriétaire et directeur d'une usine qui fabriquait des machines à travailler le bois. Simone Weil insista pour avoir l'autorisation de visiter l'usine (voir Jacques Cabaud, *L'Expérience vécue de Simone Weil, op. cit.*, p. 119).

37. La présentation des deux pages qui figurent sous ce titre (avec des plages laissées en blanc sur le manuscrit), évoque un plan pour un projet d'étude. Le contenu des pages qui suivent [*ms.* 120 *sq.*] évoque également une reprise en vue d'une réflexion organisée (rappel des noms de camarades de travail chez Alsthom, référence à «une conversation avec Mimi», au cours de la septième semaine de travail, etc.).

38. Robert Guihéneuf (1899-1986) dit Yvon. Simone Weil, qui a pu s'entretenir plus longuement avec lui le lendemain, samedi 16 mars, esquisse une biographie, plus loin dans son *Journal* [*ms.* 134]. Menuisier, membre du PC dès 1922, Guihéneuf part en URSS (de 1923 à 1933), où il fait la connaissance de Boris Souvarine et de Pierre Pascal. Il exerce des fonctions de direction dans diverses usines soviétiques. De retour en France, il collabore à *La Révolution prolétarienne*, et publie une brochure sur l'URSS, puis, grâce à André Gide, un ouvrage, *L'URSS telle qu'elle est* (Paris, Gallimard, 1938). Guihéneuf est mentionné par Simone Weil, dans sa correspondance, dès 1934 (*SP*, p. 281). Elle lui écrivit une lettre importante, en 1936, publiée dans *CSW*, XXI-1-2, mars-juin 1998, p. 8-20.

Dans cette lettre, elle lui fait part de certains «services précieux» qu'elle attend de lui : «Ce serait de me faire comprendre — d'une manière précise et concrète — en quoi consiste au juste l'activité intellectuelle d'un ouvrier, d'un dessinateur, d'un ingénieur, aux divers postes que vous avez vous-même effectivement occupés. [...] Vous pouvez aussi m'apprendre beaucoup concernant la coordination des fonctions de l'administration» (*ibid.*, p. 17).

Dans une lettre à Alain (mai 1935), Simone Weil écrivait à propos de Guihéneuf : « Voilà un homme qui a sur le travail l'expérience la plus complète qu'on puisse rêver : ouvrier, organisateur, ingénieur ; qui, ce qui est bien plus rare et précieux encore, a véritablement réfléchi sur cette expérience (il m'a dit, sur la différence entre l'idée qu'un ouvrier et un ingénieur se font d'une machine, des choses du plus haut intérêt, et que lui seul peut dire, car ni un ouvrier ni un ingénieur ne peut se rendre compte de cette différence) » (*Bulletin de l'Association des amis d'Alain*, *op. cit.*, p. 36). Robert Guihéneuf figure dans la liste des « gens chez qui je sens nettement une *supériorité* sur moi », liste établie par Simone Weil dans un cahier inédit (Voir *OC*, II, 2, p. 520). Une notice, rédigée par Jean-Louis Panné, est consacrée à Guihéneuf, dans le *Dictionnaire biographique du mouvement ouvrier français*, *op. cit.*, t. XLIII, 1993, p. 403-405. Voir également la note des éditeurs de *OC*, II, 2, p. 495-497.

39. Ces « transformations souhaitables » seraient à éclairer par les textes dans lesquels Simone Weil cherche les principes d'un rapport pleinement satisfaisant entre l'homme et la machine. Voir, par exemple, « Expérience de la vie d'usine » et les lettres à Jacques Lafitte.

40. Sur Taylor, voir la conférence consacrée à « La rationalisation ».

41. On trouve une remarque analogue, à propos de la perception immédiate, par le marin, de ce qui a rapport à son bateau, dans les *Cahiers*, *OC*, VI, 1, p. 110. Simone Weil accorde une attention particulière à l'œuvre de Joseph Conrad, dont elle recommande la lecture à une ancienne élève (*SP*, p. 368).

42. Ces notes seront développées dans la lettre à Robert Guihéneuf (*CSW*, XXI-1-2, p. 8-20).

43. Voir *supra*, note 8, p. 489.

44. Voir *supra*, note 24, p. 492.

45. Simone Weil adresse à plusieurs reprises les mêmes reproches à Descartes (voir *OC*, I, p. 219 ; *OC*, II 1, p. 309 ; lettre à Alain, *S*, p. 111 ; lettre à Guihéneuf, *CSW*, XXI-1-2, p. 8 et 19 ; *E*, p. 324).

46. Voir la lettre à Alain (mai 1935), *S*, p. 112 (voir *supra*, note 18, p. 490).

47. Simone Weil donne sa solution dans les *Cahiers* : « Ma solution, si j'avais pu... : l'analogie » (*OC*, VI, 1, p. 233).

48. Voir *supra*, note 38, p. 494. La visite évoquée ici a eu lieu le 16 mars. Voir [*ms. 26*].

49. Jacques Talagrand, dit Thierry Maulnier (1909-1988), fut condisciple de Simone Weil à l'École normale supérieure. Son *Racine* a été publié en 1936, par les éditions Gallimard.

50. « ... tu tisseras la toile pour une autre/Et tu porteras l'eau de la Messéis ou l'Hypérée,/Bien malgré toi, sous la pression d'une dure nécessité » (Homère, *Iliade*, VI, v. 456-458. trad. Simone Weil, *SG*, p. 16). Le dernier vers figure en épigraphe du *Journal d'usine*.

51. Édouard Peisson (1896-1963), qui fut capitaine de la marine marchande, a célébré dans ses romans (par ex. : *Gens de mer*, Grasset, 1934 ; *L'homme de mer*, Flammarion, 1943) la lutte contre l'océan. Il avait signé, en 1932, le Manifeste de l'École prolétarienne.

52. « L'hiver venteux loin de notre air a disparu ;/Pourpre sourit, portant des fleurs, ô printemps, ta saison ; [...]/Ne doit-il pas aussi, le poète, au printemps bien chanter ? » Méléagre, *Printemps*, IX, 363, trad. Simone Weil, *SG*, p. 73-74).

53. Dans la *Phénoménologie de l'Esprit*, Hegel expose la « dialectique du maître et de l'esclave », dont l'issue est la libération de l'esclave par son travail, qui transforme la nature et le transforme lui-même.

54. L'événement et le commentaire qui en est donné correspondent à ce qui est rapporté en termes voisins dans le cahier (*supra*, à la date du 15 décembre). On remarquera que Simone Weil écrit, un peu plus haut, dans ces notes : « Interroger le magasinier. » Elle ne peut évoquer un tel projet que dans le contexte présent de son travail à l'usine ; ces notes ont donc bien été prises au cours de la période de travail chez Alsthom.

55. *Schwärmerei* : d'une façon générale, dérèglement de l'esprit, qui va de la rêverie romanesque au fanatisme, en passant par les nuances de l'enthousiasme et de l'exaltation.

56. Le fragment qui suit se trouve sur un petit feuillet, avec la mention : « Copié dans un cahier ancien », de la

main de l'auteur de la copie, Bernard Weil (le père de Simone).

57. Voir la première lettre à Jacques Lafitte, *supra*, p. 256. Voir *Cahiers*, *OC*, VI, 1, p. 112.

Un appel aux ouvriers de Rosières

1. Cette phrase est barrée d'un trait dans le manuscrit.

Lettres à Victor Bernard

1. Un passage du brouillon (ou d'une variante) de la lettre éclaire cette remarque. À propos de ce qu'il faudrait indiquer aux ouvriers, et dont ils pourraient être fiers, Simone Weil a écrit : « Ce quelque chose existe. C'est le fait que toutes les vertus quand elles se développent parmi eux, ce qui à vrai dire n'est pas particulièrement fréquent, y sont beaucoup plus pures que dans les milieux sociaux supérieurs. C'est d'ailleurs là purement et simplement une idée chrétienne, et même l'idée chrétienne par excellence (« Fonds Simone Weil », BnF, carton VII, f. 126).

2. En marge, Victor Bernard a noté : « Je ne suis pas le chef de Mlle W. » (f. 105).

3. Protestation de Victor Bernard, en marge : « J'obéis aussi. »

4. On peut lire, dans le brouillon de cette lettre : « J'ai conclu, après de longs mois d'une douloureuse expérience, que l'humiliation est le facteur essentiel dans la vie des ouvriers » (f. 126).

5. Réaction de Victor Bernard, en marge : « Si ! » (f. 105).

6. Remarque notée en marge par Victor Bernard : « À condition de ne pas abdiquer ce contrôle » (f. 105).

7. Étienne Magdelénat, administrateur et actionnaire important de la Société des usines Rosières. La fille d'Étienne Magdelénat était une des élèves de Simone Weil au lycée de Bourges.

8. Voir la lettre suivante, p. 222.

9. Voir la lettre suivante, p. 229.

10. Voir en annexe 2, la reproduction d'une première version de cette lettre.

11. Voir *Journal d'usine, supra* [*ms.* 5].

12. En marge, Victor Bernard commente : « Et dans un théâtre ? » (f. 110). Voir *Journal d'usine, supra* [*ms.* 45]. Il s'agit d'un épisode souvent évoqué par Simone Weil (voir « La vie et la grève des ouvrières métallos », *supra*, p. 267-268 et « Expérience de la vie d'usine », *supra*, p. 340.

13. Victor Bernard proteste, en marge : « Erreur ! La réponse de l'ouvrier ne pouvait le mettre en danger et il ne pouvait l'ignorer à la manière dont je l'ai non interrogé mais entretenu. J'ai montré mon jeu et il n'a pas abattu le sien » (f. 110).

14. Commentaire de Victor Bernard, en marge de ce paragraphe : « Erreur complète. À la coopé les ouvriers ne sont en présence que d'eux-mêmes » (f. 110 v°).

15. Victor Bernard a écrit dans la marge : « Qu'ils comptent pas douteux ! Qu'ils en aient conscience ?... dangereux d'ailleurs si conscience de cette importance ne va pas avec conscience des devoirs » (*ibid.*).

16. Victor Bernard a coché d'un trait cette phrase et a noté : « exact » (f. 111).

17. La dernière phrase du paragraphe est cochée. Victor Bernard a écrit : « intéressant » (*ibid.*).

18. Victor Bernard a souligné l'expression «... plus d'amertume au cœur » et écrit en marge : « Beau résultat » (*ibid.*).

19. Il s'agit bien entendu des *Temps modernes*, un film que Simone Weil admirait beaucoup (voir *SP*, p. 384). Voir lettre à Detœuf, *supra*, p. 287.

20. Cette lettre n'est pas datée, mais Simone Weil annonce à deux reprises qu'elle proposera « une date ultérieurement », pour une visite de l'usine. La lettre suivante propose le jeudi 30 avril. Les deux lettres ont donc été écrites entre le 30 mars (date de la lettre qui précède) et le 30 avril.

21. L'article consacré à *Antigone* a été publié dans *Entre nous* (n° 48, 16 mai 1936). Il est repris dans *La Source grecque* (*SG*, p. 57-62). L'article intitulé *Électre* (*ibid.*, p. 63-72) était probablement destiné à la même revue d'usine (voir la lettre de début juin 1936, *infra*, p. 247) mais ne fut pas publié, probablement en raison de la suspension des relations entre Simone Weil et Victor

Bernard après juin 1936. Un projet d'article, consacré à *Philoctète*, a été repris dans *OC*, II, 2, p. 557.

22. En 1938-1939, Simone Weil écrira « L'*Iliade* ou le poème de la force ». Destiné initialement à *La Nouvelle Revue française*, l'article fut publié dans *Les Cahiers du Sud*, nº 230-231, décembre 1940-janvier 1941 (repris dans *OC*, II, 3, p. 227-253).

23. Dans la lettre précédente, Simone Weil remerciait Victor Bernard de son accueil (le 30 avril) et joignait l'article sur *Antigone*. La présente lettre nous apprend que Victor Bernard avait lu l'article — Simone Weil fait allusion aux remerciements exprimés par son correspondant —, ce qui conduit à dater ce fragment de mai 1936.

24. Cette première phrase n'est pas reproduite dans les éditions précédentes.

25. Voir *supra*, note 21, p. 498.

26. La date du 10 juin a été ajoutée, sur la lettre, par Victor Bernard. La confirmation de cette date est aisée. Simone Weil annonçait, dans sa lettre précédente, qu'elle se rendrait aux usines Rosières le vendredi 12 juin. Elle annonce, dans la présente lettre (de « mercredi »), qu'elle ira à Paris « demain et après demain » (jeudi et vendredi), ce qui l'empêche de se rendre au rendez-vous du vendredi 12.

27. Cette réponse a été écrite sur la lettre de Simone Weil, lettre qui lui fut donc renvoyée.

28. Sur l'expression de cette « joie pure », voir « La vie et la grève des ouvrières métallos », *infra*, p. 275.

Lettre à Souvarine à propos de Jacques Lafitte

1. Jacques Lafitte, *Réflexions sur la science des machines* (voir *supra*, note 44, p. 485). Sur l'interprétation des travaux de Lafitte par Simone Weil, voir notre livre, *Simone Weil. Une philosophie du travail*, *op. cit.*, p. 416-425.

2. Simone Weil confirme cette correspondance entre les vues de Lafitte et les siennes dans une lettre à l'ingénieur (*infra*, p. 257).

3. Voir *supra*, note 46, p. 486.

4. L'allusion à Erewhon renvoie aux romans de Samuel Butler, *Erewhon ou De l'autre côté des montagnes* [1872] (trad. Valery Larbaud, Paris, Gallimard, 1920), et *Nou-*

veaux voyages en Erewhon [1901] (même trad., Paris, Gallimard, 1924). La critique de Simone Weil nous paraît injuste, car Lafitte précisait : «Certains auteurs contemporains, et notamment Butler, ont comparé la genèse des machines au phénomène de croissance et de reproduction qui s'observe chez les êtres vivants [...]. Je puis cependant, dès maintenant, prononcer que si quelque jour les machines jouissent de la propriété de croître et de se reproduire suivant des lois identiques à celles qui régissent la croissance et la reproduction des êtres vivants, elles se rangeront alors parmi ceux-ci, [...] et cesseront d'être des machines véritables» (*Réflexions sur la science des machines, op. cit.,* p. 25-26).

5. Sur les machines souples, voir les lettres à Lafitte, *supra,* p. 259 ; voir aussi *Journal d'usine, supra,* p. 204 et *Cahiers, OC,* VI, 1, p. 112.

6. Jacques Lafitte entendait par «machines passives» celles qui subissent des flux d'énergie extérieure sans les transformer (route, canal, abri, poteau, flotteur...). Voir *Réflexions sur la science des machines,* p. 69-70, 72 et 86 *sq.*). Les «machines actives» transforment ou transportent les flux d'énergie mais leur fonctionnement est assujetti aux impulsions du flux qui les anime (outils, par exemple). Voir *ibid.,* p. 69 et 85 *sq.* Les «machines réflexes» sont celles qui «jouissent de la propriété remarquable de voir leur fonctionnement se modifier selon les indications qu'elles perçoivent elles-mêmes, de variations déterminées dans certains de leurs rapports avec le milieu qui les entoure» (*ibid.,* p. 68). Ainsi en est-il d'une torpille automatique ou du moteur qui modifie son régime suivant les perceptions de son régulateur.

7. Il s'agit de M. et Mme Belleville, agriculteurs dans le Cher. Simone Weil a travaillé chez eux en mars 1936 (voir Jacques Cabaud, *L'Expérience vécue de Simone Weil, op. cit.,* p. 130-131 et *SP,* p. 371-373). On lira le témoignage de Mme Belleville dans l'article de Julien Molard, «Simone Weil à Bourges», *CSW,* XIV-1, mars 1991, p. 19-21.

Deux lettres à Jacques Lafitte

1. *Dialogue*, revue canadienne de philosophie, Université du Québec à Trois-Rivières, vol. XII, n° 3, 1973, p. 460-464, avec une présentation de Jacques Guillerme (p. 454-460).

La revue *Dialogue* a autorisé la reproduction de ces lettres. Nous remercions vivement les rédacteurs, Claude Panaccio et Eric Dayton.

2. À Bourges, le 25 mars 1936, Jacques Lafitte avait donné une conférence, sous l'égide du groupe « Esprit » (voir l'introduction de J. Guillerme aux lettres de Simone Weil à Lafitte, dans *Dialogue*, *op. cit.*, p. 454). Simone Weil, professeur au lycée de la ville au cours de l'année scolaire 1935-1936, assista à cette conférence.

3. Voir « Expérience de la vie d'usine », *infra*, p. 344. La séparation complète d'une sphère du travail servile et de celle de la liberté (ou du loisir) a toujours été condamnée par Simone Weil. Les principes de cette critique sont exposés dès le topo d'agrégation consacré aux « Fonctions morales de la profession », en 1930-1931 (*OC*, I, p. 261-274). Voir également le projet d'article sur « Le groupement de l'"Ordre nouveau" », *OC*, II, 1, p. 324-328.

4. D'après les manuscrits de l'ingénieur, consultés par Jacques Guillerme, « Lafitte s'intéressait surtout aux moyens de déterminer la meilleure suite possible, c'est-à-dire "la chaîne qui établit seule la cohérence et le terme du travail d'ensemble" » (*Dialogue*, *op. cit.*, p. 459).

5. Voir *supra*, notes 4-5, p. 500.

6. Nous ne savons rien au sujet de cette rencontre, même pas si elle eut lieu.

7. Lettre encyclique de Pie XI, 1931.

8. Stendhal, *Le Rouge et le Noir*, Paris, Gallimard, coll. « Folio classique », 2000, p. 272.

9. La suite manque. Ce début de paragraphe n'était pas reproduit dans les éditions antérieures.

La vie et la grève des ouvrières métallos

1. Voir lettre à Victor Bernard, *supra*, p. 220-221.

2. Simone Weil a travaillé à peine un mois aux Établissements Carnaud et Forges de Basse-Indre.

3. Voir *supra*, l'épigraphe du *Journal d'usine* et [*ms. 136*] et note 50, p. 496.

4. Allusion au congrès d'unification, tenu par la CGT et la CGTU, à Toulouse (2-5 mars 1936).

5. Il s'agit de Renault (*SP*, p. 381).

6. Cette phrase n'est pas reproduite dans les éditions précédentes.

7. Des délégués d'atelier élus par le personnel, dans les établissements de plus de dix ouvriers, sont institués par la loi du 24 juin 1936. Ils ont pour tâche de «présenter à la direction les réclamations individuelles qui n'auraient pas été directement satisfaites», touchant à l'application de la législation du travail, des tarifs des salaires et des mesures de sécurité.

Lettres à Auguste Detœuf

1. Période probable d'après la reconstitution de l'emploi du temps de Simone Weil par Simone Pétrement (*SP*, p. 380-382).

2. Date donnée par Simone Pétrement (*ibid.*, p. 382).

3. Le 8 novembre, le groupe des *Nouveaux Cahiers* avait organisé une confrontation sur le sujet «Sabotage ouvrier? Sabotage patronal?» — titre d'un article de Detœuf, publié par la revue dans son numéro 13 (1er novembre 1937). Le rendement ayant baissé dans les entreprises, certains en rendaient responsables les ouvriers et les nouvelles lois sur le régime du travail, tandis que les autres soupçonnaient une mauvaise volonté du patronat, rechignant à s'adapter aux nouvelles conditions. À la suite du compte rendu de la discussion, les *Nouveaux Cahiers*, dans le numéro 16 (15 décembre 1937, p. 4-7), ont publié les deux lettres qui suivent, échangées entre Simone Weil et Auguste Detœuf. Ces lettres ont été reprises dans *Pages retrouvées*, d'Auguste Detœuf, Paris, éd. du Tambourinaire, 1956.

4. Ces propos, Simone Weil les a entendus au cours de l'un de ses voyages entre Paris et Saint-Quentin (où elle a été nommée en 1937). Elle les a notés dans le premier de ses *Cahiers* (*OC*, VI, 1, p. 82-83).

La rationalisation

1. Voir ce qu'écrivait Simone Weil à Albertine Thévenon, *supra*, p. 52-53.

2. Frederick Winslow Taylor (1856-1915), ingénieur américain, inventeur des aciers à coupe rapide, est encore plus connu comme le « père de l'organisation scientifique du travail » que décrivait Georges Friedmann dans *La Crise du progrès* (Paris, Gallimard, 1936, p. 59-88). Son mémoire sur la « Direction des ateliers » (1903), publié en français dans la *Revue de métallurgie* (juillet 1907), est repris dans *Organisation du travail et économie des entreprises*, textes choisis et présentés par François Vatin, Paris, Éditions d'organisation, 1990, p. 27-138. *Principes d'organisation scientifique des usines* (1909), *op. cit.* (*supra*, note 30, p. 485), a été traduit en 1912.

Sur Taylor et le taylorisme, Simone Weil avait composé une bibliographie dont les éléments ont été reproduits dans *OC*, II, 2, p. 498-499.

3. Henry Ford (1863-1947), industriel américain, a lancé la construction en série des automobiles, grâce à la chaîne de montage et à la standardisation des pièces principales. Pour une interprétation contemporaine de celle de Simone Weil, voir G. Friedmann, *op. cit.*, p. 88-116.

4. Alphonse Merrheim (1871-1925), secrétaire de la Fédération des métaux CGT, est l'auteur de « La méthode Taylor », *La Vie ouvrière*, no 82, 20 février 1913, p. 210-226, et no 83, 5 mars 1913, p. 298-309. Émile Pouget (1860-1931), syndicaliste de formation libertaire, fondateur du *Père Peinard*, fut secrétaire adjoint de la CGT. Simone Weil fait allusion à *L'Organisation du surmenage. Le système Taylor*, Paris, Rivière, 1914.

5. Hyacinthe Dubreuil, *Standards. Le travail américain vu par un ouvrier français*, Paris, Grasset, 1929.

6. Henri de Man (1885-1953), homme politique belge, théoricien critique du marxisme, et idéologue du « pla-

nisme» (voir *supra*, note 5, p. 487). Simone Weil fait peut-
être référence au rapport de la mission d'enquête sur *Le
Travail industriel aux États-Unis* (Bruxelles, Ministère de
l'Industrie, t. I, 1920), rédigé par Henri de Man.

7. Sur la psychotechnique, voir Georges Friedmann,
Problèmes humains du machinisme industriel, Paris, Gallimard, 1968, p. 35-43.

Expérience de la vie d'usine

1. Jules Romains, *Les Hommes de bonne volonté*, Paris,
Flammarion, 1935, t. IX, chap. III, p. 18-43 (rééd., Paris,
Robert Laffont, coll. «Bouquins», t. II, p. 185-199).

2. C'était le cas aux usines Renault, où le matricule de
Simone Weil était : A 96630-WEIL (voir le deuxième cahier
de photos, dans le livre de S. Pétrement).

3. Voir *Journal d'usine*, *supra* [*ms.* 47]; «La vie et la
grève des ouvrières métallos», *supra*, p. 267, et une lettre
à Victor Bernard, *supra*, p. 220.

4. Voir ce qu'écrivait déjà Simone Weil à ce propos
dans «Fonctions morales de la profession», en 1930-1931,
OC, I, p. 268.

5. Aristote retient cet avantage de l'esclave sur la
machine, dans *La Politique*, I, 4, 1253b 33-35.

«TOUT CE QU'ON PEUT FAIRE
PROVISOIREMENT... »

Lettre ouverte à un syndiqué

1. Nous retenons la version la plus probable après
consultation du manuscrit. Simone Weil avait d'abord
écrit : «..."c'est arrivé". Reprends la juste fierté...» (leçon
retenue par les éditions antérieures). Elle a raturé
«Reprends la juste fierté» et mis une virgule après «"c'est
arrivé"».

*Remarques sur les enseignements à tirer
des conflits du Nord*

1. Voir *supra*, p. 286.

*Principes d'un projet pour un régime intérieur
nouveau dans les entreprises*

1. Le «Fonds Simone Weil» à la Bibliothèque nationale
de France contient des manuscrits autographes et une version dactylographiée; nous ne savons pas si cette version a
été revue par Simone Weil. Le texte dactylographié semble
composite; c'est lui qui a été retenu dans les éditions précédentes. Un passage des manuscrits, non retenu dans la
version dactylographiée (et par conséquent dans les versions imprimées) est reproduit comme variante en annexe
du volume *OC*, II, 2 (p. 574-575). Nous avons choisi d'insérer l'essentiel de ce passage dans le texte, à la suite du
troisième paragraphe, selon l'ordre du manuscrit.

2. Les quatre paragraphes qui suivent sont reproduits
comme variante dans *OC*, II, 2, p. 574 (voir note précédente).

Méditations sur un cadavre

1. Une variante de cet article rappelle que «l'une des
maximes [de Machiavel], c'est que celui qui s'empare du
pouvoir doit prendre tout de suite les mesures de rigueur
qu'il estime nécessaires, et n'en plus prendre par la suite,
ou en tout cas de moins en moins» (*OC*, II, 3, p. 289). Un
fragment de 1938-1939 — au sujet du problème colonial
— fournit un autre exemple de jugement politique inspiré
de Machiavel (voir *EHP*, p. 360).

La condition ouvrière

1. Simone Weil reviendra, plus tard, sur la distinction
entre ces deux formes de nécessité. Voir «Condition première d'un travail non servile», *infra*, p. 421 et 431-432.

2. «On dit qu'il y a progrès toutes les fois que les statis-

ticiens peuvent, après avoir dressé des statistiques compa-
rées, en tirer une fonction qui croît avec le temps»
(Simone Weil, «Progrès et production», 1937, *OC*, II, 3,
p. 285).

3. Évocation du *Roland furieux* de l'Arioste.

À propos du syndicalisme «*unique, apolitique, obligatoire*»

1. Évocation probable de *Prométhée enchaîné*.

2. *Confederación nacional del Trabajo*, centrale syndicale de tendance anarcho-syndicaliste. Elle domina le
mouvement ouvrier espagnol jusqu'à la guerre civile.

3. Le congrès d'unité, qui a réalisé la fusion de la CGT
et de la CGTU, s'est tenu à Toulouse, du 2 au 5 mars 1936.

4. L'analyse des «besoins de l'âme» — expression
employée pour la première fois dans ce texte de 1938 —
fera l'objet d'une élaboration approfondie dans la première partie de *L'Enracinement*, en 1943.

5. Quelle est cette «petite usine de province»?... Il ne
s'agit pas de la mine visitée par Simone Weil en mars 1932
— comme le pensent les éditeurs de *OC*, II, 3 (p. 322,
note 269) —, puisque Simone Weil parle d'un «atelier de
rivetage», et non de l'application d'un marteau-piqueur à
la muraille de charbon.

Condition première d'un travail non servile

1. C'est ce que Simone Weil appelle «retrouver la
notion de la métaphore réelle», dans ses *Cahiers* (*CS*,
p. 163). Dans «Le christianisme et la vie des champs»
(avril 1942), elle écrit : «Une métaphore, ce sont des mots
portant sur des choses matérielles et enveloppant une
signification spirituelle. [...] Si l'on remplace ces mots par
la chose elle-même, unie à la même signification, la métaphore est bien autrement puissante» (*PSO*, p. 24).

2. Sur ce «privilège», voir «Formes de l'amour impli-
cite de Dieu», *AD*, p. 161.

3. Voir *PSO*, p. 17, pour un autre développement de la
même idée.

4. Voir *ibid.*, p. 21-22 et 24.

5. Sur la symbolique des métiers, voir *PSO*, p. 23-31, et *Cahiers*, *OC*, VI, 3, p. 271.

6. Allusion à l'hymne *Vexilla regis*, composée par Fortunat de Poitiers (530-597) pour la réception d'une relique de la croix. Simone Weil cite une strophe de l'hymne dans ses *Cahiers*, *OC*, VI, 1, p. 121.

7. Voir *Cahiers*, *OC*, VI, 3, p. 212-213 et *IPC*, p. 159 et 178.

8. Voir *IPC*, p. 159.

9. « Un tramway. Le mouvement droit d'une chute d'eau est transformé par une roue en mouvement circulaire. Ce mouvement circulaire est transformé en mouvement alternatif. Ce mouvement alternatif est transformé dans les roues du tramway en mouvement circulaire. Ce mouvement circulaire est transformé par le frottement du rail en mouvement droit » (*Cahiers*, *OC*, VI, 3, p. 213). Nous nous permettons de renvoyer, sur cette question des transformations de mouvements, à notre livre *Simone Weil. Une philosophie du travail*, *op. cit.*, p. 594-601.

10. Même remarque dans les *Cahiers*, *OC*, VI, 2, p. 214 et 237.

11. Voir *PSO*, p. 26.

12. « Il s'agit de transformer, dans la plus large mesure possible, la vie quotidienne elle-même en une métaphore à signification divine » (*ibid.*, p. 24).

13. Cette thèse est exposée par Simone Weil dans ses « Réflexions sur le bon usage des études scolaires en vue de l'amour de Dieu » (*AD*, p. 85-97).

14. Sur la destination surnaturelle des fonctions sociales, voir *PSO*, p. 33 et *CS*, p. 231.

15. Sur la distinction entre deux formes de nécessité, voir *supra*, p. 391-392.

16. Simone Weil énonce cette maxime plus générale, dans ses *Cahiers* : « Il faut que dans toute vie humaine une vie de sainteté parfaite puisse être vécue. S'il y a une condition pour laquelle c'est impossible, elle doit être supprimée » (*CS*, p. 231).

ANNEXES

1. Déjà en 1935, René Belin avait émis des réserves sur les conditions du passage aux quarante heures, et à l'automne 1936 il avait préconisé une application progressive de la règle dans certaines branches industrielles. Lors d'une rencontre — qui eut lieu probablement après la première ébauche de lettre écrite par Simone Weil — il avait été question de ce sujet (*SP*, p. 416).

2. René Belin, «La production et la monnaie», *Le Peuple*, 1ᵉʳ mars 1937.

3. Qu'il ne suffise pas de diminuer le temps pendant lequel un homme est esclave pour en faire un homme libre, c'est une idée défendue par Simone Weil à toutes les étapes de sa pensée (voir *OC*, I, p. 254 et 268; «Expérience de la vie d'usine», *supra*, p. 344).

4. Le Plan de la CGT: voir *supra*, note 5, p. 487.

5. *Vigilance* était l'organe du Comité de vigilance des intellectuels antifascistes (CVIA), fondé en février 1934. Simone Weil a publié son article «Faut-il graisser les godillots?» dans le numéro 44-45 de la revue, 27 octobre 1936, p. 15 (*OC*, II, 2, p. 386-387). C'est à *Vigilance* qu'elle a donné également deux articles consacrés à la question des colonies, en 1937 et 1938 (*OC*, II, 3, p. 123-127 et 138-144).

6. Pierre Viénot (1897-1944) fut sous-secrétaire d'État aux Affaires étrangères dans le gouvernement Blum.

7. Hjalmar Schacht (1877-1970). Ce financier apporta l'appui de certains milieux industriels à Hitler. Président de la *Reichsbank* en 1923, il démissionna en 1930, avant de revenir à ce poste en 1933. Ministre de l'Économie de juillet 1934 à novembre 1937.

8. Nom donné à l'armée allemande, de 1919 à 1935.

9. La suite du manuscrit manque.

10. «On ne peut se diriger que vers un idéal. L'idéal est tout aussi irréalisable que le rêve, mais, à la différence du rêve, il a rapport à la réalité; il permet, à titre de limite, de ranger des situations ou réelles ou réalisables dans l'ordre de la moindre à la plus haute valeur» (*R*, p. 85).

11. «La civilisation la plus pleinement humaine serait

celle qui aurait le travail manuel pour centre, celle où le travail manuel constituerait la suprême valeur» (*ibid.*, p. 117). À condition, insiste Simone Weil, qu'il soit valeur la plus haute «par son rapport avec l'homme qui l'exécute» (*ibid.*, p. 118). Il ne s'agit en rien d'une «religion de la production» (*ibid.*, p. 117) comme celle qui règne aux États-Unis ou en Russie.

12. «Les Grecs connaissaient l'art, le sport, mais non pas le travail» (*Cahiers*, OC, VI, 1, p. 87). Sur la critique du «modèle grec», voir l'essai consacré aux «Fonctions morales de la profession» (*OC*, I, p. 262 et 270 en particulier). Simone Weil s'oppose à toutes les formes contemporaines d'un modèle social qui reposerait sur la distinction d'une sphère du travail nécessaire et servile à une sphère du loisir (voir son projet d'article sur les thèses du groupement l'«Ordre nouveau», animé par Robert Aron et Arnaud Dandieu, dans *OC*, II, 1, p. 324-328).

13. «C'est uniquement l'ivresse produite par la rapidité du progrès technique qui a fait naître la folle idée que le travail pourrait un jour devenir superflu. Sur le plan de la science pure, cette idée s'est traduite par la recherche de la "machine à mouvement perpétuel", c'est-à-dire de la machine qui produirait indéfiniment du travail sans jamais en consommer [...]. "L'étape supérieure du communisme" considérée par Marx comme le dernier terme de l'évolution sociale est, en somme, une utopie absolument analogue à celle du mouvement perpétuel» (*R*, p. 37). Voir également *LP*, p. 126.

14. «Même de nos jours, les activités qu'on nomme désintéressées, sport ou même art ou même pensée, n'arrivent peut-être pas à donner l'équivalent de ce que l'on éprouve à se mettre directement aux prises avec le monde par un travail non machinal» (*R*, p. 118).

15. Ces sujets sont développés au début des «Réflexions» (*ibid.*, p. 9 *sq.*).

16. Voir déjà dans les «Réflexions», *ibid.*, p. 118, et à la fin de l'article «Condition première d'un travail non servile», *supra*, p. 434.

17. Sur la question de la vulgarisation des connaissances et de son lien avec le travail, on se reportera à la lettre à Guihéneuf (*CSW*, XXI-1-2, p. 12-15). Le problème

était abordé dès les premiers écrits, dans l'introduction du Diplôme d'études supérieures (1930), par exemple (*OC*, I, p. 161-165 ; voir *OC*, II, 1, p. 46 et 308-309) ; voir également *Cahiers*, *OC*, VI, 1, p. 131. Simone Weil reviendra sur ce sujet en 1943, dans *L'Enracinement* (*E*, p. 89 et 94).

INDEX DES NOMS

INDEX DES NOTIONS

408-409; Subordination et —, 432; — À la chaîne, 74,
316; — Et art, 187, 434; — Et contemplation, 431; — Et
loisir, 257, 445, 451; — Et nécessité, 419 *sq.*; — Non
servile, 38 *sq.*; 418 *sq.* — Parcellaire doit être confié à la
machine, 204, 346-347; — Comme prière, 44.

Usine (s) :
Corriger le mal dans les —, 351; Épreuve de l'oppression
à l'—, 13, 21 *sq.*, 329 *sq.*; — Expérience du temps à l'—
, voir *Temps*; Sentiment d'exil à l'—, 328, 339 *sq.*, 415;
Signification de l'expérience du travail en —, 11 *sq.*,
21 *sq.*, 52 *sq.*, 59 *sq.*, 68, 75-76, 170, 223-224.

Vérité : 12, 16.
Vie réelle :
«Contact avec la —», 11 *sq.*, 57, 66, 68-69.

*Entrer en contact avec la vie réelle — Analy-
ser les causes de l'oppression — L'épreuve de
l'oppression — De la révolution au réfor-
misme ? — Pour une science des machines —
La spiritualité du travail.*

L'USINE, LE TRAVAIL,
LES MACHINES

« TOUT CE QU'ON PEUT FAIRE PROVISOIREMENT... »

ANNEXES

Table 525

DOSSIER